インテグラル理論を体感する

統合的成長のためのマインドフルネス論

Ken Wilber
ケン・ウィルバー 著　*Shou Kadobayashi* 門林 奨 訳

KOSMOS LIBRARY

本書を読み始めるにあたって

巷《ちまた》には「自分を成長させる」ための本があふれています。

仕事で成功するため、人間関係をよくするため、いつも穏やかな気持ちでいるため、もっと立派な人間になるため、他者への愛に満ちた人間になるため、人生を豊かにするため、深い自分に出会うため、社会を変えられる力を得るため、世界の真実に近づくためなど、その理由はさまざまです。

本書も、ある意味では、そうした「自己成長」ないし「自己変容」を目指すための書籍のひとつです。

では、他の本と比べて何が違うのでしょうか。少なくとも次の３つの特徴を挙げることができるでしょう。

1．個々の知識や技能を習得することではなく、自分の「器」そのものを成長・変容させることに焦点が当たっている

この表現を聞いてピンと来た方もいるかもしれません。ここで言う「器の成長」とは、いわゆる**「成人発達理論」**で探求されるような人間の発達を指しています。

現代の発達心理学によって明らかにされているのは、**私たちは、大人になった後も、子どもの頃に経験したのと同じくらいに（あるいはそれ以上に）抜本的な変容を遂げうる**ということです。

ロバート・キーガンの訳書や加藤洋平氏の著作をはじめとして、近年、成人以後の発達をとりあげた日本語

の書籍は増加しつつあります。本書を読むことによって、**もっと多面的に**、そして**もっと「低次」から「高次」の段階まで**、人間の発達に関する理解を深めることができるでしょう。

加えて、本書では、単に現在や未来の段階に目を向けるだけでなく、**過去のひとつひとつの段階が今ここの自分の中に存在している**ことを、簡単なエクササイズによって「体感」する機会が数多く設けられています。

私たちは多くの場合、**過去の何らかの段階を手放せなかったり、あるいは逆に、自分の一部として認めてあげられなかったりします**。著者ウィルバーはこうした状態を、それぞれの段階に対する「**中毒**」ないし「**アレルギー**」が生じているとして分析しています。

しかし、本文で紹介されているエクササイズを丁寧に実践していくことで、こうした過去の段階に対しても、もっと健全な付き合い方をしていけるようになるはずです。

成長という言葉に惹かれる人は特に、ややもすれば「前のめり」になりがちですが、**本書を通して「自分の足元を確認する」**ことで、多くの気づきがもたらされるかもしれません。

2. 私たちの「器」の成長には、大きく異なる2種類のものがあり、どちらも同じくらいに重要なものである（という見方をもとに記述されている）

この2つ目の点は、「成人以後の発達」に関する多くの日本語文献ではあまり強調されていないものであり、別の言い方をすれば、本書の最大の特徴のひとつでもあります。

発達理論の奥深さ（と難しさ）を知っている人は、こんな厄介な見方はひとつでもう十分だと思われるかもしれません。とはいえ、実際には、この**「もうひとつの器」の成長**にかかわる実践も、近年、さまざまな場所でとりあげられるようになっています。

本書のサブタイトルにもあるように、それは**「マインドフルネス」**であり、もっと広く言えば、瞑想、禅、ヨーガ、武道、祈りなど、**私たちの精神的／霊的《スピリチュアル》な意識と身体を深める**ためのさまざまな実践が該当します。

私たちは、さまざまな理由から「自己成長」を求めたり、あるいは逆に（あるいはその一環として）「ありのままの自己」を受容しようとしたりします。しかし、そのようにして成長させようとしている「自己」とは、そもそも何なのでしょうか。

実は、世界中の主要な精神的伝統（例えば仏教からキリスト教まで、道教からヨーガまで）においては、その核心において――表層的な内容は大きく異なるにもかかわらず――ほとんど同じことが述べられています。**私たちの最も深い本性は、生まれることも死ぬこともなく、純粋で、透明で、どんな形もなく、どんな境界もなく、あたかも曇りなき鏡のように、この世界全体を映し出している**のです。

とはいえ、本書では、こうした点について、ありがたい説教を垂れようというわけではありません。著者も述べているように、読者にこうした内容を「信じて」ほしいと言っているわけではないのです。

その代わり、本書では、**こうした深い自己を「体感」するためのエクササイズが数多く用意されています。**もし今述べたことを聞いて「そういうのはちょっと…」と感じたとしても、いったん「判断保留」し、**本書で紹介されているエクササイズを自分自身で実行してみてから、そのうえで、どう思うかを判断していただきたいと思います**（なお、体感だけでなく知的根拠が欲しい「理論派」の方は、拙訳『インテグラル理論』の第四章などを参照いただければと思います）。

3．こうした2種類の成長ないし発達を、インテグラル理論のフレームワークおよび世界観と積極的に結びつけながら紹介している

3つ目の特徴は、こうした2種類の成長ないし発達を、インテグラル理論という文脈を通して「肉付け」しながら紹介していることです。

例えば、こうした**「内面」**（心の内側）の話と同じくらいに**「外面」**（例えばテクノロジー）も重要であること、「私」の視点と同じくらいに「あなた」や「私たち」という視点も重要であること、発達と言っても単にひとつの領域だけで捉えることはできず、実際には何十という異なる領域（例えば認知、内省、感情、身体など）の発達がありうることなどが述べられます。

その際、単に独立した追加の情報として紹介されるのではなく、上述の2種類の発達と積極的に関連づけながら、また各要素を体感できるエクササイズを示しながら説明されるので、本書を読み終える頃には、**インテグラル理論の全ての要素がひとつの立体的な織物をなしている**ことが実感されてくるかもしれません。

他にも強調したい点はいくつかありますが、それは本文をお読みいただくとして、以下では、本書を読むうえでのアドバイスなどを述べておきたいと思います。

◎本書を読むためのガイド

著者ウィルバーの本は、言葉自体は比較的平易でありながらも、参照する分野や領域や論点が多岐にわたるので、「難解」であると言われることもあります。それゆえ、本書を読むうえで心にとどめておくとよいと思われることを、何点か述べておきたいと思います。

まず、**木よりも森を見る**ように心掛けることです。わからない単語があっても、あるいは納得しがたい内容があっても、**いったん「保留」にして、先へと読み進めていき、全体像をつかむことを優先する**ということです。

とはいえ、何もガイドがないと、全体像をどう捉えればよいかにも悩むかもしれないので、この後すぐに、各章の大まかな内容について説明します。

次に、一人で読むことが苦手な方は特に、何らかの形で**誰かと共に読む**ようにするということです。各章ごとに友人や知人と意見を交わすのもよいでしょう。インテグラル理論に関する何らかの講座やセミナーや読書会（本書を扱っていなくても構いません）に参加するのもよいでしょう。地方にお住まいの方であっても、オンラインで開催されるものを探してみるとよいかもしれません。

最後に、もしこうした工夫をしてもやはり「わからない」と感じる場合には、**一度、この本から離れてみる**ということが必要かもしれません。そして――時間や余力のあるときに――自分が今まで学んだり経験したことのない分野や領域に手を伸ばしてみてください。
　インテグラル理論はある種の「メタ理論」であるため、前提や方法論の異なる複数の分野や領域を学んだり経験したりしたことがないと、その意義や価値を適切に評価／批判できない場合が多いのです。そしてそれから、また本書に戻ってくれば、きっと本書の景色は以前と大きく違って見えることでしょう。

　ここで、先に述べた通り、各章の内容を大まかに説明しておきます。

イントロダクションでは、マインドフルネスとは何なのか、本書で紹介する「インテグラル・マインドフルネス」とは一般的なマインドフルネスと何が違うのか、この実践はどんな仕組みで私たちを変化させるのかということなどが述べられます。

第一章「グローイング・アップ：発達という隠れた地図」では、さまざまな発達心理学の学派に共通して見受けられる6つから8つの発達段階の性質、および、発達というものの一般的な原則について、さまざまな角度から説明がなされます。
　その際、先にも述べたように、それぞれの段階が自分の中に存在していることを体感するエクサイズが数多く紹介されるので、本章を読み終える頃には、自分という存在が非常に「多層的」ないし「重層的」なものであることが実感されてくるはずです。

第二章「ウェイキング・アップ：悟りへの道」では、世界中のさまざまな精神的伝統に共通して見受けられる4つないし5つの意識状態について、説明がなされます。本章を読むことを通して、冒頭で述べた「もうひとつの器」の成長というのが何を意味していたのか、その真髄をきっと実感できるはずです。

加えて、後半では、こうした「意識状態」と前章で述べた「発達段階」がどのように関係し合っているのかについて、著者の見解が述べられており、2種類の成長がどちらも欠かせないものであることが論じられます。

ただし、本章の理論的な記述には少々難解なところもあり、あまり馴染みのない方にとってはハードな内容かもしれません。**もし途中で「脱落」しそうになったら、先に第三章へと進んでしまい、また必要を感じてから本章に戻ってくる**ことをお勧めします。実際、ここがひとつの峠であり、第三章に入るともう少し読みやすくなります。

第三章「ショーイング・アップ：意識にそなわる多様な視点」では、世界にそなわる根本的な4つの視点ないし領域について、説明がなされます。

本章ではまず、ビジネスの領域におけるマネジメント理論を例に挙げて4つの視点の概要が説明された後、**「人間関係」の領域**に大きな焦点が当てられます。

そこで述べられる内容は、人間関係一般に当てはまるものであると同時に、特に恋人やパートナーとの関係を意識して書かれたものでもあり、これまでのウィルバーの著作ではほとんど前面に現れてこなかった論点です。そしてその内容は、関係性についてのあらゆる個別のワークや技法（例えばＮＶＣ）の根底にあるものであると著者は主張しています。

本章を読むことで、仕事や私生活での人間関係をよりよいものにするための大きな指針（そして今すぐに役立ちうる指針）を得ることができるでしょう。

第四章「発達のさまざまなライン：多重知能を探究する」では、発達のさまざまな領域について、説明がなされます。

本章では特に、数ある発達領域の中でも、「認知」「感情」「内省」「身体」「道徳」「精神性《スピリチュアリティ》／霊性」「意志」「自己」という8つの領域について詳しくとりあげられます。

そしてここでも、単に内容を説明するだけでなく、それぞれの領域に対してマインドフルな気づきを与えるための文章が用意されており、本章を読み終える頃には、自分自身の「今ここ」への気づきを通して各領域を感じられるようになっているはずです。さらに本章では、「タイプ」という見方についても、説明がなされます。

第五章「在るものすべての全景画」では、ここまでの全ての要素を改めてひとつに結びつけるとともに、「本書の内容を踏まえて、結局、私は次に何をすればよいのか」という疑問に対して、著者からの返答がなされます。

加えて、仏教を例に挙げながら、既存の精神的《スピリチュアル》／霊的な集団（意識状態のことは知っている）に対して発達段階という視点をどのように伝えていけばよいかについて、具体的な提言がなされています。伝統的な宗教組織やスピリチュアルなコミュニティをよりよいものにしたいと思っている方にとっては、参考になる点も多いかもしれません。

◎本書の位置づけ

最後に、インテグラル理論の書籍という観点から見たときの本書の位置づけについて、ひとつの見方を述べておきたいと思います（インテグラル理論に初めて触れる方は、この部分は読み流していただいて構いません）。

本書は、少なくとも次のような3つの観点から読むことができると思われます。

1. インテグラル理論への**最新の入門書**の一冊
2. インテグラル理論の最も深い部分を体感することのできる**深遠な実践書**
3. インテグラル理論の各要素に気づきを向ける**「インテグラル・マインドフルネス」の概説書**

1について、本書の原著が出版されたのは2016年であり、昨年新訳として復刊された『インテグラル理論』（原題 *A Theory of Everything*）の原著出版年2000年から、実に16年後のことです。その間に、世界の情勢は大きく変わり、著者ウィルバーの思想も、少なからず変化を遂げました。

本書を読むことによって、**著者ウィルバーの最新の想いや考え**を踏まえながら、インテグラル理論の内容を理解し、そして活用できるようになるでしょう。

2について、本書は入門書としての性格をもちながらも、同時に、**私たちの極めて深く、極めて根源的な本性への気づきを促す**ための瞑想的指示の書でもあります。

インテグラル理論にかなり通じている方は、本書をざっと見たときに、切り口や説明の仕方としては新鮮な面があっても、質的に新しい内容は（第三章を除いて）あまりないと一見感じるかもしれません。しかし、意識状態という観点から注意深く読めば、「純粋な目撃者」と「非二元の意識」の位置づけが、これまでの書籍よりも明確に上昇しており、その地平から、インテグラル理論の全ての要素を照らし直していることがわかるのではないでしょうか。

3について、本書は言うまでもなく、ウィルバーが**「インテグラル・マインドフルネス」の概要**を紹介している書籍でもあります。

本書ではインテグラル・マインドフルネスの構成要素が一覧として整理されているわけではありませんが、素直に読んでいけば、次のような実践が登場していることがわかります。

・自分が今位置している発達段階へのマインドフルネス
・過去のそれぞれの発達段階に対するマインドフルネス（特に「中毒」と「アレルギー」に気づくこと）
・目撃者（と非二元の意識）へのグラウンディング
・人間関係におけるマインドフルネス
・主要な8つの発達領域へのマインドフルネス

これらの項目は、どのひとつをとってみても非常に有益な実践であり、心理臨床や対人支援に関する適切な知識や素養をお持ちの方であれば、自身の活動の中に何らかの形でとりこんでいくことができるかもしれません。

このように、本書は多面的な性格をもっており、読者の関心や意欲に応じて、さまざまな角度から読むことのできる本であると思われます。

それでは、前置きが長くなってしまいましたが、あなたの「今ここ」への気づきを入り口にして、インテグラル理論が見せる世界を体感しに行きましょう。準備はよろしいでしょうか?

秋深まる日の夜明けを感じながら

門林 奨

インテグラル理論を体感する：統合的成長のためのマインドフルネス論

〔目次〕

第一章　グローイング・アップ：発達という隠れた地図――29

第二章　ウェイキング・アップ：悟りへの道――147

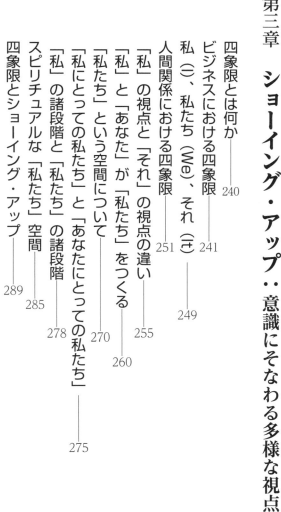

イントロダクション
Introduction

ようこそ、統合的瞑想《インテグラル・メディテーション》の世界へ。これから、マインドフルネスという実践法をインテグラル理論の観点から捉え直していきましょう。

みなさんが、本書の実践を知って、ただ心を奮わせるだけでなく、これが根本的に新しい方法であると認識されることを期待しています。なぜなら、インテグラル・メディテーションは次の2つのものを結びつけることによって生まれたからです。1つは、最も古く、そしておそらくは最も効果の上がる瞑想法。もう1つは、最も新しく、これまでの中で最も高度な進化を遂げた宇宙観。結果として生まれたのは、**成長や発達、変容や進化を促すための恐ろしく強力なアプローチ**です。そしてこのアプローチは、これまでに生み出されたどんなアプローチよりも強力なものなのです。

このように私が言うと、誇張しすぎではないかと思われるかもしれません。けれども、この旅に参加し、少しばかり実践を行ってみれば、みなさんは、これまでとは異なる全く新しい方法で物事を見るようになるはずです。私はそう確信しています。さらには、全く新しい方法で、自分の人生を感じ、体験するようになるでしょう。

それでは、早速始めましょう。統合的《インテグラル》なアプローチをマインドフルネス瞑想と結びつけることに関して、よく聞かれる質問があります。まずはそれに答えていきます。そのことによって、本書の大まかな内容を今すぐ把握できるかもしれません。

インテグラル・メディテーションによって成長や発達が促されるといいますが、この「成長や発達」とは正確には何を意味しているのでしょうか？

現在も調査や研究が進められていますが、**人間の成長や発達には、少なくとも2つの種類があり、それらは非常に異なる性格のものである**ことが明らかにされています。このことが意味するのは、精神的／霊的《スピリチュアル》な領域への関わり方にも、大きく異なる2種類のものがあるということです。奇妙なことに、この2つのうちの片方はごく最近になってようやく発見されたものであるため、この2種類の成長を「両方」含んだ道は、今まで一度も生まれることがありませんでした。

　これから見ていくように、本書では、成長を目指すこの2種類のアプローチをそれぞれ**「グローイング・アップ」（成長）**の道と**「ウェイキング・アップ」（目覚め）**の道であると呼びます。[訳注]そして、同じくこれから見ていくように、この両方のアプローチを結びつけたアプローチは世界中のどこにも一度も生まれたことがなかったために、言うなれば欠陥を抱えた人間たちが、人類の歴史全体を形づくってきたのです。私たち人類は、どちらか片方の成長だけに焦点を当てて、他方については、基本的に腐るがままにしてきたのです。

　言い換えれば、私たちは、**極めて「成長《グロー・アップ》」している**（多重知能における何らかの知能が高度に発達している）**けれど、少しも「目覚め《アウェイク》」ていない**（少しも「悟り」を得ていない）という人々をたくさん生み出してきたのです。伝統によっては、このような悟りのことを、「究極のアイデンティティ」の実現であると呼ぶこともあります。そこでは、個としての自分が、全世界、全宇宙、全生命と文字通りひとつであることが体験されるのです。

　もしみなさんがこうした話を聞いて「ちょっとついていけないなあ」と感じても、どうかもう少しだけ我慢して、この話に少しでも意味を与えられないか、考えてみてください。こ

［訳注］英語での表記はそれぞれ Growing Up および Waking Up である。
　なお、訳文では自然な日本語を用いることを重視し、原文の Growing Up（西洋心理学的な発達の道）と growth（両方の道を含む）のどちらに対しても「成長」という訳語を使用している。ただし、前者のときは「グローイング・アップ〔成長〕」のように片仮名表記をつけているので、どちらの用法かは容易に区別いただけると思う。

うした悟りを自分自身で体験してみたいとは思いませんか？　実際、本書の目的のひとつは、こうした体験が自分にとってどんな意味をもちうるのかを効果的に理解するということなのです。

他方、私たち人類は、**「目覚め」や「悟り」は得ているけれど、他のさまざまな領域においてかなり未成熟である**という人々も生み出してきました。例えば、性‐心理の領域においてひどく未熟である（それゆえに、自分の生徒の弱みに付け込んで性的な関係を持とうする）かもしれませんし、道徳の領域においてあまり発達していない（例えば、ナチス党員の多くはヨーガや瞑想に熟達していました）かもしれません。性差別主義者《セクシスト》や人種差別主義者《レイシスト》であるかもしれませんし、同性愛嫌悪《ホモフォビア》や外国人嫌悪《ゼノフォビア》の傾向があるかもしれません。権威主義的であるかもしれませんし、厳格な階級主義者であるかもしれません。こうした人たちは、確かに「世界とひとつ」になっているのかもしれませんが、その世界の中で生きていく能力が未熟なままなのです。ときに、機能不全を起こしていたり、病理的であったりすることさえあります。

にもかかわらず、私たちは、これまで一度たりとも、ウェイキング・アップ〔目覚め〕の道（自分自身の究極のアイデンティティに目覚める）とグローイング・アップ〔成長〕の道（普段の生活という面において自分の多重知能の全てを最大限に成熟させる）の両方に取り組むことのできる本格的な実践体系を手にしたことがありませんでした。言い換えれば、部分的であったり、断片的であったりせず、真に包括的で、欠けたものがなく、本当の意味で全ての領域にわたって成熟した人間——そんな人間を生み出すための実践方法を知らなかったのです。その結果、文字通り半端な人間だけが生み出されてきました。

さて、もしかするとみなさんは既に何らかの精神的／霊的《スピリチュアル》な道を歩んでいて、この道こそが完全無欠なものだ、そこに加えるべきものは何もないと考えているかもしれません。そうした見方は全く理解できるものです。

しかし、覚えておいていただきたいのですが、ここで挙げた2つ目の道（グローイング・アップ〔成長〕の道）が発見されたのは、人類の歴史において、つい最近のことなのです。それに対して、**人類がウェイキング・アップ〔目覚め〕の体験をするようになったのは、おそらく、少なくとも5万年以上前**――最も初期のシャーマンや呪術医が現れた頃――であると思われます。実際、もしみなさんが何らかの精神的《スピリチュアル》／霊的な道を歩んでいるのなら、その道は、1千年かそれ以上の期間をかけて発展してきたものである可能性が高いのです。

他方、**グローイング・アップ〔成長〕の道が発見されたのは、およそ100年前のことでしかありません。**理由はすぐ後で述べます。重要な点は、グローイング・アップ〔成長〕の道とは、あまり見つけやすいものではないということです。どれほど内省し、瞑想し、心の内側を探求しても、グローイング・アップ〔成長〕の各段階を認識できない可能性が高いのです。世界中のどんな瞑想システムに目を向けても、瞑想を通して到達できるさまざまな段階についてはよく述べられています（後で詳しく検討します）が、グローイング・アップ〔成長〕の各段階にあたるものは全く見つけることができません。ウェイキング・アップ〔目覚め〕はあるけれど、グローイング・アップ〔成長〕はない。このように、グローイング・アップ〔成長〕とウェイキング・アップ〔目覚め〕の両方をそろえた道は、全く存在していないのです。

グローイング・アップ〔成長〕の諸段階を初めて発見したのは、近代西洋における発達心理学の研究者たちであり、先に述べたように、およそ100年前の出来事です。今では何十もの学派が、直接的な調査に基づいて、人間の発達について研究しています。ここで非常に興味深いことは、**事実上すべての学派に、本質的に同じ6つから8つの基本的な段階**――グローイング・アップ〔成長〕の主要な段階――**が含まれている**ということです。言い換えれば、現在の私たちは、グローイング・アップ〔成長〕の道を歩むための地図をすでに手にしているのです。この地図を活用することで、私たちは、成長や発達や進化を続けて、想像しうる限りの最も豊かで最も成熟した段階へと進んでいくことができます。

　しかし、奇妙なことに、グローイング・アップに関するこうした地図やモデルのすべてが、事実上、「悟り」や「目覚め」や「究極のアイデンティティ」といったものを全く含んでいません。こうした発達心理学の諸学派は、**どうすれば成長できるのかを教えてくれても、どうすれば目覚めることができるのかは教えてくれない**のです。こうした西洋のアプローチにおいては、「大いなる解放」や「目覚め」や「究極のアイデンティティ」や「悟り」のようなものは、ほとんど無視されているのです。

　ウェイキング・アップ〔目覚め〕か、グローイング・アップ〔成長〕か。そのどちらか一方のみを重視してきたのが、人類の歴史でした。しかし、「統合的《インテグラル》アプローチ」と呼ばれるもの――冒頭で述べた最先端のモデル――が登場し、この両方の道が初めて結びつくことになりました。

　こうして、成長や発達のための新たな方法が生み出されたわけですが、この方法は、およそ考えうるあらゆる点において、極めて深遠で、極めて効果的なものです。こうした「統合的アプローチ」は、事実上、あらゆる領域における人間の活動に適用することができますし、現に適用されてきました。実際、統合的アプローチの主要な専門誌である *The Journal of Integral Theory and Practice* を読めば、60を超える領域において活用されていることがわかります（そのことによって、統合的な医療、統合的なビジネス、統合的な教育、統合的なコンサルティングといったさまざまな分野が生み出されてきました）。

　加えて、統合的アプローチに通じている人たちのほぼ全員が、次の点に同意しています。

> 宗教ないし精神性《スピリチュアリティ》／霊性が、今後も多くの支持者にとって魅力的であり続けるためには、その教えの中にグローイング・アップ〔成長〕の道とウェイキング・アップ〔目覚め〕の道の両方を含むように変化しなければならない。さもなければ、支持者――現実の成果を求めている支持者――を失うだけだろう。

私は、そうした宗教ないしスピリチュアリティのことを「未来の宗教」と呼んでいます。〔原注〕このような新たな在り方を、自分が今歩んでいる精神的《スピリチュアル》／霊的な道に適用していくことが大切なのです。

マインドフルネスとは何か

本書では、ウェイキング・アップ〔目覚め〕の道に含まれる最良の部分と、グローイング・アップ〔成長〕の道に含まれる最良の部分を結びつけた実践を、取り組みやすく、実用的であることを重視して紹介していきます。そのことによって、成長や発達を実現するための「世界最高のプログラム」だと私たちが考えているものをみなさんに体験してもらいます。繰り返し述べますが、もしこうした言葉を聞いて大げさすぎると感じても、どうか少し立ち止まって、最初の数ステップだけでも実践してみてください。そして、自分の中にどんな思いが生じるかを、自分自身で確かめてみてほしいのです。

マインドフルネスとは何ですか？
インテグラル・マインドフルネスは、一般に知られているマインドフルネス瞑想と何が違うのですか？

マインドフルネスとは、心と身体に働きかけるトレーニング技法の一種です。マインドフルネスを実践することで、**ストレスを劇的に減少させられる**ことがわかっています。**静けさ**や**落ち着き**、**心身が調**

〔原注〕私の著書 *The Religion of Tomorrow*〔未訳〕を参照。

和している感覚が増大し、不安や落ち込みの感情は和らぎ、痛みに伴う不快感は少なくなり、血圧は下がり、**学習能力**や**IQ**や**創造性**が高まります。さらに、**意識の高次の状態**——ときに「人間性のさらなる到達点」と呼ばれるもの——を目覚めさせるものであることもわかっています。［原注］マインドフルネスは、あたかも筋肉増強剤《ステロイド》のように、人間の活動全般を強化し、ありふれた平凡なものから、賢明で高潔なものへと変容させてくれるのです。

この強力な実践方法の起源は、少なくとも2500年前にまで遡《さかのぼ》ることができます。それ以来、人類はずっとこの方法を使い続けてきましたが、それは単に、この実践が現実に効果をもたらすからなのです（実際、ウェイキング・アップ〔目覚め〕を求める道の多くが、こうした実践を主要な構成要素として含んでいます）。

マインドフルネスに関して西洋で伝えられている内容のほとんどは、2014年に雑誌『タイム』に掲載された特集記事と同様のものであると言えます。この種の記事では、膨大な量の科学的証拠を参照しながら、マインドフルネスが生活のほとんどあらゆる領域において有益な効果をもたらすこと、とりわけ、狂気と喧騒に満ちた今日の世界、テクノロジーのために注意が散漫になり、ほとんどあらゆることへの集中力を削がれている今日の世界においては推奨される実践であることが主張されています。マインドフルネスの基本的な実践を行うことによって、先に述べたような効果、あるいはそれ以上の効果を得ることができるのです。

基本的な実践法

実践と述べましたが、具体的にはどんな実践を行うのでしょうか？ **楽な姿勢で座り、心を**

［原注］こうした研究についての詳細は、以下を参照のこと。
Jeffrey M. Greeson, "Mindfulness Research Update: 2008," *Journal of Evidence-Based Complementary and Alternative Medicine*, January 2009, http://chp.sagepub.com/content/14/1/10, accessed June 21, 2015

落ち着かせ、どんなことが生起しても、現在の瞬間に意識を向け続ける。本質的には、行うことはこれだけなのです。

床の上に座り、両脚をゆるく交差させるか、あるいは、ヨーガの実践などで一般的な結跏趺坐《けっかふざ》の姿勢になりましょう。手のひらを上に向けて、片方の手をもう一方の手の上に乗せたら、一緒になった両手を腰の前にそっと置きましょう。あるいは、手のひらを下にして、両手をそれぞれの膝の上に置いても構いません。あるいは、椅子に座ったまま、両脚を床につけ、背筋を伸ばし、両手を今述べたどちらかの状態にしても構いません。

姿勢を整えたら、今この瞬間に意識を向けたまま、ただ安らいでいましょう。どんなことが起きても、静かな明晰さを保ちながら、ただ起こっていることに気づきを向けるようにしましょう。心の中で起きたことにも、外で起きたことにも、その両方に気づきを向けましょう。

大抵の場合、実践者は、ある特定の対象に意識を向けるように指示を受けます。とはいえ、自分自身の呼吸を用いることがほとんどです。詳しい方法については後で述べますが、大事な点は、**意識を向けながら息を吸い、それから少し息を止め、意識を向けながら息を吐き、それから少し息を止め、また次の息を吸う**というように進んでいくことです。

もし呼吸を追うことに失敗したら、つまり、もし自分が過去や未来のこと、あるいは現在の生活について考えていることに気づいたら（一週間前に職場で起きた嫌なことを思い起こしたり、ワクワクするような明日のイベントについて考えたり、誰かとの人間関係がうまくいっていないことを心配したりしていることに気づいたら）、**ただ、思考を穏やかに中断して、呼吸を追うことを再開しましょう。**1日に1回か2回、10分から40分の時間をかけて、この実践を行います。

簡単そうに思えませんか？　ある意味では、その通り、とても簡単です――自分で実際にやってみるまでは。実際にやってみれば、自分の心がこんなにも無力なのか、自らの思考を制御することがこんなにも難しいのかと気づくことでしょう。おそらく、呼吸を見失ってばかりになるはずです。思考やイメージが荒々しく湧き上がり、心の中を埋めつくしていくかもしれません。強烈な感情や、不快な感情に圧倒されることもあるでしょう。あるいは、ものすごくポジティブな感情、至福とも呼べるほどの感情が、自分の中を滝のように流れていくかもしれません。

あなたはやがて、自分自身の心や内面だと思っていたものが、実は、全体のほんの一部分にすぎなかったことに気づき始めます。もし何を考えるかによって自分の行動が決まるというのなら、こんな一貫性のない寄せ集めの考えによってもたらされるのは、一貫性のない寄せ集めの行動であり、問題の多い行動であるということを、痛烈に感じ始めます。

もし心がこうした状態でなければ、人生のほとんどあらゆる領域において、もっと成功していて、一貫性があり、素質があり、業績があり、思いやりがあり、優秀であることができます。人生のあらゆる領域においてそうだと言えるのは、このような一貫性のない寄せ集めの「モンキー・マインド」が、ほとんどあらゆる領域において、私たちの行動の基底にあり、私たちの行動を突き動かしているからなのです。

もしあなたが、努力によって実際に大きな成功を手にした領域があるならば、それをどうやって達成したのかを思い返してみてください。おそらくそうした領域では、**明晰に、一貫して、そして自由に、行うべきことに集中できていた**はずです。こうした状態は、よく**フロー状態（flow state）**と呼ばれています。フロー状態では、たとえどんなことに対してであれ――仕事であれ、人間関係であれ、子育てであれ、単にリラックスすることであれ――**自分にできうる限りの最高の能力を発揮できる**ようになります（そしてそれゆえに、とてもうまくいくことが多くなります)。そう、マインドフルネス瞑想とは、人生全体をフロー状態へと変えてくれるものなのです。

インテグラル・マインドフルネスは通常のマインドフルネスと何が違うのか

インテグラル・マインドフルネスと通常のマインドフルネスとの大きな違いは何でしょうか。インテグラル・マインドフルネスでは、通常のマインドフルネスの方法も活用しますが、そこに、インテグラル理論という最先端のモデルが与えてくれる革新的な洞察を組み合わせます。そのことによって、**通常のマインドフルネスよりもさらに多くの側面に対してマインドフルネスを適用する**のです。それゆえ、さらに多くの領域において、フロー状態に到達できるようになります。

もっとも、こうした諸側面も、全ての人に百パーセント現前しているものです。ただ、ほとんどの人が、その存在に気づいていないだけなのです。私たち一人一人の中に今まさに生じているのですが、そのことに気づいている人はほとんどいません(こうした側面のうち最も重要なものとして、グローイング・アップ〔成長〕の諸段階を挙げることができます。どの段階も今ここに現前しているのですが、ほとんどの人は、それらを意識することがないのです)。

例を挙げて説明してみましょう。あなたの母国語——例えば英語——を思い浮かべてみてください。英語を話す環境で育てられた子どもたちはみな、多かれ少なかれ、英語を正確に話せるようになります。主語と動詞を正しく組み合わせる、形容詞と副詞を正しく用いる、複数の単語を正しく配置する、など。言い換えれば、全く正確に、英文法のルールに従うことができるのです。しかし、子どもたちに、英文法のルールとはどんなものかを書き出すように頼んでも、ほとんど誰も答えられないでしょう。**誰もがルールに従っているにもかか**

わらず、誰もそのルールのことを意識していないのです！

インテグラル理論では、人生のあらゆる領域において、この例と同じような指摘を行っていきます。それはちょうど、自分が今どこに立っているのか明らかにしてくれる地図のようなものです。仕事、人間関係、芸術、子育て、学習、スポーツなど、**ほとんどあらゆる領域において基本となっている地図**を提供するのです。そしてこうした地図は、私たちが現実の領域をどのように認識し、どのように渡り歩いていくのかを方向づけてくれるものです。

一般的に言って、**私たちはこうした地図が存在することに気づいていません**（このことはグローイング・アップ〔成長〕の全ての段階に当てはまります。こうした段階は**「隠れた地図《ヒドゥン・マップ》」**になっているのです）。そして、ちょうど文法の例のように、私たちは、何かに従っているという自覚が全くなくても、何かに従っているということがあるのです。加えて、率直に言えば、多くの地図はめちゃくちゃなのです。多くの地図は、不正確であったり、幼稚であったり、子ども時代からの遺物であったり、あるいは単に間違っていたりします。

しかし私たちは、こうした地図の存在を認識できていないために、地図を修正しようとも、正確に描き直そうとも、自分の立っている場所を正確に表現してくれる地図を新しく作ろうとも、決して思わないのです。ちょうど、間違った地図をもって別の街へドライブに行こうとして、めちゃくちゃな結果になり、行きたかったところにも全く行けずに終わってしまうようなものです。心当たりはありませんか？　私にはあります。

さて、こうした地図は、ただ心の中を内省したり、自分の意識を調べたりするだけでは、発見することができません。心の内側を見つめるだけでは、文法を見つけ出すことはできないのです。自らの内面を調べることで見つかるのは、さまざまな単語やイメージ、記号やシンボルだけであり、そこに潜んでいる「隠れた規則《ヒドゥン・ルール》」

が見つかることはありません。

ある言語がどんな隠れた規則《ヒドゥン・ルール》に従っているのかを明らかにするためには、その言語を使用している多数の人間を客観的に調査し、その共通の特徴を調べ、どんな規則が人々の発話を実際に支配しているのかを推定する必要があります。同じことが、私たちの人生のかなりの部分を方向づけている隠れた地図《ヒドゥン・マップ》についても言えます。ただ内側を見つめるだけでは、そうした地図は見えないのです。

実際、こうした隠れた地図——専門的には**「意識の構造」(structure of consciousness)** と呼ばれます——を人類が発見したのは、先述のように、比較的最近の出来事です。私たちはこの惑星で百万年以上暮らしていますが、こうした地図を発見したのは、ほんの１００年ほど前のことなのです（それゆえ、グローイング・アップ〔成長〕の諸段階が発見されたのもごく最近のことです）。

これと対になるのが、**「意識の状態」(state of consciousness)** と呼ばれているものです。構造《ストラクチャー》ではなく、状態《ステート》です。先に少し述べたように、瞑想とは、私たちを意識の高次の状態へと導いてくれるものでもあります。高次の意識状態としては、しばしば**「変性意識状態」**と呼ばれている状態（例：広大な愛と歓びに包まれる、多くの洞察と気づきに満たされる、自己の感覚が大きく広がる、万物と一体であるように感じる）や、一般に「フロー状態」と呼ばれている状態が挙げられます。言い換えれば、意識状態とは、ウェイキング・アップ〔目覚め〕の道の核心にあるものなのです。

意識の状態《ステート》は、心の内側を見つめるだけで、見つけることができます。あらゆる生命への広大な愛の感覚に包まれて、「愛してるよ、みんな！」と思わず口に出してしまったとき、あなたはただちに、そして直接に、その意識状態の存在を知るでしょう。たとえ、その文章がどんな文法に従っているのかを説明することができなくても、構わないのです。

先述のように、意識の状態《ステート》は、少なくとも5万年前、最も初期のシャーマンや呪術医がヴィジョン・クエスト［訳注］を行っていた頃には発見されていました。それに対して、意識の構造《ストラクチャー》は、ただ内側を見つめるだけでは発見できないため、ようやく１００年ほど前になって、発達心理学の研究者たちによって発見されました。それゆえ、意識構造という隠れた地図《ヒドゥン・マップ》（人間の発達に関する膨大な量の研究によって明らかにされたものであり、インテグラル理論は単にそうした地図を要約したにすぎません［原注］）は、世界中の大いなる瞑想的伝統のどこを探しても、全く見出すことができないのです。

こうした伝統のどれもが、瞑想や観想の実践方法（例えばマインドフルネス）を確立するという点では輝かしい成果を挙げているにもかかわらず、そうした**マインドフルネスの方法論を、隠れた地図《ヒドゥン・マップ》を明らかにし、その地図をよりよいものへと更新していくために活用したことがありません。**今日用いられている瞑想システムのほとんどは１０００年以上昔につくられたものですが、意識の構造が発見されたのは１００年ほど前であるために、どの瞑想システムにおいても、そうした地図を発見することはできなかったのです。

それゆえ、たとえある人が非常に高次の意識状態――例えば「悟り」や「目覚め」と呼ばれるもの――に到達したとしても、その人はなお、隠れた地図（例えばグローイング・アップの諸段階）に振り回されることになります。だからこそ、先ほど私は、極めて熟達した瞑想の師であっても、未成熟な見解（例えば同性愛嫌悪《ホモフォビア》、権威主義、性差別主義《セクシズム》、厳格な階級主義）に呑みこまれてしまうことがあると述べたのです。そうした師たちは、無意識のままに、歪んだ隠れた地図《ヒドゥン・マップ》に突き動かされてしまっているのです。

［訳注］アメリカ先住民のインディアンに伝わる儀式。独りで山にこもり、断食などを行うことで、自らの使命や人生の意味に関するヴィジョンを受け取る。

［原注］私の著書*Integral Psychology*（2000）のpp.195-217を参照。

意識構造と意識状態の違いを覚えておくための最も簡単な方法とは、意識構造（文法、隠れた地図《ヒドゥン・マップ》）はグローイング・アップ〔成長〕の基本要素であり、意識状態（悟りや目覚めにつながるもの）はウェイキング・アップ〔目覚め〕の基本要素であると覚えておくことです。

グローイング・アップ〔成長〕の道において、私たちはあまり発達していない段階から、もっと適切で、もっと成熟していて、もっと発達した段階へと移行していきます。本当の意味で、大人になる《グロー・アップ》のです。他方、ウェイキング・アップ〔目覚め〕の道において、私たちはあまり全体的《ホリスティック》ではなく、あまり進んでいない状態から、最も高度な、想像しうる限りの最も発達した状態へと移行していきます。それは本物の変容をもたらすものであり、目覚め、覚醒、悟り、大いなる解放、メタモルフォーシス、究極のアイデンティティなど、さまざまな名前で呼ばれているものなのです。

発達という隠れた地図《ヒドゥン・マップ》を掘り起こす

本書ではまず、グローイング・アップ〔成長〕の道に焦点を当てていきます――どのようにして、あまり高度でなく、あまり正確でなく、あまり発達していない隠れた地図《ヒドゥン・マップ》が、もっと発達していて、もっと成熟していて、もっと包括的な地図へと置き換わっていくのかについて、述べていきます。その際、それぞれの地図の具体的な内容についても、例を挙げて説明します。

その後すぐに、ウェイキング・アップ〔目覚め〕の道へと焦点を移します。そこでは、各意識状態の内容（最も高次の意識状態である「真の自己《トゥルー・セルフ》」の状態と究極の「一なる意識《ユニティ・コンシャスネス》」の状態を含む）を直接感じとってもらうために、いくつかのエクササイズを用意しています。

グローイング・アップ〔成長〕の道において、あまり発達していない低次の隠れた地図《ヒドゥン・マップ》から受ける影響を取り除くための方法は、ひとつしかありません。まずは、**隠れた地図《ヒドゥン・マップ》を発見し、それに気づく**ということです。これから見ていくように、この点においてこそ、インテグラル理論は役に立つのです。

隠れた地図《ヒドゥン・マップ》を見つけ出し、その地図が現代には少々古臭いもの、時代遅れのもの、不適切なものだと思われたなら、あるいは単にその地図が間違っていたら、**その地図をいわば「掘り起こし」、もっとよいものへと置き換える**必要があります。そしてこの「掘り起こす」ことに関して、マインドフルネスは極めて強力な手法となりうるのです。インテグラル・マインドフルネスの実践手法は標準的なマインドフルネスの実践手法——今ここの瞬間に生じている現象に対して、一貫して、ありのままに意識を向け続ける——と変わりませんが、**瞑想的伝統においては全く知られていなかった内容に対して意識を向ける**ことになります。その内容とは、グローイング・アップ〔成長〕の諸段階のことであり、インテグラル理論では直接に扱われているものです。

隠れた地図《ヒドゥン・マップ》に一貫して意識を向け続けることで、そうした地図は明るみ《アンヒドゥン》に出るようになります。言い換えれば、無意識の地図が意識化され、主体《サブジェクト》ではなく客体《オブジェクト》となり、意識的にコントロールできるものになるのです。古くて一貫性のない地図を取り除き、その代わりに、新しくてもっと正確な地図を用いることによって、人生のほとんどあらゆる領域において、ただちに、重大な変化が生じるでしょう。

なぜなら、今まで無意識に用いていた地図、自分の人生のあらゆる領域を導いていた不正確な地図が取り除かれることになるからです。実際、そうした不正確な地図のせいで（ちょうど歪んだ地図を用いて別の街に出かけようとしたときと同じく）、さまざまな悲劇——穏やかなものであれ、破滅的なものであれ——がもたさらされてきたのです。

私たちの人生のほとんど全ての領域が、こうした地図（あるいはフレームワーク、観点）によって、突き動かされ、方向づけられています。それゆえ、この地図を意識化すること――インテグラル理論によって言語化し、マインドフルネスによって意識を向けること――で、私たちの人生のほとんど全ての領域が、劇的に変化することになります。そうした変化はただちに起こるかもしれませんし、少しばかりの実践を経た後に起こるかもしれませんが、いずれにせよ、避けることはできないのです。

本書がこれから行おうとしていることは、まさにこれなのです。**自分が人生のほとんどあらゆる領域においてどんな地図（フレームワーク、観点）を用いているのかを、ある程度でも認識しておこう**ということなのです。そしてマインドフルネスによって、そうした地図に意識を向け、その根っこを引き抜き、分解し、もっと正確で一貫した地図を描くための余地を与えておこうということなのです。そうすれば、人生のほとんどあらゆる領域において、ただちに、重大な変化がもたらされるでしょう。

私はみなさんに、こうした変化が起きることを信じてほしいと言っているわけではありません。そうではなく、**少なくとも初歩的な実践までは自分で行ってみて、結果を自分の眼で確かめてみてほしい**のです（どんな形であれ、結果が一目瞭然であることは、私が保証します）。

覚えておいてほしいのは、インテグラル・マインドフルネスでは、標準的なマインドフルネスによる恩恵（例えば健康の増進、知的能力の向上、感情の安定性の向上、人間関係に対する満足度の増大、偽りのない子育ての実現）の全てに加えて、人生にさまざまな悲劇をもたらしてきたフレームワーク（あるいは地図）を解体することによる恩恵も得られるということです。使い古されたフレームワークを、もっと新しく、もっと正確なフレームワークに置き換えることで、人生を、もっと健康的で、もっと一貫していて、もっと賢明なものへと変化させていきましょう。そして、それは本質的に言って、あなたの人生の全ての領域を、あふれんばかりのフロー状態の連続にしてしまうということなのです。

しかし、あふれんばかりのフロー状態になるだけなら、子どもにだってできますよね？　私たちが目指しているのは、**こうしたフロー状態**――目覚めや悟りの状態を含む――**を、最も発達した、最も正確な、最も成熟した発達段階の地平から、経験する**ということなのです。

私たちが目指しているのは、悟りオタクになることではありません（そうなってしまう人たちは少なくないのですが）。そうではなく、グローイング・アップ〔成長〕の段階とウェイキング・アップ〔目覚め〕の段階を組み合わせることで、存在しうる世界の中で最も望ましく、最も輝かしい世界を実現していきましょう。こうした可能性は、比較的最近になり、古来の精神的伝統に見られる実践法（例えばマインドフルネス）と、進化に関する最先端の見方（例えばインテグラル理論）が結びついたことによって、初めて現れたものです。歴史上初めて、グローイング・アップ〔成長〕の道とウェイキング・アップ〔目覚め〕の道が結びつき、意識構造《ストラクチャー》と意識状態《ステート》が結びつき、豊かさ《フルネス》と自由《フリーダム》が結びつき、熟練した方便と究極の智慧が結びついたことによって、こうした未来が生まれたのです。そして、この両者の結びつきこそが、インテグラル・マインドフルネスの中核にあるものなのです。

インテグラル・マインドフルネスは、どのような仕組みによって、私をもっと健康的に、幸せに、そして生産的にしてくれるのでしょうか？

既に述べた内容もありますが、付け加えておきます。インテグラル理論では、隠れた地図《ヒドゥン・マップ》（もしこの言葉が何を指しているのかよくわからなくても、あとで具体的な例を示しますので、ご心配なく）の多くを、一般に

「統合的方法論」と呼ばれている方法によって、掘り起こしていきます。難しそうな名前に聞こえるかもしれませんが、その考え方はシンプルです。インテグラルなアプローチでは、**人間が生み出した事実上すべての分野——例えば科学、倫理、文学、経済、スピリチュアリティ——には、多かれ少なかれ、何らかの真理、何らかの「真実だが部分的」(true but partial) な考えが含まれている**と考えるのです。

文学を例にとってみましょう。文学はよく科学と比較されます。科学が純粋な真理を与えるのに対して、文学が扱うのは架空の世界、小説の世界、非現実の世界であると考えられています。だからと言って、文学には何の真実もないと言えるでしょうか？　そんなことはないでしょう。文学が扱っているのもまた、**人間がどのように「解釈」を行うか**ということなのです。そして解釈こそが、人間の条件を核心において規定している極めて重要な真理なのです。科学でさえも、解釈に依存しています。文学とは、単なる架空のものではなく、「真実だが部分的」なものなのです。同じことが、人間が関わっている他のほとんど全ての分野についても言えます。

それゆえ、私たちが発するべき問いとは、「どのアプローチが正しいのだろう？」ではなく、「こうした全てのアプローチが真実の一部分を与えているこの世界とは、どういうところなのだろう？」となります。言い換えれば、ある程度までは**「誰もが正しい」(everybody is right)** と考えるのです。インテグラル理論が探求する問いとは、**「どれが正しいのだろう？」ではなく、「どうすれば全てをひとつに織り合わせられるのだろう？」**なのです。実際、インテグラル（統合的）という単語そのものが、包括的であること、全てを包み込んで抱擁すること、全てを集めて結びつけることを意味しています。

こういうわけで、インテグラル理論の理論家たちは、人類が近代以前《プレモダン》、近代《モダン》、そして近代以降《ポストモダン》の歴史を通してつくり上げてきたあらゆる地図に対して、目を向け始めました。そして、こうした多様な地図の全てを考慮に入れることで、ひとつの複合的な地図（もしお望みなら超-地図《スーパーマップ》と呼んでもよいでしょう）を生み出したのです。この超-地図は、それぞれの地図の「真実だが部分的」な側面を包含し、そのことによって、他の地図に欠けているものを補完しようとするものです。こうして生み出された複合的地図は、人類がこれまでの全歴史を通して世界中でつくり上げてきた主要な地図の本質的要素を、実質的に全て含んでいます。

ただし、この複合的地図は、たとえて言えば、顕微鏡でしか見えないほど細かな内容まで書き記した地図ではなく（そんなことはおそらく不可能です）、高度10kmから見下ろしたときの地図です。そこに描かれているのは、基本となる主要な輪郭だけであり、人間という「世界-内-存在」［原注］の根本をなす側面だけが描かれているのです。

私たちは、この超-地図（あるいは複合的地図、統合的地図）のことを、**AQAL**（「アークアル」と読む）と呼んでいます。これは「全象限、全レベル」（All Quadrants, All Levels）の略であり、さらには「ライン」「ステート」「タイプ」という要素を含みます——しかし、ご心配なく！　みなさんはこうした単語を覚える必要はありません。今述べたどの要素も、適切なタイミングが来たときに、本書の中で丁寧に説明していくからです。

大事な点は、この地図がそのような包括性をもっているからこそ、インテグラル理論は、人間のほぼあらゆる活動領域における隠れた地図《ヒドゥン・マップ》を探求することができるのだという点です。なぜなら、この複合的地図には、ほとんど全ての領域が包含されたからであり、もしどこかの領域に欠乏や欠陥があれば、はっきりと見つけることができたからです。

これから本書を通して、この複合的地図とはどのようなものなのかを、明快かつ簡潔に説明

［原注］どんな個人も孤立して存在しているわけではないので、全ての人間は「世界-内-存在」〔ハイデガー哲学の用語〕であるといえる。言い換えれば、あらゆる個は、何らかの集団を構成しているのである。そしてインテグラル理論では、こうした「個」と「集団」の両方に、「内面」と「外面」があると考える。

していきます。この地図を用いることによって、**自分が現在、どんな隠れた地図《ヒドゥン・マップ》を使って人生の諸領域を方向づけているのかを突き止めやすくなる**でしょう。

さらに、それぞれの地図の「健全なバージョン」とはどんなものであるかを知ることで、自らの隠れた地図《ヒドゥン・マップ》を突き止め、マインドフルネスを通してそれに意識を向けることも容易になるでしょう。そのことによって、自分がこれまで抱えていた地図を手放し、**もっと適切で包括的で健全なバージョンの地図**へと置き換えることができるのです。

コンピュータ科学の分野に、こんな古い諺《ことわざ》があります。「ゴミを入れれば、ゴミしか出てこない」――もしあなたというシステムに、不正確な情報や不十分な見方に基づく情報を入力すれば、あなたから出力されるものも、不正確なものや、不十分な見方に基づくものでしかないのです。隠れた地図《ヒドゥン・マップ》についても、同じことが言えます。それはちょうど、歪んだ文法のシステムをもっているようなものです。おかしな文法に基づいていれば、私たちが何を話したとても、大半の言葉は伝わりません。

実際、ほとんどの言語には方言がありますが、方言は標準的な文法のルールには従っていません。そして大抵の場合、こうした土地固有の言葉を用いることは、それがそのまま、質の低い教育を受けてきたことや、下層階級に属していることの証拠であるとみなされています。その是非はさておくとしても、"I ain't got no car", "They done theirselves proud", "This here pie got flies all over it" などの発言は、標準的でない英語表現の例であるといえます。

そして、ほとんどの人が従っている隠れた地図《ヒドゥン・マップ》の文法システムも、こうした文章よりたいして良いとは言えないのです。加えて、そのためにもたらされている結果も、こうした例よりたいして良いとは言えません。

しかし、私たちはインテグラル・マインドフルネスを実践することで、**自らの隠れた地図《ヒドゥン・マップ》を掘り起こし、そ**

れを純粋な意識という白日の下にさらけ出して、もっと素敵なバージョンの地図に置き換えることができるようになります。人生のどの領域にインテグラル・マインドフルネスを適用した場合でも、効果はその領域の隅々にまで現れてくるでしょう。

これこそ、インテグラル・マインドフルネスが――人生の全ての領域にわたって――あなたを今より健康的に、今より幸せに、そして今より生産的にしてくれる基本的な原理なのです。

二種類のスピリチュアリティ

マインドフルネスとは、スピリチュアルな実践の一種、もしくは宗教的な実践の一種なのでしょうか？　もしそうだとすれば、どのような意味においてそうなのでしょうか？

この質問には、丁寧に、明快に、わかりやすく、一歩ずつ答えていきたいと思います。なぜなら、この質問への答えは、「スピリチュアル」〔精神的／霊的〕という言葉をどんな意味で用いるのかによって、変わってくるからです。それゆえ、**私たちが「宗教」や「スピリチュアリティ」〔精神性／霊性〕という言葉をどのように用いているのか**について、正確に論じておく必要があります（このとき、現代では多くの人が自分のことを「スピリチュアルだが宗教的ではない」と考えていることも勘案する必要があります）。

さらに、もしあなたがスピリチュアリティにも宗教にも――少なくとも、現代において一般的に認識されている種類のスピリチュアリティや宗教には——全く興味のない人であるならば、これらの言葉をどう定義するかということは、特に重要です。その場合、おそらく、次の2つのことが言えると思われます。

1.あなたがスピリチュアリティ（精神性／霊性）だと認識しているものは、その「良いバージョン」ではありません。（ウェイキング・アップの道へと直接につながるものではありません）

2.もし「良いバージョン」のスピリチュアリティに出会えば、あなたはきっと、それには興味を抱くはずです。

それでは、始めましょう。まず、先にも述べたように、**宗教やスピリチュアリティには、非常に異なる2つの形態があり**、それぞれの形態が達成しようとしているものは非常に異なります。

1つ目の形態は、学者たちがよく「ナラティブ型（物語型）」と呼んでいるもので、その最も典型的なものは**「神話的《ミシック》-字義的《リテラル》」な宗教**と呼ばれています。この形態においては、宗教とは、**神話的《ミシック》な物語の集まり**のことであり、一般に、この宇宙や人間と「神的存在」との間にどのような関係があるかを説明しようとするものなのです（加えて、神的存在との「正しい」関係を保つにはどのように行動すべきなのかを定めたルール——ときに「法」と呼ばれるもの——の集まりでもあります）。

そしてそこでは、神話的な物語は**字義通り《リテラル》に**（文字通りに）受けとられ、一字一句まで正しいもの、絶対的に正しいものだとみなされる傾向にあります（だからこそ「神話的-字義的」と呼ばれるのです）。実際、多くの場合、宗教的な原理主義の基礎をなしているのは、こうしたアプローチなのです。キリスト教原理主義を例に挙げてみましょう。モーセは本当に紅海を2つに分けたのであり、神は本当に大洪水を起こしてノアとその家族以外の全ての人間を殺したのです（さらに言えば、ノアは本当に全ての動物のペアを箱舟に乗せたのです——

そう、18万種を超える昆虫も全て二匹ずつ——きっと虫除けスプレーでも使っていたのだと信じたいですが）。

また、大抵の場合、神話的な物語においては、神的存在の意思を代弁できる人間はただ一人であり、全人類を救うことのできる唯一の救世主であるとみなされています。もし心を開いてこの物語を信じるならば、神的存在の臨在のもと、楽園において、永遠の時を過ごすことができるだろう。だが、もしこの物語を信じず、唯一無二の救世主が述べていることを受け入れないのならば、永遠に地獄で焼かれ続ける（あるいは、恐ろしい輪廻転生を永遠に繰り返す）ことになるだろう、というわけです。

これが宗教の1つ目のタイプです。このタイプの宗教は、**意識の「構造」に焦点を当てているのですが、多くの場合、その構造はあまり発達しておらず、未成熟な段階のままなのです**（言い換えれば、こうした宗教は、グローイング・アップ〔成長〕の初期の段階に焦点を当てているのです）。

もう1つの形態のスピリチュアリティは、何らかの信念体系ではありません。それはむしろ、**意識を変容させるための心理的技術**《サイコテクノロジー》なのです。ここでは、意識の状態《ステート》を変えることに焦点が当たります。さまざまな瞑想的および観想的な実践を用いることによって、意識の向いている方向を根本から変化させ、新しい高次の意識状態——例えば、宇宙全体との直接的な一体感が経験される状態——へと自らを開いていくのです（言い換えれば、ウェイキング・アップ〔目覚め〕の道を進んでいくのです）。

こうした実践には、マインドフルネスも含まれます。マインドフルネスは、もともとは仏教における瞑想の一形態であり、その目標は、涅槃《ねはん》として知られている最も高次の意識状態に到達することです。そうした教えによれば、私たちの意識は、時間なき絶対的な「今」のなかでマインドフルネスの実践を重ねることによって、究極にして無限であり、どのような制限も受けることのない、全ての存在の「基底なき基底」とひとつになることができるとされます。そしてその状態は、「悟り」「解放」「目覚め」などと呼ばれています。

このとき、本質的には、何から目覚めるのでしょうか。**無秩序で一貫性のない方法で絶え間なく思考すること**や、そうした方法で絶え間なく現実をフレーミングすることから目覚めるのです。そうした思考やフレーミングこそが、人間のほとんどの活動を支配しているのであり、終わりなき苦しみを生み出しているのです。では、何へ目覚めるのでしょうか。**純粋で、透明で、開かれていて、空っぽで、明晰な意識**へと目覚めるのです。そこには、支離滅裂な思考やフレームワークはありません。こうした目覚めは、ときに、自分自身の「最も高次の自己」「真の自己」「本当の状態」を発見することであるとも言われます。**この発見のプロセスは、宗教よりも、遥かに心理学に近い**ものなのです。

それゆえ、もしあなたが「スピリチュアル」という言葉をこのような意味で使っているならば、マインドフルネスはまさにスピリチュアルな実践ですし、そもそも最初から、純粋にスピリチュアルな実践だったのです。そうした実践が、全くたまたまに、心身の健康から人間関係の改善に至るまでのさまざまな領域に、よい効果を与えてくれるものだったというだけなのです。目覚めることの価値に比べれば、そうした効果の価値は劣りますが、それでもなお、極めて価値ある効果であることには変わりありません。

他方、先に述べたような事情があるために、西洋における多くの実践者は、マインドフルネスには実はスピリチュアルな側面があるということにわずかでも言及することを避けようとします。マインドフルネスを、世界中に浸透している多くの典型的な宗教——宗教やスピリチュアリティの1つ目のタイプであり、「ナラティブ型宗教」と呼ばれているもの——と同じものだとみなされることを恐れているのです。なぜなら、**もし「スピリチュアル」という言葉をこうした典型的宗教を指すものとして用いるならば、マインドフルネスは、ほんの少したりともスピリチュアルな実践ではない**からです。

そのため、私たちはここで、言葉の使い方にとても慎重になる必要があります。もし「スピリチュアル」という言葉で、グローイング・アップ〔成長〕の初期の段階を指し示しているのならば、マインドフルネスは、少しもスピリチュアルなものではありません。他方、もし「スピリチュアル」という言葉で、最も高次の意識状態（純粋な一なる意識、究極のアイデンティティ）――を指し示しているのなら、マインドフルネスは、完全にスピリチュアルな実践として生まれたのであり、そして今でも、スピリチュアルな実践なのです。

個人としての発達

インテグラル・マインドフルネスを、どのようにして私自身の発達に適用していけばよいのでしょうか？

この質問は、インテグラル理論の世界に入っていくための良い手がかりになります。おそらくみなさんは、一般的に言って、生まれたばかりの人間は決して十分に発達していないということにお気づきでしょう。私たちの能力は、何年もの時間をかけて、成長や発達を遂げていきます。ドングリが成長して樫の木になるように、卵が成長してニワトリになるように、ヒトもまた、胎児から、成熟した個体へと成長していくのです。何十ものモデルが、こうした発達プロセスの全体を説明しようとしています。そしてこうしたモデルは、**私たちの能力がどのような段階を踏んで成長や発達を遂げていくのか**をさまざまな角度から示してくれています（言い換えれば、それらはグローイング・アップ〔成長〕に関するモデルなのです）。

しかし驚くべきことに――先にも述べましたが――こうした無数のモデルのほぼ全てが、基本となる主要な発達段階として、本質的に同じ6個から8個の段階を描いているのです。しかも、こうした段階は、世界中のどこでも同じように現れます。私は著書 *Integral Psychology* の巻末で、１００種類を超える発達モデルの概要を図表としてまとめましたが、実際に確かめてみると、さまざまなモデルの段階が本質的にはこれほど似通ったものであったのかと、とても驚くことでしょう。発達モデルの中には、さまざまな性質を大きくまとめて、５個程度の段階だけを示しているものもあります。逆にもっと細分化し、16個あるいはそれ以上の段階を示しているものもあります。しかし全体として見れば、６個から8個の同じ段階が、何度も何度も何度も現れるのです。

そしてこうした発達段階とは、人間が世界を意味づけるために用いている地図なのです。それは、私が「意識構造」あるいは「隠れた文法《ヒドゥン・グラマー》」あるいは「隠れた地図《ヒドゥン・マップ》」と呼んでいるものであり、私たちがどのように世界を見て、解釈し、感じるのかを規定しているのです。

ほとんどの人は、「そこ」に見えるものは本当にそこにあるのであり、あらゆる人は同じ世界に触れているはずだと考えています――必要なことは、それに「目を向ける」ことだけなのです。しかし、発達理論の研究が紛れもなく示していることは、**私たちは発達のそれぞれの段階において、劇的なまでに異なる方法で、世界を認識し、感じ、解釈する**ということです。発達のそれぞれの段階には、独自の文法があり、独自の構造があり、現在直面している実際の領域を捉えるための独自の地図があります。そして、こうした段階は、互いに恐ろしく異なっているのです。あまりにも異なっているので、発達研究者たちの中には、それぞれの段階は実際に異なる世界に接しているのだ、もっと言えば、異なる世界そのものなのだと主張する人たちもいます。しかしそうは言っても、みなさんは、いったんそうした諸段階を認識し始めるようになれば、**周りの至るところに**

各段階を見つけるようになるでしょう。

それゆえ、発達段階に対するこうした認識は、これからインテグラル・メディテーションをみなさん自身の発達に適用していくための入場許可証のようなものだと考えておいてください。なぜなら、こうした諸段階は、みなさんがマインドフルネスによって意識を向けていく内容の中の不可欠な要素だからです。そしてこうした諸段階に意識を向けることで、みなさんはおそらく生まれて初めて、自分の人生のあらゆる領域を――自分では全く自覚していなくても――実際に方向づけている隠れた地図《ヒドゥン・マップ》（あるいは隠れた文法《ヒドゥン・グラマー》、あるいはフレームワーク）を認識するようになるでしょう。

これはすなわち、インテグラル・マインドフルネスの実践を正式に始めるにあたって、まず初めに、最近新しく発見された内容に目を向け、それをマインドフルネス瞑想の対象にしていこうということです。その内容とはすなわち、６個から８個の「隠れた地図《ヒドゥン・マップ》」（あるいは「隠れた文法《ヒドゥン・グラマー》」）であり、私たちが世界を認識し、体験していく様式のかなりの部分を規定しているものなのです。

人類がこの惑星に誕生してから百万年以上が経過しましたが、こうした地図が発見されたのは、ほんのここ１００年ほどのことです。そして私がこのことを強調するのは、この発見は人類の歴史において、本当に記念碑的なことだからなのです。

第一章　グローイング・アップ：発達という隠れた地図

Chapter 1. Growing Up: The Hidden Maps of Development

まず、6つから8つの主要な発達段階――グローイング・アップ〔成長〕の諸段階、隠れた地図《ヒドゥン・マップ》の諸段階――を簡単に概観することから始めましょう。これらの段階は、大まかな合意点として、現代におけるさまざまな発達研究の学派のほぼ全てに共通して見受けられるものです。

それぞれの段階《ステージ》ないしレベルは、歴史のなかで、あるいは進化のなかで、一度にひとつずつ現れてきました。そしてある段階が出現し、何らかの形をとるようになると、その段階は以後も存在し続け、その後のあらゆる人間が――出現したのと同じ順序で――それらの段階を体験してきました。言うなれば、**人間の存在と認識に関する考古学的な地層**が堆《たい》積してきたのです。

こうした論点についての証拠は、本書を読み進めていくうちに、見つけ出すことができるでしょう。しかしここでは、さっそく、各段階についての説明を始めてしまうことにしましょう。

1つ目の段階は、最も早くに出現した段階であり、私たちを構成する存在と認識と感情の諸段階のうち、最も古く、最も原始的《プリミティブ》な――あるいは少なくとも、最も根本的《プライマル》な――段階です。この段階は「古代的《アルカイック》段階」と呼ばれています。

段階1：古代的段階（インフラレッド）

生まれたばかりの子どもは、基本的に、分離した自己感覚をもっていません。どこまでが身体で、どこからが環境なのか、区別することができないのです。母親や周りの環境とひとつになっており、純粋な溶融状態にあります。この段階は「古代的段階」「共生的段階」「溶融段階」「感覚運動段階」「生理的段階」などと呼ばれ、インテグラル理論では、**インフラレッド**の色を用いて表現します。

なぜ段階を色でも表現するのか言うと、各段階には非常に多くの特徴があるので、**どんな特定の名前**――例えば「古代的」や「共生的」――**を用いても、その段階全体を表現するにはあまりにも狭く、それゆえ誤解を招く恐れがある**からです。色という中立的な表現を用いるのは、そうした誤解を避けるためなのです。数字を用いることもあります。本書では、名前、色、数字という3種類の表現をすべて使いますが、やがてどの表現にも慣れてきて、安心して使えるようになるでしょう。

こうした名前を覚えておく必要は全くありません。本書では、必要なときにその都度、必要な情報を示していきます。これらの名前は単に、全ての人間が体験している驚くべき発達と進化のプロセスをあらわす大まかな見取り図にすぎないのです。

私たちは、こうした発達や進化のプロセスを経ていくなかで、徐々に高度な地図ないし文法を用いるようになります。そしてこうした地図や文法は、最初は「隠れた地図《ヒドゥン・マップ》」ないし「隠れた文法《ヒドゥン・グラマー》」として現れて、私たちがどのように世界を見て、感じるのかを、定めているのです。

子どもは、平均的に言って生後およそ4ヶ月頃、「孵《ふ》化」(hatching)〔マーガレット・マーラーの用語〕と呼ばれる下位段階において、物理的な身体と物理的な環境を区別できるようになります。しかしまだ、自分の情動と他者の情動――特に言えば、母親の情動――を区別することはできません。子どもは、自分とその母親を、ある種の「二者からなる単一の全体《デュアル・ユニティ》」として体験しています。自己感覚は広大で、溶融しており、自らの情動と周囲の人（母親など）の情動との間に本物の境界はありません。

この段階は、精神分析における「口唇《しん》期」にあたり、アブラハム・マズローの欲求階層理論における**「生理**

的欲求」(食物、暖かさ、水、休める場所《シェルター》などへの欲求) **の段階**に対応しています。発達心理学者ピアジェの「感覚運動段階」の初期に相当し、哲学者ジャン・ゲブサーの「古代的」段階にあたります。子どもは「孵化」を終えても、少なくとも生後1年間は、主として、溶融した未分化の状態、つまり、古代的段階（インフラレッド）にいるのです。

脳に損傷がある場合や、アルツハイマー病が進行している場合などを除けば、完全にこの段階にとどまっている成人はほとんどいません。しかし、**私たちの意識の一部が、この段階に執着ないし固着することは十分にありえます**。精神分析において「口唇期固着」と呼ばれているものです（ここで大事なのは、それが単なる口唇期的な欲求ではなく、口唇期への固着だということです。この違いについては後に説明します）。

それゆえ、この段階に問題が生じている可能性に対しては、常に目を見開いておきましょう。実際、多くの人が、口唇期への固着、あるいは逆に、口唇期の解離を起こしているのです。そして両者はそれぞれ、口唇期に対する **「中毒」(addiction)** ないし **「アレルギー」(allergy)** へとつながります〔後述〕。

こうした問題は、人間という生物にとっての極めて基本的な欲求や衝動に関わるものなので、この最も原始的な段階から、インテグラル・マインドフルネスの実践を始めることにしましょう。

(具体的な例はこれからたくさん紹介していきますが、発達とは何であるかについて、ここで少し説明をしておきます。

それぞれの発達段階には、前の段階を **「超えて含む」(transcend-and-include)** という性質があります。これは単に、新たな発達段階は前の段階を包み込んでいるけれど、同時に、前の段階には全く存在していなかった新たな内容を付け加えているという意味です。だからこそ、次の段階は「高次」の段階だと言えるのです。前の段階がもっていたものを全て保持しながら、そこに新たなものを追加するのです。言い換えれば、各段階は「より大きく」「より広く」「より高く」なっていきます。

同じように、原子、分子、細胞、有機体〔動物や植物〕という進化ないし発達の順序においても、それぞれの段階は、何らかの新しい性質を生み出すことで、先行する段階を超越しています。分子は原子を超えているのです。一方でまた、それぞれの段階は、先行する段階を完全に包み込んでいます。分子は原子を含んでいるのです。そして、これと同じ「超えて含む」というパターンが、私たちがここで概観している段階、人間の成長や発達や進化をあらわす6つから8つの段階を通しても見受けられます。

しかし、この普遍的なプロセスにおいて、2つのステップのどちらかがまずい方向に進むことがあります。まず、超えて含むの**「超える」の面に失敗すると**——すなわち、以前の段階を適切に乗り越えることに失敗すると——新たな段階の一部分が、前の段階から抜け出せず、その段階に「固着」し続けるために、新たな段階において、固着している部分に対する実にさまざまな**「中毒」が発達する**ことになります。

他方、もし**「含む」の面に失敗すると**——すなわち、新たな段階が以前の段階を包含すること、統合することをせず、その段階を否定し、新たな段階から切り離してしまうと——新たな段階において、そうした認めてもらえていない側面、望まれていない側面に対する**「アレルギー」が発達する**ことになります。

そして、進化には「超えて含む」という性質が内在しているため、この「中毒とアレルギー」は、進化の各段階に内在する2つの普遍的な問題となるのです。具体的な例は、これからたくさん紹介していきます）

それでは、この段階に関するインテグラル・マインドフルネスとして、**「食物への欲求」**を扱うことにしましょう。**食べ物を食べたいという欲求に、今ここで、触れてみましょう。**もしお腹がすいているのなら、その空腹感に意識を向けてみましょう。もしお腹がすいていなければ、空腹のときの感覚を思い出しましょう。ここにあるのは、深い、とても深い渇望であり、極めて原始的な衝動です。食べたい、満腹になりたい、空腹感から解放されたいという、最も基本的な欲求に基づく衝動です。

もしあなたがこの衝動を十分に「超えて含む」ことができていないならば——すなわち、この段階に対する何らかの執着が残っており、口唇期的な欲求だけでなく口唇期への固着があるならば——**この衝動が自分の中に生じたとき、あなたはこの衝動に一時的に「乗っ取られる」ことになる**でしょう。あなたが衝動を所有しているのではなく、衝動があなたを所有しているのです。

言い換えれば、この衝動が、あなたの意識ないしアイデンティティの中に、「隠れた主体」として残り続けています。あなたの一部が、この段階に同一化し続けているのです。

もしこうしたことが多かれ少なかれあなたに当てはまるなら、こうした「飢えの衝動」——あるいは他の基本的な生理的衝動（水、暖かさ、休める場所《シェルター》などへの衝動）——が生じたとき、あなたは衝動を感じているのではなく、**衝動そのものになっている**といえます。そうした衝動を、自分自身の中核をなす感情として、自分自身の不可欠な一部として、体験しています。あなた自身が飢えなのであり、満たされるのを待ち望んでいるのです。

そしてこの観点からすれば、飢えを満たすより重要なことなど何もありません。**世界とは食べ物であり、あなたとは口なのです**。他のあらゆる関心は脇に追いやられてしまい、飢えに基づく衝動の感覚だけが、あなたの意識を完全に支配しています。あなたの望んでいることは、ひとつだけ、ただひとつだけです。この満たされない欲求、苦しくてつらい欲求を、消し去りたい。この欲求を満たし、そのことによって、たとえ少しの間だけでもこの欲求から解放されていたい（この欲求がまた現れて、自分をまた圧倒するようになるまでは）。

この段階に初めて到達したときには、あなたの全てがこの段階に同一化していました。あなたが食物への欲求を感じていたのではなく、あなたとは食物への欲求そのものだったのです。世界のすべては本当に食べ物であり、あなたのすべては本当に口でした（だからこそ「口唇期」と呼ばれるのです）。

あなたが今この段階にどれほど同一化しているかはさまざまでしょうが、この段階に未だ同一化している程度に応じて、あなたは**「食物中毒」(food addiction)** に陥っているといえます。太り過ぎになっているかもしれませんし、もしかすると、肥満であると診断されているかもしれません。

そして、この中毒の影響は深刻です。国立衛生研究所によれば、アメリカでは、成人の60パーセント以上が太り過ぎであり、さらに、成人の３人に１人が肥満であると診断されています。こうした点において、アメリカの意識は古代的段階へと倒壊しており、生物に最も早くからそなわる、最も基本的で、最も根本的な衝動――すなわち、食物への欲求――によって、突き動かされているのです。

最も基本的であるということは、最も深さがないということでもあります。**上位の段階が下位の段階を超えて含んでいくことで生じる入れ子状の階層構造**のことを、アーサー・ケストラーは「ホラーキー」と名づけました。

どんなホラーキーにおいても、「低次」あるいは「下位」あるいは「初期」の段階は、後の段階よりも**基本的(fundamental)** であるといえます。なぜなら、他の多くのものが、その低次の段階に依存しているからです。例えば、先ほど述べた「原子、分子、細胞、有機体」という順序において、原子は極めて基本的です。原子よりも高次の段階全てが、原子を、必要な構成要素として含んでいるからです。もし原子を消し去れば、原子よりも高次の段階は全て——分子も、細胞も、有機体も——消え去ります。

他方、高次の段階であればあるほど、前の段階よりも**重要（significant）**である〔意義が大きい〕といえます。なぜなら、高次の段階ほど、より多くの段階、より多くの存在やリアリティを自らの中に含んでおり、そしてそれゆえに、より多くのリアリティに重要性《シグニファイ》を与えているからです。

有機体〔動物や植物など〕が極めて重要なのは、原子や分子や細胞を自らの中に含んでいるからです。しかし、有機体はあまり基本的ではありません。それは、有機体から構成されているもの、有機体を自らの中に含んでいるものはあまり多くないからです（有機体を消し去っても、原子も分子も細胞も存在し続けます）。この意味で、人間は、**最も重要であるが、最も基本的でない存在**だといえます。

ところで、こうした「ホラーキー」を構成する個々の要素は**「ホロン」〔全体／部分〕**と呼ばれています。ホロンとは、それ自体が全体であると同時に、より大きな全体の部分でもあるものを指します。原子という全体は分子という全体の部分であり、分子という全体は細胞という全体の部分であり、細胞という全体は有機体という全体の部分なのです。

全ての領域——内面であれ、外面であれ、個的なものであれ、集合的なものであれ——において、リアリティは主にホロンから構成されています。宇宙のどこに目を向けても、そこにあるのはホロンなのです。今紹介している発達の各段階も、ホロンです。**それぞれの段階は、ひとつの全体であると同時に、次の段階という全体にとっての部分**なのです。それゆえ、各段階が次第に全体《ホール》的に、次第に（統合されていながらも）複雑に、そして次第に包括的になっていくことは、段階そのものに内在的にそなわっている性質なのです。

本書ではこれから、こうしたパターンが、私たちのアイデンティティにおいても成り立っていることを見ていきます。自己中心的《エゴセントリック》な「私」の段階から、自集団中心的《エスノセントリック》〔自民族中心的〕な「私たち」の段階、世界中心的《ワールドセントリック》な「私たち全員」の段階、そして宇宙中心的《コスモセントリック》〔原注〕な「生きとし生けるものすべて」ないし「存在全体」の段階に至るまで、私たちのアイデンティティは拡大しうるのです。

元のテーマに戻りましょう。もしあなたが太り過ぎであるならば――何が「間違っている」のかについて、既に周りから散々聞かされてきたとは思いますが（そしておそらくうんざりしているでしょうから、どうかご容赦いただきたいのですが）――ほぼ間違いなく心配になるのは、**自分のアイデンティティの一部がこの段階に固着し続けている**ということでしょう。この段階における衝動が、自分そのものの一部分として、しかし隠れた一部分として、作動し続けているのです。

言い換えれば、そうした衝動は今もあなたの主体《サブジェクト》の一部であり続けているのであり、だからこそ、マインドフルネスによって客体《オブジェクト》として見つめることで、それを実際に手放し、それと「脱同一化」することができるのです。それによって世界を見るのではなく、それを見るようになり、それに所有されるのではなく、それを所有するようになります。

それでは、次に空腹感が生じたら（あなたが太り過ぎだろうとそうではなかろうと）、その感覚に対して、正直に意識を向けてみましょう。マインドフルネスによる気づきを与えてみましょう。それはちょうど、ビデオカメラで録画するようなものです。

あなたは、**完全に中立なビデオカメラになって、どのような価値判断も加えずに、全てのものをただあるがままに見つめます**。批判したいとも、非難したいとも、同一化したいとも思いません。中立的に、隅々まで、あらゆる角度から、ただ、起こっていることに気づきましょう。食べ

［原注］**コスモス（Kosmos）**とは、「世界全体」を意味するギリシャ語の言葉であり、そこには、物理的な世界だけでなく、情動的な世界、心的な世界、精神的《スピリチュアル》／霊的な世界の全てが含まれる。

たいという衝動は、身体のどのあたりに感じられますか？（頭、口、胸、胃、腸、手、足など）その衝動はどんな色をしていますか？（どんな色が心の中に浮かんできますか？）どんな形で、どんな匂いですか？（同じく、思い浮かんでくるものを答えてみてください）

その衝動にそなわっている原始的な感じ、差し迫っている感じ、そして、その衝動に**駆り立てられている感じ**を、本当に感じてみてください。**どうしようもなく欲しい**という感覚とともに、ただそこに在りましょう。主体《サブジェクト》となっている衝動を、気づきの対象《オブジェクト》にしましょう。長い時間をかけ、揺らぐことなく、その感覚を本気で見つめてみましょう。**感じながら気づく**こと――それが「マインドフル」であることの意味です――によって、直接に、その衝動を感じてみましょう。

さて、あなたはこの段階に固着してはいないけれど、逆に、この段階から脱同一化しすぎているかもしれません。通常であっても、私たちはやがて、各段階と脱同一化していきます。その段階における欲求や衝動のことは意識し続けながらも、そうしたものと自分の全てを同一化させることはなくなるのです。私たちは、そうした欲求や衝動そのものではなく、それらに気づいている存在になります――それらを「超えて含む」のです。

しかし、**こうした脱同一化の過程が行き過ぎてしまうことがあります**。ただ脱同一化するだけではなく、そうした欲求や衝動をもつことそのものをやめ、自分から切り離し、抑圧してしまうのです。口唇期においてこうした行き過ぎが起こると、結果として生じるのは、食物中毒ではなく、**「食物アレルギー」(food allergy)**です［訳注］。過食症や拒食症として現れているかもしれませんし、慢性的な低体重になっているかもしれません。

［訳注］本書で定義される食物アレルギーは、医学的な意味での食物アレルギーとは異なる。

この場合、マインドフルネスはどんなふうに役立つのでしょうか？　飢えの衝動を「含む」ことによって、発達における「超えて含む」のプロセスを完了させるのです。

ここまで述べてきたように、それぞれの発達段階は、先行する段階を超えており、そして含んでいます。進化における「原子、分子、細胞、有機体」という簡単な例を思い出しましょう。それぞれの段階は、前の段階にはなかった新たな性質を出現させることで、前の段階を「超えて」いるのですが、前の段階を自らの中に実際に包み込むことによって、前の段階を「含んで」もいます（細胞は分子を文字通り含んでおり、分子は原子を文字通り含んでいます）。

そして、**気づくこと**〔意識すること〕**そのものにも、「超えて含む」という性格があります**。ある対象に気づくということは、その対象を超えたところに進むということですが、それと同時に、その対象を含むこと、その対象に実際に「触れる」――ちょうど鏡がそこに映すものすべてに直接触れているように――ことでもあるからです（こうした「超えて含む」のパターンは、進化の中心にあるダイナミズムであり、人間の発達においても同様のパターンが現れます。本書を通して、みなさんは、私たちの成長や発達や進化を規定しているこの中核的なメカニズムにかなり親しくなれることでしょう）。

それゆえ、もしあなたが「飢えの衝動」を捨て去り、否定してしまっているなら、**優しく、注意深く、しかし直接に、この衝動を探し出して、ただそれに、揺らぐことなく気づいていましょう**。感じながら気づく意識《フィーリング・アウェアネス》のなかで、ただ、その衝動を保持《ホールド》していましょう。すると、そうした衝動は、あなたの「友達の輪」の中へと戻ってくるようになります。そのとき、あなたの「鏡のような心《ミラー・マインド》」は、鏡に映し出された飢えの衝動に触れているのです。

とはいえ、あなたが飢えの衝動と永遠に同一化し続けることはありません。鏡にどんな対象が映ろうとも、鏡がその対象と同一化して動けなくなることはないからです。鏡はただ、現れては消えていくがままに、すべてを映し出すだけです。しかし、鏡が何かを映しているとき（意識が何かに向いているとき）、鏡に映し出されている内容は、鏡と「一体」になっています。鏡はそれに「触れて」いるのです。実は、やがて見ていくように、こうした「一体になる」という意識の性質が、宇宙全体と「一体になる」という感覚を生じさせています。そしてそれを支えているのが、全ての根底にある「一なる意識《ユニティ・コンシャスネス》」なのです。

とはいえ、現時点ではただ、飢えの衝動を、意識の中に保ち続けていましょう。直接に、そして上手に、気づきを向けましょう。明瞭に、そして隅々まで、その様子を「録画」しましょう。そうすることで、あなたはその衝動を超えて含むようになり始めるでしょう。**中毒を終わらせるには「超える」ことが必要であり、アレルギーを終わらせるには「含む」ことが必要**なのです。

これと全く同様のことを、他の根本的な生理的欲求――食物への欲求だけでなく、**水**への欲求、**暖かさ**への欲求（寒いとき）や**涼しさ**への欲求（暑いとき）、**休める場所《シェルター》**への欲求、**睡眠**への欲求――に対しても、おこなってみましょう。人間の身体は、何百万年をかけて、自然界に生じる無数の変動に対して絶妙に対処できるように進化してきました。そうした能力は、自らの生命を維持するために必要なものでした。私たちの出発点にあるのは、こうした古代的段階のアイデンティティ、根本的な生理的欲求だけによって突き動かされているアイデンティティなのです。

しかし、やがて私たちは、道元禅師の言うように、「身心脱落！」することになるでしょう。私たちの偏狭なアイデンティティ、他の存在と分離した生物個体《オーガニズム》としてのアイデンディティは、私たちの究極の意識状態、私たちの究極のアイデンティティ（万物ないし宇宙全体との同一化に基づくアイデンティティ）によって、超えて含まれることになるのです。

少し飛ばしすぎでしょうか？　そうかもしれません。けれども、この後すぐに、まさにそうした究極の意識状態を直接に体験してもらうエクササイズをご紹介しますので、どうか本書を閉じないでください。

いずれにせよ、ここでは、ある程度の時間をかけて、私たちの身体の奥深くに息づく生理的衝動という主体《サブジェクト》を、意識の客体《オブジェクト》にしましょう。そうすることで、私たちは、そうした根本的な衝動を「超えて含む」ことができるのです。

段階2：呪術的段階ないし部族的段階（マジェンタ）

今日の世界においては、子どもは生後およそ18ヶ月頃になると、自分の情動や感情と、他者の情動や感情のあいだに、基本的な区別をつけ始めるようになります。そしてそれゆえに、どこまでが自分自身で、どこからが自分をとりまく環境なのかを、本当の意味で区別し始めます。実際、この段階は「乳幼児の心理的誕生」の段階とも呼ばれていますが、それは生後18ヶ月頃になって初めて、子どもの中に、**本当に分離したと言える自己が誕生する**からなのです。

この分離した自己は、初めのうちは、衝動《インパルス》や、今すぐに満足を得たいという欲求によって、突き動かされています。思考の様態は呪術的ないし空想的であり、意識は今ここの瞬間に向けられています。この段階は、しばしば「衝動的段階」「呪術的段階」「情動的-性的段階」（基本的な情動が大きく発達し始めるのは、分離した自己が誕生するこの段階だから）と呼ばれており、インテグラル理論では、**マジェンタ**の色を用いて表現します。[訳注]

この段階が「呪術的」と呼ばれるのには、いくつかの理由があります。1つは、この段階では、物事を空想に基づいて考える傾向があり、**どんな願望も魔法のような力によって実現することができる**と信じられているからです。2つ目は、周囲の環境から自分自身を分離させ始めたばかりであるため、まだ少し自己と環境が混ざり合ったままだからです。言い換えれば、自分と外的環境の区別がつかず、**外的環境にも人間のような性質があると認識されている**のです。さまざまな外的事物に対して人間的な特質や動機を認める見方は、専門的には「アニミズム」と呼ばれています。火山が噴火したのは、私に怒っているからであり、雷が鳴ったのは、私を殺そうとしているからであり、花が咲いたのは、私が恋に落ちているからなのです。

ここでの問題とは、自然の中に意識や生命力や目的性を見出しているということではありません。実際、そうした特性は、自然界にはたくさん見受けられるからです。**問題は、自然の全てに対して、人間的な特質を見出しているということです**。それは単に、人間以外のものを「擬人化」することによる呪術的な思考にすぎません。主体と客体を十分に分離ないし区別できていないために、両者を混同しており、それゆえに、擬人的で空想的な作用によって、主体と客体は互いに影響を与えることができると思われているにすぎないのです。

とはいえ、今日においても、こうした空想的で呪術的で迷信に満ちた思考が、1歳から

〔訳注〕マジェンタの段階に対応する衝動（impulse）は、突然生じる強い欲求のことを指しており、一般的に「衝動」と呼ばれるものに近い。それに対して、インフラレッド段階や他の段階における衝動（drive）は、心理学でよく「動因」と訳される概念であり、行動を誘発させる内的原因のことを広く指している。本書ではわかりやすさを重視し、drive も衝動と訳しているが、両者は意味合いが異なることに注意されたい。

3-4歳の子どもにおいては一般的な在り方です。

歴史的に言えば、この段階は、地球上のどこかでおよそ20万年ほど前に出現しました。そして**この段階において初めて、十分に「ヒト」と呼びうる存在様式が確立された**のです。ヒトは、アフリカ大陸の中心部から、ヨーロッパへと、中東へと、そして極東へと、長期間にわたって移住し続け、やがて、おそらくはシベリアとアラスカをつなぐ陸地を渡り、アメリカ大陸にも進出していきました。

進化における「超えて含む」という性質のために、地球に最初のヒトが現れたとき、ヒトにはすでに、宇宙誕生以来の進化のなかで生み出されてきた主要な存在の段階が全て含まれていました。ヒトはその初めから、クォーク、亜原子粒子〔陽子や中性子〕、原子、分子、原核細胞や真核細胞、そしてさまざまな有機的組織《オーガニズム》を、自分の身体の中に、文字通り含んでいたのです。その中には、植物が切り拓《ひら》いた基本的な生化学、魚類や両生類の神経索、爬虫類の脳幹、古哺乳類（例えばウマ）の大脳辺縁系、霊長類の大脳皮質、そしてコスモス全体のなかで最も複雑なホロンである、ヒト自身の大脳新皮質と三位一体脳（シナプスの結合パターンは、既知の宇宙に存在する恒星の総数よりも多い）も含まれていました。

さらに、このプロセスはここで終わりませんでした。**ヒトそれ自身もまた、成長や進化を続け、先行する段階を超えて含みながら、次から次へと新しい段階**（グローイング・アップ〔成長〕の諸段階）**を生み出した**のです。ヒトという形態においてもなお、コスモスの進化における「全体性《ホールネス》の増大」が、止むことなく続いているのです。

初期の人間は、小さな部族の中で暮らしていました。生態学的な環境収容力は30人から40人であり、多くの場合、人口が収容力を超えることを避けるために、子殺しが行われていました。当時の洞窟画の多くは、何重にも重なって描かれており、それぞれの絵が区別されていなかったことを示唆しています。人々は雨乞《あまご》いのダンスを踊ることで、自然に対して、雨を降らせるように（呪術的に）強要していました。人間関係は血統によって決められており、異なる血統の部族どうしが出会ったときに——最初のうちは、部族が少ないために、出会うことはかなり稀《まれ》でしたが——互いの部族とうまく関わっていく方法は確立されていませんでした。多くの場合、起きたことは、部族間の闘争だったのです。

（ポストモダンの思想においては、最も初期の部族が「賛美」されたり「理想化」されたりすることが多いですが、最近の研究では、より正確に、あまり心地良くない面も描き出されています。例えば、暴力はかなり多く発生しており、自然の生態系を破壊することも頻繁にありました。自然へのダメージが今より相対的に少なかったのは、「ネイティブの知恵」が広く普及していたからではなく、ただ単に、**自然を大きく破壊するだけのテクノロジーをもっていなかった**からなのです。どちらが良い悪いということではありません。これは単に、自己中心的な段階から、自集団中心的な段階、世界中心的な段階、宇宙中心的な段階へと登っていくうえで必要となるステップなのです。そしてこうした初期の諸段階は全て、今なお、私たちとともにあります。どんな人間も、生まれたときは最初のマス目にいるのであり、そこから成長と発達を進めなければならないからです。私たちは、古代的段階から、呪術的段階へ、そして次の段階へと、今日までの進化が生み出してきた6つから8つの段階を歩んでいくのです。そしてもちろん、さらに高次の段階が今なお現れようとしています）

古代的段階と同じく、今日では、完全にこの段階にとどまっている成人はほとんどいません。5万年前には非常に一般的な段階だったのですが、その後の進化によって、この段階はかなり下位の発達段階になりました。それゆえ、もし呪術的段階の成人が今日において見つかるとしたら、アルツハイマー病の進行した患者や、脳に特別な損傷をもっている患者、あるいは、重度の精神障害に罹患している人であることがほとんどです。

その一方で、**現在でも、この段階のもっと穏やかな面は、迷信や呪術的思考に基づく行動として、成人の中に現れています**。例えば、ブードゥー教やサンテリアの信仰がそうです。もし誰かの姿を模した人形を作り、その人形に針を突き刺せば、その人に実際に害を与えることができるのです。こうした発想は、この段階における呪術的思考の名残であるといえます。私たちのなすべきことは、何かを願うということだけであり、そうすれば、呪術的な働きによって、願いは現実となるのです（なぜなら、自己と環境、主体と客体、思考とモノの区別はまだ不完全であり、それゆえ、モノについての心象《イメージ》をあやつることで、モノそのものに直接に影響を与えることができるとみなされているからです。まるで魔法のように！）。

とはいえ、3歳の子どもなら誰でも、物事をこのように考えています。枕の下に自分の頭を隠して、自分から誰も見えないようにすれば、あら不思議！　呪術的な力によって、自分のことを誰も見ることはできなくなるのです。もちろん、頭だけが枕の下に入っていて、お尻が空に突き上げられている姿は、大人たちをひどく笑わせるのですが。

こうした例からわかるもうひとつの点は、本書の冒頭で述べた「ナラティブ型宗教」の中には、この段階の発想に基づくものもあるということです。そうした宗教では、例えば、聖書における奇跡の物語（例えば「モーセは紅海を2つに分けた」）が、全く文字通りに受け取られるのです。

今日でもなお、一部の成人は、宗教の中にある呪術的な要素に惹きつけられています。おそらく、そもそもの初めから、呪術的な行動――水の上を歩く、死者を蘇らせる、目の見えない者の視力を回復させる、水をワインに変える、パンと魚を増やす、など――に魅力を感じて、その宗教に傾倒するようになったのでしょう。

宗派によっては、信仰が自分たちを呪術的に守ってくれると信じて、生きた毒ヘビをあやつるという実践を行うものもあります（不運なことに、最近、こうした実践をおこなう最大の宗派のひとつを率いていた指導者が、40代前半で亡くなりました。儀式のときに、ガラガラヘビに噛《か》まれたことが死因でした）。

最近のスピリチュアルなアプローチ（例えば『ザ・シークレット』や『超次元の成功法則』）にも、呪術的な要素が大量に含まれています。そしてこうした要素は、**私たちの中の自己中心的な側面、すなわち、自分の力を拡大したいという欲求に、訴えかけてくる**のです（詳しくはこれから見ていきます）。いわゆる「引き寄せの法則」や他のニューエイジ的見解の大部分において、こうした空想的な呪術が、隠れた地図《ヒドゥン・マップ》として作動しています。

ところで、こうした幼児期の「ことばの魔法」は、本物の超常的能力とは――本物の超感覚的知覚（ESP）や予知や念力《ねんりき》とは――全く異なります。目標の達成のために強い意志を保つことも、全く異なります。厳密な科学的対照実験が示しているのは、こうした超常的能力のいくつかが本物であることに、合理的な疑いの余地はないということです。[原注] しかし、こうした超常的能力の成功率は、その人が、利己的で、自己中心的で、自己愛的で、力を拡大したいという衝動《ドライブ》だけに動かされていると、劇的に低下するように見えます。

いずれにせよ、**空想による呪術と、本物の心霊的《サイキック》な能力には、大きな違いがあります**。このことを心にとどめておいてください。

さて、もしかすると、みなさんの抱いている見解の中にも、本質的には呪術や迷信に基づくもの

［原注］ロジャー・ウォルシュ博士との2014年5月の私信より。ウォルシュは、意識研究およびその関連領域における非常に優れた研究者の一人である。

があるかもしれません。しかし、そうした見解が、単なる呪術的な隠れた地図《ヒドゥン・マップ》にすぎないのか（そして本物の心霊的な能力とは異なるものなのか）を見分けるための簡単な方法があります。

注意してみてください。**あなたのその見解の周りには、自分の力を拡大したいという動機がどれほど渦巻いているでしょうか？**もしあなたの願っている内容が、単に自分自身が栄光を手にすること、自分自身が成功すること、自分自身が特別な存在になること、自分自身が他の人たちに打ち勝って賞をとることであるならば、あなたの実践は呪術的なものでしょう（それは本質的に、願望実現を大げさに表明したものにすぎません）。

その場合、あなたの意識のかなりの部分は、この段階、この呪術的で空想的で自己中心的な段階にとどまっている可能性が高いと思われます。もしそうなら、あなたが行っている瞑想は、不思議な働きによってあなたを偉大な存在にしてくれたり、魔法のような力によってあなたにさまざまな恩恵（女の子、車、新しい家、昇進）を与えてくれたり、何もしなくても自動的にあなたの体重を減らしてどんな人も惑わすほどの魅力を授けてくれたり、奇跡的な働きによってあなたの自我の全ての願望を願ったとおりに叶えてくれるもの、あなたの要求を基本的には世界で最優先に扱ってくれるものでしょう（げげっ！）。

もしあなたがこうした呪術的な信念をたくさんもっているなら、お勧めしたいことは、もちろん、そうした信念あるいは隠れた地図《ヒドゥン・マップ》を認識するということです。そうして、迷信めいた呪術的信念が自分の人生のどれほど多くの部分を支配しているのかがわかってきたら、それを意識の中に保持《ホールド》し続けて、マインドフルネスの清澄な光のもとに、輝ける気づきのもとに、さらけ出しましょう。そうした信念を、主体《サブジェクト》として――世界を見るための隠れた地図《ヒドゥン・マップ》として――用いるのではなく、客体《オブジェクト》として認識しましょう。そうした信念を通して世界を見つめるのではなく、そうした信念を見つめましょう。そこから見つめるのでもなく、それと一緒に見つめるのでもなく、直接に、そして真剣に、それ自体を見つめましょう。そうした信念が自然に消えてゆくまで、ただ、ありのままを録画しましょう。

インテグラル・マインドフルネスのセッションにおいては――今回の場合であれば――**自分が特別《スペシャル》な存在であるという感覚**に、じっと意識を向けていきます。

自分が世界的に有名な人物になったと想像してみましょう。あなたはカンヌ国際映画祭で、赤いカーペットの上を歩いています。無数のメディアがあなたの写真を撮り、評論家たちもみなあなたのことを褒めたたえ、ファンたちがあなたを求めて叫び声を上げています。**世界に名を馳せているという感覚、その純粋な感覚を、意識の中に保持《ホールド》しましょう。**ひるむことなく、果敢に、それを感じ、認識し、見つめましょう。判断することなく、非難することなく、同一化することなく、ただ、ありのままを録画するかのように、純粋な意識をもって、その感覚と出会いましょう。その感覚を、主体ではなく客体に、自己ではなく対象にし、意識を真っ白な状態にして、新しい高次の自己と意識が現れるのを待ちましょう。

隠れた地図《ヒドゥン・マップ》を認識するということは、隠れた地図《ヒドゥン・マップ》を意識の対象にするということ、意識のもとに「さらけ出す《アンヒドゥン》」ということです。すると、あなたの行動が隠れた地図《ヒドゥン・マップ》によって支配されることはなくなり、もっと正確で、もっと適切な、高次の地図が現れるための余地が生まれるのです。

（ところで、この後すぐに、この「主体を客体にする」というテーマについて検討します。この考え方は、最初は少々抽象的で理解しづらいと感じるかもしれませんが、ここは何としても踏ん張ってください。なぜなら、この点こそ、私たちが人間の成長や発達や進化について学んできた内容のなかで、おそらく並ぶもののない最も重要な内容だからです。この点こそ、マインドフルネスの実践とウェイキング・アップの旅を、そしてグローイング・アップにおける発達の中核部分を大きく成功させるための、決定的に重要な鍵なのです。それゆえ、どうか本書を閉じないでください。これからこのテーマについて、シンプルかつ明快に述べていくからです。これは、ただの難解で、アカデミックで、頭を満足させるだけの知的自慰ではなく、あなた自身の成長や発達や変容や進化の、おそらくは最も中核にある仕組みなのです）

それでは、こうした呪術的な信念、迷信めいた信念のどれかひとつをとりあげて、直接に、意識の中に保持《ホールド》しましょう。真っすぐに、中立的に、批判することなく、非難することなく、同一化することなく、ただ、認識しましょう。純粋に、ありのままを録画しましょう。そうした信念を超えて含みましょう。それに気づくことによって、それを超え、主体ではなく客体にし、それから脱同一化しましょう（別の言い方をすれば、意識の対象にすることによって、そうした信念を、意識の主体から、自己から、執着から、固着から、中毒から、解放してあげましょう）。

あなたは、**自分が普通の人よりも特別な存在であるという感覚に、どれほど病みつきになっているでしょうか？** 日々の生活や人間関係において、自分がこうした感覚に基づく考えをもっているかどうか、注意してみましょう。そしてその考えに、ただ、意識を向けてみましょう。

（付け加えておくと、もちろん、一人一人の人間は、間違いなく、正真正銘の特別な存在です。全ての人は、完全にありのままの姿で、「神的存在」あるいは「大いなる完成《グレート・パーフェクション》」[訳注]の完璧な顕現なのです。今ここでとりあげているのは、こうした特別性《スペシャルネス》の幼稚な形態、自己愛的で自分本位で自己中心的な形態にすぎません。この特別性は、他者には同じような特別性はそなわっていない——私だけが特別！——と考えることによって成立しています。他方、成熟した形態の特別性においては、あらゆる生命に

［訳注］チベット仏教の教えのひとつである「ゾクチェン」の英訳。

「大いなる完全性《グレート・パーフェクション》」が内在しているとみなされます。これは**自己中心的《エゴセントリック》な特別性**ではなく、**宇宙中心的《コスモセントリック》な特別性**であるといえます。しかし、宇宙中心的な特別性への道を進んでいくためには、まずは、自己中心的な特別性に捕らわれた隠れた地図《ヒドゥン・マップ》を根絶やしにすることが必要なのです。そしてこうした作業こそ、マインドフルネス瞑想が実行しようとしていることであり、私たちが今ここで取り組もうとしていることなのです）

さて、もしあなたが今度、迷信的な思考に捕らわれてしまったら――例えば、黒猫があなたの前を横切ったとき、梯子《はしご》の下をうっかり歩いてしまったとき、鏡を割ってしまったとき、塩をこぼしてしまったときに――注意してみてください。あなたにもしこの段階への固着ないし中毒があるなら、一般に信じられている影響がやがて本当に生じるだろうと考えるでしょうが、そのとき、どんな感覚がしますか？　**あなた自身の特別な人生を変えるためだけに、自然法則を破ってまで、そうした影響が起こる**と考えるとき、どんなふうに感じますか？

あなたは――そして私たち一人一人は――本当にそれほど特別な存在なのでしょうか？　黒猫があなたの前を横切ることで、本当に、本当に、あなたの人生全体が、ネガティブな方向あるいは「不運」な方向へと向きを変えるのでしょうか？　魔法のような力があるとは言っても、それだけで、歴史全体が本当に書き換わるのでしょうか？　こうした考えを、主体ではなく客体にしてみましょう。こうした考えと同一化することをやめてみましょう！

このようにして、感じながら気づく意識《フィーリング・アウェアネス》によって、すなわち、インテグラル・マインドフルネスによって、あなたの中にある全ての呪術的で迷信的な思考を「超えて含み」ましょう。超える（対象として意識化する）ことによって、この段階に対する固着ないし中毒を克服するとともに、含む（意識化した対象に触れる）ことによって、この段階を自分の一部だとは認めない態度、すなわち、この段階に対するアレルギーを克服するのです。

逆に、**「呪術アレルギー」(magical allergy)** が生じるのは、呪術的ないし迷信的な考えが自分の中に生じたときに、単にそれと脱同一化する（「私の中にこの考えが生じているけれど、私はこの考えそのものではない」）だけではなく、行き過ぎてしまい、そうした考えを自分のものとして認めず、自分から分離し、完全に否定してしまう（**「私は決してそんなことは考えない！」**）ときです。

そうなると、**呪術的な考えは「抑圧」され、無意識の奥底へと追放されて、大抵の場合、他の人々へと「投影」されるようになります**——突如として、世の中の多くの人々が、馬鹿げた呪術的見解にとらわれているように思えてくるのです。そうなると、ありとあらゆるところに、呪術的な見解が現れ始めます。

誰かが呪術的な考えをたくさんもっているはずなのだけれど、自分であるはずはないから、それは他の誰か——他の全ての人——であるにちがいない。こうした人たちは、本当にイライラするし、頭にくるものだ。

このとき、呪術的な考えは、あなたの**「影《シャドー》」(shadow)**、すなわち、**自分の一部として認めてもらえない内容**になっているのです。すると、あなたの境界線はシャドーによって押し広げられ、さまざまな形で、不愉快な衝突や緊張が引き起こされることになります。

これから見ていきますが、実は、このようにしてシャドーや無意識を否認し投影することは、**発達のすべての段階で起こりうる**ことです。そしてほとんどの場合、結果として起きることは、そうした要素に対するアレルギーが発生し、**その後の人生全体を通して、いわば「シャドーボクシング」を行い続ける**ということです（逆に、ある要素に対する固着が起こると、中毒が発生し、「シャドー《シャドー》の抱擁《ハギング》」を行い続けることになります）。

自分自身を実際に形づくっているさまざまな内容にマインドフルネスを行うこと、すなわち、そのすべてを超えて含むことは、シャドーの問題を緩和するのに最も適した方法のひとつであるといえます。そしてその効果は、ほぼ確実に保証されているのです。

段階3：呪術–神話的段階（レッド）

自己が成長を続け、自分自身と周りの環境をもっと明瞭に区別できるようになると――マジェンタの段階からレッドの段階へと移行すると――自分という存在がとてもか弱い存在であることを明確に意識するようになります。そして、危険がなく安全であるかどうか、自分を守るにはどうすればよいかといったことを心配し始めます。それゆえ、この段階の自己は、さまざまな「力への衝動《パワー・ドライブ》」を発達させることになります。

この段階はしばしば「自己防衛的段階」「安全の段階」「安心の段階」「力の段階」「日和見《ひよりみ》主義的段階」とも呼ばれており、インテグラル理論では、レッドの色を用いて表現します。発達モデルのひとつであるスパイラル・ダイナミクスでは、この段階は「力のある神々」の段階であると呼ばれています。なぜなら、この段階の自己はまだ自己中心的で自分本位である（自分自身がある種の神である）けれど、それと同時に、**どうすれば力《パワー》を確保できるか**ということで頭が一杯だからです。

この段階の在り方が不健全な形で成人まで残り続けると、犯罪行為を犯すことや、道徳的にひどく堕落した行動をとることも少なくありません。この段階では、人々の行動は、力への衝動によって支配されています。力への衝動が、隠れた地図《ヒドゥン・マップ》あるいは無意識の文法として、人々を動かしているのです。しかも、次の段階――法と秩序を重んじる順応的な段階――には未だ到達していないために、安全と力を求める隠れた地図《ヒドゥン・マップ》の欲求に基づいて、自分独自の基準や自分独自の法をつくり、それに従って行動します。自分が望んでいることこそ正しいのであり、動くのはただ欲しいものを手にするためであり、社会とはクソなのです（要するに、この段階の人々は「力のある神」なのです）。

この段階の不健全なバージョンの例は、さまざまな犯罪組織、マフィア型の組織、腐敗した政府などに大量に見つけ出すことができます。その世界観は次のようなものです――**世界とは適者生存の場所であり、最も大きく最も強い者こそが勝利する。**相手にやられる前にこちらからやってしまえ。ここは弱肉強食のジャングル、食うか食われるかの世界であり、その爪や牙《きば》を血に染めた者だけが生き残ることができるのだから。

　この段階の論理に基づいて行動する人々は、ときに、極めて卑劣な行動をとることがあります。例えばヨシフ・スターリンは、病理的なレッド段階の姿を示している格好の例でしょう。実際、この病んだ「力の神」は、1930年代、ウクライナに大飢饉を生じさせ（800万人以上のウクライナ人が亡くなりました）、さらに、恐怖政治を行いました（ウクライナの文化的エリートの8割以上が殺されました）。歴史から消えることのない他の人物としては、ヒトラーやポル・ポトを挙げることができます。最近では、ここにウラジーミル・プーチンの名を加える人もいます。

　さて、ここまでの3つの段階（古代的段階、呪術的段階、呪術-神話的段階）は、どれも「自己愛的《ナルシシスティック》」ないし「自己中心的《エゴセントリック》」な段階であると呼ばれています。すなわち、自己は1人称の視点、「私」の視点に捕らえられているのです。それゆえ、**こうした段階ではまだ、文字通り「他者の立場に身を置く」ことができません。**他の人の立場に立って考えることも、他の人が感じていることを自分で感じることも、自分の視点以外の視点をとることもできないのです。

（私たちのほとんどは、こうした能力を、人間に生まれつきそなわっているものだと考えています。しかし実際には、相手が感じていることを本当に感じる能力や、相手の立場に立って物事を見る能力は、成長や発達を通して新しく出現する「創発する」特性なのです。

　片面を赤色、もう片面を緑色に塗ったボールを持って、4歳の子どもに見せてみましょう。その際、両面が異なる色で塗られていることがわかるように、ボールの向きを何度も変えてあげましょう。さて、赤色の面をあなたに、緑色の面を子どもに向けて、子どもにこう聞いてみてください。「あなたからは何色が見える？」

　子どもは緑色が見えると答えるでしょう。そうしたら、次はこう聞いてみます。「わたしからは何色が見える？」　すると、子どもは「赤色」とは答えず、「緑色」と答えるでしょう――しかしそれはもちろん、相手ではなく、自分が見ている色なのです。子どもは、自分が見ているものと同じものをあなたも見ているはずだと、無意識に考えてしまったのです。言い換えれば、この段階の子どもはあなたの立場に立つこと、あなたの目から見ることができないのであり、他者の役割を担うことも全くできないのです。もちろん、こうした子どもの世界は、自己中心的で自己愛的であるといえます。

　とはいえ、子どもは**自己中心的であることを自ら選んだのではなく、それ以外に選択肢をもっていない**だけなのです。他者の立場に身を置くという能力は、次の段階であるアンバー段階まで現れてこないからです――その段階に到達すれば、子どもは「赤色」と正しく答えることができるでしょう。後で見ていきますが、これは発達における途方もない飛躍であり、人間のほとんどの能力は生まれたときにはまだ存在していないということを教えてくれる格好の例であるといえます。人間の能力のほとんどは、新しく出現《エマージ》〔創発〕し、成長し、発達するものなのです。そしてそれらはグローイング・アップの諸段階を進んでいきます）

　それゆえ、この段階３（レッドの段階）ではまだ、自分が全てであり、自分が支配者であり、自分と自分の願望こそが最上位に位置づけられています――「よこせ《ギブ・ミー》／渡しなさい」と「俺のものだ／私のものよ《ミー・アンド・マイン》」が、その行動原則なのです。

　私たちはみな、この段階に深く固着している人を知っているのではないでしょうか。こうした人々は、私たちの人生を苛立たせることが非常に多いのです。「どうしてあの人は、いつも自分のことしか考えられないんだろう？」「どうしてあの人は、こちらがどうなるかということに全く無関心なんだろう？」　今やその理由は明白です。そうした人々の隠れた地図《ヒドゥン・マップ》ないし文法では、**他者がそこにいるということを本当の意味で認識することができない**のです（それゆえ、あなたは自分のことを見てもらえているとは決して感じないでしょう）。こうした人々にとって、それ以外に選択肢は存在しません。他者の立場に身を置こうとしないのは、単に、そうすることができないからなのです。

とはいえ、あなたの中にも、多かれ少なかれ、力への衝動に基づく自己中心的な隠れた地図《ヒドゥン・マップ》があるかもしれません。もしそう思うなら、インテグラル・マインドフルネスを行いましょう。まず、インテグラル理論（あるいは、広く受け入れられている発達モデルであれば、他のものでも構いません）を用いて、この段階の在り方に対応する諸特徴が、ある程度でも、本当にあなたに当てはまっているかどうかを判断します。

おそらく、あなたの人生の何らかの領域――たとえどんな小さな領域であれ――においては、この段階の在り方が再活性化されて、力と支配を求める自己中心的な衝動が主導権を握っているのではないでしょうか。実際にこの段階の在り方が活性化した具体的な場面を思い出してみましょう。あるいは、人々に抑制なく力を行使することができるという感覚、人々を思いのままに動かすことができるという感覚、自分が全ての主導権を握っているという純粋な感覚に対して、できるだけ直接に、ただ意識を向けてみましょう。**あなたが全てを支配《コントロール》している**のです！

あなたが大勢の人々の中を通り抜けていくところを想像しましょう。あなたが人々の近くを通り過ぎると、その純粋で清澄な呪術的力によって、誰もがあなたに頭を垂れます。他の人々はみな、あなたより劣った存在であると想像しましょう。**驚くべき力に満ちたあなたに比べると、遥かに取るに足らない存在である**と想像しましょう。あなたは人々に、あなたの望むがままのことを行なわせることができます。そのあふれんばかりの感覚を、感じてみましょう。敗北した者たちはみな、あなたに従うために、ここにいるのです。

あなたは、自分の欲しいものを何でも手に入れることができます――名声も、莫大なお金も、あなたに求愛している世界中の女性あるいは男性も、世界中の自動車も、世界中のクルーザーも、世界中の家も、全てを手に入れることができます。ただ、あなたが手を伸ばしさえすれば、何でも手にすることができるのです。あなたは本当に**無敵**なのです。全く危険がなく、完全に安全であり、守られています――そしてそれは、誰もあなたの力を打ち破ることができないからなのです。

では、そうした感情やイメージを、意識の中に直接に保持《ホールド》しましょう。そしてマインドフルネスによって、そうした感情やイメージを、意識の客体《オブジェクト》にしましょう。力と完全な支配を求める願望は、直接的には、どのようなものとして感じられますか？　それはどんなふうに見えますか？　どんな色で、身体のどのあたりに位置していますか？　どんなことが引き金《トリガー》となって、こうした願望が生じますか？

こうした願望を、あらゆる角度から、ありのままに録画しましょう。こうした感情に、衝動に、欲求に、隅から隅まで親しくなれるまで、録画を続けましょう。隠れた主体《サブジェクト》としてあったそうした願望を、意識の客体《オブジェクト》にし、そのまま、揺らぐことなく、保持《ホールド》し続けましょう。それを通して世界を見たり感じたりするのではなく、それを対象として見ましょう。

あなたはもう、そうした願望と同一化してはいません。それを振り落とし、それを手放し、そこから離れ、それを超えましょう。このようにして、インテグラル・マインドフルネスを実行しましょう。

この段階に与えられている「呪術‐神話的」という名称について、少し補足しておきます。この段階は、多くの点において、純粋に呪術的である前の段階（マジェンタの段階）と純粋に神話的である次の段階（アンバーの段階）のあいだの過渡的な段階なのです。

呪術的であるか神話的であるかを決めるのは、主に、**奇跡を起こす力の源がどこにあるか**という点です。呪術的段階においては、奇跡を生じさせる能力は自分自身の中にあります。私が雨乞いのダンスを踊ることで、自然に対して雨を降らせるように強要しているのです。思考やイメージと、現実の物事は、まだあまり区別されていません。それゆえ、例えば父親が死んだとき、もし父に対して死んでしまえばいいのにと最近思ったことがあったならば、自分が父を殺したのです。あるいは先ほども述べたように、ブードゥー教においては、ある人物を模した人形に針を突き刺せば、その人物に実際に害を与えることができます。こうした考えは、まさしく純粋に、呪術《マジック》〔魔法〕であるといえます。

歴史的に見ると、神話的段階が現れ始める頃までには、人類は、自分たちには本当は呪術を使う能力がないということを理解し始めていました。呪術を使える〔奇跡を起こせる〕のは、自分たちではなく、超自然的で、超越的で、神話的な存在者たち——神、女神、スピリット〔精神／霊〕——なのです。それゆえ、どんな儀式や祈りや行動がスピリットを喜ばせることができるのかを正確に見つけ出すことができれば、スピリットは自分たちのために歴史に介入し、作物を成長させたり、雨を降らせたり、その日の狩りを確実に成功させたりしてくれるのです。

呪術-神話的段階とは、こうした2つの段階の間の移行期にあたる段階です。この段階では、大抵、神々やスピリットが——力のある神として——奇跡的な力をもっていると考えられていますが、**強大な力を有する人間もまた、「力のある神」になることができる**と考えられています。例えば、ママはその気になれば、美味しくないホウレンソウを美味しいキャンディに変身させてくれるでしょう。ママは「力のある神」なのです。

歴史的には、この呪術-神話的段階において、さまざまな巨大軍事帝国が世界中に初めて広がることになりました。そしてこうした帝国のトップたちは、ほとんど全ての地域において、文字通りの意味で「神」であり、非常に強大な力をもっているとみなされていました。まさしく、「力のある神」だったのです。

力のある神は、自分が望んでいることは何でもおこなうことができます。呪術的な力によって、周りの世界に秩序をもたらすことも、富や名声や財産を生み出すことも、性的な願望を実現することも、物質的な豊かさを向上させることもできるのです。力のある神は、ある人の人格《パーソナリティ》全体として現れることもあれば、独立した単一の衝動（自己中心的な目的のために何らかの対象をコントロールしたい、制御したい、力によって従わせたいという衝動）として現れることもあります。

レッドの段階は、自己愛的で自己中心的な衝動が支配的となる最も高次の段階でもあります。この段階を超えると、自集団中心的な（つまり集団志向の）動機が優位となるからです。それゆえ、こうした力への衝動が、あなたの意識の中にどのように生じてくるかを、今後も油断なく警戒しておきましょう。

一方で、私たちは**「力への中毒」(power addiction)**に陥ることがあります。この段階に対する強い固着ないし隠れた同一化が生じているために、**自分自身の力をあらゆる形で見せつけることに夢中になる**のです。例えば、各種の武道、ウエイトリフティング、ビジネスでの成功など、それ自体としては健全な活動であるものを、過剰なまでに追求していくかもしれません。あるいは、社会的な付き合いの輪《ソーシャル・ネットワーク》のなかで王様のような存在になっていたり、仲間の集団《ピア・グループ》のなかでお姫様のような存在になっているかもしれません。

他方、私たちは逆の極端へと進んでいき、**「力へのアレルギー」(power allergy)**を発生させることもあります。自分自身の力を抑圧し、他の人々へと投影しているために、無力で意志の弱いママっ子やパパっ子になってしまうのです。このとき、**力と思われるものは何でも、他の誰かに、あるいは他のすべての人に委ねてしまっているために、やがて、世界全体があなたをコントロールしようとしているように感じられてきます。**あなたに無理やり何かをさせよう、あなたを牢獄に閉じ込めよう、あなたを力によって従わせようとしているように感じられてきます――シャドーとなった力への衝動が、自分自身に跳ね返ってくるのです。

さて、このどちらの場合であっても、力への衝動が生じるたびに、それを「超えて含む」ようにしましょう。直接に、ただちに、全神経を集中させ、それに意識を向けましょう。主体となっているこうした衝動を、客体にしましょう。それから脱同一化しつつも、それを意識の中に含み続けましょう。このとき、あなたの意識は否応《いやおう》なく、さらに高次で、さらに広大で、さらに深遠な段階へと、その歩みを進めることになります。

力への過剰な衝動は、しばしば、私たちの心の中に**「内なる批判者《クリティック》」**あるいは**「内なる支配者《コントローラー》」**として現れます。そうした声は、私たちがおこなうあらゆることを観察し、それを批判しよう、否定しよう、取り締まろうとしているのです。そしていつも、あなたは劣っている、あなたには何々が欠けている、あなたは負け組である、あなたは役立たずであると、私たちに告げています。

こうした「サブパーソナリティ」――この場合であれば、力というサブパーソナリティ、あるいは、支配者というサブパーソナリティ――に触れるためのひとつの方法は、ボイス・ダイアログと呼ばれる手法を実践することです。**あなたの通常の自己と、あなたの中にいる支配者《コントローラー》に話をさせ、その「内なる対話」の内容を書き留める**のです。こうした対話においては、ただ率直に、あなたが両方の役割を担いましょう。

もしかすると、まず初めに、通常の自己が内なる支配者にこう問いかけるかもしれません。「あなたは何を求めているの?」「どうしてあなたは、私に対してそんなに批判的なの?」「どうしてあなたはいつも、私をコントロール〔支配〕しようとするの？」

そうしたら次に、支配者の役割を演じて、その問いに答えてみましょう。もしかすると、それはこんな答えかもしれません。「私があなたを観察しているのは、あなたが全くの負け犬だからだよ。正しいことを行うことは全くないし、見ていられないほど情けないんだ。もし私がいなかったら、あなたの人生はめちゃくちゃになっていただろうね」

それを聞いて、通常の自己は支配者に問い返します。「本当は、あなたは何を望んでいるの？」

内なる支配者が答えます。「人生の全てを思い通りに動かしたいんだ」

こうした内なる批判者ないし支配者は、多かれ少なかれ、ほとんど全ての人の中に存在しています。多くの場合、こうした声は、「投影《プロジェクション》」の逆である**「取り入れ《イントロジェクション》」**という作用によって、過去に形成されたものです。（投影においては、本当は自分の一部である性質が自分の外へと押しやられて、他の人々だけが所有している性質であるとみなされます。他方、取り入れにおいては、本当は他の人々の一部であるもの――例えば他の人々の意見、批判、価値判断など――が自分の中へと取り込まれて、あたかも自分の一部であるかのようにみなされます。こうした要素は外部から入ってきた異物なのですが、誤って自分の一部として「取り入れ」てしまうのです）

このようなネガティブな批判の声は、親から取り入れたものであることが多いですが、ときに、家族の他のメンバーや、幼い頃に教えを受けた先生から取り入れたものであることもあります。しかしそれは、子どもっぽい性質を今も保ち続けており、頑固であったり、気遣いや思いやりに欠けていたり、自惚《うぬぼ》れていたり意地悪であったりします。こうした声は、最初に取り入れが生じたときの年齢ないし発達段階（多くの場合、呪術的段階ないし呪術‐神話的段階）の特性を保っているのです。

さて、もしみなさんがこれまでに、精神分析のような何らかのアプローチによってこうした内なる批判者に出会ったことがあるなら、おそらく、幼少期におけるどんな出来事がこの声の起源になっているのかを探求したことでしょう。もしかすると、こうした批判者が最初に生まれたときのことを追体験したかもしれませんし、そうでなくとも、こうした声のことを心理学的に理解しようと試みたことでしょう。実際、こうしたアプローチは非常に有益な効果をもたらしうるものであり、とり入れる余地があるものだと私は確信しています（現に、私たちはそれを**「クリーニング・アップ」（浄化）**の道と呼んでいます）。しかし、それはマインドフルネスという実践方法を用いておこなうことではありません。

それゆえ、ここではただ、内なる批判者《クリティック》［批評家］の存在に意識を向けることにしましょう。隠れた主体《サブジェクト》であった内なる批判者を、意識の客体《オブジェクト》にしましょう。それを通して世界を見るのではなく、それを見つめましょう。あらゆる点から、そのあるがままの姿を録画しましょう。大事なことは、それを理解しようとするのではなく、ただ、それを見つめるということです。ボイス・ダイアログの方法を用いて、内なる批判者のできるだけ多くの姿を意識の表面にのぼらせたら、マインドフルネスという名のレーザーよって、それに光を照射しましょう。

こうした内なる声との対話のワークは、まずは1週間や2週間のあいだ、1日1回、簡単な話をするということから始まり、その後は、ときどき不定期に話をするという形になるかもしれません。しかし、どんなやり方であっても、そうした声を明瞭に意識化しましょう。ただその存在を認識し、ただそれを感じ、ただそれを見つめましょう。それを「理解」しようとしたり、その本当の起源を探り当てようとしたりするのはやめましょう（そうした洞察が自発的に現れてきたのであれば、問題ありません。それは素晴らしいことです。その洞察そのものを気づきの対象にしましょう）。

必要なことはただ、感じながら気づく意識《フィーリング・アウェアネス》によって、こうした隠れた主体《サブジェクト》を意識の客体《オブジェクト》にし、そして、途方もない悪影響を与え続けてきた自分の中のサブパーソナリティと、根本から脱同一化することなのです。

段階４：神話的段階ないし伝統的段階（アンバー）

次の主要な発達段階である段階４は、「順応的段階」「神話的-メンバーシップ的段階」「外交官の段階」「所属の段階」などと呼ばれており、インテグラル理論ではアンバーの色を用いて表現します。

この段階になると、自己は実際に他者の立場に身を置くことができるようになります。そのため、自己のアイデンティティは、自分自身から、自分の所属するさまざまな集団――例えば家族、氏族《クラン》、部族《トライブ》、民族《ネイション》／国家、宗教、政党など――へと拡大することになります。

この段階は、自己中心的《エゴセントリック》なアイデンティティから自集団中心的《エスノセントリック》（自民族中心的）なアイデンティティへの転換点であるとも呼ばれています。言い換えれば、**「自分中心」の見方から、「自分たち中心」ないし「集団中心」の見方へと切り替わる**地点なのです。これは非常に重要な変化です。

順応的段階という名称が示しているように、初めのうちは、この段階の自己は極めて順応的です。**他者の役割を引き受けることができるのですが、同時に、そうした役割の中に捕らわれてしまう**のです。こうした見方は、よく「正しかろうと間違っていようと我が祖国」「正しかろうと間違っていようと我が宗教」あるいは

「法と秩序《ロー・アンド・オーダー》」という言葉で表現されます。

この段階では、ルール〔規則〕を厳格に順守することは極めて重要であり、歴史的には、かなり野蛮なやり方でルールが強制されることもありました。泥棒の両手を切り落としたり、姦《かん》通の罪を犯した女性に死ぬまで石を投げ続けたりしていたのです。

もしこの段階に位置する人たちが結集し、犯罪のネットワークを形成すると、多くの場合、極めて厳格で硬直的なルールや行動規約《コード》が定められます。例えば、マフィアには「沈黙の掟《おきて》」が存在し、自分たちの犯罪ネットワークのことを口外することは固く禁じられています。マフィアのメンバーたちは、マフィアを指すときに「ラ・コーサ・ノストラ」という言葉を使いますが、それはイタリア語で「我々のもの」という意味です。それゆえ、マフィアのメンバーたちは、「彼はマフィアの一員だ」などとは言わず、「彼は我々のものの一員だ」「我々のもののことは誰にも言うな」と言うのです。

このように、**集団への所属を特別に重視する**ことは、この段階の特徴的な在り方であるといえます。こうした掟《コード》を破れば、大抵の場合、すみやかに、厳しい罰が与えられます。多くの場合、それは死であり、また多くの場合、この処罰は、掟を破ったことの制裁であることが誰にでもわかるような象徴的な形で実行されます。例えば、後頭部に正確に銃弾を撃ち込むといったものです。

思考の内容は極めて具体的であり、それゆえ、この段階の見方はしばしば「神話的‐字義的《ミシック・リテラル》」な見方であると呼ばれています。こうした見方においては、神話――例えば「神はエジプト人の長子を皆殺しにした」「エリヤは馬車に乗せられて生きたまま天国へと昇った」「老子は生まれたときには既に９００歳だった」など――は、具体的に、字義通り《リテラル》に受けとられ、絶対的な真実であるとみなされています（発達理論の先駆者の一人であるクレア・グレイブスは、この段階を「絶対主義的」な思考の段階であると呼んでいます）。

これから見ていくように、もしあなたが絶対的な信念、全くもって完全に**疑う余地のない考え**をもっているならば、この段階の在り方が活性化《アクティベイト》されている可能性があります。

本書のイントロダクションで述べたことを思い出しましょう。宗教の1つ目の形態、ナラティブ型宗教と呼ばれている宗教は、多くの場合、神話的-字義的な見方に基づく原理主義的なものです。もしある宗教が原理主義的な宗教であるなら、その宗教は主に、この絶対主義的な段階（神話的-字義的な段階、段階4、アンバーの段階）の論理に基づいて形成されているといえます。

こうした原理主義の態度は、どんな考えに対しても生じることがあります。**もしある考えが、熱心に、絶対的に信奉されており、たとえ証拠があろうとなかろうと、文字通り正しい絶対的な真実であると思われているならば、そこには原理主義が生じている**といえます。それゆえ、原理主義的なキリスト教、原理主義的なマルクス主義、原理主義的なフェミニズム、原理主義的な科学（これは「科学主義《サイエンティズム》」と呼ばれています）、原理主義的な犯罪グループといったものが存在しうるのです。

先にも述べたように、こうした原理主義の不健全な形態が、犯罪者の権力ネットワーク、少数者の独裁による汚職のネットワーク、ラ・コーサ・ノストラのような犯罪グループ、腐敗した一国の政府全体、街《ストリート・》のギャング集団《ギャング》、帝国主義的で植民地主義的な傾向を有する独善的な支配者（こうした支配者たちはいつも、自分は「人々のため」に行動しているのだと主張します）などの背後に潜んでいることが多いのです。もし政府がこうした自民族中心的なアイデンティティに依拠している場合――特に、何らかの「力への衝動」を前の段階から引きずったままである場合には――その政府は、極めて帝国主義的で、植民地主義的な傾向を示します。自分たちの帝国を拡大する機会はないかと常に注意を向けており、そのためには、どんな手段を用いることも――

経済的な力を行使することから、実際に戦争や侵略行為を始めることまで――辞さないのです。

この段階では、しばしば、**真実は単一の書物の中に表現されている**とみなされます。そして、そこに絶対的で究極的な真実が示されていると考えます。それは聖書であるかもしれませんし、コーランであるかもしれません。浄土教の経典であるかもしれませんし、毛沢東の語録であるかもしれません。

同様に、この段階の構造を有する政府においても、その力はしばしば、全てを掌握する一人の権力者や、絶大な力を有する一人の独裁者に与えられています。あるいは、少数の選ばれた人々が全ての力を握っており、全体主義的な権力体制によって人々を統治しているかもしれません。こうした政府の例としては、ナチスや、冷戦時の多くの共産主義国家、ほとんどの時代におけるソ連、そしてイランや中国を挙げることができます（他にもたくさんあります）。

私たちはみな、こうした順応的で絶対主義的な発達段階を主な拠点としている人々のことを知っているはずです。特に、原理主義的な宗教や、筋金入りの政治的な極右勢力において、よく見受けられるでしょう。そうした人々は、法と秩序を厳格に守ることの重要性を強く信じており、「家族の価値」や「神の価値」と呼ばれるものを強く信奉しています。ナショナリズム的な傾向があり、愛国心が極端に強く、移民が入ってくることや、家族の価値が弱められてしまうこと、働くことに関する道徳観が失われてしまうことを心配しています。銃規制には完全に反対であり（自分たちの原理主義的な信念に賛同しない個人や政府から身を守るには銃が必要だと思っているため）、また多くの場合、同性愛嫌悪《ホモフォビア》の傾向や性差別主義《セクシスト》の傾向をかなり強くもっています（男性も女性もそうです――原理主義的な女性もまた、聖書が命じているように、夫に服従する義務があると考えているのです）。さらに、自分たちの国は神によって創造された特別な国であり、神の計画によって、自分たちの国が世界の残りの部分を導く――さらには支配する――ことになっていると考えています。

その一方で、この段階に位置する他の人々は、もっと目立たない形で暮らしており、いわゆる「サイレント・マジョリティ」〔物言わぬ多数派〕の良き一員となっています。神や国家や家族の大切さを強く信じており、この世界で最も偉大な国において、真面目で勤勉な人生を送ろうと努力しているのです――ただし、こうした在り方は絶対的な真実であり、それを少しでも疑うことは許されません。

さて、あなたはこの段階に完全に固着していることはないかもしれませんが、何らかの考えを、絶対的に正しくて疑いの余地がないものであると考えているかもしれません。そしてその考えに従うことに、自分の人生を捧げているかもしれません。それは非常に立派な信念であるかもしれませんし、例えば勇気をもって生きることであるかもしれませんし、あるいは、神話的‐字義的で絶対主義的な隠れた信念《ヒドゥン・ビリーフ》であるかもしれません（この論点にはすぐに戻ります）。

もしあなたの中に、大なり小なり、この順応的な段階の特性――例えば、集団に溶け込み、大きく目立つことも他の人と大きく異なったりすることもなく、周りから好かれたりよく思われたりしたいという願望――が存在しているなら、あなたはおそらく、こうした願望をひとつの段階として見ようとはせず、ただ単に、そうした願望として見ようとするでしょう。そしておそらく、こうした願望を変化させたいとは思わないでしょう。さらに、もし原理主義的な宗教的信念をもっているならば、そうした信念を変えたいと思わないことはほぼ確実です（どのように変えたとしても、おそらく永遠の罰を受けることになるでしょうから）。

とはいえ、インテグラル・マインドフルネスのセッションで実践することは、ただ、そうした考えを直接に見つめるということだけです。**そうした考えを、ただ、意識の中に保持《ホールド》しましょう。対象として見つめましょう。そして、そうすると何が起こるかを観察しましょう。**

もし、そうした信念が恒久不変の価値に基づくものであれば、そうした信念はあなたの意識の中に残り続けるでしょう。しかし、もしそれが単に特定の発達段階への固着に基づくものであるならば、やがてその段階が消失し、次の段階へと置き換わるとき、あなたの価値はもっと広大で包括的なものへと――あなたのまさに目の前で――変化していくことになるでしょう。ここまでくると、このプロセスは望まれないものでも恐ろしいものでもなくなり、さらに高次で、さらに広大な意識や愛や慈悲へとつながる扉として、体験されることになります。

そして、もしあなたがこの段階のかなりの部分を隠れた地図《ヒドゥン・マップ》として利用しており、人生の多くの領域がそうした隠れた地図《ヒドゥン・マップ》によって方向づけられているなら、おそらく、マインドフルネス瞑想を実践する態度そのものの中にも、この段階の特徴が現れるでしょう。

マインドフルネスを始めようと決心すると、あなたはおそらく――この段階に足を置いている程度に応じて――その手順を大切にし、あらかじめ定められた方法を尊重し、瞑想によって人生の秩序と安定性が徐々に増大していくことを高く評価するでしょう。**その性質や方法を変えることなく、一連のルールに基づいて、安定して、継続的に、決まりきった実践をおこなっていく**でしょう。次のセッションに参加しそこねないかどうかや、ルールに正確に従っているかどうかに、細心の注意を払うことでしょう。もしそうしたルールが、無意味な言葉を用いず、単刀直入に示されており、個人の裁量に委ねられている部分がほとんどなければ、最高です。また、なぜマインドフルネスが効果をもたらすのかということにはあまり関心がなく、それよりも、具体的に何を行えばよいのかということや、どのように行なえばよいのかということに関心があるでしょう。

さらに、マインドフルネス瞑想を通して非常に深い効果を得るようになると、「このアプローチこそがスピリチュアリティに対する唯一の正しいアプローチである」とさえ考え始めるかもしれません。あなたは、いわば**「マインドフルネス原理主義」**の信仰者となり、同じタイプの実践を有していない宗教をすべて、不十分なもの、あるいは劣ったものであると批判するようになるでしょう。そうした宗教は決して、本当の救いや真の目覚めを与えることができないと考えるのです。

実際、**かなり高次の段階に位置している多くの人々が、何らかの実践や考え方によって自分の人生に素晴らしい影響がもたらされると、こうした絶対主義的な段階へと「退行」してしまいます。**本物の「熱狂的信者《トゥルー・ビリーバー》」になり、そうした実践や考え方に対して、原理主義的な態度をとり始めるのです。マインドフルネス瞑想のトレーニングも、例外ではありません。現に、マインドフルネスの師の多くは「マインドフルネス原理主義者」であり、この方法が、そしてこの方法だけが、全ての究極的な問いに対して究極的な答えを与えてくれるものだと確信しているのです。

同じことが、多くの科学者に対しても当てはまります。最初のうちは、科学に対して非常に合理的で客観的な見方をもっているのですが、徐々に、**科学が自分にとっての「宗教」になってしまう**のです——これはしばしば**「科学主義《サイエンティズム》」**と呼ばれています。そしてそれゆえに、実際には神話でしかない（すなわち、神話的‐字義的な段階に由来する）さまざまな見解を、合理的な信念体系の中へと取り入れてしまうのです。こうした科学者たちの隠れた地図《ヒドゥン・マップ》は、神話的‐字義的な段階へと退行しているといえます。

実際、**典型的な科学者が絶対的に正しいと考えている見解のうち、かなりの見解は単なる神話であり、それを支持する証拠は全く存在していません。**そうした見解を信じているのは、ただ単に、それが科学——自分たちにとっての絶対的リアリティ——と矛盾しないように思えるからにすぎないのです。こうした神話としては、例えば「宇宙には創造性もなければ意識もない」「生命とは完全にでたらめなプロセスであり、どんな目的も方向性もありはしない」「現実とは全て、ただの物質である原子（あるいは素粒子）が配置を変えただけのものにすぎない」といったものを挙げることができます。しかし、どの考えについても、それを支持する証拠を全くもっていないのです。

　こうした人々は、科学それ自身に対しても科学的な証拠が必要であるということを忘れてしまっています。科学は現実世界に対する極めて重要なアプローチですが、それもまた、「真実だが部分的」なアプローチなのであり、適切に扱うことが必要なのです。

　歴史において、こうした神話的‐絶対主義的な段階が初めて目立つようになってきたのは、およそ紀元前４０００年頃のことです。その力がピークに達したのはおよそ西暦１０００年頃で、その後文明を支配しつづけますが、やがてルネサンスと啓蒙思想の時代が訪れ、次の段階である合理的段階が現れ始めることになります。今日においては、この段階は7歳から12歳の子どもに典型的な段階です。しかし現代でも、多くの成人の人生の中にこの段階はひそんでおり、その最も一般的な表れ方が、何らかの考えを、疑いの余地がないもの、唯一無二の真理として、絶対的に信奉するということなのです。

　それでは、もしあなたの中にこの段階の要素が少しでも残っており、隠れた地図《ヒドゥン・マップ》のひとつとして人生の重要な領域を支配し続けているなら、どうすればよいのでしょうか。

　繰り返しになりますが、まずは、そうした要素の存在に気づきましょう。ここで紹介している発達の複合的地図（この地図はインテグラル理論の一部ではありますが、先にも述べたように、何十種類もの発達モデルによって裏づけられたものです）を活用し、自分が絶対主義的ないし原理主義的に物事を考えていると思われる領域に、注意を向けましょう。自分が正しいのだという感覚、絶対的に正しいのだという感覚に対して、意識を集中させましょう。

あなたが最近、物事に正しく対処することに成功し、上機嫌になり、**「それ見たことか!」「だから言ったでしょう?」**と言いたくなったときのことを思い浮かべましょう。あなたが正しく、そして他の人もみなあなたが正しいことを知っているということの嬉しさに、意識を向けましょう。こうした感覚は、あなたにとってどれくらい重要なものですか? あなたは、自分がいつでも正しいのだと思いますか? (「私が最後に犯した間違いは、自分が間違いを犯したと考えたことだね」というジョークのように?)

そうしたら、次に、こうした思考や態度に、そして、**「私が正しい」という感覚に、意識を向けましょう。**マインドフルな気づきを与えながら、それを意識の中に保持《ホールド》しましょう。それをあらゆる角度から見つめましょう。それはどれくらい大きいですか? どんな色をしていますか? 身体のどのあたりにありますか? (頭、胸、腹) そうした考え方をするとき、どんな感じがしますか? どんなよいことがありますか?

こうした感覚を判断したり、非難したりしないようにしましょう。ただ、それに気づいていましょう。ちょうど、洞窟を探検していたら、珍しい遺物を発見し、それを隅々までビデオカメラで録画しようと決めたかのように、それに意識を向けましょう。それを意識の中に保持《ホールド》し、対象として明瞭に認識し、判断することもなく、非難することもなく、同一化することもなく、ただ、気づいていましょう。どんな出来事があると、自分はこうした隠れた地図《ヒドゥン・マップ》に基づく反応を始めるのかに、注意してみましょう。

例えば、宗教や政治についての議論を行うとき、自分の考えをパートナーと共有しようとするとき、重要だと思っていることを子どもに教えようとするとき、あるいは、本を読んでいるけれど著者の意見に同意できないときなどに、こうした隠れた地図《ヒドゥン・マップ》が活性化するかもしれません。

今度は逆に、自分が間違っていると指摘されたときのことを思い浮かべましょう——特に、何らかの集団の中で、誰もがあなたに目を向け、誰もがあなたが間違っていることを知っているという状況を、思い浮かべてみましょう。私が正しいという感覚だけでなく、**「私が間違っている」という感覚**も、直接に、明瞭に、体感しましょう。そのありのままを、録画しましょう。

そしてこのとき、**「正しくなければならない」ために、自分がどんな行動を始めるのか**に、注意を向けてみましょう。あなたの思考はどう反応していますか？　自分の意見を擁護するために、どんな考えをつくり上げていますか？　どんな言葉を使うことが多いですか？　どんな感情が生じているでしょうか？

正しくありたい、間違っていたくはないという隠れた価値システムが存在することに、注意を向けてみましょう。こうした偽物の文法規則が、あなたの行動を支配していることに、注意を向けてみましょう。こうした信念や隠れた地図《ヒドゥン・マップ》に対して、率直に、気楽に、静かに、意識を向けましょう。隠れた主体《サブジェクト》となっているものを、意識の対象《オブジェクト》にしましょう。それを通して世界を見つめるのではなく、それを直接に見つめましょう。

では次に、こうした気づきをもっと効果的なものにするために、この段階のもうひとつの特徴をとりあげて、その特徴に対してもインテグラル・マインドフルネスを適用することにしましょう。

先にも述べたように、この段階は「神話的‐メンバーシップ的」な段階であると呼ばれることもあります。**「神話的」**の部分は、この段階の思考が**絶対主義的**であることを表しており、「メンバーシップ的」の部分は、ほとんどの場合、この段階が**順応的**な性格をもっていることを表しています。

インテグラル・マインドフルネスでは、ある段階の一部であると示されているどんな特徴に対しても、マインドフルネスをおこなうことができます。

その際、おそらくあなたは、複数の特徴が、あたかも同じグループであるかのように（実際、同じグループなのですが）組み合わされているという点にも、興味を抱くことでしょう。そうした特徴ないし特性は、ほとんどあらゆる段階に存在しうるものなのですが、ある段階においては特に、一緒になって現れるのです（例えば、絶対主義的かつ順応的であるというように）。そして、複数の性質をまとめて体感できるようになると、主体を客体にする力が強化されて、遥かにすみやかに、そうした性質から自由になることができます。

さて、この段階の2つ目の主要な特徴をとりあげることにしましょう。それは、**集団に所属しているという感覚**、あるいは、**「私たち」を形成しているという感覚**そのものであり、多くの場合、順応的な性格をもちます。この段階になると、2人称の視点をとれるようになるため、自己意識は拡大し、自己のアイデンティティは、自己中心的な「私（I）」から、自集団中心的な「私たち（We）」へと変化します。この「私たち」という感覚に意識を向けてみましょう。この感覚は全ての生命にそなわるものではありますが、ここでは、人間における「私たち」に焦点を当てます。

言葉の意味を明確にしておくために、少し補足します。「1人称」とは、話している人を指す言葉で、「私（I）」にあたります。「2人称」とは、話しかけられている人を指す言葉で、「あなた（You）」や「汝《なんじ》（Thou）」にあたります。「3人称」とは、話の内容になっている人やモノを指す言葉で、「彼（He）」や「彼女（She）」や「それ（It）」や「それら（Its）」にあたります。［次頁、原注］

さらに、「私（I）」と「あなた（You）」が組み合わさることで、「私たち（We）」が生まれます。「私たち（We）」は文法上は1人称複数にあたりますが、インテグラル理論では、多くの場合、「あなた（You）」だけでなく「私たち（We）」も2人称として扱います。

そうすると、1人称と2人称と3人称は、**「私（I）」**、**「私たち（We）」**、**「それ（It）」**という3つの言葉に簡潔にまとめることができます。本書ではそれぞれの視点が非常に重要であることを見ていきますが、もう一度述べておくと、私たち人間は、こうした視点の全てを生まれたときからもっているわけではないのです。これらの視点は、グローイング・アップの過程のなかで、新しく出現〔創発〕し、成長し、発達していくものです。実際、アンバーの段階（神話的-メンバーシップ的段階）になってようやく、2人称の視点は出現し始めるのです。

それでは、あなたが一員《メンバー》となっている集団を、思いつく限りすべて思い浮かべて、それらに注意を向けてみましょう。家族、同僚、友人、同じ地域や国に暮らす人々など、さまざまな集団に注意を向けましょう。どの集団も、何らかの内面的な価値や意味、言語や知見、歴史などを共有しています。言い換えれば、何らかの「私たち」の感覚、何らかの「私たち性《ウィーネス》」(we-ness) を共有しているのです。そして、**この「私たち性《ウィーネス》」こそが、内側から、その集団をまとめているの**です（ちょうど、制度やネットワークが、外側から集団をまとめているように）。

それゆえ、自分がその集団と一緒にいると――例えば休みの日（感謝祭やクリスマスなど）に家族と集まっていると――どんなふうに感じるかを、今ここで体感してみましょう。家族がつくる「私たち」の感覚に、意識を向けましょう。家族が目の前にいると、それ以外の人々と接しているときとは明瞭に異なる感覚を感じるでしょう。その感覚は、**その「私たち性《ウィーネス》」は、どんなものですか?**　もしある集団の「私たち性」に意識を向けることが難しいなら、それは、あなたが内面的にその集団とあまりにも同一化しすぎているためであると思われます。それゆえ、その感覚を意識の対象にすることは、ますます重要な課題であるといえます。

さて、その「私たち性」の感覚に、意識を向けましょう。それはどんなふうに見えますか?

［原注］インテグラル理論では、「それ (It)」の複数形として「それら (Its)」を用いているが、一般的にはもちろん、3人称の複数形として「彼ら／彼女ら (they)」を用いることが多い。

どんな感じがするものですか？　どんな色をしていますか？（そう自問したときに心の中に浮かんでくるものにただ気づきましょう）　どんな形で、どんな匂いがしますか？（同じく、心に浮かんだものにただ気づきを向けましょう）　それは身体のどこに位置していますか？（頭、胸、腹、あるいは別の場所）　その「私たち」の感覚に、マインドフルネスという名のレーザー光線を当てましょう。

そうしたら、次は、あなたが仕事に行くときのことを想像してみましょう。職場のある建物の中へと入ったとき、「私たち」の感覚は、どのように変化するでしょうか？　さらに、まもなく顔を会わせる職場のさまざまな人たちのことを考え始めると、「私たち」の感覚は、どのように変化するでしょうか？

さて、もしかするとあなたには、職場に、大好きな人々と大嫌いな人々がいるかもしれません。もしそうなら、職場の人たちをこうした2つのグループに大まかに分けて、それぞれの「私たち」を感じてみましょう。好きな人たちからなる「私たち」の感覚は、心地よく、楽しいものでしょう。逆に、嫌いな人たちからなる「私たち」の感覚は、不快で、避けたくなるものでしょう。

しかし、このとき、どちらのグループにも、外面（外側から見えるもの、外から間《インター》-客観的《オブジェクティブ》に捉えられるもの）と内面（内側から感じるもの、「私たち」として間《インター》-主観的《サブジェクティブ》に感じられるもの）の両方が存在するということに、注意を向けてみましょう。外面とは「それら（Its）」の領域であり、外側から目で見ることができる領域です。それに対して、内面とは「私たち（We）」の領域であり、目では見えないけれども、感じたり、心の中で意識したりすることができる領域です。

この「私たち」の感覚は、「私（I）」の感覚とは異なるということにも、注意を向けましょう。実際、両者は極めて異なるものです。たくさんの「私」が一緒に集まることで、「私たち」は形成されています。さらに、「私たち」の感覚は、「それ（It）」の感覚——単なる外的対象として感じること——とも異なります。

今ここで行っていることは、外側から「それら」として見つめることではなく、**内側から「私たち」として感じる**ということです。その集団が共有している意識、そしてその集団が共有している相互理解の感覚を、感じるのです。こうした感覚に、注意を向けましょう。こうした「私たち」の感覚に対して、マインドフルな意識を向けましょう。

さて、あなたは自らの人生のなかで、極めて多様な集団、極めて多様な「私たち」の一員《メンバー》となっていることでしょう。その中には、自分自身で選択したものもあれば、仕方なくそうなったものや、最初からそうなっているものもあるはずです。

それでは、あなたが自分自身の選択によって所属することにした集団を、思い浮かべてましょう。例えば、もしあなたが理系の学生なら、学校の「科学部」（あるいはもっと個別的に、物理部、数学部、生物部）に所属しているかもしれません。**あなたが自分自身の意思で参加した何らかの集団、何らかの「私たち」を思い浮かべましょう**。そして、**自分がなぜその集団に参加したのかということに、注意を向けましょう。**

ほとんどの場合、あなたが重要だと考えている事柄や、強い思い入れを抱いている事柄が、その理由となっているはずです。おそらくあなたは、その集団の一員になるためになら、多くの苦労を惜しまなかったのではないでしょうか。もしかすると、かなりの会費が必要だったかもしれませんし、あるいは、多くの支援を集めることが必要だったかもしれません。

言い換えれば、**こうした理由の中にこそ、あなたが非常に大事にしている思いや考えが存在している可能性が最も高い**のであり、そしてそれゆえに、いともたやすく、そうした思いや考えに対する絶対主義的で原理主義的な態度に陥ってしまいがちなのです。

例えば、もしあなたが強固な保守派あるいは急進的なリベラル派であったなら、地方での保守派政党ないしリベラル派政党の大会に参加し、必要な仕事にも無償で協力し、これこそが地球上で唯一正しい政治運動だと深く確信するかもしれません。

あるいは、もしあなたが地方の教会に所属しており、その教会にきちんと信仰心をもって通っているなら、おそらくあなたは、自分の信仰の全てを、完全に、そして原理主義的に、その宗教に委ねていると思われます。あるいは――この次の段階である達成主義者《アチーバー》の段階のように――あなたは地方の高級カントリークラブに参加し、自分が成功者であることを示したいと思っているかもしれませんが、そのとき、あなたが示したいと思っている成功とは、そのカントリークラブが表現している価値に完全に従ったものでしかないかもしれません。

こうしたどの例においても、集団の一員であることと、絶対主義的な態度をもつことが、密接に絡み合っているのです。

それでは、この2つの価値をひとまとまりの感覚として感じてみましょう。要するに、**あなたは、絶対的に正しい集団の一員《メンバー》**なのです。主体《サブジェクト》となっているこの強烈な感覚を、意識の対象《オブジェクト》にしましょう。

絶対的に正しいという感覚と、集団に所属しているという感覚を、意識の中に保ち続けて、まずは別々に、そして今度は、一緒に感じましょう。そうしたら、マインドフルネスの純粋で強烈な光によって、その感覚を焼き焦がしましょう。ありとあらゆる角度から、その感覚を見つめましょう。

その感覚はどんな感じがするものでしょうか？　それはどんなふうに見えますか？　どんな匂いがするように感じますか？　どんな色で、どんな大きさで、どんな形をしているように感じますか？　それを通して物事を見つめるのではなく、それを見つめましょう。主体となっているそのアイデンティティを、意識の対象にしましょう。

ところで、主体を客体にすることがなぜ重要なのでしょうか？　このテーマにはやがて戻ってくると先に述べましたが、ここで説明します。まず、高名な発達研究者でありハーバード大学教育学大学院の教授であるロバート・キーガンの主張をわかりやすく述べましょう。

キーガンによれば、発達とは**「ある段階の主体《サブジェクト》が、次の段階の主体にとっての客体《オブジェクト》になる」**ことであると捉えるのが最も適当であるといいます。最初は少し難解に聞こえるでしょうが、その意味するところは非常にシンプルです。

本書ではここまで、４つの主要な発達段階がどのように出現し、そしてどのように成長するのかということを見てきました。古代的で生理的な段階（インフラレッド）、呪術的で衝動的な段階（マジェンタ）、力のある神々からなる日和見主義的な段階（レッド）、そして神話的で原理主義的な段階（アンバー）です。このとき、どの段階においても、基本となる自己感覚は**その段階と同一化しながら現れる**ことに注意しましょう。

古代的段階においては、自己は感覚運動的ないし生理的な領域と同一化しています。この段階こそが主体なのであり、自己なのです。この段階そのものを客体［対象］として見ることはできません。自己は、主体であるこの段階を通して、世界を見ています。この段階そのものを見ることはできず、この段階を通して見ることしかできないのです。

しかし、次の段階である呪術的段階が現れると、自己は古代的段階とだけ同一化することをやめて、アイデンティティを新たな段階へと移行させます。そのため、自己は今や、古代的段階を客体として認識することができます。新たな主体が、古い主体を客体として認識しているのです。言い換えれば、前の段階の主体（古代的段階）が、新たな主体（呪術的段階）にとっての客体になったのです。

一方、この新たな自己ないし主体は、現在の段階（呪術的段階）を認識することはできません。それは、自己がこの段階に同一化しているためであり、別の言い方をすれば、この段階が自己にとっての新たな隠れた地図《ヒドゥン・マップ》になっているためです。自己はこの段階を通して世界を見るのであって、この段階そのものを見ることはできません。

けれども、さらに次の段階、力のある神々の段階になると、自己は呪術的段階と脱同一化し、呪術的段階を意識の対象〔客体〕として認識できるようになります。しかし今度は、自己は新たな段階、力と安全の段階と同一化しています。そして、この新たな自己は、現在の段階（力の段階、呪術-神話的段階）を対象として認識することはできません。なぜなら、今やこの段階こそが新たな主体、新たなアイデンティティだからであり、自己はこの段階の構造を通して世界を見ているからです。この段階の構造そのものを見ることはできません。またしても、ある段階の主体が次の段階の主体にとっての客体となったのです。

発達理論の先駆者であるジャン・ゲブサーも、同じ考えに到達しました。ゲブサーの基本的な見解は、**「ある段階の自己は、次の段階にとっての道具《ツール》になる」**というものです。主体としてのアイデンティティが、客体としての道具《ツール》になり、意識によって、認識し、利用しうるものになるのです。

どうして、このプロセスがそれほど重要なのでしょうか？　遠慮なく言ってしまえば、みなさんは、こんなことは学者たちの戯言《たわごと》でしかないと感じているかもしれません。けれども、このプロセスこそ、進化の各段階を実際に前に進めている仕組みなのであり、こうした仕組みによって、それぞれの段階は、前の段階よりも意識的で、開かれていて、包括的で、自由で、豊かで、全体的《ホール》なものへと進化していくのです。

私たちは、低次で、視野が狭く、限界に満ちた自己と脱同一化し、その自己を対象〔客体〕として認識し、それよりも高次で、意識的で、包括的な自己と同一化しなおすことによって、ちょうどその分だけ、自分自身の心を開き、もっと高次で、もっと広大で、もっと深遠な段階へと、進化し、意識を発達させ、アイデンティティを拡大していくことができるのです。

ここまで、私たちのアイデンティティが、自己中心的な段階（自己は「私」とだけ同一化している）から自集団中心的な段階（自己は「私」だけでなく、集団全体――例えば氏族や部族、民族や国家、宗教など――と同一化している）へと拡大していくことを見てきました。

このすぐ次の段階では、自集団中心的《エスノセントリック》な「私たち」の段階から、世界中心的《ワールドセントリック》な「私たち全員」の段階へと、アイデンティティがさらに拡大していくことを見ていきます。そこに含まれるのは、特定の部族や集団だけではなく、全ての集団であり、人種や肌の色や性別や信条に関係なく、全ての人間なのです。

これはまさしく、世界市民《コスモポリタン》としてのアイデンティティであるといえます。そこでは、人間としての普遍的な権利が推進されるのであって、歴史のほとんどにおいて行われてきたように、特定の集団に対する権利だけが推進されるのではないのです。

私たちの多くはすでに、大なり小なり、こうした世界中心的なアイデンティティを体感しています――私たち人間は、地球《グローバル・ヴィレッジ》という共同体の一員なのであり、**全ての人間は、人種、肌の色、性別、信条などに関わりなく、公平に扱われるべきであると感じている**のです。

しかしもう一度言えば、これは人類の歴史においては非常に新しい考え方であり、世界中心的な段階が現れるようになって初めて、登場してきた考え方なのです。この段階においては、地球の反対側で起きた出来事が、自分たちにも直接的な影響を与えうるということが認識されています。なぜなら、そうした出来事は、ある意味で、私たちそのものだからです（例えば、地球温暖化はヒンドゥー教徒だけに関わる出来事ではなく、私たち全員に関わる出来事です）。

さらに言えば、私たちのアイデンティティは、こうした世界中心的《ワールドセントリック》なものから、宇宙中心的《コスモセントリック》なものへと拡大することもありえます。そこでは、全ての人間との同一性を感じるだけでなく、全ての生命との、生きとし生けるもの全てとの、あるいは、ガイア、コスモス、「存在の基底」そのものとの同一性を感じるのです。

そして、なぜこうした途方もない進化のプロセス——自己中心的、自集団中心的、世界中心的、宇宙中心的——が現実に成立しうるのかと言えば、私たちの存在と意識は信じられないほど広範なスペクトラムをなしており、しかも、そのスペクトラムをつくる6つから8つの各段階が、どれも「超えて含む」というプロセスを通して進化しているからなのです。それぞれの段階が以前の段階を「超えて含んで」いるからこそ、各段階はますます全体的《ホール》に、ますます包括的になっていくのです。

同じことを、少し異なった角度から述べてみましょう。進化のどんな順序——例えば、原子、分子、細胞、有機体——においても、新たな段階ないしレベルは、先行する段階を「超えて含んで」います。分子は原子を含んでいますが、同時に原子を超えており、分子というより大きな全体の中に原子を包み込んでいます。細胞は分子を含んでいますが、同時に分子を超えており、細胞というさらに大きな全体の中に分子を包み込んでいます。有機体〔動物や植物など〕は細胞を含んでいますが、同時に細胞を超えており、有機体という大きな全体の中に細胞を包み込んでいます。（プロティノスが主張していたように）**発達《ディベロプメント》とは包み込むこと《エンベロプメント》**なのであり、それゆえ発達とは、ますます包括的に、ますます統合的《インテグラル》になっていくということなのです。それぞれの段階は、先行する段階を超えて含むことで、次から次へと全体的《ホール》になっていくのです。

このことが、人間の進化についても同じように当てはまります。私たちのアイデンティティ——あなたのアイデンティティ——は、単一の人間であることから始まりますが、それから、集団というもっと大きな全体へと拡大しうるのであり、さらにそれから、全ての集団ないし全ての人間というもっと大きな全体へと拡大しうるのであり、さらにそれから、文字通り、万物という全体を包み込むまで、拡大しうるのです。

そして、こうしたことが現実に起こりうるのは、**人間のアイデンティティとは、限りなく可塑的《プラスティック》なものである**〔形を変えられるものである〕からなのです。実際、人間のアイデンティティは、想像しうる限りの最も小さなアイデンティティ（自己中心的）から始まり、全てとのアイデンティティ（宇宙中心的）にまで至ることができます。

あなたは自らのアイデンティティが拡大するたびに、自分がますます（ほとんど文字通りの意味で）大物《ビッグ》になったと感じ、そしてまた、自らの意識や自己の中に、ますます多くの事柄を包含するようになります。そしてついには、あなたの自己と宇宙全体は、同じひとつの感覚となるでしょう。あなたは故郷へと帰り、自らの本来の性質、自らの本性を思い出すのです。

信じられないでしょうか？　そうかもしれません。けれども、ここでもやはり、私がみなさんにお願いしたいのは、**判断することをいったん保留し**、私たちが一歩一歩進めていく話についてきてほしいということ、そしてその内容を、**みなさん自身の体験と照らし合わせてほしい**ということです。そしてそのうえで、みなさん自身の判断を下してほしいのです。

なぜなら、お約束しますが、もし私が述べていることが真実であれば、そしてマインドフルネスがその当初の目的――私たちの意識が無限なる全体であることを示す――を達成することに役立つのであれば、あなたがこれから認識することは、人生で最も衝撃的な内容のひとつになるだろうからです。

段階5：合理的段階ないし近代的段階（オレンジ）

さて、私たちは、神話的-順応的段階（アンバー、段階4）が出現し、アイデンティティが自己中心的《エゴセントリック》なものから自集団中心的《エスノセントリック》なものへと変化する地点にまで到達しました。そしてこうした変化が起きたのは、2人称の視点が新しく出現し、他者の立場に身を置くという能力が現れ始めたからでした。

（簡単に復習しておきましょう。1人称とは「私」のことであり、話している人を指します。2人称とは「あなた」のことであり、話しかけられている人を指しますが、「私」と一緒になって「私たち」を形成することもあります。3人称とは「彼」や「彼女」や「それ」のことであり、話の客観的な内容となっている人やモノを指します。これまで見てきたように、1人称の視点はレッドの段階で新しく出現［創発］し、2人称の視点はアンバーの段階で新しく出現します）

次の段階である合理的段階（オレンジ、段階5）においては、**3人称の視点**が出現し、客観的で科学的で普遍的な視点に立って物事を見つめられるようになります。そしてそのために、私たちのアイデンティティは、ローカルで自集団中心的なものから、グローバルで世界中心的《ワールドセントリック》なものへと拡大します。これは、「私たち」の段階から「私たち全員」の段階への変化であるともいえます。

こうした広大で普遍的で地球的《グローバル》な意識が可能になるのは、私たちの意識が、「具体操作」と呼ばれる形態の意識から、「形式操作」と呼ばれる形態の意識へと移行するからです。ここで「形式操作」とは、具体的で物質的な世界のことだけを考えるのではなく、**考えることそのものについて考える能力**を意味しています。思考はついに思考そのものに気づけるようになり、内省的で良心的で普遍的なアイデンティティ——世界市民《コスモポリタン》としてのアイデンティティ——をもつことが可能になるのです。

カントは、著書『永遠平和のために』の中で、世界市民としての意識とは「世界のどこかで権利の侵害が生じたということを、世界のどこにいても感じること」であると定義しています。言い換えれば、それは人類全体との深い連帯《ソリダリティ》の感覚なのです。

そしてこの段階5において初めて、**人間としての普遍的な権利**というテーマが前面に現れてきます（歴史においては、啓蒙思想の時代にこうした変化が起こりました）。特定の氏族や部族、特定のクラブや宗教、特定の民族や国家、特定の団体やグループの権利だけが考慮されるのではなく、全ての集団、全ての人間、全ての民族、全ての国家の権利が考慮されるのです。こうした態度は、〔劇作家テレンティウスの〕「私は人間である。人間に関わることなら、どんなことでも自分に無縁であるとは思わない」という有名な言葉によく表されています。

こうして、私たちの意識は再び拡大し、さらに深遠で、さらに広大で、さらに高次の存在《ビーイング》へと、全体性《ホールネス》へと、気づき《アウェアネス》へと、アイデンティティへと、進化の歩みを続けていきます。そして先にも述べたように、人類の歴史において、意識と文化がこの段階へと大きく飛躍したことを示唆する出来事のひとつが、いわゆる「啓蒙思想」の勃興なのです。

合理的段階（オレンジ）を特徴づけるのは、先にも述べたように、形式操作的な意識——思考について思考すること——です。それゆえ、この段階はしばしば、「理性の段階」「合理性の段階」「形式操作の段階」「良心の段階」「達成《アチーブメント》の段階」「優秀さ《エクセレンス》の段階」「自尊心《セルフ・エスティーム》の段階」などと呼ばれます。インテグラル理論では、この段階は**オレンジ**の色によって表現されます。

自尊心の欲求がこの段階で現れるのは、**3人称の視点によって、いわば自分自身から一歩引き下がり、自分**

を客観的に評価することが可能になるからです。そうなれば、できるだけ肯定的な評価を確立したいと思うのは自然なことであり、そこに自尊心への欲求が現れます。こうして、マズローの欲求階層理論で言えば、生理的欲求（インフラレッドおよびマジェンタ）、安全と自己防衛と力の欲求（レッド）、所属と順応の欲求（アンバー）、そして自尊心の欲求（オレンジ）までを見てきたことになります（さらに高次の欲求については後で扱います）。

それゆえ、確かにこの段階は、アイデンティティが世界中心的なものへと拡大する段階なのですが、それと同時に、**本当の意味での「個人性」が現れる**段階でもあります。なぜかと言えば、前の段階における順応的―集団主義的な役割から抜け出して、自由に自己内省を行えるようになるからです。自集団中心的な順応型人間《コンフォーミスト》を超えた先にこそ、世界中心的な個人型人間《インディヴィジュアル》は現れるのです。

そしてこうした世界中心的な文脈の中では、自己は自分独自の形で、高次の自己認識やアイデンティティを形成しようとしたり、自尊心を高めようとしたり、目標を達成しようとしたりします。それゆえ、この段階ではまた、**優秀であること、成果を出すこと、実績を挙げること、目標を達成すること、進歩することなどへの衝動《ドライブ》も現れる**ようになります。

この段階の個人は、3人称の視点によって、現在という瞬間の外側に立てるようになり、**歴史的な時間の流れを意識することができる**ようになります。それゆえに、現在の姿を、過去の状態や、自らの思い描く未来と比べられるようになります。そうなると、それらを比較検討することによって、現在の状態をできるだけよくしたいという願望が生じ、結果として、優秀でありたい、達成したい、実績を挙げたい、進歩したいという衝動《ドライブ》が現れるのです。

実際、歴史的に時間が展開していくというこの感覚（これがまもなく「進化」という見方を生み出すことになります）は、前の段階における神話的な時間の感覚とは、劇的に異なります。神話的な時間は、具体的であり、自然の変化と結びついており、冬を超えるとまた春が訪れるように、終わることなく、何度も、何度も、何度も周りめぐり、永遠に繰り返されて、どこか別の場所に行くことは決してありません。

しかし、３人称の視点という驚くべき能力が現れたことで、歴史的な時間そのものが新しく出現し、物事を改善することは可能であるという見方が生まれ、**現在の状態がただ永遠に繰り返されるだけではない**ことが認識されるようになったのです。そしてそれにともなって、成果や実績、進歩や優秀さを求める衝動《ドライブ》も現れるようになりました。

これは個人（および文化）の中にある非常に注目すべき衝動《ドライブ》であり、他の衝動とは簡単に見分けることができます。なぜなら、初めの４つの段階における衝動——食べ物、性（情動的-性的な接触）、力、そして愛（および所属）への衝動——は、自然の循環に応じて、何度も、何度も、同じものが繰り返し現れるだけだからです。

私は先ほど、合理的段階（オレンジ、段階５）こそが、西洋において啓蒙思想の時代をもたらしたのだと述べました。著名な歴史家であるウィリアム・ダラントとアリエル・ダラントは、この時代を**「理性と革命の時代」**と呼んでいます。

まず、**理性**（「あたかも～のように」(as if) および「もし～だったらどうなるだろう」(what if) という思考を可能にする）によって、**現在とは別の現実を心の中に思い描く**ことが可能になりました。奴隷制の代わりとなるものは何だろう？（もしこの制度を廃止したらどうなるのだろう？）　君主制の代わりとなるものは何だろう？（もし代議制民主主義を採用したらどうなるのだろう？）　家父長制の代わりになるものは何だろう？（もし女性も男性と同じように扱われたらどうなるのだろう？）　神話的で原理主義的な宗教の代わりになるものは何だろう？（もし科学が宗教よりも多くの真実を与えることになったらどうなるのだろう？）

そして**革命**によって、こうした考えが実際に実現されることになったのです。フランス革命やアメリカ独立革命によって、政治は著しく変化しました。産業的-合理的な体制を有する世界中の主要な国家ではどこでも、奴隷制は廃止されました（これ以前の段階においては、何らかの形態の奴隷制が存在していました。それゆえ、人類の歴史において奴隷制が初めて廃止されたのは、オレンジの段階であるといえます）。近代科学が勃興し、物理学や化学、進化生物学や社会学が大きく発展しました。こうした革命はすべて、合理的段階（オレンジ）という重要な段階が生み出したものです。

先にも述べたように、人間の垂直的な成長においては、段階を上がるごとに、全く新しい世界、全く異なる世界がもたらされます。このことを最も明瞭に認識させてくれるのが、アンバーの神話的で伝統的な世界から、オレンジの近代的で合理的な世界への変化であるといえます。実のところ、**オレンジの発達段階の出現こそが、「理性と革命の時代」の正体**なのです。

今日では、ほとんど全ての子どもが、これと同じような「理性と革命」を、心の内側で体験しています。こうした激動の体験は、ちょうど子どもが10代に達し、オレンジの合理性と自尊心を新しく出現させることが必要になってきた頃に起こります。突如として、集団に溶け込んでいたい、他の人と同じでありたいという強力な願望が衰退し始め、代わりに、周りよりも目立った存在でありたい、他の人と異なっていたいという強力な願望が現れ始めます――**集団への順応を重視する段階**から、もっと根本的に**個人を重視する段階**への変化が起き始めるのです。

あなたは、この2つの段階の間のどこにいることが最も多いでしょうか？　集団に溶け込んでいたいですか？　それとも、周囲よりも目立った存在でありたいですか？　周りと同調していたいですか？　それとも、自分自身で物事を決定したいですか？　どこかに所属していたいですか？　それとも、個人として在りたいですか？　熱烈な愛国心をもっていますか？　それとも、地球という共同体の一員だと感じることが多いですか？　自分のことを国民だと思いますか？　それとも、世界市民だと思いますか？　神話を大事にしていますか？　それとも、理性を大事にしていますか？

このテーマにはまた戻ってきますが、しかし、このどちらを選ぶかによって（あるいはもしかすると、全く別の段階――例えば後で述べるもっと高次の段階――を選ぶかもしれませんが）、あなたがマインドフルネスを実践する理由や方法は、大きく異なるものになるでしょう。そしてそれは、どちらが正しくて、どちらが間違っているというものではないのです。ヘーゲルが述べたように、**どの段階も適切《アディクワット》なのですが、高次の段階になるほど「より適切」**なのです。

それゆえ、あなたは現在、あまり適切ではない段階、相対的に低次の段階にいるかもしれませんが（実のところ、進化には本質的に終わりがなく、高次の段階が常に存在しうるという意味においては、私たち全員が「あまり適切ではない」のですが）、大事なことは、たとえあなたがどんな「あまり適切でない要素」をもっていようとも、インテグラル・マインドフルネスを行うことによって、さらに高次で、さらに適切で、さらに全体的で、さらに意識的な段階へと歩みを進めることができるという点なのです。

この点についての詳細はまたすぐに述べますが、私たちの行動の多くを突き動かしている隠れた地図《ヒドゥン・マップ》を引き続き学んでいくにあたって、さしあたり、次のことに注目しておきましょう。**現代の世界では、この2つの段階、すなわち、アンバー**（神話的段階、原理主義者の段階、順応志向の段階、しばしば「伝統的価値観」と呼ばれる）**とオレンジ**（合理的段階、達成主義者の段階、進歩志向の段階、しばしば「近代的価値観」と呼ばれる）**が、深刻な闘争状態にあるのです。**

人類の歴史を形づくってきた大いなる文明や帝国のほとんど――例えばメソポタミア、ギリシャ、ローマ、オスマン、インド、中国――は、神話的な所属の段階であるアンバーの衝動《ドライブ》に基づいて生まれました。その最も初期の形態はおよそ６０００年前ないし７０００年前に始まり、ほんの４００年前に西洋に近代化の波が生じるまで、世界を支配し続けてきたのです。そして近代化以降はずっと、この２つの価値システム――伝統的な価値システムと近代的な価値システム――が、ほとんど休みなく、激しくいがみ合っています。**支配と統制に基づくトップダウン型の統治形態**（君主制やファシズムや共産主義などのアンバー）と、**民主主義に基づくボトムアップ型の統治形態**（オレンジ）の間で、絶えざる衝突が生じているのです。

アンバーの集団主義とオレンジの個人主義の間のこうした闘争は、ほとんど至るところに見つけ出すことができます。実際、現時点では、世界の政治的な秩序そのものが――期待されているような世界中心的な秩序ではなく――自民族中心的な衝動《ドライブ》と政治体制《レジーム》にあふれています。中には、世界中心的な形態から自民族中心的な形態へと実際に退行してしまう例もあります。こうした体制においては、新たな考え方や経済システム、普遍的な価値や国際協定へと自らを開くのではなく、民族性《エスニシティ》や血統、地政学的な領土や帝国主義的な動機が優先されて、自分たちの集団だけが利益を得るような変化が推し進められるのです。

最近の例としては、「ウクライナ危機」と「アラブの春」を挙げることができます。ウクライナでは、東部と南部に暮らすロシア系の住民の運動によって、（プーチンの煽動《せんどう》のもとで）国家分裂の危機が生じています。アラブの春においては、当初期待されていたように、民主主義が次々と広まっていくことはありませんでした。そしてその代わりに、自民族中心的な勢力が爆発的に台頭することになりました。シリアでの宗教戦争、リビアの混迷とイエメンでの騒乱、エジプトにおける独裁的支配の復活などがそうです。唯一の成功例だと考えられていたチュニジアでも、アルジェリアおよびリビアとの間の国境が管理不能に陥りました。リビアのトリポリでは、交戦状態にあるさまざまな武装勢力が衝突し、領土を求めて争い合っています。ダマスカスは、シリアの中心地というより、シリア最強の軍事指導者である大統領バッシャール・アル＝アサドの支配地域と化しています。イラクのバグダッドは、隣国イランが牛耳るスンニ派地域の中心都市となっており、北部地域にはほぼ独立してクルド人が暮らしていますが、西側には聖戦《ジハード》を行うスンニ派国家《スンニスタン》があり、ここから文字通り何百もの戦闘勢力が地中海沿岸地域へと侵出しています。イランは、シーア派勢力に基づく自民族中心的で中世的な君主政治によって、アラビア半島の大部分を占領しようとしており、サウジアラビアとの間で代理戦争を続けています。要するに、中東の大部分は退化《デボルブ》してしまい、無政府主義的で自民族中心的な無数の軍事勢力による支配と分断が進んでいるのです。

　さらに、イスラム教そのものが、原理主義的なアンバーの勢力と近代的なオレンジの勢力の間で、深く引き裂かれています。前者の勢力は、コーランに書かれている内容の全てが文字通り真実であると考えており、シャリーア（イスラム法。多くは神話的段階に由来する）やジハード（聖戦）の正しさを強く信仰しています。それに対して、後者の勢力は、イスラム教を現代世界のコミュニティの中で通用させるにはどうすればよいかを模索しているのです。

　太平洋地域においては、中国、シンガポール、ベトナム、マレーシア、韓国、日本といった国々のほとんど全てが、長年にわたる資本主義的な経済成長（オレンジの段階がもたらしたもの）によって、恩恵を受けてきました。しかし、結果として起きたことは、自民族中心的な領土主義《テリトリアリズム》の蔓延でした。アジアにおける軍事関連の輸入額は、1990年代には世界全体の15パーセントでしたが、今日では40パーセントにも達しています。そのほとんどは、領有権をめぐる争いのために利用されており、中でも特に大きいのは、南シナ海と東シナ海における領土問題です。アジアでは、自民族中心的なナショナリズム――人種や民族性《エスニシティ》の意識に基づいており、帝国主義的な領土主義《テリトリアリズム》によって煽《あお》り立てられた思想――が蔓延しているのです。インドと中国は、長い間、ヒマラヤ山脈のおかげで平和的に隔絶されていましたが、テクノロジーの発達によって距離が消失するにつれて、両国間の衝突は拡大しています。サブサハラアフリカ〔サハラ以南のアフリカ〕では、中流階級が著しく成長していますが、地政学的な要因によって、多くの自民族中心的、部族的、宗教的な衝突が生じています。例えば、中央アフリカ共和国と南スーダンの間の衝突がそうです。

他方、欧州連合（EU）の誕生は勇気を与えてくれる例であり、各個人のアイデンティティが、自民族中心的な国家（自分と自分の国、対、他の全ての国）から、世界中心的な同盟《ユニオン》（自分と自分の国だけではなく他の多くの国も）へと移行しつつあることを示しています。世界中心的な同盟において、全ての国はひとつにまとまり、同じ一本の傘のもとに統合されるのです。これは、人々の意識、そして文化そのものが、高次の発達段階への本物の進化を起こした――アンバーからオレンジ（あるいはさらに高次の段階）へと移行した――ことの結果であるといえます。

さて、私たちは先ほど、もしあなたが主にアンバー（伝統的段階、所属の段階）の論理に基づいて活動しているなら、マインドフルネス瞑想に対するアプローチがどのようなものになるかということを見ました。では、もしあなたがアンバーよりもオレンジの心理《メンタリティ》を多くもっているなら、すなわち、合理的で近代的で達成主義的な心理《メンタリティ》を多くもっているなら、マインドフルネス瞑想へのアプローチはどのようなものになるでしょうか？

この場合、あなたは、**目標を達成したい、優秀でありたいという衝動《ドライブ》に強く突き動かされながら、マインドフルネス瞑想を始める**かもしれません。自分が重視している領域において、状況を大きく改善したり、本物の成果を出したり、著しい進歩を生み出したりしたいと思って、マインドフルネスの実践を始めるのです。もしかすると、同じ実践をおこなっている他の人々に対してほのかな競争心を抱き、他の人たちに勝ちたい、瞑想クラスの中で最も優れた瞑想者でありたいとさえ考えるかもしれません。

特に、もしあなたがマインドフルネスをビジネスに活かすために行っているのなら（実際、多くのビジネスパーソンがマインドフルネスを実践しています）、**マインドフルネスによって多くの新しい技能を身につけることで、ビジネスでの競争に打ち勝とう、競合他社を場外に追いやろう、市場での戦いを制して利益を向上させよう**と思っているかもしれません。あるいは、瞑想を行うことで、自分も超人《スーパーマン》のごとく優秀な人間に近づけると考えるかもしれません。瞑想とは、最高のスキル習得技法なのであって、スポーツ選手のトレーニングのように練習を積んでいくことで、今よりもっと成功し、今よりもっと成果を挙げ、そして、同じように瞑想を行っている他の「競争相手」を打ち負かすことができるものなのです。

あるいはもしかすると、あなたは既に、今よりさらに成功するためのさまざまな「自己変革テクニック」に取り組んでおり、瞑想を、その一覧の中に追加するかもしれません。勝ち組と負け組からなるこの世界で、自分は勝ち組になるはずであり、だからこそ、こうして瞑想という技法に出会ったのです。

もちろん、こうした例はすべて、かなり誇張して述べています。それゆえ、たとえこうした性質がもっと緩やかな形でしか表れていないとしても、あなたが主に位置している段階は、この達成主義者の段階であるかもしれないのです。

それでは、もし自分がこの段階に主な拠点を置いていると感じるなら、どうすればよいのでしょうか？　ここで、インテグラル・マインドフルネスの一般的な実践方法について見ておくことにしましょう（もっとも、また後でいくつかの項目を追加します）。インテグラル・マインドフルネスの基本的な手順には、少なくとも次の４つがあります――「明るみに出す」「注意を向ける」「録画する」「手放す」の４つです。

1. 明るみに出す（unearthing）

まず、自分自身の隠れた地図《ヒドゥン・マップ》を明るみに出すことが必要です。**そうした地図が実は自分の中に存在しており、自分の行動や生活の多くの部分を突き動かしていたということを、包み隠さずに認識する**ことが必要なのです。

インテグラル理論という複合的地図（あるいは他の地図）を用いることで、現在の自分の心がどのような立体構造《コンフィギュレーション》をもっているのかを「診察」しましょう。今回の例であれば、自分が今どの発達段階にいるのか、発達全体の中でどれくらいの「高さ」に位置しているのかを、探し出しましょう。

マジェンタでしょうか？　レッドでしょうか？　アンバーでしょうか？　オレンジでしょうか？　それとも、まだ述べていないさらに高次の段階でしょうか？

2. 注意を向ける（noting）

隠れた地図《ヒドゥン・マップ》を十分に明るみに出すためには、各発達段階には一般にどんな特徴があるのかということに、注意を向けることが必要です。各段階の特徴に注意を向けたら、**自らの考えや行動とそうした特徴を比較して、人生のさまざまな領域において、自分にはどの段階が最も当てはまっているかを判断しましょう。**

このとき、気をつけるべき点は、人生の異なる領域では、異なる段階が活性化されているかもしれないということです。例えば、私たちは、仕事の領域ではオレンジの段階（達成志向の段階）に基づいて活動しているけれど、家族の領域においては、アンバーの段階（所属を重視する段階）へと逆戻りしているかもしれません――そこでは私たちは、社会や世界へと自らを開くことはなく、ただ、自分の家族とだけ同一化しているのです。さらに、これからもっと高次の段階を見ていけば、人生の領域によっては、高次の段階が活性化されていることにも気づくかもしれません。

いずれにせよ、ここでは、仕事の領域において、人間関係の領域において、趣味の領域において、そしてもしおありなら宗教的信仰の領域において、自分が各段階の論理に基づいてさまざまな反応を起こしていることに、ただ、注意を向けてみましょう。

3. 録画する（videotaping）

自分が基本的にどの発達段階に位置しているのか――自らの隠れた地図《ヒドゥン・マップ》がどこにあるのか――を突き止めることができたら、**その地図を意識の中に保持《ホールド》しましょう**。それを思い、それを感じ、それを見つめましょう。そうしたら、その内容にマインドフルネスを適用します。

まず、楽な姿勢で座りましょう（床に座って両脚をゆるく交差させるか、結跏趺坐《けっかふざ》の姿勢になるか、あるいは、背筋を伸ばして椅子に座りましょう。手の置き方は、手のひらを上にして重ねた両手を腰の前にそっと置くか、あるいは、両手をそれぞれの膝の上に置きましょう）。そして、自分が心の中に隠し続けてきたその地図に、意識を集中させましょう。自分の人生の大部分を突き動かしてきた根本的な文法規則に、意識を向けましょう。

例えば、もしその地図がオレンジの達成主義であるなら、本当に何かを成し遂げたいと思ったとき、何かを手に入れたい、何かをつかみ取りたいと思ったとき、自分がどんな反応を起こすかということに、意識を向けてみましょう。その様子を、直接に、すみやかに、注意深く、録画しましょう。

何かを**達成する**という感覚を、あらゆる角度から、撮影しましょう。それはどんな色をしていますか？　どんな形ですか？　身体のどこに位置していますか？（頭、胸、腹、あるいは別の場所、あるいは複数の場所の組み合わせ）　どんな気持ちになるものですか？　どんな見た目で、どんな匂いがしますか？　どんな出来事があると、何かを成し遂げたいという願望や、優秀でありたいという願望が生じますか？

自分が優秀であるという感覚、自分が実際に優れた成果を挙げたのだという感覚、そして自分の優秀さに陶酔している感覚に、意識を向けてみましょう。自分は優れているという感覚を、あらゆる角度から、見つめてみましょう。

ところで、何かを手に入れたいという願望は、どの段階においても、何らかの形態で見受けられるものです。マジェンタ段階での願望とは、今すぐに衝動《インパルス》を満足させることでした。レッド段階では、力《パワー》への願望が生じるようになりました。そしてアンバー段階では、何らかの絶対的コミュニティに所属していたいという願望、あるいは、神から愛されていたいという願望が現れるようになりました。

しかしこのオレンジ段階になると、優秀であることや、何かを達成することそのものに、意識の焦点が当たります。もっと大きなこと、もっと良いこと、もっと偉大なこと、もっと尊敬に値することを実現したいという感覚そのものが、基本的な関心の対象となるのです。

それでは、**もっと多くのものを手に入れたい、もっと優れたことを成し遂げたい、もっと遠くまで進みたい**

という願望そのものに、意識を向けてみましょう。そうした願望を、できるだけ強烈に、感じましょう。

そして、あなた自身がついに目標を達成したところを、想像してみましょう。予想を遥かに超えるほどにまで成功し、あなたはとても興奮しています。勝ち誇れるような事柄を達成して、今、どんな感じがしますか？その感覚を、直接に、感じてみましょう。自分の存在そのものをその感覚の中に完全に没入させながらも、それと同時に、その感覚を意識し続けていましょう。

気をつけるべき点は、たとえどんな内容、どんな対象に意識を向けるときであっても、それに対して何かをすることは全く必要ないということです。マインドフルネスでは、なにか他のことが起きればいいなと思って、意識を向けているのではありません。そうではなく、ただ、意識を向けるということそれ自体のために、意識を向けているのです。ただ、その対象を意識しましょう。感じながら気づく意識《フィーリング・アウェアネス》の中で、ただ、それを保持《ホールド》しましょう。ただ、そのありのままを、録画しましょう。

この**「意識の中にただ保持《ホールド》しておく」という点こそが、本質**です。ただ現在に気づいているということ、これこそがマインドフルネスの目標なのであって、それ以上でも、それ以下でもないのです。

さて、こうした実践を行っていると、やがて、あなたは隠れた主体《ヒドゥン・サブジェクト》との同一化を緩め、そこから脱同一化できるようになるでしょう。すると、**意識の中に、隙間ないし空間が生まれて、そこに次の段階の自己、次の段階の地図が現れる**ようになります。

これは非常に大きな変化です。あなたのアイデンティティも、あなたが価値を置くものも、あなたが強く求めるものも、あなたの行動も、動機づけも、原動力も、全てが大きく変化するのです。あなたはありとあらゆる面で、こうした変化に気づき始めることになるでしょう。特に、発達の諸段階を概観できる統合的な発達地図を何度も見直すようにしていれば、こうした気づきは頻繁に生じるはずです。

そしてそうなれば今度は、この新たな自己、新たな主体《サブジェクト》そのものに対して、インテグラル・マインドフルネスを適用し、それを対象《オブジェクト》にしていくという営みを始められるようになります。こうして、より偉大で、より広大で、より高次の成長へと至るための扉が、再び開かれるのです。

とはいえ、インテグラル・マインドフルネスの瞑想を実践している最中に、こうした考えを頭の中に浮かべる必要は全くありません。あなたはただ——少なくともその瞑想のセッションの間は——マインドフルネスの対象を意識の中に保持《ホールド》しておけばよいのであって、それ以上のことは必要ないのです。

ガーン・ウィルソンの漫画に、こんなものがあります。むっとした表情の禅の師が、若い弟子と並んで瞑想用の座布団の上に座っており、弟子に向かってこう告げています。**「次に起こることなど何もない。ただ、これのみである」**

そう、どんな瞑想のセッションにおいても、「ただ、これのみ」なのです。次に起こらなくてはいけないことなど、何もありません。それゆえ、今ここにある、感じながら気づく意識《フィーリング・アウェアネス》の中で、ただ安らいでいましょう。これこそが、次に起こるべきことです。これこそが、ここで求められている行動なのです。

意識の中に、隠れた主体《ヒドゥン・サブジェクト》を——そのさまざまな特徴や性質を——ただ保持《ホールド》しておくこと、ただそのことによって、主体《サブジェクト》は客体《オブジェクト》となります。ここで求められている行動は、それ以外にはありません。他に行うべきことは、一切ありません。それゆえ、今行っている実践を、必要以上に難しく考えないようにしましょう。

要するに、主体《サブジェクト》となっている隠れた地図《ヒドゥン・マップ》を、意識の対象《オブジェクト》にするのです。その地図を、直接に見つめましょう。その地図を通して自己や世界や人生を見つめるのではなく、その地図を見つめましょう。主体となっているその地図を、客体にしましょう。

そして、こうした実践を通して生じてくる意識――開かれていて、明晰で、くつろいでいて、しばしば静寂に包まれており、思考からほぼ自由な意識――の中に、ただ、安らいでいましょう。

（このとき、あなたの意識は思考に気づくようになるでしょう。しかし、思考に気づいているということは、思考から自由であるということです。もし思考が生じたとしても、問題はありません。ただ、それを手放し、マインドフルネスの対象へと心を戻しましょう。そして、そこに安らいでいましょう）

4. 手放す（Letting go）

こうした実践を行っていると、多くの場合に起こることは、あたかも**広大な海のような自由《フリーダム》と解放《リリース》の感覚**を感じ始めるということです。

確かにこれは、ある意味では「次に起こること」であり、ときに極めて強力な体験にもなりうるものです。とはいえ、こうした変化は、それを目標として求めながら実践を行っているときよりも、ただ淡々と実践を行っているときのほうが起こりやすいと思われます。

なぜそうした感覚を感じ始めるのかというと、あなたはもはや、隠れた地図《ヒドゥン・マップ》と同一化することがなくなり、その限界から自由になっているからです。こうした心の広がり《オープンネス》の感覚、空間的な広大さ《スペーシャスネス》の感覚、自由さ《フリーダム》の感覚は、インテグラル・マインドフルネス全体のうち、脱同一化するという面、手放すという面、「超える」という面に対応しています。

自分がそれまで同一化していた隠れた主体《サブジェクト》を意識の対象《オブジェクト》として認識し、その姿を隅から隅まで録画するようになると、それはもはや隠れた《ヒドゥン》ものでも、主体《サブジェクト》でもなくなります――隠れた主体《ヒドゥン・サブジェクト》が、意識された客体《コンシャス・オブジェクト》になるのです。あなたはもはや、それと同一化することはなくなり、ちょうど岩や木や家のイメージを保持《ホールド》するのと同じように、ただ、それを意識の中に保持《ホールド》するだけです。それは**あなたそのものではなく、あなたが見るものになった**のです。

こうした「手放す」プロセスを行うことによって、あなたの意識の中には、明瞭で、開かれた空間が生じることになります。そして、この空間の中でこそ、次の発達段階が自発的に現れてくるのです。

まもなく見ていくように、私たちは、こうしたマインドフルな［気づきを保持した］意識によって、自分自身の本当の自己《リアル・セルフ》、真の自己《トゥルー・セルフ》、観察する自己《オブザービング・セルフ》、純粋な目撃する意識《ウイットネシング・アウェアネス》に触れることができます。これがどういう意味なのかということは、そのときに正確にお伝えします。しかしそれまでは、ただ、こうしたマインドフルな意識によって、現在の状況を（たとえそれがどんな内容であろうとも）ありのままに録画し続けましょう。あるいは、もし自分が今用いている基本的な隠れた地図《ヒドゥン・マップ》を突き止めたのであれば、その地図に対して、レーザー光線を当てるがごとく、マインドフルな意識を照射しましょう。

こうした実践は、1日に1回か2回、1回あたり20分から30分程度をかけて行うのがよいでしょう。しかしどんなときでも（たとえ自由さの感覚がどんどん増大していったとしても！）、ただ、目撃する意識の中に、安らいでいましょう。

実際、**「隠れた地図《ヒドゥン・マップ》」へのマインドフルネスと、「動かざるもの《アンカー》」への短時間のマインドフルネスを交互に行う**ことは、よい考えです。そして、この「動かざるもの《アンカー》」として私が強くお勧めするのが、どんな限界もなく、どんな境界もない、純粋な意識そのものなのです。

それゆえ、例えばオレンジ段階の場合、一定の時間（詳しくはすぐに述べます）にわたって自分の中にあるさまざまな「達成への衝動」に意識を向け続けたら、その後、その意識を脱落させ、純粋な目撃作用そのもの、純粋な無境界の意識へと、注意を向け直しましょう（意識されている内容ではなく、意識そのものへと注意を向けましょう）。あなた自身が今感じている**「私は在る」（I AMness）**という偽りなき感覚に、ただ、注意を向けましょう。その純粋な「私は在る《アイアムネス》」の中に、ただ、安らいでいましょう。**生まれることもなく、死ぬこともなく、限界もなく、境界もない、その感覚**の中に、ただ、安らいでいましょう。広大で、開かれていて、澄みきっていて、空っぽで、透明な、空間的広がりの感覚の中に、すなわち、自分が在るという純粋な感覚そのものの中に、ただ、安らいでいましょう。そして、その感覚の中にくつろぎながら、その無限の豊かさ《フルネス》を楽しみましょう――これこそが、あなたの真の状態《トゥルー・コンディション》なのです。

この実践を5分ほど行ったら、隠れた地図《ヒドゥン・マップ》へのマインドフルネスへと戻り、5分ほど実践しましょう。それを終えたらまた、この境界なき意識、純粋な「私は在る《アイアムネス》」へのマインドフルネスを行いましょう（5分）。それからまた、地図へのマインドフルネスを行います（5分）。こうした交互の実践を、そのときのセッションの終わりまで繰り返しましょう。

このエクササイズの目的のひとつは、純粋な目撃する意識、純粋にして無限な「私は在る《アイアムネス》」の感覚に徐々に親しくなるということです――そうなれば、こうした究極の状態（真の自己）と、普段誤って同一化している有限な地図（慣習的な自己、有限な自己、分離した自己）との違いも、はっきりとわかるようになるでしょう。こうしたエクササイズを重ねることで、あなたは小さな自己とますます脱同一化し、次第に、自分自身の真の自己へと、本来の顔へと、生まれることも死ぬこともない存在そのものへと、自らを開いていくようになります。それゆえ、こうした交互の実践を行うことで、真の自己への同一化が強まるだけでなく、同時に、偽りの小さな自己を手放すことも促進されるのです。

なお、**これ以降に紹介する全ての実践について、今述べたような交互のエクササイズを行ってください**（加えて、ここまでに紹介した実践を行うときにも、このエクササイズを行ってみましょう。例えば、レッド段階の特徴と「私は在る《アイアムネス》」に交互に意識を向ける、アンバー段階の特徴と「私は在る《アイアムネス》」に交互に意識を向ける、といったように)。

こうしたエクササイズは、どれくらいの時間と頻度で行えばよいのでしょうか？ 私がお勧めするのは、まずはゆっくりと、無理のないペースで始めるということです。1日に1回、20分をかけて――地図へのマインドフルネスを5分、「私は在る《アイアムネス》」へのマインドフルネスを5分、それを2セット――行いましょう。ただし、最初に意識を向けるのは「私は在る《アイアムネス》」のほうにしましょう。

そして、実践に熟達してきたら、回数を増やし、この20分のセッションを1日2回――朝に1回と、夕方または夜に1回――行うのがよいでしょう。その後は、セッション1回あたりの時間を伸ばし、30分に、やがて40分に、お望みなら1時間にまで拡張することができます。あるいは、行うのは1日に1回だけにして、セッション1回あたりの時間を伸ばすという形でも構いません。

しかし、どうしても強調しておかなければならないことがあります。**最も重要なことは、どれほど長い時間をかけて実践するかということではなく、どれほど継続的に実践するか**ということなのです。

もし、1日20分のセッションを毎日続けようと実践を始めたものの、自分が徐々に実践をサボり始めていることに気づいたら(特に、また実践を行わないといけないのかと嫌になってきたなら)、ただちに、セッションの時間を短縮しましょう。1日1回、10分だけのセッションを行うことに変更し、その代わり、毎日、実践を行いましょう。1日もサボってはいけません！ ただし、週に6日は実践をするけれど、7日目は――神と同じように――休息しようと事前に決めていたのなら、何も問題はありません。もしセッションの時間を10分に短縮しても、依然としてサボったり嫌になったりするようであれば、文字通り3分か4分にまで時間を減らしましょう。たとえどんなときであっても、3分か4分の時間を確保し、実践のために用意した場所に静かに座ることはできるはずです。数分間で構わないので、今ここにある意識の中に、ただ、くつろいでいましょう。1日に数分間でさえも確保できない理由など、まずありません。そのセッションを、在るための時間《ビーイング・タイム》だと考えましょう。**自分が在るということを称《たた》えるための時間**なのだと考えましょう。

さて、このように実践を継続していくと、実践することはやがて習慣《ハビット》になります。そして、実践の習慣を確立することこそ、初期の段階においては極めて重要なことなのです。実践習慣を確立することができたら、時間や頻度を少しずつ増やしていきましょう。やがて、実践をサボるようになったり嫌になったりしてきたら、時間や頻度を減らしましょう。こうしているうちに、自分にとっての最適なペースが見つかるはずです。

そしてこのことは、たとえあなたがどのような瞑想実践を行っていたとしても――どのような発達段階、あるいは、どのような意識状態に働きかける実践を行っていたとしても――当てはまることなのです。

＊　＊　＊　＊　＊

さて、意識の中に生じる「思考なき隙間」に、もう少し丁寧に着目してみましょう。こうした隙間は、隠れた地図を意識化したとき、主体を客体に変えたとき、低次の地図と脱同一化してそれを手放したときに、意識の中に生じるものです。

先にも述べたように、みなさんはやがて、この隙間こそが、あらゆる瞑想体系にとっての究極の目標であることがわかってくるでしょう。この隙間こそが、自らの高次の自己《ハイアー・セルフ》、真の自己《トゥルー・セルフ》、究極の本質《ビーイング》へと向かうための通路なのです。私たちの究極の本質とは、純粋なスピリット〔次頁、訳注〕〔精神／霊〕、純粋な「私は在る《アイアムネス》」なのであり、それは正真正銘のスピリットとして、あなたの眼から世界を見つめ、あなたの耳で世界を聴き、あなたの身体を通して世界に触れているのです。

そしてこれこそが、禅——おそらく世界で最もよく知られている瞑想体系——において**「本来の面目」**〔本来の顔〕と呼ばれているものであり、あなたの本当の姿、悟りと目覚めに満ちた究極の本質なのです。この純粋な「私は在る《アイアムネス》」ないし「本来の顔」は、イエス・キリストの言葉「アブラハムが生まれる前から、私はある」（ヨハネによる福音書、第8章第58節）を思い起こさせます——そして、この言葉は全く正しいのです。どんな人も、偽りなく、この言葉を述べることができます。こうした「私は在る《アイアムネス》」の意識については、この後すぐ、体験的に詳しく探求していきます。

そして、もしこんな意識は自分の理解を超えていると思ったとしても、どうかお伝えさせていただきたいのですが、本書ではこの後、グローイング・アップ〔成長〕の8つの段階を最後まで探求し終えたら、そのまま、ウェイキング・アップ〔目覚め〕の諸段階を検討することに移行し、そこで、純粋な目撃者《ウィットネス》、真の自己、本来の顔といった意識状態を自分の中に直接呼び起こす簡単なエクササイズを紹介します。

加えて、究極の意識状態である非二元《ノンデュアル》の意識ないし一なる意識《ユニティ・コンシャスネス》を呼び起こすためのエクササイズも紹介します。この意識においては、目撃者は溶解して目撃されるもの全てとひとつになり、見る者《シーアー》と見られるもの《シーン》は同じひとつの体験《ワン・ティスト》となり、根底にある非二元のリアリティが——この瞬間、そしてあらゆる瞬間に息づく如性《サッチネス》ないし是性《ザスネス》が——劇的に明かされるのです。

それゆえ、どうかお願いしたいのですが、**次章で紹介するエクササイズをみなさん自身で実際に行ってみてから、そのうえで、自分がどう思うかを判断していただきたい**のです。

［訳注］著者が「スピリット」(Spirit）という言葉を使うとき、それは多くの場合、「空性」「ブラフマン」「タオ」「神を超える神」「絶対無」などの総称であり、形もなく属性もない、世界（そして私たち自身）の究極の基底を指している。

歴史的に見ると、近代的で合理的な段階であるオレンジの段階はまだ現れたばかりであり、私たち一人一人の中で「理性と革命」の段階としてようやく目覚め始めたところであると言えます。みなさんも自分自身の中に、この段階の在り方をかなりの程度持ち合わせているかもしれません。

そしてこの点こそ、発達研究者たちが明らかにしてきた発達の驚くべき性質のひとつなのです。**いったんある発達段階が人類の意識の中に出現すると、その段階は以後も存在し続け、その後のあらゆる人間の中で——かつて出現したのと同じ順序で——出現しうるものになる**のです。言うなれば、これは一種の考古学的な地層であり、進化において新しく出現した内容が次々と堆積しているのです。この地層は、あなた自身の中に今も完全に現前しており、出番を待ち続けています。

それゆえ、**今ここのあなた自身の存在の中には、これまでに進化のなかで出現してきた主要な発達段階の全てが完全に含まれている**のです。しかも、そこに含まれているのは、人間における段階（古代的段階、呪術的段階、神話的段階、合理的段階……）だけではありません。たとえ古代的段階に位置する人間であっても、人間という有機体には既に「生命の系統樹《ツリー・オブ・ライフ》」が全て含まれており、それは遥か彼方、ビッグ・バンの瞬間にまでさかのぼることができます。先にも述べたように、人間という有機体には、クォーク、亜原子粒子（陽子や中性子）、原子、分子、細胞、そしてさまざまな有機的構造——植物の基本的な生化学、魚類や両生類の神経索、爬虫類の脳幹、古哺乳類の大脳辺縁系、霊長類の大脳皮質、そしてヒト自身の大脳新皮質——が完全に含まれているのです。これらは全て、今ここのあなたの中に完全に含まれているのであり、他の誰でもないあなた自身の存在の中に、完全に包み込まれています。あなたは単に、未来へと続く進化の最先端にいるだけではなく、これまでに進化によって生み出されてきた全ての存在にとって、驚嘆《エクスクラメーション・マーク》すべき対象なのです。あなたは、コスモス全体の中で最も重要なホロンなのです！

今日では、こうした考古学的な地層は人間の発達として表れており、歴史上初めて、人間だけに当てはまる段階が出現しています。そして先に述べたように、人間のこうした段階は、宇宙における過去の全ての段階を「超えて含んで」います。それゆえ、たとえアメリカの人口の相当数が近代的で合理的なオレンジの能力を身につけているとしても、全ての人は、生まれたときには、古代的で感覚運動的なインフラレッドの段階に位置しているのです（そして生後約1年ほどはこの段階にとどまります）。

やがて、呪術的で衝動的なマジェンタの段階へと移行し、大抵は1歳頃から3歳か4歳まで、この段階にとどまります（いわゆる「魔の二歳児《テリブル・トゥー》」の本質をなす段階です）。それから、次の主要な段階、力と安全を求めるレッドの段階（「力のある神々」）が出現し始め、この段階は6歳か7歳頃まで続きます。さらに、これくらいの年齢になると、神話的で順応的なアンバーの段階が現れ始め、この段階は青年期まで続きます（順応と所属への欲求が強く、「同調圧力《ピア・プレッシャー》」へと駆り立てられる段階でもあります）。そして青年期のどこかで、理性と革命の段階であるオレンジの段階が（もし出現するならば）出現し、青年期に特徴的な反抗心や個人主義的態度が、勢いよく現れてくるのです。

歴史的に見れば、人類が集合的にオレンジの段階に突入し始めたのは、およそ３００年ないし４００年前、西洋における啓蒙時代のことです。啓蒙思想の普及によって、やがて奴隷制は廃止され、君主制は代議制民主主義へと置き換えられ、市民の権利や女性の解放《フェミニズム》が推進され、さまざまな環境保護運動が――産業活動による環境汚染の蔓延という負の面を埋め合わせるかのように――始まることになりました（こうした点についての詳細はまたすぐに述べます）。

いずれにせよ、ここで心に留めておいてほしいのは、**オレンジの段階、すなわち、人類の全歴史の中で最も重要な意識段階のひとつが、既に出現している**のだということです。そしてよくも悪くも、その影《シャドー》の中で、今日の世界全体は動き続けているのです。

段階６：多元的段階ないし後-近代的段階（グリーン）

しかし、人類の意識と文化の中に大規模に現れるようになった発達段階は、まだもうひとつあります。それが多元的段階（グリーン、段階６）です。

この段階が広く知られるようになったきっかけは、（フランスのパリで起きた五月革命を始まりとする）１９６０年代の学生運動でした。その後、この段階の在り方は世界中に広まり、やがて、啓蒙思想の時代にはほんのわずかしか現れていなかったさまざまな運動が花開くことになります。例えば、アメリカでの公民権運動、世界中で生じた大規模な環境保護運動、私生活と仕事の両方の領域を対象とするフェミニズム、そして一般に多文化主義と呼ばれている思想運動など。言い換えれば、**ポストモダニズム**「後《ポスト》-近代主義」が出現したのです。

ポストモダニズムの「ポスト」の部分は、この段階が、他の全ての段階と同じように、新たな高次の視点をもたらしたということを意味しています。オレンジの段階で登場したのは３人称の視点でしたが、それに対して、この新たな段階においては、**４人称の視点**が新しく活用されることになりました。この段階は、しばしば「多元的段階」「後-近代的段階」「相対主義的段階」「感受性豊《センシティブ》かな段階」「個人主義的段階」「多文化的段階」などと呼ばれ、インテグラル理論では**グリーン**の色を用いて表現されます。

４人称の視点とは、**３人称の視点**（例えば科学）**そのものを内省の対象にし、批判できる能力**のことを意味しています。そしてこの能力は、多数の異なる見方を、そして多元的な見方を生み出すことができます。（このような多元主義の考え方――現実世界に対するアプローチには多くの異なるものがあり、そのどれもが等しく重要であるという考え方――は、その極端な形態として、「相対主義」に陥ることがあります。世界にはただ、多様なアプローチだけが存在するのであり、普遍的なアプローチ、地球全体を統合しうるアプローチ、全ての人に当てはまる「大きな地図《ビッグ・ピクチャー》」などは絶対に存在せず、どんな考えも、特定の地域だけに通用する、文化的に構築されたものにすぎないと考えるのです。

　これらの特徴はグリーンの段階に非常によく見受けられるものであるため、発達研究者の中には――例えばクレア・グレイブスのように――この段階を「多元的段階」ではなく「相対主義的段階」と呼ぶ人もいます）

　こうした「多元主義-相対主義」はさまざまなものをもたらしましたが、中でも特筆すべきことは、**「脱構築」**と呼ばれる思想運動が起きたことです（その動機は健全と言えるものばかりではありませんでしたが）。４人称の視点を用いることで、過去の諸段階そのものを内省の対象とし、批判し、特にその「普遍性」を――根本的な限界や部分性を指摘することによって――脱構築したのです。

　こうした見方によれば、本当に普遍的なことなど何もなく、ただ「ローカルな知」だけが存在しています。それゆえ、**全ての人に当てはまる真実を知っていると主張することは**、**実際には**、**自分の信念や価値観を他の人々に押しつけること**に他なりません。言い換えれば、それは支配と抑圧のための主張なのです。

　このため、ポストモダニズムは自分自身のことを、あらゆる「主義《イズム》」や「大きな地図《ビッグ・ピクチャー》」に立ち向かう勇敢な批判者であると考えるようになりました。自分たちは資本主義の批判者であり、マルクス主義の批判者であり、原理主義の批判者であり、あるいは人種差別主義《レイシズム》、性差別主義《セクシズム》、家父長主義《パトリアーカリズム》、年齢差別主義《エイジズム》、種差別主義《スピーシーシズム》などへの批判者なのです。そしてこうした見方が基礎となり、公民権運動、身体障害者用の駐車場、ヘイトクライム関連法などが生まれました。

多くの場合、こうした批判には、かなりの真実が含まれていました（結局、さらに高次の段階に比べれば、それ以前の段階は全て、視野が狭く、扱う領域も限られているのです）。けれども、大抵の場合、ポストモダニズムはその極端に走り、深刻な自己矛盾を引き起こすことになりました。

ポストモダニズムの主張によれば、あらゆる真理は文化的に構築されたものです。普遍的な真実など存在しません。どのような大きな地図《ビッグ・ピクチャー》も、どのような大きな物語《メタ・ナラティブ》も（私がこうして本書で紹介している地図も）、存在しません。あらゆる知は文脈《コンテクスト》に縛られており、しかも文脈は無限に広がっているので、知とは、私たちが物事をどう解釈するかによって変わってくるものだからです。

問題は、こうした主張そのものが、単に文化的に構築されたものではなく、多元的な解釈のうちの単なるひとつでもなく、全ての人々、全ての文化、全ての地域、全ての時代において絶対的に当てはまる真実であると考えられていることです。要するに、普遍的な真実など存在しないということを、普遍的な真実として主張しているのです。どんな見方にも優劣など存在していないという自分たちの見方こそが、他よりも優れた見方であると主張しているのです。やっちまった！

それゆえ、私たちは、ポストモダン思想に見受けられるこうした自己矛盾への傾向に、注意しておかなければなりません。さらに、あなた自身の中にこうした傾向が見受けられるかどうかにも、注意を向けることが必要です（詳しくはこれから見ていきます）。

西洋における人権保護団体の多くは、この段階6、多元的で多文化的なグリーンの段階に位置しています。こうした人々は、全ての人間は絶対的に平等であり（こうした見方は「平等主義《エガテリアニズム》」と呼ばれています）、どんな文化も他の文化に対して優れているわけではないと考えています。非政府組織（NGO）の大部分も、同様に、グリーン段階の価値観に基づいて活動しています。しかしこのとき、ポストモダン思想によくある自己矛盾によって、現実の世界に不幸な結果が引き起こされてしまうことがあるのです。

今述べたように、標準的なNGOは、ポストモダンの相対主義的な価値観に基づいて活動しており、どんな文化も他の文化よりも優れているわけでも善いわけでもないと考えています。にもかかわらず、こうした組織は、自分たちが活動の場としているさまざまな国へと足を運び、自分たちの価値はその文化で重視されている価値よりも何らかの点で善いものであるという前提のもとで、その文化を手助けしようとするのです。もし自分たちに、相手の文化に既にある価値よりも優れた価値など何もないのだとすれば、どうして、自分たちの行うことを「手助け」だと考えるのでしょうか？

こういうわけで、多くのNGOは（グリーン段階の価値観に基づいて）発展途上国で活動を行っているのですが、そうした国において主に重視されている価値はまだレッドの部族的な力（レッド段階）や伝統的で神話的な原理主義（アンバー段階）であるため、その国の文化と人々に対してグリーンの多元的な価値観を押しつけることになり、自分たちの努力が完全に裏目に出てしまうのです（例えば、そうした社会にグリーンの民主的体制を押しつけたとしても、次の軍事独裁者が「自由投票」によって選ばれるだけなのです）。

繰り返しになりますが、発達研究によって明らかにされた重要な発見のひとつとは、**どの発達段階も、たとえその歩みを加速させることはできても、飛ばしたり避けたりすることはできない**ということです。そしてそれゆえに、レッドやアンバーの個人が一気にグリーンへと移行することは、文字通り不可能なのです。行うべきことは、自分たちのシステムを外から押しつけることではありません。そうではなく、その国に根づいている背景を踏まえて、その国自身が自ら成長して実現しうるような社会と文化のシステムを提案し、整備することが必要なのです。

　そしてその目標とは、健全で機能的なバージョンの意識と文化を、全ての発達段階において提供するということ、言い換えれば、**各段階に対応するさまざまな「人生の停留所」(stations of life)**（例えば組織、施設、仕事や職業、教育制度、行政の各部門など）を用意するということです。わずかな例外を除けば、そもそもある文化が根づくためには、あたかも樹木の年輪のように、有機的なプロセスを通して一歩一歩成長することが必要なのです。

　アメリカにおいては、人口のおよそ40パーセントが伝統的で宗教的なアンバーの段階、およそ50パーセントが近代的で合理的で科学的なオレンジの段階、およそ25パーセントが多元的で後《ポスト》-近代《モダン》的なグリーンの段階に位置しています（全ての割合を足すと100パーセントを超えるのは、複数の段階にまたがっている人を重複して数えているからです）。ここで注目してほしいのは、**これら3つの価値システムが、いわゆる「文化戦争《カルチャー・ウォー》」の背後に存在している**ということです（この3つの価値システムは、人類の歴史において最近現れた3つの主要な段階であり、自分たちが支配権を握るために、今なお闘争し続けています）。文化戦争とは、伝統的で宗教的な価値観と、近代的で科学的な価値観と、後《ポスト》-近代《モダン》的で多文化的な価値観のあいだの闘争であるということは広く合意されていますが、これらはまさしく、**アンバー、オレンジ、グリーンの価値観の衝突**に他らないのです。

　そしてこれら3つの価値グループは現代人が到達しうる主要な発達段階に対応するものであるために、この闘争が終わりを迎えることはありません。なぜかと言えば、どの価値観も、その人にとっての隠れた地図《ヒドゥン・マップ》になっているからです。どんな議論を行おうとも、どんなデータや証拠を示そうとも、他の人の隠れた地図《ヒドゥン・マップ》を変えることはできません。なぜなら、何をデータや証拠であるとみなすかということそのものが、地図によって異なるからです。宗教的原理主義者たちは、科学的な証拠（例えば進化の証拠）を認めず、聖書に示される神の真実を受け入れています。科学者たちは、宗教的な真実を認めず、それは子どもじみた神話にすぎないと考えています。ポストモダンの思想家たちは、どちらの真実も認めません。どちらも社会的に構築されたものであり、どちらも同じように虚構であると考えているのです。

文化戦争に目を向けることは、発達段階というものが現実に存在し、それが人生のあらゆる領域に途方もない影響を与えていることを認識するための最も簡単な方法のひとつであるといえます。そして、こうした諸段階が並存し、互いに闘争している文化においては、人々が仲むつまじく暮らすようになることは永遠にないでしょう（ただし、もっと高次の段階が出現し、何らかの方法で高次の全体性《ホールネス》を提示することで、問題は解決するかもしれません。これは極めて現実的な可能性であり、本書でもこの後すぐに検討していきます）。

とはいえ、ここではまず、グリーンの多元主義ないし相対主義とはどんなものであるかを詳しく見ていくことにしましょう（同時に、自分自身に当てはまる部分が少しでもあるどうかを、確かめていきましょう）。

まず、こうした見方においては、他のものより優れたものなど何もありません。ある人物に当てはまることはその人に当てはまるだけであり、自分の考えを他の人に強いることはできません。**自分が正しくて誰々が間違っていると主張することはできない**のです。私には私の真実があり、あの人にはあの人の真実がある。それがすべてです。同じように、どんな順位づけ《ランキング》も、どんな階層構造《ヒエラルキー》も、考えてはいけません。それはタブーなのです。必要なことは、相互協力型《パートナーシップ》の社会であり、そこでは、全ての人間、特に言えば全ての男女が、平等に扱われるのです。

優秀であることや、業績を挙げること（合理的-近代的段階の一般的特徴）でさえも、グリーンのポストモダニズムにとっては疑わしいものに見えます。なぜなら、優秀さや業績とは、誰かが他の誰かよりも優れているという価値判断を前提としているものであり、そうした価値判断は、抑圧をもたらすものでしかないからです。

会議や大会は、たとえ何の結論が出なくても、全ての人が自分の思いを共有する機会を与えられたならば、成功であるとみなされます。このプロセスが延々と続けられることも多く、そうなれば、実際の行動を始めることはほとんどありません。あるテーマに対する今までのアプローチは全て、本質的に間違いであるとみなされます。なぜかと言えば、そうしたアプローチは、圧政、家父長制、性差別主義、人種差別主義、植民地主義、帝国主義などによって突き動かされているからです。

グリーンの多元主義が目指しているのは、こうしたものをすべて作り替えること、正しいものに置き換えるということです。**純粋な平等性と相互協力《パートナーシップ》の精神に基づいており、どのような順位づけも、どのような階層的判断も存在しない社会**こそが、目指すべき理想なのです。

さらに、グリーン段階の新たなアプローチは、抽象的な合理性や論理ではなく感情に基づくものであり、頭ではなく心から真っすぐに表現されたものです。**心《ハート》こそが全ての真実の土台であり、どのような真実も体現《エンボディ》**［身体化］**されなければならない**（思考ではなく感情に根を張らなければならない）のです。

加えて、これまでのアプローチはどれも「古いパラダイム」であり、自分たちの見方こそが「新しいパラダイム」であると考える傾向にあります。

古いパラダイムは、合理的で、分析的で、分裂的で、ニュートン-デカルト主義的で、自己中心的で、大地を嫌悪し、大地を否定し、性差別主義的で、人種差別主義的で、植民地主義的で、商業主義をはびこらせ、利益と欲望の追求を奨励するものであるとされます。

それに対して、新しいパラダイムは、新しい物理学（これは量子力学のことを指していますが、実際には量子力学は100年前の理論です）の考え方と合致したものであり、自我中心的《エゴセントリック》ではなく自然中心的《エコセントリック》であり、相互協力《パートナーシップ》や気遣い《ケア》や慈愛の精神に基づいており、断片的ではなく全体論的《ホリスティック》であり、機械的ではなく有機的《オーガニック》であり、システム理論の考え方と合致したものであり、フェミニズムと親和的であり、ガイアを大切にし、地球中心的であり、グローカル（グローバルかつローカル）なものなのです。

さて、もしあなたの中にこの段階の性質がかなり存在していると思われるなら、まず、**先に述べた相対主義的な見方がなぜ自己矛盾しているのかという点に意識を向ける**必要があります。実際、さまざまな社会哲学者たちが、こうした見方は「遂行的矛盾」（performative contradiction）に陥っていると強く批判してきたのです。遂行的矛盾とは、簡単に言えば、**自分が不可能ないし不道徳であると主張していることを、自分自身で実際におこなってしまっている**ことを指します。言い換えれば、できないと言っていることや、すべきでないと言っていることを、実際にしてしまっているのです。

先にも述べたように、こうした多元主義や相対主義の見方（多元主義がもっと極端な形になったものが相対主義です）においては、あらゆる知は社会的に構築されたものであり、解釈に基づくものにすぎないとみなされます。科学が、詩よりも真実であるとは言えません。なぜなら、どちらも解釈であり、社会的に構築されたものだからです。どんな意味も文脈に制限されているので、普遍的な真理は存在せず、ただ、ローカルな知、文化的に条件づけられた知、社会的に構築された知のみが存在しています。

けれども、多元主義や相対主義においては、こうした主張のどれもが、単なるひとつの解釈でもなければ、単に社会的に構築されたものでもなく、全ての時代の全ての文化の全ての人々に対して当てはまる事柄であると考えられているのです（言い換えれば、普遍的な真理など存在しないということを普遍的に主張しているのです。もしかすると、著作など存在しないということを主張するために、10巻の著作を執筆するかもしれません）。さらに、どんな見方にも優劣はない、誰も他の人に対して何が真実であり何が真実でないかを伝える権利をもっていないと主張しながらも、自分自身のこの見方は真実であり、この見方に同意しない人は全員間違っていると考えられています。どんな見方にも優劣は存在しないけれど、この見方だけは他の見方よりも優れているのです。

さて、もしかするとみなさんは、誰かが他の人のことを判断していると、あなた自身が判断していることに気づくかもしれません。何でも順位をつけて考える人々のことを、あなた自身が見下していることに気づくかもしれません。自分こそが正しいのだと考えている人のことを、あなた自身が不快に思っていることに気づくかもしれません。

こうしたどの場合であれ、あなたは、自分が非難していることを、自分自身でおこなってしまっていると言えます。**判断をしてはいけないという判断をしており、順位づけをしてはならないという順位づけをしており、「自分こそが正しいのだ」とは考えない自分こそが正しいと考えている**のです。

もしかすると、あなたは「その人にとっての真実は、その人にとっての真実。誰かに真実を押しつけるなんて思いもよらないよ」と考えているかもしれません。けれども、この見方に同意しない人々に対して、あなたは強く反対するはずです。言い換えれば、あなたは、自分の見方を他の人に押しつけようとする人々に対して、あなたの見方を押しつけようとしているのです。別の言い方をすれば、あなたは、全ての人々を平等に扱いたいと願いながらも、意識的あるいは無意識的に、この見方を共有していない人々のことを嫌っていると言えます。要するに、行うべきではないと主張していることを、自分で実行してしまっているのです。

グリーンの段階は、全ての人々を公平に扱おう、全ての人々と平等に接しようと主張しながらも、あらゆるオレンジの価値（特に資本主義、ビジネス、利益、達成すること、優秀であること）を嫌っており、あらゆるアンバーの価値を嫌っており、そして、あらゆる統合的《インテグラル》な価値を嫌っているのです。

それでは、あなた自身がどのようにして、他の人が価値判断を下していると判断するのかを見つめてみましょう。あなたは大抵の場合、自分はそんな意地汚い判断にはとらわれていないが、他の多くの人たちがこうした罪を犯してしまっていると感じることでしょう。しかし実際には、こうした見方そのものがひとつの判断であり、ひとつの順位づけであり、ひとつの階層なのです。それゆえ、ここから、インテグラル・マインドフルネスの実践を始めることにしましょう。

まず、純粋な「私は在る《アイアムネス》」の感覚の中に、自分自身を落ち着けましょう。そして、他の人に対して否定的な判断を加えるという自分自身の行為そのものを、意識の中に保持《ホールド》してみましょう。**自分が誰かに否定的な判断を行っている具体的な例を思い浮かべて、その状況を、意識の中にしっかりと保持しましょう。** 例えば、誰かのことを人種差別主義者《レイシスト》だと判断するとき、どんな感覚がしますか？

さて、このとき、あなたのこの判断は普遍的に正しい判断であるかもしれない（そうであると私は思いますが）ということに、意識を向けましょう。けれども、もし普遍的に妥当な道徳的判断が存在しうることを認めるのだとしたら、あなたは自己矛盾に陥っていることになります。少なくとも、ポストモダンの思想家のように、普遍的な判断など存在しないと主張することはできなくなります。それゆえ、あなたは全く正しいか、遂行的矛盾に陥っているかのどちらかであり、そのどちらであるかは、あなたが「普遍的判断」というものをどう考えているかによって決まってくるのです。

いずれにせよ、グリーンの段階は、実際にはさまざまな価値判断を（正しい形であれ自己矛盾した形であれ）行っているのであり、私たちはそうした価値判断に気づきを向ける必要があります。こうした価値判断を、意識の主体《サブジェクト》ではなく、客体《オブジェクト》にする必要があるのです。

さて、この領域に関するインテグラル・マインドフルネスを続けていきましょう。自分が否定的な判断を行っている状況を、具体的に思い浮かべてみましょう。あの人は寛容ではない、あの人は人種差別主義者《レイシスト》である、あの人は性差別主義者《セクシスト》である……。このうちひとつをとりあげて、マインドフルネスを実行してみましょう。**こうした否定的な判断を行うとき、どんな感覚がしますか？**　誰かを見下すという行為は、どんなふうに見えますか？　どんな匂いをしていて、どんな色をしていますか？　体のどこに位置していると感じますか？（頭、胸、腹、あるいはそれ以外の場所）　あなたが否定的な判断を加えた人物は、どんな特徴をもっていますか？　そうした判断を行ったのは、その人がどんな特徴をもっていたからですか？

こうした否定的な判断に対して、何かをすることは必要ではありません。ただ、こうした判断を意識の中に保持《ホールド》し、それに感じながら気づく《フィーリング・アウェアネス》ことによって、こうした判断そのものを意識の対象にしましょう。ただし、このとき、否定的な判断をありのままに録画するという実践と、純粋な「私は在る《アイアムネス》」の感覚の中に安らぐという実践を交互に行うことを、忘れないようにしましょう。

それでは、価値判断の行い方を、ほんの少しだけ変えてみましょう。まず――自分が実は多くの領域で価値判断を行っていたということに気づいたなら――具体的にどんな事柄に対して、自分が価値判断を行っているのかに注意を向けましょう。そして、そうした価値判断のなかで、**全く適切であり、正当なものであると自分が思っている価値判断**はないか、考えてみましょう。

（もしあなたが実際にグリーンの段階に位置しているなら、この実践は特に重要です。なぜなら、この実践において意識を向ける価値判断とは、普遍的な真実であるかもしれない価値判断なのですが、もしこの段階に位置しているなら、普遍的な判断が存在しうるという見方には疑いの目を向けるだろうからです。それゆえ、たとえ疑わしく思ったとしても、どうかこの実践を続けてほしいのです……）

グリーン段階のポストモダン思想によれば、そうした適切な価値判断は存在しません。あらゆる価値判断は不適切なものなのです。しかし、もう一度言えば、こうした判断そのものがひとつの価値判断であり、順位づけしないことを、順位づけることよりも優れたことであると考えています。

こうして、順位づけとは避けられないものである――自分ではおこなっていないつもりでも、実際にはほとんどの場合におこなっている――ことを認識できたなら、今度は、どのような順位づけが望ましいのかということを、考えてみましょう。

とはいえ、このことを考えるには注意が必要です。なぜなら、それぞれの段階によって、どのような順位づけが望ましいのかという問いへの答えは、大きく異なるものになると思われるからです。それゆえ、ここでは、後-近代的《ポストモダン》で多元的なグリーンの段階に焦点を当て、この段階自身の価値観から見たときに、どんな順位づけなら許容されうるか、どんな順位づけなら推進すべきだとみなされうるかを、見ていきましょう。

グリーンの段階では、何よりもまず、平等であることが重視される傾向にあります。ただし、ここで注意しておきたいのは、全ての段階がこの見方に同意するわけではないということです。実際、他の段階はどれも、この見方に反対するでしょう。

レッドは、世界を食う者と食われる者に分割し、自分のことだけを助けてくれる相手を好みます。ここには、平等性は全くありません。アンバーの原理主義は、世界を救われる者と地獄に落ちる者に分割し、唯一の救世主を受け容れる人々だけを大切にするでしょう。異教徒は地獄行きであり、真の信仰者だけが平等なのです。オレンジは、世界を勝者と敗者に分割し、物事を達成すること、実績を挙げること、優秀であることを何より重視します。こうした基準は、どれも平等ではありません。グリーンだけが、全ての人の平等性を何より大切にするのです。

それでは、さらに、**グリーンの段階とはひとつの発達段階であるということに、意識を向けてみましょう。**グリーンとは、発達のスキーム全体における6つ目の段階なのです。

それゆえ、グリーンの価値観から見たときに、望ましい価値判断として最初に挙げうるものは、「垂直的に発達すること（古代的段階から呪術的段階、力の段階、神話的段階、合理的段階、そして多元的段階へと発達すること）は、発達しないことよりも遥かに素晴らしいことである」というものであるかもしれません。言い換えれば、**「グリーンの段階は、それ以前の段階よりも遥かに重要なものである」**と判断するのです。なぜなら、この段階に到達してこそ、本当の意味で平等性を大切にできるのであり、そのためには発達することが必要だからです。

これまで見てきたように、発達とは、全体性が増大すること、すなわち、自らのアイデンティティがさらに大きく包括的なものになっていくことであると言えます。そして私たちは、自分が同一化している人、自分と同じアイデンティティをもっていると感じる人だけに、道徳的に接するのです。

レッドが道徳的に接するのは、自分自身だけでしょう。アンバーの原理主義は、同じ宗教を信仰する人々だけに、道徳的な態度を示すでしょう。オレンジの近代主義は、全ての人間に権利を認めて、どんな人々に対しても公平かつ倫理的に関わろうとしますが、やがて、この見解に同意しない人もいることに気づくと、人々がどれほど寛容であるかという価値判断を行うようになるでしょう。グリーンの多元主義は、こうした見方を極限まで押し進めて、全ての人々を平等に扱おうとしますが、実際には、こうした平等な態度を示せる人もいれば、示せない人もいます。

それゆえ、グリーンが自らの価値観に基づいて主張すべきことは、こうです——**人々がグリーンの段階へと到達し、全ての人々を平等に扱いたいと願えるようになることを手助けしてくれる活動や在り方は、素晴らしいものである。**しかし、**人々がこうしたホリスティックな段階に到達できず、全ての人々を公平に扱うことができないままでいるのは、悪いこと、間違ったこと、あまりよくないことである。**

そしてこのことは、全ての発達段階において言えることでもあります。どの段階も、与えられた環境に対して適切であり、好ましいものなのですが、高次の段階は、さらに適切であり、それゆえある意味では、さらに「好ましい」ものでもあるのです。後ろの段階であればあるほど、包括的で、ホリスティックで、思いやりが深く、高潔であり、愛に満ちているのです。

それではここで、キャロル・ギリガンによって研究された、女性の道徳性〔倫理性〕に関する発達段階論を見ていくことにしましょう。ギリガンは著書 *In a Different Voice* の中で、男性と女性が「異なる声」によって道徳的推論を行う傾向にあることを主張し、有名になりました。男性は、階層や自律性を重視することが多く、女性は、関係性や所属を重視することが多いのです。そして、あらゆる階層は悪いものだと考えているフェミニストたちは、男性は階層的に思考することが多いというギリガンの見解に飛びつき、人類の不幸のほとんどの原因は男性（と家父長制）にあると非難しました。

しかしこうしたフェミニストたち、広く言えばポストモダンの思想家たちは、ギリガンが著書で主張している2つ目の論点を全く見落としています。ギリガンによれば、男性と女性の両方が、同じ4つの段階を通って階層的に（ギリガン自身の言葉です）発達していくのです。

女性におけるこうした階層的段階を、ギリガンは次のように名づけました。段階1は利己的な段階であり、女性は自分自身のことだけを気遣います（本書の「自己中心的段階」に対応しています）。段階2はケアの段階であり、その気遣《ケア》いの対象は、自分自身から、自分の所属する集団へと広がります（本書の「自集団中心的段階」に対応しています）。段階3は普遍的なケアの段階であり、人種、肌の色、性別、信条等に関わりなく、全ての人間のことを気遣《ケア》うようになります（本書の「世界中心的段階」に対応しています）。そして段階4は、統合の段階であり、女性も男性も、反対の性別の特徴を自分の中に統合できるようになるのです（本書の「統合的段階」に対応しています）。

言い換えれば、女性は確かに非-階層的に思考することが多いのですが、**女性の非-階層的な思考そのものが、4つの段階を通って階層的に発達していく**のです。そしてこの簡潔な事実を、こうしたフェミニスト（とポストモダニスト）たちは、今なお理解していないのです。

さらにここから、もう1つ、重要な論点が見落とされていることがわかります。現代では広く言われるようになった内容ですが、私たちは単に「西洋の文化は家父長制の下にあるので、女性的な価値をもっととりいれるべきだ」と述べることはできないのです。なぜなら、**私たちが必要としているのは、段階1や段階2の女性的な価値ではない**からです。

私たちにはもうこれ以上、利己的で自己愛的な思考（段階1）や、性差別的で人種差別的な思考（段階2）は必要ではありません。実際、ポストモダンの思想家やフェミニストたちでさえ、こうした種類の女性的な価値は私たちを苦しめるものであると主張しています。

言い換えれば、高次の段階（ギリガンの段階3や段階4）は、低次の段階と「同じように素晴らしい」わけではないのです。前者は後者よりも好ましい在り方なのであり、さらに包括的で、さらにホリスティックで、さらに高潔で、さらに思いやりが深く、さらに愛に満ちていて、さらに立派な（そして、さらに抑圧が少なく、さらに支配的ではない）ものだと言えるのです。

私たちが必要としているのは、高次の段階に基づく女性的な価値、すなわち、世界中心的な段階や統合的な段階に基づく女性的な価値です（加えて、こうした高次の段階に基づく男性的な価値も必要であると注記しておいてもよいかもしれません）。これは本物の価値判断、適切な価値判断であり、多くの人々がこのように考えるべきであると言えます。なぜなら、多くの人がこのように考えるほど、全ての人間がもっと好ましいやり方で扱われるようになるだろうからです。

それゆえ、もしあなたが自分は誰かに価値判断を加えていないと思っていても、実際には価値判断を加えている場合が多いということに、注意しましょう。そして、自分がどのような価値判断を行っているのかに目を向け、その価値判断を、しっかりと検証されている発達論的な諸事実と適合するものへと修正しましょう。

要するに、**どの発達段階も「素晴らしい」のですが、後の段階ほど「素晴らしい」**のだと言えます。後の段階ほど、包括的で、全体的で、意識的で、高潔で、気遣いに満ちているのであり、このことは多くの研究によって一貫して示されていることなのです。そして、もしグリーンよりも高次の諸段階が存在するのだとすれば、そうした段階は、グリーンの段階よりもさらに素晴らしいものであり、さらに立派なものであるはずなのです。

　こうした高次の諸段階について見ていく前に、もう1つ、重要な論点を確認しておきましょう。ポストモダンの多元主義的な見方においては、ほとんど常に見落とされていることです。**階層とは全て同じ性質のものではなく、実際には、異なる2つの種類があるのです。**1つ目のタイプは「支配型の階層構造《ドミネーター・ヒエラルキー》」であり、もう1つのタイプは「成長型の階層構造《グロース・ヒエラルキー》」です。

支配型の階層構造《ドミネーター・ヒエラルキー》は、確かに意地汚いもの（抑圧的で威圧的なもの）です。例えば、カースト制度、犯罪組織における階層（高い階層にいればいるほど、多くの人間を支配し圧迫できる）などが挙げられます。それに対して、**成長型の階層構造《グロース・ヒエラルキー》**は、全く逆の性質をもっています。高い階層に到達すればするほど、包括的になり、思いやりが深くなり、愛に満ちるようになる（抑圧的な傾向や威圧的な傾向は減少していく）のです。

　本書で述べている発達モデル（例えばグローイング・アップ〔成長〕の6つから8つの段階）は、どれも**成長型の階層構造《グロース・ヒエラルキー》**であり、先ほど紹介したキャロル・ギリガンの発達モデルもそうです。実際、自然界におけるほとんどの階層は、成長型の階層構造《グロース・ヒエラルキー》です。例えば、原子、分子、細胞、有機体〔動物や植物〕という階層がそうです。各段階は前の段階を「超えて含んでいる」のであり、さらに包括的で、さらに全体的なものへと変化しているのです。

　そして、**成長型の階層構造《グロース・ヒエラルキー》において、高次の段階は低次の段階を抑圧しているわけではありません。**高次の段階は、低次の段階を包み込んでいるのです。例えば、分子は原子を嫌っているわけでもなければ、抑圧しているわけでも、支配しているわけでもありません。そうではなく、分子は原子を含んでおり、包み込んでいます。こう述べてもよければ、分子は原子のことが大好きなのです。この点を心に留めておいてください。

　とはいえ、もしあなたがグリーンの多元的段階に主に位置しているなら、こうした点に同意することには大きな抵抗があるかもしれません。そもそもグリーンは、あらゆる階層を嫌う傾向にあり、しかも、自分が本当は何をしているかについて、よくわかっていないことが多いからです。実際、ここでも、グリーンの見方は「遂行的矛盾」に陥っています。階層的な見方を、自分自身の階層的な見方に基づいて、最も低い段階に位置づけているのです。

　それでは、もしこうした統合的な見方を用いることで、自分自身の中にこの段階の隠れた地図《ヒドゥン・マップ》が存在していることに気づいたなら、マインドフルネスという光のもとに、その地図をさらけ出し、気づきというレーザーによって、それを焼き尽くしてしまいましょう。

　ここで気づきを向ける必要があるのは、何かを**判断する**という態度そのものです。否定的な判断であるかもしれませんし、肯定的な判断であるかもしれません。大事な点は、判断するという活動そのものを、その感覚そのものを、ありのままに録画するということです。何かを別の何かより素晴らしいと思うこと、感じることは、どんな行為であり、どんな感覚がするかということを、ありのままに録画しましょう。

　さて、私が先ほど述べたことは、少なくともこの顕現した世界においては、何がが他の何かよりも素晴らしいことがあるということでした。それはその通りです。

　しかし、私たちがこのマインドフルネスにおいて取り組む必要があるのは、あらゆる判断を「超えて含む」ということです。言い換えれば、**「超える」の面において、私たちは価値判断そのものを完全に手放すことが**

必要なのです（同時に、「含む」の面において、そうした価値判断に直接的な気づきを向けることが必要です）。そうした判断と同一化するのでもなく、非難するのでもなく、ひとつになるのでもなく、否定するのでもなく、遮断するのでもなく、ただ、ありのままに録画しましょう。何かを判断するというこの驚くべき活動に対して、感じながら気づく意識《フィーリング・アウェアネス》を向けましょう。

これは**あれよりも素晴らしい**——そう思うとき、まさにそう感じるとき、どんな感覚がしますか？　そうした感覚は、体のどのあたりに感じられますか？　それはどんな色をしており、どんな形をしており、どんな見た目ですか？　どんな匂いがして、どんな気持ちがしますか？　この価値判断の感覚を、意識の中にしっかりと保持し、それから、漏れなく、注意深く、最大限に、そのありのままの姿を録画しましょう。

そして私たちは、こうした実践を行うことで、多元主義が主張している内容を実際に達成できるようになるでしょう。あらゆる価値判断を、本当に手放せるようになるのです。

さて、もはやお気づきかもしれませんが、ちょうどこれまでの各段階で、それぞれの段階の一般的な特徴や特性に対して直接的な気づきを向けてきたのと同じように、このマインドフルネスも、主体《サブジェクト》を客体《オブジェクト》にすることを促すものになっています。言い換えれば、もし私たちがこれまである内容と同一化していたならば（その内容が自分にとって主体の一部であったならば）、こうしたマインドフルネスを行うことによって、それと脱同一化すること、それを手放すこと、それを超えることが促されるのです。そして、次の段階へと、もっと全体的で包括的で完成された内容へと、自分自身を開くことができるようになります。

大事な点は、その新しい内容がどのようなものであれ、あなたの意識はすでにその内容を知っているということです。それはすでに現前していて、出番がやってくるのをじっと待っています。**あなたが現在の段階を**

そっと手放し、次の段階へと自分自身を開くようになるのを待っているのです。

そして、こうした自己開放のプロセス、超越のプロセス、手放すプロセスが起こり始めると、それからは、いわば「自然の成り行き」で物事が進んでいくようになります。次の段階における内容が、たとえどんなものであったとしても、自然に、そして**自発的に**、意識の前面に現れるようになるのです。

やがてあなたは、その新たな特徴と同一化することになります（ただし、この特徴を対象《オブジェクト》として認識することはまだできません）。その特徴が、あなたの新たな主体、新たな自己の一部分となるのです。こうして、以前よりも包括的で、意識的で、愛に満ちた自己が形づくられていきます。

これと全く同じことが、価値判断についても言えます。あなたが全ての価値判断は悪いものであると考えているか、それとも、内容によって明確な価値判断の基準をもっているかということは、ある意味では、大きな問題ではありません。たとえどんなものであれ、今主体《サブジェクト》になっているものを客体《オブジェクト》にするということ――そのことによって、新たな主体、もっと包括的で意識的な主体が、自然に現れるようになります。

もしあなたの現在の価値判断が、どんな理由であれともかくも真実であり、普遍的であり、本当に適切なものであるならば、たとえ次の主体が現れたとしても、そうした価値判断が消えてしまうことはないでしょう。そうした価値判断に対して、今よりもっと意識的に気づけるようになるでしょうが、そうした価値判断が根本的に変化してしまうことはないのです。

他方、**もしもっと高次の価値判断、もっと高度で意識的で愛に満ちた価値判断が存在しており、それがあなたという存在**（何百万年という人類進化の歴史を受け継いでいる存在）**にとって何らかの形で利用可能なものであるならば、あなたはそうした新たな価値判断と同一化し始める**ことでしょう。こうした新たな価値判断が、さらに包括的で意識的な自己（ないし主体）の一部となるのです。

それで、その先どうなると思いますか？　そう、この道は、まっすぐに神へと続いているのです。

段階7：統合的段階（ターコイズ）[訳注]

私は先ほど、今日までの人類の歴史において現れた意識段階のうち、最後の主要な段階は、グリーンの後-近代的段階であることを述べました。大規模に出現した段階に限定するなら、確かにその通りです。

しかし、およそ数十年前頃から、意識発達の研究者たちは、それまでとは全く異なる種類の意識が出現しつつあることに気づき始めていました。その段階は、人類のこれまでの歴史において現れたことのあるどんな段階とも、根本的に異なるものだったのです。

グリーンの多元主義までの全ての段階は、自分たちの真実ないし価値こそが、世界で唯一正しい真実ないし価値であると考えています。他の段階は全て、道を誤っているか、混乱しているか、幼稚であるか、あるいは、単に間違っているのです。

他方、この新しく現れた意識段階においては、**過去の全ての段階が、重要な役割を果たしている**とみなされます。少なくとも、これまでの全ての段階は、成長や発達を進めていくために必要なステップであり、もしこうした段階がなければ、そもそも成長や発達は起こり得ないのです。ちょうど、原子、分子、細胞、有機体という順序の中で、分子の段階を飛ばすことはできないように、意識発達のどの段階

[訳注] いわゆる「ティール」の段階もここに含まれる。

も必要不可欠なものなのです。**全ての段階が極めて重要だということを、この新たな段階は、直観的に理解しているのです。**

クレア・グレイブスは、この段階の出現を「極めて重大な飛躍」と呼んでおり、そこでは「信じられないほど大きな意味の隔たりが超えられる」と言います。グレイブスによれば、人類の歴史において、これほど大きな変化が起きたことは全くありません。

実際、この新たな段階が出現したことは、人類の歴史において記念碑的なことであり、新たな歴史が始まるほどの変化であると言えます。こうした変化は、最近になってようやく起き始めたものですが、人類の全歴史において、最も重要で、最も深遠な変容をもたらすものになることは確かでしょう。

この新たな段階とそれ以前の段階の違いを明確にするために、最初の6つの段階（インフラレッドの古代的段階、マジェンタの衝動的段階、レッドの力の段階、アンバーの順応的段階、オレンジの合理的段階、グリーンの多元的段階）は**「第一層《ファーストティアー》」**の段階と名づけられており、この新たな段階（実際にはいくつかの下位段階があります）は**「第二層《セカンドティアー》」**の段階と名づけられています。この区別は、マズローが**「欠乏欲求」**と**「存在欲求」**という言葉で表現した区別と同じものであり、それぞれ、第一層と第二層に対応しています。

第一層の段階は、部分的で、視野が狭く、排他的で、互いに孤立しており、その主な動機は、不足や欠乏の感覚です。それに対して、第二層の段階は、包括的で、インクルーシブで、統合的であり、豊かさや充足の感覚に基づいて活動します。**歴史上、このような意識が大規模に出現したことは一度もありません。**現在でもなお、こうした意識は珍しいものであり、今日、統合的段階の意識に到達しているのは、世界人口の5パーセント程度であると推計されています。しかし、この段階に位置する人々は、大変革《ゲーム・チェンジャー》をもたらす人なのです。たとえどんな領域であれ、ほとんどあらゆることに関する私たちの見方を、文字通り、変えてしまうのです。インテグラル理論そのものも、この段階の動機に基づいて生み出されたもの、あるいは少なくとも、この段階の動機に基づいて活動しようと試みているものだと言えます。

この新たな段階（段階7、統合的《インテグラル》段階、ターコイズ）は、「全体論的《ホリスティック》な段階」「戦略家《ストラテジスト》の段階」「システム的《システミック》な段階」などとも呼ばれており、どの名称にも、この段階が包括的な性格をもっていることが示されています。統合的段階は、最も包括的で、最も洗練されており、最も複雑で、最も意識的で、最も包容力に満ちた段階であり、最も多くの視点、これまでの全歴史を通して生み出されてきた全ての段階の視点を包含するものであり、まさに「極めて重大な飛躍」と呼びうるものなのです。統合的段階において、人類史上初めて、他の全ての段階も重要な役割を果たしていることが認識されるようになります（一方、これまでの段階はどれも、自分の段階だけが重要なものであると考えています）。こうした態度は、本当の意味で統合的なものであり、包括的なものであり、全てを抱擁しようという気持ちにあふれたものであると言えます。

もしあなたの中にこの段階の特性がかなり存在しているならば、あなたは何よりもまず、**全体的であること《ホールネス》を動機として活動する**ことでしょう。そしておそらく、大きな地図《ビッグ・ピクチャー》と膨大な情報《ビッグ・データ》を探し求めるはずです。さまざまな物事がどのように組み合わさるのか、そして、全ての物事がこの驚くべきコスモスのなかでどのような位置を占めているのかを、知りたいと思うでしょう。

あなたは、たとえどんな議論であっても、**一方の主張だけが完全に正しく、もう一方の主張は完全に間違っていると考えることはあまりない**でしょう。両方の陣営が真実のかけらをもっているのであり、もっと大きな見方に至ることで、両方の主張をともに包含することは可能なのです。

さらにあなたは、**あらゆる物事のあいだにつながりを見出し、全てのものが他の全てのものと深く関係していることを見抜く**でしょう。知とは、互いに結びつきのない多数の領域、断片的で自己閉塞的な何百もの領域へと分断されているものではなく、あらゆる知は何らかの形で織り合わされており、ひとつのホリスティックな織物《タペストリー》）、ひとつのダイナミックな網目細工《メッシュワーク》を形づくっているのです。孤立していた物事のあいだに関係性が生まれて、あらゆるところにネットワークを見出すようになります。

世界とは、何百もの異なる人種によって構成されているのではなく、ひとつの普遍的な人間性、全てを抱擁する輝かしい人間性によって構成されており、そのうえに、一人一人の個人の差異、ひとつひとつの文化の豊かな差異が存在しているのです。**「多様性の中の統一性」は確かに存在する**のであり、こうした見方こそが、あなたの心に訴えかけてくるようになります。

個人レベルでは、この統合的段階において、**自尊心の欲求が、自己実現の欲求**（マズローの言うような）**へと道を譲る**ことになります。これは、**個としての本質をもっと実現したいという欲求**であり、あらゆる種類の驚くべき潜在能力が開花するようになります。創造性が増大し、意識が拡大し、もっと多くのものを包含できるようになり、もっと多くの愛と気遣いを表現できるようになるのです。これ以外にも、多くの素晴らしい能力が現れるようになり、第一層の段階よりも、少なくとも10倍は効果的に活動できるとも言われます。10倍！

あなたはもしかすると、変容志向のワークショップやセミナー、週末の研修会や講習会などに多数参加するようになるかもしれません（もっとも、こうしたイベントのほとんどがグリーン段階の論理に基づいて実施されていることに気づくでしょうが、それでも、おそらく関心を向け続けるでしょう）。

あるいは、あなたは瞑想やヨーガ、太極拳などを始めるようになるかもしれません。

あるいは、あなたはコンピュータ技術やソフトウェアの設計に興味を抱くかもしれませんが、そこで興味を惹かれるのは、インターネットを活用することで、ほとんど無限とも言えるネットワークを形成し、世界の全体性《ホールネス》を増大させることができるという点であるかもしれません。

あるいは、あなたはビジネスの世界に関わり、リーダーシップを発揮する地位に就くかもしれませんが、そのとき、あなたは会社という全体そのものを最大の資産だと考えて、全ての社員（と全てのステークホルダー）が単にお金を稼ぐための手段として仕事をするのではなく、自己実現や自己達成のための手段として仕事をすることができるように、どうすれば手助けできるかを探求することでしょう。

あるいは、あなたは成長型の階層構造《グロース・ヒエラルキー》（例えばここで紹介している8つの段階）を見つけると、その意味をすぐに理解し、たとえ大まかな形でしかなくとも、記憶の中にしまい込んでおくでしょう。必要なときに、この見方を引き出せるようにしておくのです。

あるいは、もしあなたが何らかの（宗教的ではない）精神的《スピリチュアル》／霊的な道を歩んでおり、そして偶然にもパートナーを見つけたならば、パートナーにも一緒にその道を歩んでほしい、その道の途中で出くわすさまざまな課題や恩恵を深く共有したいと思うことでしょう。ソウルメイトとして、共同的な目覚めを探求し、「私はブッダであり、それは私たちそのものである」ことに気づくのです。

あるいは、もしあなたが子どもを育てているならば、子どもに自分は特別な存在だと感じてほしいと思っているかもしれませんが、何の理由もなくそう伝えるのではなく（それは結局、ある種の嘘を伝えているにすぎません）、実際にこの世界の中で何かを達成することと結びつけて、その感覚を学ばせようと思うことでしょう。

あるいは、あなたは政治に関して、現在の二大政党制にうんざりし、どちらの党の主張も狭く部分的な見方でしかないことに気づき、その代わりに、両方の党の最も素晴らしい部分を包含するアプローチや、もっとホリスティックな見方を体現していると思われる候補者を探し始めることでしょう。

さらに、あなたにとっては、**思考と感情はどちらも重要なもの**であり、（多元的段階のように）感情だけを大切にするのでもなければ、（合理的段階のように）思考だけを大切にするのでもないでしょう。統合的段階において初めて、**考えることと感じることはひとつにまとまり、密接に結びつくようになる**のです。それゆえ、頭《ヘッド》と心《ハート》は同じくらいに重要なものとなります（心理学者のジョン・ブロートンが述べているように、この段階では「知性《マインド》と身体《ボディ》はどちらも、統合的自己によって経験されるひとつの体験となる」のです[原注]）。

加えて、あなたは**地球規模で起きている全ての事柄に、自然と興味を抱く**ようになるでしょう。例えば、地球温暖化のような厄介な問題に対して興味を抱くかもしれませんが、そのとき、生物圏を（ポストモダンの思想家たちのように）絶対化するのではなく、もっと大きな網《ネットワーク》の目のなかに位置づけようとするでしょう。その網の目の中には、心圏（考えや観念の領域）が含まれており、しかもその心圏は、生物圏（生命の領域）とも神圏（スピリットの領域）とも密接に結びついたものとして認識されているのです。

さて、もしあなたの中にこの段階の特性がかなり存在しているなら、あなたは何よりもまず、**全体性**《ホールネス》を重視しようとすることでしょう。それゆえ、マインドフルネスの実践としては、この全体性という感覚、あるいは全体性という見方に対して、意識を向けてみましょう。

あなたはこの全体性を、どこに見出していますか？　自分自身の中に見出しているでしょうか？　文化の中に見出しているでしょうか？　あるいは世界？　ガイア？　地球の生態系？　太陽系？

［原注］John M. Broughton, "The Development of Natural Epistemology in Adolescence and Early Adulthood," unpublished doctoral dissertation (Cambridge: Harvard University, 1975) を参照のこと。

銀河？　全宇宙そのもの？　そして、あなたが全体性を見出している領域は、どのようなものとして感じられますか？

全てが一体になっているという感覚、全てが欠けることなく含まれているという感覚そのものに、意識を向けてみましょう。その感覚は、どんな見た目をしていて、どんな気持ちがして、どんな匂いがするものですか？　どんな大きさであり、どんな形をしていて、どんな色をしていますか？　体のどこに位置しているように感じますか？

　こうした全体性の感覚、あるいはその考えを、想像しうるありとあらゆる角度から、ありのままに録画しましょう。この感覚に対して本物の気づきを与えることで、それを意識の対象《オブジェクト》にしましょう。あなたの自己感覚の中から、この感覚を外に引っ張り出しましょう。そして、あなたの意識を、これよりもさらに高次の内容に対して、開かれた状態にしましょう。

　こうしてあなたは、全体性にいつでも気づけるようになると同時に、全体性の感覚とだけ排他的に同一化することもなくなるでしょう。言い換えれば、あなたは全体性《ホールネス》を「超えて含む」ようになるのであり、たとえあなたがどんな段階に進んだとしても、この全体性は、その新たな段階の中に包み込まれることになるのです。

（ところで、統合的段階は、進化そのものの最先端の段階であると考えられています。もっとも、進化のプロセスには終わりがないことを踏まえると、未来は常に存在しており、さらに高次の全体性、さらに高次の意識や包括性は必ず現れてくるでしょう。そのいくつかの可能性については後で検討しますが、少なくとも実際的な観点から言えば、**ターコイズの統合的段階こそが、現代の人間が無理なく到達することのできる最も高次の段階**であると思われます。実質的には、この段階こそが、今日までの進化の頂点なのです（ただし、ここで言う「統合的段階」、すなわち、第二層の領域には、いくつかの下位段階〔ティールとターコイズ〕が含まれています）。これよりも高次の段階に位置する人間は、人口全体の0.1パーセントにも満たないと考えられています。

そうした高次の段階についても後で見ていきますが、なぜそうするのかと言えば、もしあなたが統合的段階に位置するようになれば、それよりもさらに高次の段階に対しても、自分を開くようになるだろうからです。こうした非常に高次の段階は、まとめて「超-統合的《スーパーインテグラル》段階」ないし「第三層《サードティアー》」の段階であると呼ばれています。

なお、それぞれの発達段階は以前の段階よりもさらに全体的で統合的になっていくものであること、そして今日において一般的に到達しうる最も高次の段階とはターコイズの段階であることから、私は大抵の場合、ターコイズ段階のことを単に「統合的段階」と呼んでいます）

統合的段階が今日までの進化における最先端の段階であるということを、別の表現によって言い直してみましょう。統合的段階のホロンこそが、このコスモス全体において、最も深さをもったホロンであり、最も重要なホロンなのです。〔訳注〕

（ここで、幅《スパン》とは、特定の段階に存在しているホロンの総数を表しています。それに対して、深さとは、特定のホロンの中に含まれている段階の数を表しています。それゆえ、**進化の各段階を進むにつれて、深さは大きくなり、幅《スパン》は小さくなる**といえます。例えば分子は、原子よりも深さは大きい（原子を含んでいるから）ですが、幅《スパン》は小さい（原子よりも数が少ないから）のです。同じことが、分子と細胞の関係においても、細胞と有機体〔動物や植物〕の関係においても成り立ちます）

〔訳注〕「重要な」(significant) と「基本的な」(fundamental) という言葉の用法については、本章の「段階1：古代的段階」の節での説明も参照。

それゆえ、ホロンが基本的であればあるほど、すなわち、そのホロンがホラーキー〔ホロン階層〕の中で低位の段階に位置しているほど、そのホロンの幅《スパン》は大きく、深さは小さいということになります。逆に、ホロンが重要であればあるほど、すなわち、そのホロンがホラーキー〔ホロン階層〕の中で高位の段階に位置しているほど、そのホロンの幅《スパン》は小さく、深さは大きいということになります。

同じことを少し異なる角度から述べてみましょう。原子には、深さがほとんどないといえます。とはいえ、このことは、私たちが何を「段階《レベル》」として数えるかということによって、変わりうるものです。原子も、少しだけですが、段階（例えば陽子、クォーク、弦）を含んでいるとみなせるからです。しかし原子は、非常に大きな幅《スパン》をもっています。原子の数は、分子や細胞や有機体の数よりも遥かに多いのです。なぜなら、分子や細胞や有機体は、自らの中に多数の原子を含んでいるからです。

高位のホロンであればあるほど、その数は、必ず少なくなります。分子の数は原子の数よりも必ず少なく、細胞の数は分子の数よりも必ず少なく、有機体の数は細胞の数よりも必ず少ないのであり、例外はどこにもありません。この原則に反することは、物理的に不可能なのです。深さが大きくなればなるほど、幅《スパン》は必ず小さくなります。先にも述べたように、一般的に言えば、進化を通して、深さは大きく、幅《スパン》は小さくなるのです。

それゆえ、ターコイズ段階の人間というホロンに到達することは、**コスモスの中で最も深さの大きな（そして最も幅《スパン》の小さな）ホロン**に到達するということに他ならないのです。

先にも述べたように、人類が出現する頃には（進化の全歴史を1年に圧縮したとしたら、人類が現れたのは最後の1分であると計算されます）、ヒトにはすでに、それまでの進化における主要な段階のホロンが全て包含されていました。クォーク、亜原子粒子〔陽子や中性子〕、原子、分子、原核細胞、真核細胞、そしてさまざまな有機的システム——植物の基本的な生化学、初期の動物の神経網、魚類や両生類の神経索、爬虫類の脳幹、古哺乳類（例えばウマ）の大脳辺縁系、霊長類の大脳皮質、そしてヒト自身の大脳新皮質——を、文字通り自分の中に包み込んでいたのです。ヒトは、１４０億年の歴史のなかで生み出された全ての主要なホロンを「超えて含んでいる」のです。

その後、ヒト自身も進化を始めました。人間の領域における進化ないし発達の諸段階も、これまでと同じようにホロンであり、それぞれの段階は、前の段階を「超えて含む」という性質をもっています。それゆえ、それぞれの段階が、次第に全体的で、包括的で、意識的で、高潔で、愛に満ちたものになっていくことは、段階そのものに内在的にそなわっている性質なのです。

私たちは、ターコイズの段階に到達する頃には、コスモスの全歴史のなかで生み出された全ての段階を「超えて含む」ようになります。言い換えれば、ターコイズの統合的段階とは、１４０億年の歴史のなかでこの顕現世界に出現した全てのホロンのうち、最も深さの大きなホロンなのです。

そして、この進化の最先端の段階は、人類の中に最近現れたものであり、ありとあらゆることをつくり変えようと活動し始めたばかりなのです。世界中のあらゆる分野のあらゆる活動の中に、本物の全体性と包括性が、真の包容力と豊かさが、出現しつつあります。科学と医療の最先端において、芸術と人文学の最先端において、政治と統治論の最先端において、ビジネスと経済の最先端において、精神的《スピリチュアル》／霊的な成長の最先端において、意識発達の最先端において、こうした段階が現れつつあるのです。これは確かに「極めて重大な飛躍」であり、私たちは、信じられないほど大きな意味の隔たりを超えることになるでしょう。そして世界は、かつての姿と同じままでは決してあり得ないのです。

加えて、もしあなたが本書をここまで読み進めてこられたのであれば、あなた自身もまた、この最先端の段階に位置している可能性が非常に高いと言えます。

もしそうなら、先にも述べたように、あなたはおそらく、全体性《ホールネス》を強く求めていることでしょう。あらゆるものが他のあらゆるものとどのように結びついているのかを知りたい、さまざまな物事がどんなパターンによって結びついているのかを明らかにしたい、自分の人生そのものが大いなる生命やコスモスとひとつであることを認識したいと、強く願っているはずです。

それでは、**全体性《ホールネス》を求めるこの願望そのものに、意識を向けてみましょう**。この願望を見つめ、この願望を感じ、この願望に気づきを与えましょう。

そうしたら、全体性を求める願望によって、さらには、全体性そのものの感覚によって、あなたの意識の中を最大限に満たしましょう。あふれるほどに、意識をその感覚でいっぱいにしてみましょう。全体性の感覚を、前から後ろから、右から左から、上から下から、あらゆる角度から、ありのままに録画しましょう。

こうして、全体性という現在の状態を意識の対象《オブジェクト》にすると、意識の中に隙間ないし空間が生まれるようになります。やがて、その隙間の中に、さらに高次の全体性が出現し、あなたの存在の中を滝のように流れていくようになるでしょう。言い換えれば、今感じている全体性を対象化することによって、あなたの未来にひそんでいるさらに高次の全体性に対して、あなた自身を開いてあげるのです。

そうすることで、私たちは、グローイング・アップ〔成長〕の次の段階へと導かれることになります。

段階8：超-統合的段階（ホワイト）

さて、基本的には、統合的段階が今日における進化の最先端であると言って問題ありません。しかし、実際には、さらに高次の諸段階が現れつつあります。その理由は単純で、進化が終わるという兆候はどこにもないからなのです。もっとも、こうした高次の段階がいくつ存在しうるのか、そして具体的にどんな性質をもっているのかということについては、意見が一致しているわけではありません。けれども、進化には終わりがないであろうことを踏まえると、意識の発達は今後も続いていくと考えるのが自然でしょう。

そしてこのとき、未来に現れるであろう各段階も、これまでに現れた各段階とある程度同じ特徴をもっているはずだと推定することもできるでしょう。言い換えれば、後の段階は前の段階を超えて含んでおり、そしてそれゆえに、前の段階よりもさらに全体的で、包括的で、意識的で、さらに愛情が深く、包容力があり、気遣いに満ちており、さらに広大なアイデンティティをもっているはずだと考えられるのです。

こうした高次の諸段階は、まとめて**「超-統合的段階《スーパー・インテグラル》」**ないし**「第三層《サード・ティアー》」**の段階（段階8、クリアーライトの段階、ホワイトの段階）と呼ばれています。

こうした諸段階が存在しているという証拠は豊富にありますが、他方、こうした段階が具体的にどのような性質をもっているのかということは、それほど明らかではありません。思い出してほしいのですが、ここでは、さまざまな精神的伝統〔次頁、原注〕の知恵はあまり役立たないのです。

なぜなら、大抵の場合、そうした伝統は、意識の構造（すなわち「構造-段階」）というものを認識していないからです。そこで焦点を当てられているのは、ウェイキング・アップ〔目覚め〕の道であり、グローイング・

アップ〔成長〕の道ではないのです。先にも述べたように、グローイング・アップ〔成長〕の諸段階はほんの100年ほど前に発見されたものであり、それゆえ、こうした精神的伝統においては、高次の段階はどれも意識の状態《ステート》という点からのみ探求されているのです。

しかし、シュリ・オーロビンド（西洋の進化論的な思考にも通じており、少なくともある程度は構造‐段階について理解していた）をはじめとする先見の明《ヴィジョナリー》をもった人々の主張、および、各種の研究によって示されている証拠から判断して、第三層には4つの主要な段階が存在すると私は考えています。こうした4つの段階のことを、私はそれぞれ、**パラ・マインド**の段階（インディゴ）、**メタ・マインド**の段階（ヴァイオレット）、**オーバーマインド**の段階（ウルトラヴァイオレット）、**スーパーマインド**の段階（ホワイト）と呼んでいます。

ここで強調しておきたいのは、私の推定では、今日、第三層の段階に位置している個人は、全ての段階を合わせても人口全体の0.1パーセントよりも遥かに少ないということです。**もしあなたが「統合的段階」（ターコイズ）に位置しているのなら、実質的には、あなたは進化の最先端にいる**と言えます。そしてもちろん、あなたが統合的段階に位置しているなら、成長と発達を続けていくうちに、第三層の段階に対しても自然に開かれることになるでしょう（こうした高次の段階についてもっと知りたい方は、私の著書 *The Religion of Tomorrow*〔未訳〕をご覧ください）。

とはいえ、これまでに説明してきた諸段階に意識を向けることができれば、あなたが成長と発達を続けていくために、実際的には十分であると言えます。加えて、もしあなたが統合

［原注］「精神的伝統」や「大いなる伝統」といった言葉で私が意味しているのは、世界の代表的な諸宗教およびその秘教的な形態である。例えば、ユダヤ教とカバラ、キリスト教とキリスト教神秘主義、イスラム教とスーフィズム、ヒンドゥー教とヴェーダンタ学派やヨーガ学派やカシミール・シヴァ崇拝、仏教のさまざまな学派、道教〔タオイズム〕、新儒教〔朱子学や陽明学〕などが挙げられる。

的段階に到達しているなら、超-統合的な段階について本書で述べる内容に触れることで、自分がどこに向かっているのかを大まかに確認することができるでしょう。

　思い出してほしいのですが、もしこうした高次の段階が本当に存在しているのであれば、そうした段階は、あなたの前にいつどのように現れ始めればよいのかをいわば知っているのであり、自然に、そして自発的に、あなたの意識に現れるようになるはずなのです。大事な点は、**段階とは、この現実の世界に存在する現実の実在なのであって、単に誰かがどこかで頭の中に思い浮かべた考えではない**ということです。

　それゆえ、ターコイズの統合的段階という進化の縁《ふち》に立って、ただ、インテグラル・マインドフルネスを実践しましょう。そのようにして、自分自身を、未来のあらゆる発達に対して開かれた状態に保ち続けましょう。そうすればきっと、そうした発達が、全く然《しか》るべきタイミングで起こることでしょう……。

　そしてこうした発達のプロセスは、次章で紹介するウェイキング・アップ〔目覚め〕の実践を行うことで、加速させることができます。

　こういうわけで、もしあなたが現在、ターコイズの発達段階に位置しているなら、どのような現実的な意味においても、あなたは進化の最先端に位置しているのであり、あなたがたの思考や感情や行動によって、実際に、未来の発達段階の特徴が共-創造《コ・クリエイト》されているのです。そしていずれは、人類全体がそうした段階に位置するようになるでしょう。ようこそ、歴史にあなたの存在が刻まれる場所へ！（これから、このことの本当の意味を、進化という観点から見ていきます）

　さて、存在と認識の新たな段階が堆積していくというプロセスは、進化ないし発達そのものにそなわる一般的な性質であるといえます。どういうわけか、私たちが知っているこの宇宙では――少なくとも現在知っている限りの宇宙においては――**それぞれの瞬間は、前の瞬間を超えて含んでいる**のです。

例えば、アルフレッド・ノース・ホワイトヘッドによれば、それぞれの瞬間は、「経験の主体」ないし「経験の滴《したた》り」として生起しているとされます。そして、新たな主体が生起すると、その主体は以前の主体を**「抱握《ほうあく》」(prehension)**（ホワイトヘッド哲学の用語で、おおよそ「触れる」あるいは「感じる」といった意味です）し、そのことによって、以前の主体《サブジェクト》を客体《オブジェクト》にするのです。過去が現在に影響を及ぼしているのは、現在という瞬間がその直前の瞬間を抱握しているから、すなわち、直前の瞬間に触れているからなのです。

明らかなことですが、もしあなたが何らかの対象〔客体〕に触れて、それを自分の中に包含すれば、その対象はあなたに影響を与えるでしょう。同じように、それぞれの瞬間は、前の瞬間に触れて、それを自らの中に包含しています（そして前の瞬間そのものも、さらに前の瞬間に対して同じような関係にあり、この関係が無限に続いています）。このようにして、過去は現在の「原因」となり、現在を「決定」しているのです。

もしこうした原則だけが存在しているのだとしたら、この宇宙は、純粋に決定論的で機械論的な場所であり、そこには、どんな創造性も新奇性も革新性も存在しないということになるでしょう（ただ、全く偶然的な「変異」や「異常」が起きているだけなのです）。

けれども、ホワイトヘッドによれば（私もそう思いますが）、**それぞれの瞬間は、前の瞬間を抱握しているだけでなく、そこに新しさや創造性をわずかに加えている**とされます。現在は、過去を含んでいるだけでなく、過去を超えてもいるのです。現在の瞬間は、単に前の主体を抱握する（新たな主体にとっての客体にする）だけでなく、新たな主体に対して、わずかな新しさを付け加えているのです。そしてそのことによって、この一連のプロセスに、ある程度の自由と新鮮さがもたらされています。

さて、もしこのようして出現したホロンの深さが非常に小さい（例えば原子）とすれば、そのホロンが付け加えられる新しさも非常に小さなものであり、それゆえ、そのホロンが時間のなかで開き出されていく姿は、ほとんど決定論的なもの、厳密な因果関係に支配されたものに見えることでしょう。

しかし、ホワイトヘッドが指摘しているように、「新しさが少ない」ことは、「新しさが全くない」ことと同じではありません。実際、原子はなんとかして分子を生み出したのであり、これは極めて創造的な進歩であるといえます。そして分子は、驚くほど創造的な飛躍を実現しました。何十という非常に複雑な分子が近くに集まり、互いに結びつくことで、その周りに細胞壁がひょっこりと出現し、そして、その創造の衝動に基づいて、生命が誕生したのです！　分子から、生きた細胞が実際に出現したのです！

大事な点は、**こうした創造性は宇宙という織物そのものの中に組み込まれたものである**ということ、そしてこれこそが、究極的には、進化を引き起こしているということなのです（この創造的な力は、「自己組織化」「エロス」「愛」「スピリットの働き《スピリット・イン・アクション》」など、あらゆる言葉によって表現されています）。

それゆえ、進化とはビッグバンの時点で既に始まっていたのであり、**生命や性や核酸**〔DNAやRNA〕**が出現するまで、あるいは、突然変異や自然選択が起こるようになるまで、進化が始まらないというわけではない**のです。こうした変化は単に、「超えて含む」という終わりなきプロセスを構成する特定の段階にすぎません。この「超えて含む」、あるいは「自己組織化を通した自己超越」こそ、進化の核心にある原則なのであり、ビッグバンの瞬間から現在に至るまで、このプロセスが連綿と続いているのです。

（だからこそ、進化とは「スピリットの働き《スピリット・イン・アクション》」であると言われることがあるのです。それは素晴らしい見方だと私は思います。いずれにせよ、エロスないし創造性ないし進化とは、そもそもの初めから、この宇宙の中で作動し続けてきたものであり、さもなければ、そもそも何か新しいものが現れるということは決してあり得な

いでしょう）

さて、この進化のプロセスに関して、非常に重要な点をもう一度確認しておきましょう。ある瞬間の主体は、次の瞬間の主体にとっての客体になるということです。これは「超えて含む」の原則そのものであり、原子から人間の発達段階に至るまで、あらゆる領域において見受けられるものです。

そしてだからこそ、もっと全体的で、包括的で、意識的で、愛情深く、気遣いと包容力に満ちた存在になろうという傾向は、この宇宙そのものに内在的に組み込まれたものだと言えるのです。これ以外に、ある瞬間が次の瞬間に適合していく方法はありません。他のどんなやり方をしたとしても、うまくいかないでしょう。私たちが知っている範囲の宇宙に関して言えば、ありとあらゆる領域において、進化は「超えて含む」という原則に基づいて、全く新しい要素を創発させ続けているのです。

加えて、ここから言えることは、私たちはインテグラル・マインドフルネスを実践することによって——すなわち、ひとつひとつの瞬間を、一瞬一瞬、超えて含むことによって——**自分自身を、進化のプロセスそのものを動かしている創造的な力と同調させる**ことができるということです。

このとき、あなたがもし進化を「スピリットの働き《スピリット・イン・アクション》」であると考えるのなら、あなたは自分自身を神の意思と同調させているということになります。あなたは、神がこの顕現世界において一瞬一瞬活動しているのと同じように、活動することになるのです。

とはいえ、たとえこうした点をどのように考えるにせよ、進化や発達における最も魅力的な内容のひとつとは、進化によって生み出されたホロンが、実際にどのような形《フォーム》をとり、どのようなパターンを示すかということであるといえます。

華麗なる自然科学は、こうした事柄は全て理解されていると主張していますが、実際には科学は、**どのようにして「形態発生《モルフォジェネシス》」**(形の創造、あるいは、発達そのもの)**が起こるのか**ということについて、何も理解していません。例えば、新しい長鎖タンパク質〔非常に多数のアミノ酸が結合したタンパク質〕を初めて合成しようとするとき、たとえ世界中の研究室でその実験に取り組んだとしても、成功するまでに非常に多くの時間がかかることがあります。しかし、ある研究室が合成に成功すると、非常に短い期間のうちに、他の全ての研究室でも、それぞれ独立に、合成に成功するという傾向があるのです。

そしてもっと驚くべきことに、たとえこのタンパク質を立体構造へと折りたたむ方法が文字通り何千種類も存在していたとしても——さらにタンパク質そのものの中には特定の方法で折りたたまれることを示す特徴は何ひとつ存在していないとしても——いったんそのタンパク質が特定の形態をとるようになると、世界中のどこで合成されるタンパク質も、それと同じ形態ないしパターンをつくろうとするのです。

こうした「形《フォーム》」の情報は、何らかの場所に保存されているはずなのですが、タンパク質そのものの中には見当たりません。だとすれば、一体どこにあるのでしょうか?

現在の科学には、答えはありません。他方、古代の精神的伝統の中には、もっともらしい仮説を立てているものがあります。そしてその大半は、大乗仏教の経典である『楞伽経《りょうがきょう》』〔ランカーヴァターラ・スートラ〕において**「阿頼耶《あらや》識」(蔵《ぞう》識)(storehouse consciousness)**と名づけられている考え方と同様のものなのです。

阿頼耶識〔蔵識〕とは、ある種の貯蔵庫であり、その中には、**これまでに宇宙のあらゆる場所で生まれたあらゆる「形《フォーム》」が蓄えられている**とされます(神智学における「アカシック・レコード」の概念にも近いと言えます）。発達段階そのものも、こうして蓄積されたパターンないし形《フォーム》の表れだと言えますが、こうしたパターンがどこにどのようにして蓄積されているのかということは、誰も知りません。にもかかわらず、そうした発達のパターンあるいは形《フォーム》は、世界のあらゆる場所で同じように出現するのです。

発生学の分野を例に挙げてみましょう。成長途中のオタマジャクシを用意し、尾の部分の細胞と頭の部分の細胞をともに取り除いて、両者を入れ替えます。そうすると、驚くべきことに、頭の位置に置かれた尾の細胞は、正常に発達して頭を形成し、尾の位置に置かれた頭の細胞は、正常に発達して尾を形成するのです。

とはいえ、どの細胞の中にも、このプロセス全体を調節できるものは何もありません。そうではなく、何らかの「形の全体」がどこかに蓄えられており、その働きによって、成長途中のオタマジャクシの形が調節されたと考えられるのです。

（なお、この「どこか」は、しばしば**「形態形成場」（morphogenetic field）**と呼ばれています。morph は「形」という意味であり、genetic は「発生」という意味です。形態形成場という用語は、著名な発生生物学者であるコンラッド・H・ウォディントンが、こうした謎を説明するために生み出した言葉です。要するに、形態形成場こそが、発達のパターンを調節しているのです）

これと同じことが、グローイング・アップ〔成長〕の諸段階に対しても当てはまります。例えば、アンバーの発達段階（神話的段階）を考えてみましょう。

人間がこの段階への発達を始めたのは、人間というホロンが、単にそれ以前の諸段階を抱握するだけでなく、そこに新しさを付け加えつづけたからです。そしてとうとう、神話的段階という全く新しい段階が現れることになりました。さらに、同じくらい驚くべきことですが、世界のあらゆる場所の人々が、新たな発達段階への準備を整えて、神話的段階という同じ段階へと発達を始めるようになったのです。

こうした発達のパターンないし「形《フォーム》」も、どこかに蓄えられていたはずですが、その場所はおそらく、タンパク質の折りたたみの形やオタマジャクシの成長の形が蓄えられている場所と同じであると考えられます。たとえどこにあろうとも、それは全く現実のもの、全くリアルなものであり、世界に極めて大きな影響を与えています。それはこの宇宙のあらゆるところで、今まさに発達しようとしているホロンに手を差し伸べて、そのホロンの形《フォーム》を方向づけているのです。

そして、「超えて含む」のプロセスによって新しいホロンが出現すると、今度はその新しいホロンの形《フォーム》が、この驚くべきコスモスの貯蔵庫の中に、蓄積されることになります。

歴史に存在が刻まれる場所

現在という時代は、統合的な発達段階がちょうど形成されつつあるところだと言えます。これはつまり、こうした最先端の段階にいる個人の行動が、コスモスの貯蔵庫に蓄積されつつあるということです。**こうした個々人の行動によって、統合的段階の具体的な形《フォーム》が定まっていき、そしていずれは、その後の全ての人間の中に現れる**ことになります。それはちょうど、およそ15万年前に蓄積された呪術的段階という形《フォーム》が、今日でも受け継がれており、世界中のあらゆる子どもたちが今もその形《フォーム》を体験しているのと同じことです。

あなたが統合的な思考を行うたびに、
あなたが統合的なアイデアを思いつくたびに、
あなたがもっと真善美にあふれた世界を思い浮かべて胸を躍らせるたびに、
あなたが統合的な見方を学んだり生み出したり言語化したりするたびに、
あなたが「こうした変化をもたらすために、自分には何ができるだろう？」と自問するたびに、
あなたがもっと包括的で調和のとれた未来、もっと地球が大切にされている未来を夢見るたびに、
あなたが「生きとし生けるもの全ての中にいる神に触れると同時に、その神を自分自身の存在の中にも住まわせて顕現させる」スピリチュアリティについて夢想するたびに、
あなたが今よりほんのわずかでもホリスティックな未来に向けて手を伸ばすたびに、
あなたが人の関わる何らかの活動（例えば教育、子育て、医療、政治、法律）をもっと包括的で統合的なものにつくり変えたいと思うたびに、
あなたが幼い子どもの目を見て、もっと愛や慈悲や思いやりや気遣いにあふれた世界を与えてあげたいと願い、その笑顔が未来の輝くような光に包まれていることに気づくたびに、
あなたが直前の瞬間よりもほんの少しでも全体的に物事を考えるたびに、
あなたがさまざまな部分的真実をひとつに結びつけられるパターンを見つけるたびに、
あなたが「神の子である私たち全員が、偏見に満ちた狭い見方によって評価されるのではなく、もっと宇宙的な視点に基づいて評価される」未来をつくろうと努めるたびに、
あなたが人類全体と生物全体の状況を向上させようとして何かを選択するたびに、
あなたが断片化されてバラバラになった真実や、さまざまな方向に引き裂かれて苦悶にあえいでいる人類の

ことを、もっと統合的で包括的で気遣いに満ちたやり方で抱擁しようと思うたびに、そして、あなたが今日よりもほんのわずかでも統合的で包括的な明日を心から願うたびに、そう、あなたがこうしたことをどれかひとつでもおこなうたびに、そのたびごとに、あなたは、直接に、ただちに、後から取り消せない形で、**自らの意識の中に統合的な対象《オブジェクト》をつくり上げているの**であり、こうした内面的対象は、コスモスの貯蔵庫へと即座に蓄積されて、津波のように押し寄せているこの新たな段階を、さらにほんの数センチだけ大きくすることになるのです。〔原注〕

そしてそれゆえに、私は「歴史に存在が刻まれる場所」という言葉を、文字通りの意味で使っています。ようこそ、歴史にあなたの存在が刻まれる場所へ！　あなたは文字通り、これから生まれてくる全ての人間の思考や行動の一部になるのであり、そしてこのことは、この世界が終わるまで、続いていくのです。

［原注］*The Fourth Turning: Imagining the Evolution of an Integral Buddhism* [Boston: Shambhala Publications, 2014] より。〔2018年に *Integral Buddhism* というタイトルで再出版されている〕

第二章　ウェイキング・アップ：悟りへの道

Chapter 2. Waking Up: The Steps to Enlightenment

前章では、成長や発達や進化をあらわす8つの主要な段階について大まかに述べました。これらの段階は、世界中のほとんどの発達モデルに共通して認められるものです。

このとき、それぞれの段階《ステージ》ないしレベルは、いわば「それ自身の世界に住んでいる」といえます。それぞれの段階は、異なる現象を認識し、異なる欲求や衝動に突き動かされ、異なる価値を大切にし、異なるアイデンティティをそなえ、異なる倫理観（何が正しいのか）をもち、異なる真理（何を究極的な現実だと考えるのか）を信奉しているのです。

私たちは、統合的な地図を用いることで、自分はどの段階に位置することが最も多いのかを特定しやすくなります。そして、自分が主にどの段階に位置しているのか特定することができれば、マインドフルネスをおこなうことで、その段階に意識の焦点を合わせ、その段階の内容を十分に感じ、その段階を対象〔客体〕として認識できるようになります。その段階を通して世界を見るのではなく、その段階を見つめるようになるのです。

そうしたら、その段階を、ありとあらゆる角度から、心の中に思い浮かべてみましょう。その段階はどんな見た目をしていますか？　大きさはどのくらいですか？　どんな色をしていますか？　身体のどのあたりに位置していると感じますか？　どんな感覚がしますか？　横から、前後から、あるいは上下から見ると、どんな見た目ですか？　この段階を特に活性化させるような出来事はありますか？　自分がいつからこの段階にいたのかを思い出せますか？　自分の人生において、どれくらいの事柄がこの段階によって築き上げられてきたかを認識できますか？

もちろん、ここでの一般的な目標とは、高次の意識段階への変容を続けて、今日における進化の最先端——おおよそターコイズの統合的段階——へと到達するということです。この段階が、現在、無理なく到達できる最も高次の段階であると思われます（とはいえ、いったんこの段階に到達してしまえば、超《スーパー》-統合的《インテグラル》な諸段階への道もおのずと開かれることになります）。

統合的段階は、今日の世界において一般的に到達できる意識段階のなかで、最もホリスティックで、最も包括的で、最も包容力のある段階です。この段階に到達するということは、本質的に言って、進化のこの地点で達成しうる最大限の「成長《グロー・アップ》」を果たしたということなのです（もちろん、発達のライン〔能力領域〕ごとに、すなわち、多重知能における各知能ごとに異なる段階に位置しているかもしれないので、全てのラインを考慮に入れる必要があります。しかしどのラインにおいても、統合的段階が最も高次の段階なのです。この点についての詳細は第四章で説明します）。

けれども、発達にはもうひとつの道があります。皮肉なことに、**近代西洋におけるほとんど全ての発達モデルにおいて、この道は無視されています**。この道の存在に触れることさえほとんどありません。にもかかわらず、この発達の軸――ウェイキング・アップ〔目覚め〕という軸――は、近代以前には世界中の至るところで発見されていた地図なのであり、最も広く知れ渡っていた地図なのです。実際、アーサー・ラブジョイは、著書『存在の大いなる連鎖』（原著名 *The Great Chain of Being*）に収められた才気あふれる講演の中で、次のように主張しています。

ラブジョイによれば、こうした地図（ないしモデル）は、歴史のなかで、最も長い期間にわたって、最も多くの感受性豊かな知者たちによって（西洋であれ東洋であれと、私が付言しておきますが）支持されてきたものなのです。加えて、この地図は、**世界中の大いなる宗教のほぼ全てにおいて、その中核部分を形成してきた**といいます。ただし、多くの場合、こうした内容は、秘教的《エソテリック》な知として内密に（つまり、一般の大衆に広く公開されることなく）伝えられてきました。ほとんどの人が知っているのは、世界の大いなる宗教の「物語《ナラティブ》バージョン」でしかないのです。

実際、こうしたエソテリックな道、ウェイキング・アップ〔目覚め〕の道、大いなる解放の道は、あらゆる伝統の中に存在しています。ユダヤ教ではカバラとハシディズムの中に、キリスト教では多数の観想的宗派とさまざまな著名人物たち（例えば十字架の聖ヨハネ、アヴィラの聖テレサ、マイスター・エックハルト、ドイツ神秘主義者）の中に、イスラム教では実に多種多様なスーフィーの教団の中に、こうした道を見つけることができます。もちろん、東洋の主要な瞑想的伝統の全てにおいても、こうした道を見つけることができます。禅からチベット仏教まで、カシミール・シヴァ派（ヒンドゥー教におけるタントラの伝統）からタオイズムまで、新儒教〔朱子学や陽明学〕からヨーガのさまざまな学派まで——そしてその多くは、今なお積極的に活動しているのです。このように、マインドフルネスとは、大いなる知恵の伝統においては不可欠の要素なのです。

けれども、こうした大いなる知恵の伝統によって明らかにされた諸段階は、近代西洋の発達モデルにおけるグローイング・アップ〔成長〕の諸段階とは全く異なります。

グローイング・アップ〔成長〕の発達モデルにおいて扱われているのは、私たちが「意識の構造」と呼んでいるものです。そして、「構造」とは基本的に、私たちが自覚なく従っているものなのです。実際、意識の構造とは、隠れた地図《ヒドゥン・マップ》であり、たとえこうした地図を利用している最中であっても、自分がそうしていることには気づきません。もう一度言えば、こうした地図はいわば隠れた文法《ヒドゥン・グラマー》のようなものであり、たとえ毎日その規則に忠実に従っていたとしても、そのことには思いもよらないのです。だからこそ、こうした地図は、約１００年前に近代的な発達心理学者たちが登場するようになって、ようやく発見されることになったのです。

それでは逆に、ウェイキング・アップ〔目覚め〕の諸段階が、グローイング・アップ〔成長〕の地図の中に含まれていないのは何故なのでしょうか？　なぜなら、**ウェイキング・アップ〔目覚め〕の諸段階も、グローイング・アップ〔成長〕の諸段階と同様に「隠れて」いる**ものだからです。ただし、それが隠れている理由は全く異なります。

ウェイキング・アップ〔目覚め〕の諸段階が隠れているのは――意識構造のように――単に心の内側を見つめるだけではそうした段階を認識できないからではありません。そうではなく、そうした段階へと到達するための手段ないし道が、**一般にはほとんど知られておらず、しかも、たとえその道を歩み始めたとしても、相当な量の時間と労力とエネルギーを費やすことが必要になる**からなのです。

けれども、いったん何らかの道を歩み始めて、ひとつでもウェイキング・アップ〔目覚め〕の段階を体験すれば、その段階が存在することはただちに自覚できるようになります。もしあなたがこうした何らかの意識状態にいれば、全く疑いなく、あなたはそのことに気づくのです（例えば、もしあなたが普遍的な愛に満たされて、宇宙全体とひとつになるという体験をしたならば、あなたはそのことにはっきりと気づくでしょう！）。

このように、ウェイキング・アップ〔目覚め〕の諸段階は、グローイング・アップ〔成長〕の諸段階とは全く異なるものです。グローイング・アップ〔成長〕の諸段階を進んでいくために、あなたは何か特別なことを始めることは必要ありません。ただ、成長を続けていけば、８つの段階が自然と開き出されていくのであり、特別な実践を行うことは必要ないのです。ただし、あなたがグローイング・アップ〔成長〕の何らかの段階にいて、その段階の在り方を表現していたとしても、あなたはそのことに気づきません。

他方、ウェイキング・アップ〔目覚め〕の諸段階は、それとは異なります。いったん各段階に到達してしまえば、その段階の存在は全く明らかになるのです。こうした段階に到達することは、グローイング・アップ〔成長〕の諸段階に到達することよりも一般的ではありませんが、それは、ウェイキング・アップ〔目覚め〕の段階に到達するための道が、世にあまり知られていないからなのです。加えて、こうした道を歩むことはかなり大変であり、相当な努力と献身が必要で、大抵の場合、結果を得るまでに何年もの時間がかかります。

そのため、西洋の研究者たちがさまざまな種類の発達段階について調査し始めても、ウェイキング・アップ〔目覚め〕の高次の諸段階を見つけ出すことは（全くではないにしても）ほとんどありませんでした。多くの場合、こうした諸段階は――グローイング・アップ〔成長〕の諸段階とは異なり――人間という有機体の成長や発達において必要な要素だとは考えられていないのです。ウェイキング・アップ〔目覚め〕の道とは、人生のなかで追加的に取り組まれるひとつの行動であるにすぎず、あなたがそうした道を意図的に選ばない限り、そうした段階に到達することはほとんどありません。グローイング・アップ〔成長〕の諸段階のように、自然に発達していくものではないのです。

逆に、ウェイキング・アップ〔目覚め〕を実現しようとするどんな道も――その道を歩むための非常に効果的な方法は多数生み出してきたのですが――グローイング・アップ〔成長〕の諸段階を発見することはありませんでした。実際には、彼ら自身も（全ての人間と同じように）そうした発達段階を通って成長しているのですが、単に内面を見つめるだけでは、そうした諸段階を認識することはできないのです。たとえ坐禅用のマットの上に20年間座り続けたとしても、「これは神話的段階の思考だ」あるいは「これは段階5の道徳的思考だ」といった気づきにいたることは決してないでしょう。それはちょうど、禅をどれだけ続けても、あなたが毎日使っている言葉の文法が明らかになることは決してないのと同じなのです。

それゆえ、非常に奇妙なことですが、**西洋のどんな発達モデルにもウェイキング・アップ〔目覚め〕の諸段階は含まれておらず、東洋ないし西洋のどんな瞑想システムにも、グローイング・アップ〔成長〕の諸段階は含まれていない**のです。

この2つの発達はどちらも、信じられないほど重要で深遠なものなのですが、ほんの最近にいたるまで、両者を結びつけ、同時に実践しようというアプローチは全くありませんでした（最近になってようやく、インテグラル理論などのいくつかのアプローチがそれを始めました）。人類のほぼ全ての歴史を通して、この2つの道が互いに切り離されてきたのは、かなり驚くべきことであるといえます。

そして実際、これはとんでもないことです。なぜなら、このことが意味しているのは、人類はこれまで一度も全体《ホール》的な存在になったことがないということだからです。事実上全ての歴史を通して、人類は欠陥を抱えていたのであり、実際、人類の歴史も、まさにそのようなものでした。それは欠陥の歴史だったのです。

しかしここでは、この2つの道を結びつけ、両方の道を等しく尊重することにしましょう。

さまざまな意識状態

さて、繰り返しになりますが、前章ではグローイング・アップ〔成長〕の主要な8つの段階について概観しました。本章では、ウェイキング・アップ〔目覚め〕の道について見ていきます。

ウェイキング・アップ〔目覚め〕の道においては、主要な意識状態として、生まれつきそなわっている4つか5つの意識状態を想定することが一般的です[訳注]。ただし、これらの生まれもった意識状態も、もし私たちが各状態の中に気づきを維持しながら入っていくならば、それぞれがひとつの段階となります。こうした状態の諸段階のことを、インテグラル理論では「状態‐段階」(state-stage）と呼んでいます。グローイング・アップ〔成長〕の諸段階である「構造‐段階」(structure-stage）と区別するためです。

こうした状態‐段階《ステート・ステージ》の具体的な例は世界中に見受けられますが、多くの場合、そこには次の5つの状態が含まれています。**目覚めている状態**、**夢を見ている状態**、**夢のない深い眠りの状態**、**空《くう》なる目撃者の状態**、そして**純粋な非‐二元の状態**です。

さらに、これらの意識状態は瞑想的体験の諸段階と対応しているので、それぞれの状態は、次のように呼ばれることもあります。**粗大《グロス》**な状態（物質的ないし物理的な状態）、**微細《サトル》**な状態、**元因《コーザル》**の状態（極めて微細な状態）、**トゥリーヤ**の状態（目撃者《ウィットネス》の状態）、そして**トゥリヤティタ**の状態（非‐二元《ノンデュアル》の状態、一なる意識《ユニティ》の状態）です。

（この分類は、ヒンドゥー教ヴェーダンタ学派、カシミール・シヴァ派、金剛乗仏教などに共通して見られるものですが、新プラトン主義、イスラム教スーフィズム、ユダヤ教カバラといった西洋の学派の中にも同じような分類が見受けられます）

例えば、イヴリン・アンダーヒルは、今や古典的名著となった*Mysticism*（邦題『神秘主義——超越的世界へ到る途』）において、西洋の全ての神秘家たちが、本質的に同じ4つか5つの段階を通って意識を変化させていると主張しました。大抵の場合、神秘家

［訳注］ natural states of consciousness

直訳すれば「自然な意識状態」であるが、本書では「生まれつきそなわっている意識状態」のように訳している。実際、ウィルバーは、こうした意識状態は「事実上、誕生以後の全ての人間にとって利用可能なものである」(*The Religion of Tomorrow*, p.85)、「ほとんど全ての発達段階にある個人にとって、疑いなく存在しており、利用できるものである」(*Integral Psychology*, p.123) などと述べている。

たちは、最初のきっかけとなるような目覚めの体験をした後、粗大《グロス》な浄化の段階から、微細《サトル》な照明の段階、暗夜《あんや》ないし深淵の段階（元因《コーザル》に対応）、そして合一《ユニティ》の段階へと、その体験を深めていくのです。

あるいは、東洋の瞑想体系であるマハームドラー［訳注］では、こうした主要な意識状態のことを、次のように説明することがあります。「自らの粗大《グロス》な状態を見つけ出し、その状態を直接に体得せよ。自らの微細《サトル》な状態を見つけ出し、その状態を直接に体得せよ。自らの極めて微細な状態（元因《コーザル》の状態）を見つけ出し、その状態を直接に体得せよ」。そして、こうした全ての状態の基底として、常に現前している非二元《ノンデュアル》の目覚めた意識が存在するのです。

ハーバード大学の心理学者ダニエル・P・ブラウンは、私と共に著書 *Transformations of Consciousness*［未訳］を執筆した共著者の一人ですが、チベット仏教のある学派が重視している14の原典を調査することによって、瞑想の段階についての研究を始めました。そして、それら全ての経典の中に6つの主要な段階が存在していることを確認したのです。

さらに、ブラウンはその後、そうした諸段階を、仏教におけるアビダルマの思想体系、パタンジャリの『ヨーガ・スートラ』、そして中国および西洋の諸学派における著作と比較し、どの体系にも、そうした6つの段階と本質的に同一の段階が存在していることを発見しました。

加えて、私たちはその著書の中で、ハーバード大学の神学者ジョン・チルバンの研究を紹介しました。チルバンは、初期キリスト教の隠者である「砂漠の師父（師母）」たちの中から、およそ6名ほどの人物について研究を行い、こうした人々がみな、同じ5つか6つの瞑想的段階を体験していることを見出したのです。そしてこれらの段階は、ブラウン自身（やアンダーヒルや他の人物）が発見し

［訳注］チベット仏教のカギュ派などが伝承している密教体系。ニンマ派などが伝承するゾクチェン（「大いなる完成《グレート・パーフェクション》」の意）と近い内容である。

た諸段階と非常によく似ているものでした。言い換えれば、こうした例はどれも、粗大《グロス》、微細《サトル》、元《コー》因《ザル》、目撃者《ウィットネス》、非二元《ノンデュアル》という一連の段階が、形を変えながら表れたものなのです。

最後に、アメリカにおけるポストモダン的霊性の大家であるアディ・ダ・サムラジの主張を、簡単に紹介しておきましょう。「最も完全で神聖な悟りを実現するためには、次の3つの段階を通して、自我を超えなければならない。1つ目が物質的な段階（お金、食べ物、セックスの段階）であり、2つ目が微細《サトル》な段階（内なるヴィジョン、内なる音、さまざまな神秘的体験の段階）であり、最後が元因《コーザル》の段階（意識ある存在にとっての基底をなす段階であり、ここから「私」と「他者」の感覚、主体と客体の二分法などが現れる）である」〔原注〕

そしてアディ・ダにとって、4つ目の段階とは、全ての存在（高次であれ低次であれ、聖であれ俗であれ、顕現したものであれ非顕現のものであれ）にとっての非二元の目標《ゴール》であり基底《グラウンド》であり条件《コンディション》である「常にすでにある真理」を実現することでした。

このように、古今東西のどんな瞑想体系を調べても、粗大《グロス》、微細《サトル》、元因《コーザル》、目撃者《ウィットネス》、非二元《ノンデュアル》という同じ4つか5つの意識状態が現れ続けるのです。

ところで、ウェイキング・アップ〔目覚め〕のさまざまな道のあいだに大きな類似性が見られるのは、何故なのでしょうか。その理由のひとつは、生まれもった4つか5つの意識状態のうちの多くが、生物学的な脳波のパターンと深く関係していることにあると言えるかもしれません。実際、**こうした意識状態の中に気づきを維持しながら入ったときに現れる脳波のパターンは、世界のどこ**

［原注］Ruchira Avatar Adi Da Samraj, *Real God is the indivisible Oneness of Unbroken Light* (Loch Lomond, CA: Dawn Horse Press 1999), pp.18-19.

に暮らしている人間であっても同様のものです。

言い換えれば、全ての人間は、目覚め、夢を見て、眠るのであり、そうした意識状態に対応している脳波のパターンも、全ての人間に共通しているようなのです（ポストモダンの極端な「文化構成主義」風に、ユダヤ教徒とヒンドゥー教徒は、目覚めている状態、夢を見ている状態、深い眠りの状態での脳波のパターンが違うのだと主張しようとしても、うまくいかないのです）。

それゆえ、生まれつきそなわっているさまざまな意識状態に十分な気づきをもって入るという実践も、たとえ誰がおこなったとしても、公平に、同じような結果が生み出されるはずです。言い換えれば、文化を超えて同じように、粗大《グロス》、微細《サトル》、元因《コーザル》という状態‐段階《ステート・ステージ》が体験されるのです。

（さらに、どの道においても、こうした全ての意識状態の根底には、基底なき基底《グラウンドレス・グラウンド》、非二元の本質、あるいは「常に現前する一なる意識」などと呼べるものが存在していると主張されています。こうした非二元の本質も、その深層的な特徴は世界中で同じなのです。ただし、その表層的な特徴は全て異なります。例えば、夢を見ている状態の脳波のパターンという深層的な特徴は、世界のどこに住んでいる人間にとっても同じものですが、その夢の具体的な内容は、文化によって、そして個人によって異なります）

こうした5つの意識状態、すなわち、ウェイキング・アップ［目覚め］の道における一般的な5つの状態‐段階《ステート・ステージ》を簡潔に示したのが、図2-1です。［原注］もう一度述べておくと、こうした状態‐段階《ステート・ステージ》はあくまで、一般的な共通項として取り出せる深層的な特徴であり、**その表層的な特徴は、文化によって、あるいは個人によって、かなりの程度まで変わりうる**ものだということに十分注意しておいてください。

図2-1の左側の領域に示されているのは、イヴリン・アンダーヒルによって研究された西洋の神秘主義の諸

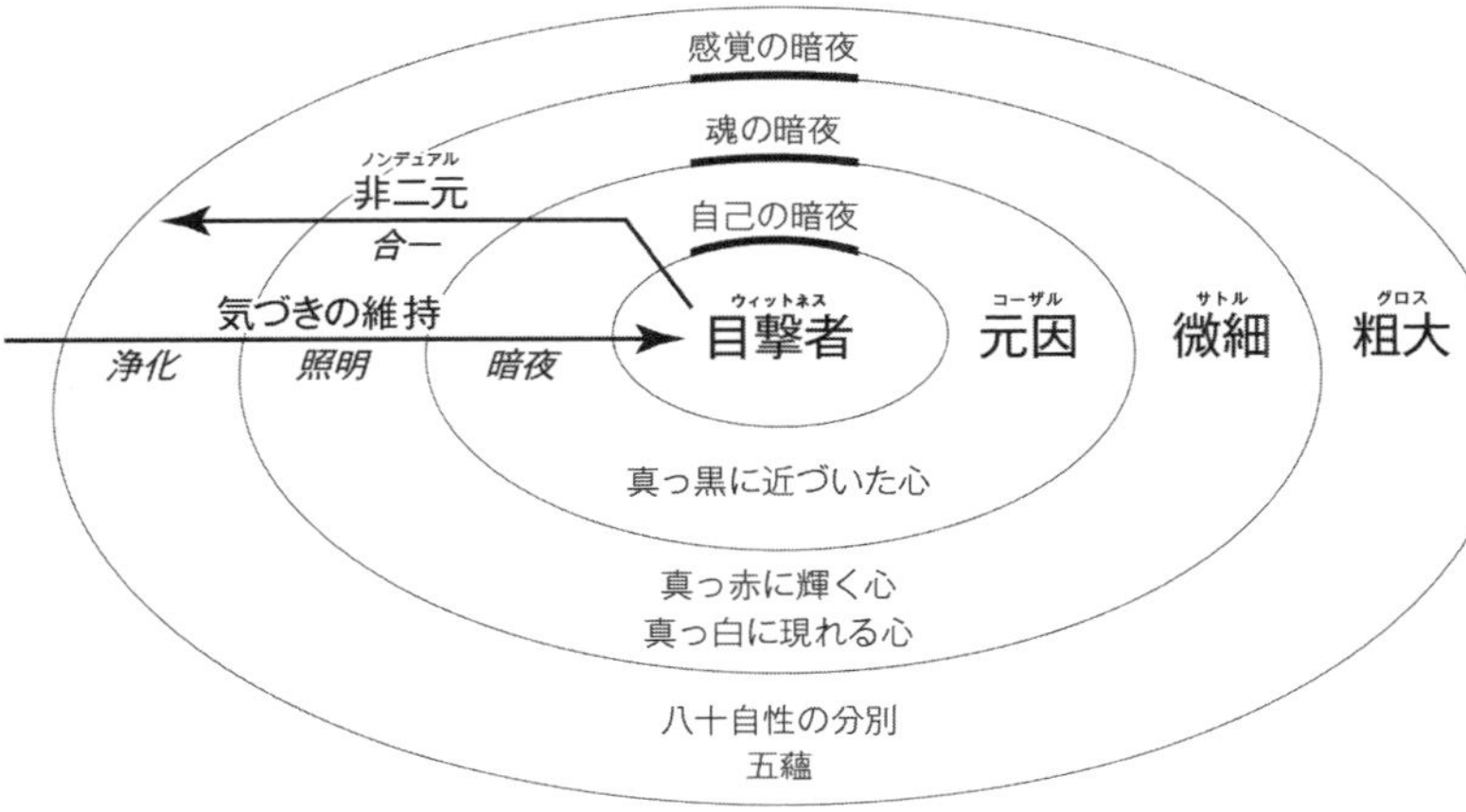

図 2-1. 瞑想的状態の主な段階

段階です（浄化の段階、照明の段階、暗夜の段階、そして合一の段階が記されています）。

下部に示されているのは、**無上ヨーガ・タントラ**［訳注］における諸段階です（これは東洋における代表的な例のひとつであり、この図には、五蘊《うん》〔色《しき》、受《じゅ》、想《そう》、行《ぎょう》、識《しき》という存在の5つの側面〕と八十自性《じしょう》の分別《ふんべつ》〔日常生活で現れる80の心の作用〕、「真っ白に現れる心」〔「顕明《けんみょう》」とも言う〕の段階と「真っ赤に輝く心」〔「増輝《ぞうき》」とも言う〕の段階、そして「真っ黒に近づいた心」〔「近得《きんとく》」とも言う〕の段階が記されています）。

上部に記されている3種類の暗《あん》夜《や》は、自己ないし意識そのものが、どんな試練や困難を体験するのか

［原注］図 2-1 は、私の著書『インテグラル・スピリチュアリティ』より引用した図である。これは「私たちが瞑想的訓練を最終的な段階までおこなった場合に到達しうる典型的な瞑想的状態をまとめたものであり、これらの状態を修得するには5年から20年という時間が必要となる。言い換えれば、この図には、私たちが目覚めたままで、粗大、微細、元因、非二元の状態へと進んでいく様子が示されているのである」(原著 p.82)。

［訳注］チベット仏教において最上とされる密教経典群。この経典群に基づく密教は、日本では「後期密教」、欧米では「タントラ仏教《タントリック・ブディズム》」などと呼ばれている。

ということを表しています〔図には「感覚の暗夜」「魂の暗夜」「自己の暗夜」が記されています〕。私たちは、低位の意識状態との排他的な同一化を手放し、高位の意識状態と新しく同一化するというプロセスを通して、低位の意識状態を「超えて含んで」いきます。そしてこのプロセスでは通常、さまざまな歓びや恐れや苦しみが体験されることになります。

しかし一般的に言えば、この図が示しているのは、人間の成長と発達に関するもうひとつの重要な道であり、この道は、私たちの誰もが歩みうるものなのです。私たちは、意識の構造《ストラクチャー》という軸（グローイング・アップの道）だけでなく、意識の状態《ステート》という軸（ウェイキング・アップの道）においても、成長していくことが可能なのです。

さらに、このことが意味しているのは、**精神的／霊的《スピリチュアル》な成長や発達には、極めて異なる2種類のもの**があるということです。ひとつは、**意識構造の諸段階を通してのスピリチュアルな成長**（スピリチュアリティの発達ラインをグローイング・アップ〔成長〕の諸段階を通して成長させる）であり、もう1つは、**意識状態の諸段階を通してのスピリチュアルな成長**（意識そのものを5つの状態――粗大《グロス》／目覚めの状態、微細《サトル》／夢見の状態、元因《コーザル》／深い眠りの状態、空なる目撃者《ウィットネス》の状態、純粋な非二元《ノンデュアル》の状態――を通して成長させる）です。そして、こうした諸段階は全て、「超えて含む」という進化の揺るぎなき原則に従いながら、堆積してきたものなのです。

こうした段階がもっている深層的な特徴は、多くの場合、文化横断的に共通しているものですが、他方で、その表層的な特徴は、文化や個人によって異なります。

さて、本章では特に、このうち最後の2つの状態、すなわち、空なる目撃者《ウィットネス》の状態と、純粋な非二元《ノンデュアル》の状態について、焦点を当てていきます。なぜそうするのかと言えば、単純に、私たちはみな、初めの3つの状態（粗大《グロス》

／目覚め、微細《サトル》／夢見、元因《コーザル》／深い眠り）のことはよく知っているからです。とはいえ、ある特殊な意味においては（後で説明します）、最後の2つの状態も「常に現前している」のであり、ただ、多くの人々がそれに気づいていないだけなのです。

加えて、この2つの状態は、本質的に言って、最も重要な状態であるといえます。なぜなら、この2つの状態こそが、さまざまな種類の「目覚め」や「悟り」や「覚醒」を引き起こすのであり、ウェイキング・アップ〔目覚め〕の一連のプロセスにおいて、いわば「エンディング」となる段階だからです。

それゆえ、ここではまず、初めの3つの状態について大まかに確認し、それから、最も高次の2つの状態とはどのようなものであるかについて説明していきます。そのとき、それぞれの状態を直接に感じてもらうためのエクササイズを紹介し、こうした段階が具体的にどんなものであるのかを簡単に体験してもらいます。

加えて、みなさんはこのエクササイズを通して、本章で紹介しているウェイキング・アップ〔目覚め〕の段階が、グローイング・アップ〔成長〕の段階とは驚くほど異なるものだということも、体感できるでしょう。

実際、両者の諸段階を指すために用いられる名前は、少しも似ていません。一方は「古代的」「呪術的」「神話的」「合理的」「多元的」「統合的」といった名前であり、他方は「粗大《グロス》／目覚め」「微細《サトル》／夢見」「元因《コーザル》／深い眠り」「目撃者《ウィットネス》」「非二元《ノンデュアル》」といった名前なのです。この2つは極めて異なる領域を通って展開していく極めて異なる段階なのであり、私たちは、一方において高度に発達しているけれど、もう一方においては全く未熟であるということがありうるのです。

もちろん、統合的アプローチにおいて理想となる目標は、この両方の道において最大限に発達するということです。言い換えれば、最も高次の意識構造（現時点ではターコイズの統合的段階）を、最も高次の意識状態（非二元の状態）において実現すること、すなわち、両方の道における最も素晴らしい在り方を結びつけることこそが、インテグラル・マインドフルネスが目指しているものなのです。

主要な3つの意識状態：粗大、微細、元因

先にも述べたように、「粗大《グロス》」「微細《サトル》」「元因《コーザル》」という3つの領域《レルム》は、世界中のどこでも非常に似ているものであるように思われます。なぜなら、ほとんどの場合、各領域に対応する脳波のパターンは同じものだからです。要するに、目覚めの状態、夢を見ている状態、夢のない深い眠りの状態という3つの状態は、世界中のどこであっても、本質的に同じものなのです（例えば、世界のどこにいる人間であっても、夢を見ている状態では、4ヘルツから8ヘルツの脳波が発生します）。

その一方で、こうした意識状態を、十分な気づきを維持しながら体験できている人はほとんどいません。それゆえ、これらの状態に含まれている最も深い「秘密」は、今なお、隠れたままになっているのです。

もう一度言えば、意識の発達に関する初期の研究者たちは、グローイング・アップ〔目覚め〕の高次の段階に位置する人々をほとんど見つけられませんでした。なぜなら、実際に何らかの訓練を実践し、気づきを維持しながらこうした意識状態に入れるようになった人はほとんどいなかったからです。**こうした意識状態に気づきを保ちながら入ることで初めて、状態は「段階」（すなわち状態-段階《ステート・ステージ》）になる**のです。

一般的な考え方はこうです。人間の領域において、意識は最初、粗大《グロス》な物質的世界と同一化しています。こ

ここでは、意識は、目覚めの状態とだけ同一化しているのです。しかし意識を鍛えることで、夢を見ている状態、夢のない深い眠りの状態、空なる目撃者《ウイットネス》の状態、非二元の一なる《ユニティ》意識の状態の中に、目覚めたままで入ることができるようになります。こうして、完全なる「目覚めた意識」が実現されるのです。

一方、ウェイキング・アップ〔目覚め〕だけでなく、グローイング・アップ〔成長〕の諸段階も、感覚運動的で生理的で物質的な粗大《グロス》領域から始まります。いずれにせよ、意識は最初、目覚めの状態（ないし領域）とだけ同一化しており、十分な気づき《アウェアネス》を維持しながら認識することができるのは、そうした領域だけなのです。

大いなる知恵の伝統においては、ほとんどの場合、粗大《グロス》ないし物質的な意識状態とは、生気のない物質、すなわち、岩や金属のような生命なき物質に対応する状態であると捉えられています。もちろん、ほぼ全ての伝統において主張されているのは、こうした「死んだ」物質でさえも、大いなる生命、大いなる知性、あるいはスピリット〔精神／霊〕そのものの顕現であるということです。物質とは、スピリットを欠いた存在ではなく、単にスピリットの最も低位の段階なのです。しかしいずれにせよ、こうした伝統においては、**粗大《グロス》な領域**とは、感覚運動的な領域であり、**五感によって容易に認識できる対象や内容やプロセスからなる領域**であると捉えられています。

あなたは、普段の目覚めた意識のなかで、この領域ないし状態には既に気づいているはずです。さらに、あなたの自己は、この領域の内容（例えば物理的な身体、物理的な食物、物理的な欲求や願望——どれもインフラレッド段階に対応するものです）には既に同一化しているはずです。

さて、どんな人でも、ウェイキング・アップ〔目覚め〕とグローイング・アップ〔成長〕の両方の道において成長していきます。全ての人は両方の道において段階1として生まれるのであり、例えば生まれたばかりの赤ん坊であれば、赤ん坊が形成しつつあるアイデンティティは、グローイング・アップ〔成長〕の道における1つ目の段階（すなわちインフラレッドの古代的段階）、および、ウェイキング・アップ〔目覚め〕の道における最も低位の状態《ステート》／領域《レルム》（すなわち粗大《グロス》ないし目覚めの状態／領域）にあることでしょう。

こうした二重の自己のことを、インテグラル理論では、**「二重の重心」(dual center of gravity)** という言葉によって表現します。なぜなら、**一人ひとりの個人は、2つの道のそれぞれにおいて、異なる成長度を示す**ものだからです。言い換えれば、グローイング・アップ〔成長〕の道における発達段階の重心（すなわち「意識構造の重心」）と、ウェイキング・アップ〔目覚め〕の道における発達段階の重心（すなわち「意識状態の重心」）を同時に考えるのです。

そうすると、ある人の二重の重心は、例えば（マジェンタ、グロス）や（オレンジ、グロス）や（アンバー、サトル）や（統合的、コーザル）や（統合的、ノンデュアル）のように表現できます。

ところで、現代においては――ウェイキング・アップ〔目覚め〕の道がほとんど無視されている文化においては特に――多くの人々が、主に粗大《グロス》ないし物質的な領域だけに関心を向けたまま、生涯を終える可能性に直面しています。**たとえグローイング・アップ〔成長〕の道においては非常に高次の段階に到達していたとしても、ウェイキング・アップ〔目覚め〕の道においては、主に粗大《グロス》領域だけに関心を向けているかもしれない**のです。

他方、人々の中には――前-近代《プレモダン》の伝統に今でも触れられる文化においては特に――最も高次の意識状態（非-二元の一なる意識《ユニティ》）に到達していながらも、意識構造においては低次の段階（例えばアンバーの自集団中心的な段階）にとどまっているという人もいます。先にも述べたように、瞑想の師が、意識状態については非常に高度な発達を遂げているけれど、意識構造については未成熟であるということは、全くありうることなのです。

とはいえ、もしあなたが現在、グローイング・アップ〔成長〕の何らかの段階と同一化しながらも、意識状態においてはまだ粗大《グロス》ないし物質的な状態の中にあるのであれば——すなわち、あなたの二重の重心が（神話的、グロス）や（合理的、グロス）や（多元的、グロス）などであれば——瞑想を始めたとき、どんなことが起きるのでしょうか？　言い換えれば、あなたが十分な気づきを維持しながら入ることができる意識状態が、目覚めている状態だけだとしたら、瞑想によってどんなことが起きるのでしょうか？

起きることはこうです。もしあなたが——マインドフルネスなどの何らかの実践を通して——意識の中に生じるものを対象として認識し始めると、あなたが現在同一化している意識構造（グローイング・アップ〔成長〕の段階）を手放し始めるだけではなく、同時に、あなたが現在同一化している意識状態も手放し始めるだろうということです。要するに、**現在の構造《ストラクチャー》–自己《セルフ》と状態《ステート》–自己《セルフ》の両方から脱同一化し始める**のであり、そのことによって、2つの道において同時に、高次の段階へと自分自身を開くことになるのです。

（もっとも、実際にはこれはもっと複雑な問題です。なぜなら、こうした実践によって「保証」されるのは、あなたの現在の意識状態の重心が変化し始めるということだけだからです。他方、意識構造の重心も同時に変化し始めるかどうかは、非常に多くの要因——特に文化的要因や社会的要因——によって決まります。

思い出してほしいのですが、こうした意識構造は「隠れて」いるのであり、単に「心の内側を見つめる」だけは、それを意識の対象《オブジェクト》にすることができるとは限らないのです。むしろ、最もありそうな可能性は、意識構造は依然として「隠れた」まま、無意識のままであり続けるというものです。これまで見てきたように、内省だけでは、こうした隠れた地図《ヒドゥン・マップ》を明るみに出すことはできないのであり、それはちょうど、どれほど瞑想を行ったとしても――たとえ悟りに到達したとしても――自分がどんな文法に基づいて言語を使っているのかが明らかになるわけではないのと同じことなのです。

それゆえ、次のことを心に留めておいてください。標準的な瞑想によって「保証」されるのは、意識状態の重心がさらに高次の段階（状態-段階）へと変化を始めるということであり、あなたの意識構造は、同じ段階にとどまり続けるかもしれないのです。

だからこそ、インテグラル・メディテーションにおいては、**意識構造の諸段階を意図的に気づきの対象《オブジェクト》にしようとしている**のであり、それは一般的な瞑想だけでは、実現できるとは限らないことなのです。言い換えれば、インテグラル・マインドフルネスでは、主体《サブジェクト》を客体《オブジェクト》にするというプロセスによって、意識構造の主体と意識状態の主体の両方を気づきの対象《オブジェクト》にするのであり、そのことによって、両方の主体を超えて、両方の道において次の段階へと移行できるようになるのです。

これは一般的な瞑想を行うだけでは起こらないものであり、実際、起きていません。それゆえ、どうかこの点を心に留めておいてください……）

そうは言っても、ここで述べているように、マインドフルネス型の瞑想を行うことによって、ほぼ確実に起こり始めることがあります。例えば、あなたが現在、目覚めている状態と同一化しているとすれば、あなたは徐々に、夢を見ている状態にも気づけるようになります。**目覚めている状態だけでなく、夢を見ている状態に対しても、目覚めたままで入ることができるようになる**のです。言い換えれば、**微細《サトル》な領域**[訳注]に対しても、気づきを維持するようになり始めるのです。

[訳注] 微細《サトル》な領域に含まれるもの（すなわち「微細な対象《サトル・オブジェクト》」）としては、例えば、イメージ、考え、感情、微細な生命エネルギー、高次の洞察や直観などが挙げられる。狭義には、このうち特に高次のものだけを「微細《サトル》」な対象であるとみなすこともある。詳細は *The Religion of Tomorrow*〔未訳〕を参照。

ただし、こうした変化は、かなり小さな規模でのみ起こり、ときどき起こるだけのものかもしれません。あるいは逆に、かなり本格的な変化であり、ほとんど常に、明晰夢を見るようになるかもしれません。しかしいずれの場合にせよ、大事な点は、あなたの意識状態の重心が拡大（「超えて含む」ことによって全体性や包容力が増大するので、こう言える）し始めるということなのです。

例えばあなたは、目覚めている状態において、自分がさまざまな事柄と同一化していること、そして、そのほとんどが粗大《グロス》ないし物質的なものであることに気づき始めるでしょう。例えば、自分の身体、所有物（家、車、服）、人間関係（特にその物質的な側面である見た目《ルックス》、性的魅力、身長など）、お金とその獲得手段、仕事といったものです。

他方、夢を見ている状態においては、こうしたものは全て存在していません。にもかかわらず、あなたは、**自分がなお自分である**ことに気づくことでしょう。自分が普段同一化しているものがほとんど全て消滅したとしても、そこには、普段の「私」と変わらない何らかの「私」性（I-ness）が存在しているのです。夢を見ている状態では、あなたが普段同一化している全ての粗大《グロス》ないし物質的な事柄は、消滅しているか、あるいは、大きく異なる姿となって出現しますが、それでもなお、あなたはあなたなのであり、あなたは「自分は自分である」と感じているのであり、たとえ夢のなかであなたが「誰か」になったとしても、やはりそうなのです。あなたが夢を見ているのであり、その同じあなたが、まもなく目を覚まして、朝食をとり始めるのです。

さて、あなたがこうした点に気づき始めて、意識の働きを強化していくと、これがとても不思議なことに思われてくることでしょう。目覚めている状態の自分と夢を見ている状態の自分は、「自分」としては同じなのですが、それ以外には、全く似ているものがないからです。にもかかわらず、そこには、何らかの意識、あるいは気づき、あるいは認識作用が、変わることなく存在しています。

言い換えれば、**あなたはもはや、目覚めている状態であろうと眠っている状態であろうと、実際には目覚めているの**です。眠っている状態であっても、あなたはどういうわけか、目覚めている状態と同じ意識であり、同じ「あなた」性（you-ness）を感じており、同じ「私は在る《アイアムネス》」を感じています。そこには、非常に深いなにかがあり、それは、あなたが一般的な意味において目覚めていようと眠っていようと、変わることのない同一のものなのです。

そして、こうした自己感覚ないし自己認識は、標準的な自己感覚、すなわち、目覚めている状態における、物質的な身体と同一化した自我とは、あまりにも、あまりにも異なるものです。ここには、何かもっと別のことが起きているに違いありません。何が起きているのでしょうか？

起きていることはこうです。**こうした変化を通して、私たちは、自らの本当の自己《リアル・セルフ》、真の自己《トゥルー・セルフ》、本来の顔《オリジナル・フェイス》へと、ますます近づいていく**のです。そしてこの自己は――世界中の大いなる伝統において共通して述べられているように――スピリット〔精神／霊〕とひとつになった自己、私たちの「究極のアイデンティティ」とひとつになった自己なのです。

さらにこれから見ていくように（そして実際に体験してもらうように）、このことが意味しているのは、あなた真の自己は、非-時間的であり、永遠であり、生まれることも死ぬことも決してないということです。あなたの真の自己は、時間の流れの中に存在しているものではないのです。

禅の公案では、次のように言われることがあります。**「父母誕生以前のあなたの顔を見せなさい」**。そして、これは全く文字通りに述べられています。あなたの本当の自己は、あなたの親が生まれる前から存在しているのであり、宇宙が生まれる前から、時間そのものが生まれる前から存在しているのです。なぜなら、あなたの本当の自己は、時間の流れの中に決して入らないからであり、それはむしろ、「無時間の今」や「永遠の現在」と呼びうるものなのです。

そして、あなたの意識状態の重心が、空なる目撃者《ウィットネス》（真の自己）および非二元《ノンデュアル》の一なる意識（真の自己が宇宙全体とひとつになった意識）の状態へと近づくにつれて、こうした非-時間的な永遠性は、ますます明白なものとして感じられるようになります。（覚えておいてほしいのですが、「永遠」あるいは「無時間」とは、時間が永遠に続いていくという意味ではなく、**時間のない現在**、時間のない今という意味なのです。ヴィトゲンシュタインはこう述べています。「もし永遠を、限りなく時間が続くことではなく、時間のないことであると捉えるなら、現在のうちに生きる者は永遠に生きるのである」［原注］。そして真の自己とは、これから見ていくように、この「無時間の今」と直接に結びついているものなのです）

次節では、こうした最も高次の2つの意識状態にじかに触れるためのエクササイズを紹介します。そのことによって、みなさんは、こうした意識状態を自分自身で直接に体験できるようになるとともに、こうした状態が確かに存在するということを、偽りなく認識することになるでしょう。それゆえ、このすぐ次の節まで、どうか手を離さずについてきてください。

さて、瞑想の実践が深まっていくと、あなたはやがて、夢を見ている状態に対応する微細《サトル》な意識状態から、さらに高次の状態-段階——夢のない領域、形なき**元因《コーザル》の領域**［訳注］

［原注］ヴィトゲンシュタイン著『論理哲学論考』命題6.4311より。

［訳注］元因《コーザル》の領域は、直後の記述のように、形なき自己ないし「目撃者」の領域とあまり区別せずに扱われることも多い。

他方、狭義では、元因《コーザル》の領域に含まれるもの（すなわち「元因の対象《コーザル・オブジェクト》」）としては、時空そのもの、ホロンの諸形式、ある種の数学的なパターン、四象限、エロス、阿頼耶識（蔵識）などが挙げられる。詳細は *The Religion of Tomorrow*〔未訳〕を参照。

――へと移行するようになるでしょう。あなたの意識状態の重心が、さらに変化するのです。

あなたは、**夢のない深い眠りの状態の中にも、非常に微細な意識が存在している**ことに気づくようになるでしょう。そして、この意識状態の中でも自分はなお自分であることを、極めて繊細な仕方で自覚するようになるでしょう。この意識状態は**「夢もなく《ドリームレス》、形もない《フォームレス》意識状態」**であり、そこにはほとんど何も存在していないにもかかわらず、あなたはやはりあなたなのです。ここにはただ、極めて微細な認識作用、非常に深い気づき、あるいは、全く純粋な意識だけがあります。そしてあなたはなお、何らかの対象が存在するときと全く同じ「私は在る《アイアムネス》」を感じているのです。

（この状態‐段階《ステート・ステージ》に到達した個人は、独特な脳波のパターンを示します。夢のない深い眠りの状態に見られるデルタ波が観測されるだけでなく、同時に、目覚めている状態に見られるアルファ波が観測されるのです。このことは、深い眠りの状態と目覚めの状態が同時に生起していることを示唆しています。言い換えれば、こうした個人は、夢のない眠りの状態の中でも目覚めているのです）

こうした「形もなく、夢もない状態」において感じられるのは、極めて深い自己の感覚であるといえます。この〈自己〉は、どのような対象とも同一化しておらず、根本的に自由で、解放されています。この点を強調するために、私は〈自己〉という表記を用いています。

実際、この〈自己〉は、父母誕生以前、ビッグバン以前、時間以前から存在している「本来の顔」に極めて近いものです。あなたの本来の顔とは、どのような苦しみにも、不安にも、恐怖にも、渇望にも、欲望にも、嫌悪にも縛られることがなく、開かれていて、澄んでいて、自由で、透明で、広大な「本当の自己」なのであり、スピリットと、コスモスと、そしてあらゆるものとひとつになっているのです。

さて、私がなぜ、最初の3つの意識状態について説明した後すぐに、最も高次の2つの状態を体験するエクササイズを紹介しようとしているのかと言えば、こうした最も高次の意識状態において、私たちはただちに、そして直接に、根本的で究極的な「至高のアイデンティティ」ないし「真の自己」へと触れられるようになるからです。みなさんはエクササイズを行うことで、これらが常に現前しているものであり、今ここ、この瞬間にも、完全に現前していることに気づくでしょう。必要なことはただ、それを指し示すことだけなのです。もちろん、正規の瞑想実践を始めて、全ての状態《ステート》‐段階《ステージ》を最大限に体験していくことも、全く間違いではありません――それどころか、全く適切なことです。

実際、このテーマに関して、疑いなく第一級だと言える書籍は何百冊も存在しており、それらは世界中のさまざまな精神的伝統の中に見つけ出すことができます。また、世界中のほとんどの街や都市には、何らかの実践をおこなえる瞑想センターや瞑想施設が存在しています。（ただし、注意しなければならないのは、どんな種類の実践であれ、グローイング・アップ〔成長〕とウェイキング・アップ〔目覚め〕の両方の道を同時に尊重しているものはほとんどないということです。それゆえ、**教えの中のどの部分を受け容れるかということについては、どうか慎重に、極めて慎重になってください）**

とはいえ、ここでは、このプロセスの最終局面へと直接に移行してしまい、今すぐにエクササイズを行うことで、真の自己と究極の一なる意識《ユニティ・アウェアネス》の両方を、先に認識してしまいましょう。

この2つの状態こそが、ウェイキング・アップ〔目覚め〕のプロセス全体を通ることで到達できる最終的な場所なのです（ほとんどの人は、目覚めの状態、夢を見ている状態、夢のない深い眠りの状態については、既に何らかの感覚をもっています。他方、最も高次の2つの状態について、それを直接に経験したり認識したりしたことがある人は――実際にはこの2つの状態は常に現前しているのですが――ほとんどいません。加えて、この2つの意識状態は一連のプロセスにおける最終到達点でもあるので、ここで詳しく見ておくわけです）。

もしあなたがこれまでに、こうした話を全く聞いたことがないならば、控えめに言っても、大きな衝撃を受けることになるでしょう。心の準備はよろしいでしょうか？

トゥリーヤ：究極の目撃者

第四の主要な意識状態である「目撃者《ウィットネス》」の状態から始めましょう（トゥリーヤ（turiya）とは、「4番目」を意味するサンスクリット語の言葉であり、この状態が、「粗大《グロス》」「微細《サトル》」「元因《コーザル》」の状態に次ぐ文字通り4番目の状態であることを意味しています。とはいえ、先にも述べたように、同様の考え方は世界中に見られるものであり、例えば、キリスト教における「キリスト意識」、プロティノス哲学における「ヌース」、インド哲学ヨーガ学派における「プルシャ」などが挙げられます）。

それでは、ゆったりと座り、心を落ち着かせて、今ここで、あなたが「自分（自己）」であると感じているものに、気づいてみましょう。あなたが「自分」だと考えているものに、ただ、ありのままに、気づいてみましょう。そして、「自分」の特徴であると思われるものを、簡単に言葉にしてみましょう。「私は何々歳である、体重は何々キロである、身長は何々メートル何々センチである、これこれの学校に通っていた、これこれの学位をもっている、これこれの仕事をしている、これこれの人とこれこれの関係にあり、その人の名前はこれこれである、コンピュータを使うのが好きで、映画が好きで、どんな種類の音楽も聴くし、来週は私の誕生日で……」というように。

（たとえ少しだけでもよいので、ためらうことなく、この問いかけを行いましょう。自分が今どんなものを「自分」だと感じているのかについて、ある程度「客観的」な見方をもっておくこと、そしてその内容を大まかに意識しておくことは、とても重要だからです。**究極の目撃者を感じるエクササイズは、この準備作業をうまく実行できているほど、遥かに効果的に機能します**。それゆえ、少なくとも数分間をとって、何を自分だと感じているのかについて、じっくり思いめぐらせてみてください……）

ここで、このプロセスには本当は「2つの自己《セルフ》」が関わっていることに、注意を向けましょう。ひとつは、あなたが対象〔客体〕として気づいている自己であり、今述べたようなさまざまな特徴をもっています。こうした特徴は全て、あなたが見ることのできる対象なのです。

しかし実際には、もうひとつの自己が存在しています。それは、こうした特徴そのものを見ている自己、こうした問いかけそのものを行っている自己です。これこそが、本当の見る者《シーアー》であり、観察する自己《オブザービング・セルフ》であり、目撃者なのです。**この〈自己〉こそが全てを見ているのであり、〈自己〉そのものを見ることは決してできません**。それはちょうど、眼が自分自身を見ることができないのと同じであり、舌が自分自身を味わうことができないのと同じことです。それは純粋な主体《サブジェクト》、純粋な見る者《シーアー》であり、客体《オブジェクト》でも、見られるもの《シーン》でもないのです。

20世紀の禅師である柴山全慶《ぜんけい》は、これを**「絶対的主観性」（Absolute Subjectivity）**と名づけました。インドの聖者ラマナ・マハルシは、これを**「私-私」（I-I）**――小さな「私」に気づいている大きな「私」――と名づけました。もしあなたがこの見る者を見つけ出そうとして、仮に何かを見つけたとしても、それもまた対象〔客体〕であり、本当の主体、本当の見る者、本当の〈自己〉ではありえません。

本当の見る者、本当の〈自己〉とは、むしろ、次のような気づきを通して体感されるものです。

「私は山を見ているが、私は山ではない。私には感覚があるが、私は感覚ではない。私には感情があるが、私は感情ではない。私には思考があるが、私は思考ではない。私は、自分が見ることのできるどんなものでもない。私は、純粋な見る者《シーアー》そのものである」

さて、こうした純粋な見る者《シーアー》、純粋な目撃者の中に安らぐようになっても、**あなたはどのような対象を見ることもありません**（逆に言えば、どんな対象が見えても構いません）。その代わりに、あなたはやがて、絶対的な自由の感覚に、絶対的な心の広がり《オープンネス》の感覚に気づき始めるでしょう。そしてそこに、絶対的な空間、絶対的な空白地帯が存在していることに、気づき始めるでしょう。あなたはもはや、どんな対象とも同一化しておらず、全ての対象を目撃している目撃者なのです。

目撃しているということは、それから自由であるということです。あなたの中に感情が生まれても、その感情に気づいているならば、あなたは感情そのものではありません。あなたの中に思考が生まれても、その思考に気づいているならば、あなたは思考そのものではありません。

こうした何らかの対象と自分を同一化するとき、あなたはそれが自分の本当の自己であると誤って認識しています。しかし**こうした対象は、あなたの本当の自己、本当の主体ではありません**。それは客体であり、見られるものであり、真の自己ではないのです。先に述べた1つ目の自己とは、実際には――本当の意味では、あるいは深い意味においては——自分ではないものなのです。（1つ目の自己は、前章で述べた7つか8つの隠れた地図《ヒドゥン・マップ》、すなわち、グローイング・アップ〔成長〕の諸段階とも密接に関係しています。こうした小さな自己、慣習的な自己、有限な自己は、どの段階においても現れるものであり、この自己ないし隠れた地図《ヒドゥン・マップ》を通して、目撃者が世界を見つめているのです。マインドフルネスによってそうした主体を客体にすると、次の段階の小さな自己、次の段階の隠れた地図《ヒドゥン・マップ》が出現するようになります。しかし今度は、その自己ないし隠れた地図《ヒドゥン・マップ》と同一化するようになるでしょう。次の段階の地図を通して、目撃者が世界を見つめ、解釈するようになるのです。

このプロセスが繰り返されると、最終的には、全ての主体が客体になり、あなたは全ての隠れた地図《ヒドゥン・マップ》から脱同一化することになります。そこにあるのは、ただ、純粋な見る者、真の自己、目撃者、絶対的主観性、根源的な心の広がり、根源的な空性、純粋な自由だけなのです。そしてさらに、この道は「非二元の一なる意識」へと続いています。この点は次の節で扱います）

だからこそ、世界中の瞑想的伝統が、私たちは誤ったアイデンティティという巨大な箱の中に閉じ込められていると主張しているのです。私たちは、見られるもの《シーン》を、見る者《シーアー》だと誤って認識しています（インドの偉大な法典編纂《さん》者であるパタンジャリが『ヨーガ・スートラ』の中で述べているように、無知な自我《エゴ》が生まれるのは、「見る道具を見る者だと認識してしまう」〔原注〕からなのです）。

見る者《シーアー》、あるいは目撃者は、無限である（そしてスピリットとひとつである）のに対して、見られる自己《シーン・セルフ》、あるいは小さな自我《エゴ》は、有限であり、部分的であり、限界を抱えており、断片的であり、恐怖によって突き動かされています。目撃者には恐怖はありません。それは恐怖を目撃する者なので

［原注］『ヨーガ・スートラ』第２章第６節より。

す。目撃者は生命活動に拘束されることはありません。それは生命活動を目撃する者なのです。

あなたが自分のアイデンティティを、見られる自己、客体としての自己から、真の見る者《シーアー》、本当の自己へと移行させると、ただ、広大な自由と解放の感覚、海のような心の広がり、広大で澄みきった空間だけが感じられるようになります。その中で、全ての対象が——内的な対象であれ外的な対象であれ——一瞬一瞬、絶えず生起しているのです。あなたはこの広大で開かれた空っぽの場所、空っぽの空間そのものであり、その中で、あらゆることが、今も、今も、そして今も、起こり続けています。

このことを、覚者たちは**「ネーティ、ネーティ」(neti neti)**という言葉で表現しました。それは**「これでもない、あれでもない」**という意味です。[原注] あなたはこれでもなく、あれでもなく、見ることができるどんな対象でもなく、広大な空間《オープニング》〔明《あ》け〕、広大な場所《クリアリング》〔開《ひら》け〕そのものであり、その中で、全ての対象と全ての物事が、今も、今も、そして今も、起こり続けているのです。

そして、この広がりの感覚こそ、途切れることなく現前している純粋な「私は在る《アイアムネス》」の正体なのです。それは常に現前する意識であり、あなたが気づいていようといまいと、常に（夢のない深い眠りの中でさえも）そこにあります。「私は在る《アイアムネス》」こそ、私たちが常に経験している不変の体験なのです。

あなたはおそらく、1ヶ月前の同じ日に自分が何をしていたか、思い出せないでしょう。けれども、「私は在る《アイアムネス》」が現前していたことは、確信をもって述べることができます。あなたはおそらく、10年前に自分が何をしていたか、思い出せないでしょう。それでも、「私は在る《アイアムネス》」はそこ

［原注］このサンスクリット語の言葉は、ヴェーダンタ学派における自己探求の方法をあらわしている。「これでもない、あれでもない」のプロセスを通して、さまざまな対象を手放していくのである。

にありました。あなたはおそらく、100年前あるいは1000年前に、自分が何をしていたか、思い出せないでしょう。それでも、「私は在る《アイアムネス》」は現前していたのです。

ただし、これは、「私は在る《アイアムネス》」が時間の中で永遠に続くという意味ではありません。**「私は在る《アイアムネス》」には、時間はありません**。それは時間のない現在、絶対的な「今」において現前しているのであり、時間の流れの中に入ることは決してありません。むしろ、あらゆる時間が、「私は在る《アイアムネス》」の前に現れているのです。目撃者は、時間に気づいているがゆえに、時間からは自由なのです。まさに「これでもない《ネーティ》、あれでもない《ネーティ》」なのです。

これまで見てきたように、「永遠」の本当の意味は、時間がどこまでも続くことではなく、時間が存在していないということです。永遠とは、無時間の「今」、純粋な「現在」なのです。ヴィトゲンシュタインの言葉をもう一度引用しましょう。「もし永遠を、限りなく時間が続くことではなく、時間のないことであると捉えるなら、現在のうちに生きる者は永遠に生きるのである」

あなたという存在は、常にすでに、純粋な「私は在る《アイアムネス》」の中に根を張っているのであり、それゆえ、あなたは常にすでに、自分で気づいていようといまいと、（純粋な「私は在る《アイアムネス》」に安らいでいるときには）永遠の中に生きているのです。

（ところで、どうして目撃者は、どんなときであっても——何の努力もなく——今という瞬間だけに気づいているのでしょうか？　みなさんは、過去もまたリアルなものであると考えているしれません。しかし、私たちが直接に気づいているものは、あくまで過去に関する記憶であり、**記憶そのものは常に、現在の瞬間、今という瞬間に生起しています**。過去のことを思い浮かべるという活動そのものは、今起きているのです。加えて、そうした過去の瞬間が実際に起きたときには、その過去は今として現前していました。同じように、未来の何らかの出来事を思い浮かべてみましょう。こうした思考そのものは、やはり現在の思考であり、今この瞬間に起きていることです。そして、その未来が実際にやってくるときには、その未来は現在の瞬間、今という瞬間に生起するでしょう。

量子力学の創設者の一人であるエルヴィン・シュレディンガーはこう述べています。「現在こそが、終わりのない唯一のものである」［原注］。絶えず開き出されている今という瞬間以外には、どのようなものも存在していないのであり、今も、今も、そして今も、そうなのです。この「今という瞬間」こそ、私たちの意識の中に入ることができる唯一のものです。目撃者は常に今という瞬間だけに気づいていますが、それはすなわち、目撃者は永遠の中に生きているということです（これから見ていきます）。

精神的《スピリチュアル》／霊的な実践の中には、過去や未来についての思考を意図的に排除し、現在という瞬間だけに意識を向けることで、「現在の中に生きる」あるいは「今ここを生きる」ことを実践しようというものもあります。しかし、そうすることでたどり着くのは、狭い意味での現在、過ぎ去ってゆく現在、過去からも未来からも切り離された現在であるにすぎません。**本当の「時間なき今」とは、何かをしなければ実現できないものではなく、どうやっても避けられないもの**です——それは、あなたが気づいているもの全てなのです。本当の今は、過去と現在と未来についての思考すべてを、永遠の現在、無-時間の現在の中に包み込んでいます）

禅の公案を思い出しましょう。「父母誕生以前のあなたの顔を見せなさい」　父母誕生以前の自分だって？　そうです。禅では、このことを非常に真剣に、文字通りの意味で述べています。これは隠喩《メタファー》でもなければ象徴《シンボル》でもなく、直接的な経験的事実なのです。あなたの本来の顔とは、真の自己であり、目撃者であり、本当の見る者《シーアー》であり、あなたの父母が生まれる前から存在しているものなのです。

［原注］エルヴィン・シュレディンガー著『わが世界観』より。

なぜなら、あなたの本来の顔は、時間の流れの中に決して入らないからであり、時間なき今に存在しているからです。それは時間が過ぎゆくことに気づいているのであって、時間の中には存在していません。それは非-時間的であり、これこそ、永遠という言葉の本当の意味なのです。

そしてこれこそ、目撃者がおこなっていることです——目撃者は、この広大で開かれた何ひとつない場所、すなわち、絶対的な「今」のなかで、全ての対象や出来事や物事が生起していることを、常に、完璧に、目撃しているのです。

イエス・キリストは言いました。「アブラハムが生まれる前から、私はある」。これは全く正しいのです。神は言いました。「私は、私であるところのものである」(I AM that I AM)。まさにその通りなのです。

私はこれこれであるという感覚ではなく、「私は在る《アイアムネス》」という感覚そのもの、すなわち、自分が「在る」という純粋で直接的な感覚こそ、無-時間にして永遠なる本来の顔であり、父母が生まれる前、宇宙が生まれる前、そして時間そのものが生まれる前のあなたの顔であり、あなたの今この瞬間の顔なのです。(要するに、その顔は、あなたが今この瞬間に感じている「私は在る《アイアムネス》」と全く同じなのです。おわかりでしょうか? ただそれだけ、常にただそれだけなのです! これまでも常にそうであったし、これからも常にそうでしょう……)

それゆえ、あなたがマインドフルネスの実践を通して、何らかの対象に気づきを向けるとき、あなたは実際には、純粋な目撃者の中に安らいでいるのです。あなたはただ、時間なき今を目撃しているのであり、その中で、さまざまな出来事が現れたり消えたり、訪れたり過ぎ去ったりしています。あなたは目撃する意識《ウィットネシング・アウェアネス》を通して全てを目撃しているのであり、それはあなたそのものなのです。

そしてこの目撃する意識こそが、存在するもの全てにとっての——これまで存在してきたもの全て、これから存在するもの全てにとっての——広大な基底なき基底《グラウンドレス・グラウンド》なのです。あらゆるものは、この広大で開かれた何ひとつない場所《クリアリング》のなかで生起しており——無‐時間の現在から無‐時間の現在、そして無‐時間の現在へと——無‐時間の現在《プレゼント》として、絶えず無‐時間的に現前《プレゼンス》しています。

もう一度言えば、この純粋な「私は在る《アイアムネス》」の感覚、この**「在る」というシンプルで直接的な感覚**こそが、あなたが今ここで気づいているものなのです。おわかりでしょうか？　この「存在することのシンプルな感覚」以外に、何があるでしょうか？　これこそが、あなたの真の自己、本当の自己なのであり、たとえ時間の中でどんなさざ波が生まれたとしても、そこから影響を受けることはなく、究極の基底《グラウンド》、究極の源《ソース》として、ただ、その全てを目撃しているのです。

それでは、目撃する意識《ウイットネシング・アウェアネス》という純粋な感覚の中に、安らいでみましょう。そこには、どんな対象もありません。**あなたがこれまで同一化してきた全ての対象を、根本的に、徹底的に、手放してみましょう。**あなたは、その存在の核心において、どんな発達段階にも位置しておらず、どんな隠れた地図《ヒドゥン・マップ》にも拘束されていません。あなたはゼロであり、無なのです——あなたは本当に「これでもない《ネーティ》、あれでもない《ネーティ》」のです。

あなたが今気づいている出来事ないし対象ないし物事は、どのひとつをとってみてもすべて、有限な世界、顕現した世界、対象からなる世界の一部にすぎません。あなたそのものは、絶対的に自由であり、徹底的に自由であり、そうしたあらゆる対象からの影響を受けないのです。

この純粋にして無限なる絶対的自由の状態の中に、安らいでみましょう。この広大で輝ける絶対的自由を、まさに絶対的自由《フリーダム》として（どんな限界も境界もないものとして）、感じてみましょう。**たとえどんな対象が——**

心の内側に、あるいは、外の世界に——生起したとしても、その対象とただちに脱同一化しましょう。
あなたはこれでもなく、あれでもないのです。

全てを起こるがままに任せて、ただ、あなたの本性である純粋な鏡のような心《ミラー・マインド》の中に安らぎましょう。何に抵抗するでもなく、何をつかむでもなく、何に委縮するでもなく、ただ純粋に、在るものすべてを、あなたという鏡の上に映し出しましょう。あなたは、あらゆることを目撃している純粋な目撃者、純粋な観察する自己《オブザービング・セルフ》、真の見る者《シーアー》、広大な場所、開かれた空間であり、その中で、あらゆる対象が生起しています。しかしあなたは、そうして生起しているどんな対象とも、同一化することはありません。

さて、あなたはこうした実践を行うことで、全ての有限な主体《サブジェクト》を、無限なる絶対的主体（主体と客体の両方を超えた場所ないし空間であり、その中で全ての主体と客体が生起する）にとっての客体《オブジェクト》にすることになります。こうして、あらゆる主体を、真の自己ないし本物の見る者《シーアー》にとっての客体にすることによって、全ての主体から、根本的に、完全に自由になることができるのです。

あなたは永遠に、完全に自由であり、
全ての物事を見つめているただ一人の目撃者である。
だが、もし自分自身を分離した存在だとみなすなら、
あなたは束縛されることになる。［原注］

これこそ、私たちがおこなってきたことなのです。自分自身の真の自己ないし純粋な見る者《シーアー》を、

［原注］『アシュターヴァクラ・ギーター』第１章第７節より。

見られるもの《シーン》と混同し、自分自身の無限なる本当の条件《リアル・コンディション》を、有限で、部分的で、断片的で、苦しみに満ちた領域へと引きずりおろすことによって、私たちは、自分自身を縛りつづけてきたのです。

　こうして、私たちは、終わりなき苦しみと落胆を味わうようになり、私たちの人生は、不満と苦痛と苛立ちの絶え間なき連鎖へと落ちぶれてしまいました。ソローが著書『ウォールデン 森の生活』の中で述べたように、「大多数の人間は、静かな絶望の生活を送っている」のであり、オリバー・ウェンデル・ホームズの言葉を借りれば、「我々の多くは、いまだ奏でられない音楽を自分の中に残したまま墓に入る」のです。取るに足らない有限な対象から自由になることこそが、本当の意味で自由になることであり、話はそれで終わりなのです。

　これは根本的な自由、ありとあらゆる対象からの自由、宇宙そのものからの自由、顕現世界そのものからの自由です。これは、あなたの「本来の顔」にそなわる自由であり、スピリットそのものにそなわる完全な自由であり、「私は在る《アイアムネス》」そのものにそなわる根本的な自由です。

　ただし、この「私は在る《アイアムネス》」は、純粋な「私は在る《アイアムネス》」であり、どんな特定のものでもありません――身長がこれこれである、体重がこれこれである、容姿がこれこれである、仕事が何々である、名前が何々である、という話ではないのです。それは、何々である以前から息づいている、純粋な「ある」なのです。「私は在る《アイアムネス》」というシンプルな感覚こそが、あなたの真の自己なのです。

　ところで、あなたはグローイング・アップ〔成長〕の各段階において、自らの小さな自己、慣習的な自己、有限な自己、主体としての自己を、特定の段階、すなわち、その段階の隠れた地図《ヒドゥン・マップ》と同一化させるでしょう。そして、目撃者が、そうした小さな自己およびその隠れた地図《ヒドゥン・マップ》を通して、世界を見つめ、解釈するのです。

しかし、**目撃者でさえも、小さな自己がどんな隠れた地図《ヒドゥン・マップ》をもっているかは把握していません。**先にも述べたように、心の内側を見つめて、そこに意識を向けるだけでは、隠れた地図《ヒドゥン・マップ》を認識することはできないのです。目撃者は、あなたが位置している段階の地図を通して、世界を見つめ、解釈し続けるでしょう。たとえ目撃者が、小さな自己すなわち主体《サブジェクト》としての自己に気づき、それを客体《オブジェクト》にしたとしても、その小さな自己がどんな隠れた地図《ヒドゥン・マップ》に従っているのかは認識されないのです。目撃者はただ、小さな自己が従っている全ての単語や文章や文字や段落を目撃するだけであって、そうしたものがどのような文法に従って結びついているのかを明らかにすることはありません。心の内側を目撃するだけでは、それはわからないのです。

それゆえ、ウェイキング・アップ〔目覚め〕の道においては、さまざまな意識状態が経験される一方で、自分がグローイング・アップ〔成長〕のどの段階にあるかは決して意識されません。目撃者すなわち真の自己にとってさえも、隠れた地図《ヒドゥン・マップ》は隠れたままなのです。目撃者は、今見えている世界の解釈が、世界を解釈するための7つか8つの異なる方法の中のひとつにすぎないということさえ知りません。なぜなら、目撃者は、意識の中に今現れているものを目撃するだけだからであり、そこで無意識的に活用されている隠れた地図《ヒドゥン・マップ》よりも賢いとは、少しも言えないからなのです。

こういうわけで、たとえあなたがマインドフルネスをどれだけ実践したとしても、グローイング・アップ〔成長〕の高次の段階への発達が起こらないということは、全くありうることです。なぜなら、隠れた地図《ヒドゥン・マップ》は——ちょうど言葉の文法のように——標準的なマインドフルネスによっては決して意識の対象にはなりえず、完全に隠れたままであり続けるからです。世界中のどんな瞑想システムに従っても、隠れた地図《ヒドゥン・マップ》が明らかになることはなく、世界中のどんな瞑想者も、隠れた文法《ヒドゥン・グラマー》の内容を意識的に体験することはありません。グローイング・アップ〔成長〕の諸段階という隠れた地図《ヒドゥン・マップ》についても、同じことが言えます。隠れた地図《ヒドゥン・マップ》も、隠れた文法《ヒドゥン・グラマー》も、無意識にとどまり続けるのです。

もっとも、ここで言う「無意識」は、一般的な意味での無意識とは異なります。自己が、自分自身の中のある側面、不愉快だと感じるある側面を、抑圧し、否定し、分離し、自分の一部として認めず、無意識という地下の暗闇の中へと葬り去ってしまう——このような意味での「無意識」ではないのです。

こうした隠れた地図《ヒドゥン・マップ》が無意識になっているのは、それを抑圧しているからでも、避けているからでもなく、それが嫌いだからでもなく、それを自分のものとして認めたくないからでもありません。そうではなく、単に、**こうした地図がそこにあるということを知らないから**なのです。

もしそうした地図について学び、それがそこにあるということを知り、それを積極的に探し出そうとするならば、そうした地図は、あっという間に、そしてかなり容易に、意識の中に現れるようになるでしょう。しかしそうした行動を起こさなければ、隠れた地図《ヒドゥン・マップ》は、隠れたまま、無意識のままであり続けます——そして、あなたがこの世界をどう解釈するかということを、最大限に規定し続けるのです。

重要な点をもう一度述べておきましょう。あなたが隠れた地図《ヒドゥン・マップ》について具体的に学んでそれを探し出そうとしない限り、あなたがさまざまな段階の隠れた地図《ヒドゥン・マップ》が自分自身の中でどのように作動しているのかを大まかにでも把握しない限り、あなたがインテグラル理論のような何らかのアプローチによって隠れた地図《ヒドゥン・マップ》についての指摘を受けない限り——そしてそうすることで、隠れた地図《ヒドゥン・マップ》を意図的にマインドフルネスの対象にし、隠れた《ヒドゥン・》主体《サブジェクト》を意識された客体《コンシャス・オブジェクト》にし、それから脱同一化し、それを手放すのでない限り——グローイング・アップ〔成長〕の次の段階、次の小さな自己、次の隠れた地図《ヒドゥン・マップ》が現れることはないでしょう。そして、次の段階が現れなければ、目撃者がその新たな地図を通して、今ここで世界を見つめ、解釈することもありません。

要するに、**もしあなたが隠れた地図《ヒドゥン・マップ》のことを知っていなければ、たとえどれほど「目撃」をおこなったとしても、隠れた地図《ヒドゥン・マップ》があなたの目に入ることはない**のです。

こうした認識がなければ、隠れた地図《ヒドゥン・マップ》は無意識であり続けますが、それはただ無意識になっているだけで、実際には存在しており、私たちの意識に大きな影響を与えることになります。そうした隠れた地図《ヒドゥン・マップ》を通して、目撃者が世界を見つめ続けているのです。そしてこのことは、たとえあなたが目撃する意識《ウィットネシング・アウェアネス》に完全に目覚めたとしても、あるいは、目撃する意識に関する完全な悟りに到達したとしても、変わることがありません。

けれども、もしあなたが隠れた地図《ヒドゥン・マップ》の存在を知り、その基本的な特徴を把握してしまえば、あなたは自らの隠れた地図《ヒドゥン・マップ》に意識を向け、自らの隠れた主体《サブジェクト》を客体《オブジェクト》にし、それを超え、それを手放し、次の段階へと移行できるようになります。

そう、これこそが、インテグラル・マインドフルネスの真髄なのです。グローイング・アップ〔成長〕の諸段階に関する知識と、ウェイキング・アップ〔目覚め〕の諸状態に関する実践を結びつけることで、進化のこの地点におけるグローイング・アップ〔成長〕の最も高次の段階、および、進化のこの地点におけるウェイキング・アップ〔目覚め〕の最も高次の状態に到達すること。このことによって、従来の悟りよりももっと豊かで、もっと包括的で、もっと完成された「悟り」を実現するのです。

さらに、このことが意味するのは、**進化が続いていくにつれて、「悟り」もまた進化し続ける**だろうということです。ただし、これは半面においてのみ、真実であるといえます。

悟りの一般的な定義のひとつを挙げてみましょう。悟りとは、「空性〔空《くう》〕と形態〔色《しき》〕を意識的に結びつけること」なのです。このとき、**空性（emptiness）そのものは進化しません**。空性には、変化していく部分もなければ、有限なものとして顕現している部分もなく、進化しうるものがないからです。空性は、変わることのない無-時間の存在《ビーイング》（あくまで比喩的な意味です）なのであり、それゆえ、空性が与えてくれる自由も、変わることのない無-時間の自由なのです。

それに対して、**形態（form）の世界は、絶え間なき生成《ビカミング》の世界であり、ほぼ疑いなく、進化しています**。例えば、クォーク、原子、分子、細胞、有機体〔動物や植物〕というように、進化の主要な段階において、それぞれの段階は以前の段階を「超えて含んで」います。そしてそのことによって、各段階はますます豊《フル》かになり、ますます多くの形態《フォーム》を包含するようになり、ますます大きな全体性《ホールネス》を実現していくのです（例えば、細胞が分子を超えて含んだことによって、分子はさらに豊《フル》かになり、さらに複雑になり、さらに多くの形態《フォーム》を包含するようになり、さらに多くの全体性《ホールネス》を実現するようになりました）。

それゆえ、次のように述べることができます。まず、**現代の聖者が到達する悟りは、2000年前の聖者よりも大きな自由《フリーダム》をもたらすわけではない**ということです。なぜなら、2000年前と全く同じ空性、変わることのない無-時間の空性が、全く同じ自由をもたらしているからです。

他方、**現代の聖者は、もしグローイング・アップ〔成長〕の諸段階を十分に進んでいるならば、2000年前の聖者よりも2つか3つほど多くの段階のリアリティとひとつになることができる**のです。今日の聖者は、もし最も豊《フル》かな悟りに到達しようとすれば、アンバーやオレンジの段階ではなく、少なくともターコイズの段階に位置している必要があります。

この「悟り」は、2000年前の聖者が到達した悟りよりも、さらに豊《フル》かで、さらに多くの形態《フォーム》を含んでおり、さらに包括的なものです。なぜなら、進化とは、果てなき「新しさへの創造的前進」〔ホワイトヘッドの言葉〔原注〕〕だからです。進化の主要な各段階において、新しい段階は以前の段階を超えて含み、そのことによって、ますます偉大な全体《ホール》を顕現世界の中に創造していきます。そしてこの全体《ホール》こそ、今日の聖者が「非二元の一なる意識」の中で合一しなければならないものなのです。

グローイング・アップ〔成長〕とウェイキング・アップ〔目覚め〕という2つの道を分析軸として用いることで、悟りを次のように定義し直すことができます。悟りとは、**「進化のその地点において現れている最も高次の意識構造と最も高次の意識状態の両方とひとつになること」**なのです。

それゆえ、アンバー段階における悟りとは、アンバーの世界とひとつになることであり、オレンジ段階における悟りとは、オレンジの世界とひとつになることであり、グリーン段階における悟りとは、グリーンの世界とひとつになることであるといえます。そして統合的段階における悟りとは、統合的な世界とひとつになることであり、基本的には、これこそが今日の世界において実現しうる進化の最先端、最も高次の悟り、最も豊かな形態《フォーム》なのです。

もちろん、一なる意識《ユニティ・コンシャスネス》そのものは、もっと初期の段階においても実現することができます。しかし初期の段階であればあるほど、その一体性《ユニティ》は、後の段階に比べて豊か《フル》ではなく、全体的《ホール》ではなく、それゆえ、ある意味では「あまり悟っていない」ものだということになります。

とはいえ、その当時、すなわち、それよりも高次の段階がまだ現れていないときには、そうした悟りが「最も豊か《フル》な悟り」でした。その段階こそ、当時の世界における最も高次の段階であり、最も偉大な全体性《ホール》の顕現であり、最も大きな形態《フォーム》であり、それゆえに、その段階と非二元的に合一することこそ

［原注］アルフレッド・ノース・ホワイトヘッド著『過程と実在』より。

が、その時代における最も包括的な悟りだったのです。**進化によって、悟りは以前よりも豊か《フル》にはなりましたが、以前よりも自由《フリー》にはなっていない**のです（個人的には、悟りをこのように定式化することは、お気に入りの方法です。なぜなら、過去の聖者や賢者たちに然《しか》るべき地位を与えていると同時に、進化という現象に対しても然《しか》るべき地位を与えているからです。昔の偉人たちと、進化という現象、その両方が重要であると思われるのです）。

トゥリヤティタ：非‐二元の一なる意識［訳注］

ウェイキング・アップの最も高次の状態、非‐二元の一なる意識《ユニティ・コンシャスネス》の状態へと話を進めましょう。ここでも、この意識状態を直接に垣間見るためのエクササイズを紹介します。

純粋な目撃者にそなわっている究極の自由は、実は、それよりもさらに深い真理に基礎を置いています。これまで見てきたように、あなたは、絶えず生起している特定のどんな対象でもありません。しかしそう言えるのは、あなたの最も深い本性が、そうした対象全てであるからなのです。あなたとは、あらゆる場所で生起している客体や主体、物事や出来事の全てなのです。

あなたは実際には、常に現前する一なる意識《ユニティ・コンシャスネス》の状態にあります。そしてそこでは、**目撃者は、目撃されるもの全て**（粗大《グロス》な対象であれ、微細《サトル》な対象であれ、元因《コーザル》な対象であれ）**とひとつになる**のです。

［訳注］トゥリヤティタ（turiyatita）とは、「４番目を超えた」という意味であり、トゥリーヤ（目撃者）の次の段階であることを意味している。

それでは、この意識状態を体験してみましょう。楽な姿勢で座り、心をリラックスさせて、今この瞬間にあなたの意識の中に生起している何らかの対象に注意を向けてみましょう。木、机、コップ、コンピュータ、建物など、どんな対象でも構いません。

そうしたら次に、目撃者の態度をとりましょう。純粋な見る者《シーアー》、純粋な観察する自己《オブザービング・セルフ》の立場から、その対象を見つめましょう。言い換えれば、「これでもない《ネーティ》、あれでもない《ネーティ》」のプロセスを進めるのです。「私の中に感覚が生まれているが、私はこうした感覚ではない。私の中に感情が生まれているが、私はこうした感情ではない。私の中に思考が生まれているが、私はこうした思考ではない。私はこのどれでもなく、こうしたもの全てを目撃する純粋な目撃者《ウィットネス》、純粋な観察する意識《オブザービング・アウェアネス》である」というように。

さて、その対象を見つめながら、観察する自己、あるいは見る者を、溶かしてしまいましょう。**対象そのものに完全に意識を向けることによって、見ている者《ウォッチャー》であるという感覚を完全に手放しましょう。**あたかもその対象だけが存在しているかのように、意識の中に、対象を生じさせましょう。その対象が、全くそれ自身として存在し、全くそれ自身として生起していると感じることで、自分がそれを見ているという感覚を、溶かし去ってしまいましょう。

あなたがそれを見ているのではありません。あなたは存在しないのです。何ひとつない澄みきった意識の場の中で、ただ、対象が生起しているだけであり、見る者は存在していません。対象が、それ自身として、それ自身の働きによって、生起しています。ここには、対象しかないのです。

ダグラス・ハーディングは、その古典的名著 *On Having No Head*（邦題『心眼を得る』）の中で、こうした状態のことを**「頭なき状態」(headless state)**と名づけました。この状態には、次のようにして到達することができます。

対象への気づきを続けながら、その対象が、あなたの両肩のすぐ上、もっと正確に言えば、自分の頭があると考えている場所に存在していると考えましょう。あなたは実際には、自分の肩の上に頭があるのを見ることはできません。自分の頭がある場所に、その対象が存在していると想像しましょう。

このとき、直接に経験されていることは、あなたのすぐ前に、ぼんやりとした何かの塊――あなたの鼻――が存在するということであり、あなたの頭は見えていません。しかしあなたの頭が、空っぽの大きな空間、何もない開かれた場所、あるいは、純粋な空性そのものになったと想像しましょう。

ここで、注意深く見ると、その対象は、その何もない空間の中に存在していることがわかります。言い換えれば、自分の頭があると思っていた場所の中で、その対象が生起しているのです。あなたが気づく必要のあることは、これだけです。

ここは「顔の内側」で、そこは「顔の外側」であるとは言えません。なぜなら、「そこ」や「あそこ」で起きている全てのことは、実際には、「ここ」で、あなたの顔の内側で起きているからです。全ての出来事は、あなたの肩のすぐ上で、あなたが自分の頭があると思っていた場所で、起きているのです。

実際、**「そこ」にある世界そのもの――宇宙全体――が、あなたの顔のこちら側で、あなたの内側で生起しています**。宇宙全体が、「ここ」で、すなわち、自分の頭があると思っていた場所で、生起しているのです。

こうして、あなたの頭は、あらゆる対象が生起している空間そのもの、あるいは場所そのものへと溶解することになります。あなたは、一瞬一瞬、どんなものが生起しても、そうして生まれる全てのものとひとつになっています。あなたが対象を見るのではなく、あなたが対象なのです。

あなたが山を見るのではなく、あなたが山なのであり、山は「ここ」に、かつてあなたの頭があった場所に生起しています。あなたが大地を感じるのではなく、あなたが大地なのです。あなたが雲を見るのではなく、あなたが雲なのです。あなたはこの顕現した世界そのものであり、顕現世界の全ては、あなたの顔のこちら側で、かつてあなたの頭があった場所で、あなたの内側で、一瞬一瞬、絶えず生起しています。

それゆえ、「自分」の感覚は、空間全体へと拡張されることになります。「そこ」にあると思っていた巨大な空間は、もはや、あなたと完全にひとつになっているのです。あなたが空間なのであり、あなたが空間的広がりなのであり、あなたが広大な場所なのです。

こうした空間の感覚（あらゆるものを生起させている空間そのものの感覚）と、自分の感覚（空っぽで、開かれていて、頭がないという感覚）は、全く同じ感覚であり、全く同じものです。この空間こそが、あなたなのです。あなたこそが、この空間なのです。あらゆるものは、この空間の中に存在しており、この空間の中で生起しています。あなたがこの部屋の中に存在しているのではなく、この部屋があなたの中に――あなたの広大な非二元《ノンデュアル》の意識の中に、あるいは、かつて自分の頭があった空っぽの場所の中に――存在しているのです。

チョギャム・トゥルンパはかつて、悟りとはどのように感じられるのか（悟りの知的な定義ではなく、悟りが実際にはどのように感じられるのか）ということを、次のように説明しました。それは**「空一面が青いパンケーキのようになり、頭の上に落ちてくる」**ような体験だと言います。[原注] 少し笑ってしまう表現かもしれませんが、しかし、全くこの通りの感覚なのです。

あなたと別々の存在であった空、「そこ」にあった青い空が、突然、姿を変えて、あなたの頭に「落

［原注］チョギャム・トゥルンパ著 *Journey without Goal: The Tantric Wisdom of the Buddha* より。

ちて」くるようになります。空は今や、あなたに直接に触れており、あなたとひとつになっているのです。

空は、自分の頭があると思っていた場所、ちょうどその場所に、存在しています。あなたの両肩のすぐ上に、巨大な青い広がりが存在しているのであり、あなたはそれとひとつなのです。

この頭なき一体性《ヘッドレス・ユニティ》の感覚こそ、本当の一なる意識《ユニティ・コンシャスネス》とはどのようなものであるのかを垣間見させてくれるものです。一なる意識《ユニティ・コンシャスネス》とは、あなたの頭なき状態（すなわち空性）と、生起しているあらゆる物事（すなわち形態《フォーム》）を、ひとつに結びつけるものなのです［訳注］。

そして、私たちはこの一なる意識《ユニティ・コンシャスネス》の状態において、完全な**自由（Freedom）**と完全な**豊かさ（Fullness）**［充満・充溢《いつ》］を同時に体験するようになります。あなたが完全に自由《フリー》なのは、特定のどんな物事や対象とも同一化しておらず、それゆえに、どんな物事や対象からも影響を受けないからです。あなたが完全に豊か《フル》なのは、特定のどんなものとも同一化していないにもかかわらず、全てのものと同一化しているからです。

あなたは、宇宙全体が自分であると感じるようになります。宇宙全体が、あなたの顔のこちら側、あなたの内側で生起していると感じられるのです。あなたは空を舌で味わうことができます。なぜなら、空は、こんなにも近くにあるからです。見る者《シーアー》と見られるもの《シーン》の間に、もはや距離はありません。見る者《シーアー》と見られるもの《シーン》は、かつてあなたの頭があった場所、すなわち、「ここ」で、互いに触れ合っており、ひとつの味《ワン・テイスト》を形づくっているのです。

太平洋全体を、指でつまみ上げて、見せてごらんなさい。それは全く簡単なことです。なぜなら、それはこんなにも近くに、まさしくここに、存在しているからです。

［訳注］仏教で言う「色即是空 空即是色」にあたる。

さて、覚えておいてほしいのは、**たとえこうした一なる意識《ユニティ・コンシャスネス》の状態に到達したとしても、あなたは特定の発達段階に位置し続ける**だろうということです。それは呪術‐神話的段階（レッド）かもしれませんし、神話的段階（アンバー）かもしれませんし、合理的段階（オレンジ）かもしれませんし、多元的段階（グリーン）かもしれませんし、統合的段階（ターコイズ）かもしれません。

いずれにせよ、あなたは自分自身の隠れた地図《ヒドゥン・マップ》によって、すなわち、**自分自身の位置する発達段階の論理に基づいて、さまざまな体験を「解釈」する**ことになります。たとえあなたがこの一なる《ユニティ》意識の状態を最大限に体験したとしても、その体験は、神話的段階、多元的段階、統合的段階などの言葉によって解釈されるのです。

しかも、あなたはそのことに気づきません。そうした隠れた地図《ヒドゥン・マップ》が存在していることは、体験によってはわからないのです。それゆえ、そうした地図は別の方法で探し出さなければならないことをあなたが知っていない限り、あなたは自分の段階に対して全く無意識であり、自分がその段階の発想に基づいて自分の体験を理解し解釈しているということに対して、全く無自覚になってしまうのです。

こうした頭なき意識状態は、ほとんどどの段階にあっても——呪術的段階であれ、神話的段階であれ、合理的段階であれ、多元的段階であれ、統合的段階であれ——体験することができます。しかしもう一度言えば、こうした非‐二元の意識状態を体験したとしても、意識構造（段階）の存在に気づくことはありません。

だからこそ、世界中のあらゆる瞑想システムが、一なる《ユニティ》意識の状態のことは完全に認識していたとしても、発達段階という隠れた地図《ヒドゥン・マップ》のことは全く認識していなかったのであり、その瞑想システムや哲学体系の中にも、こうした段階は含まれていなかったのです。

さて、もしこの2つの要素——グローイング・アップ〔成長〕の道における意識構造の諸段階と、ウェイキ

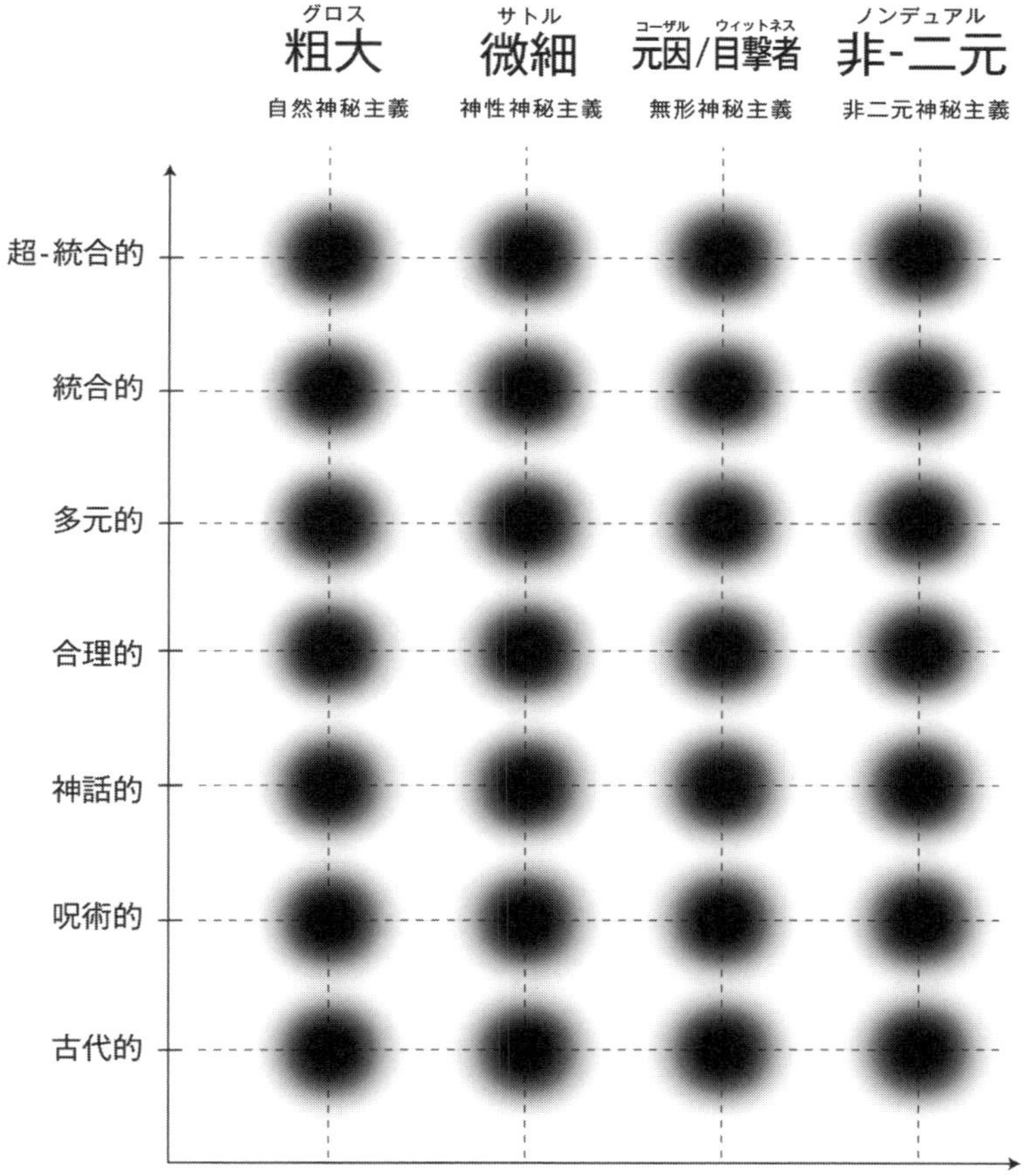

図 2-2.　ウィルバー - コムスの格子

ング・アップ〔目覚め〕の道における意識状態の諸段階――を組み合わせるなら、私たちは、図2-2のような図式にたどり着くでしょう。図2-2は**「ウィルバー-コムスの格子」**と呼ばれています（私とアラン・コムスが独立にほぼ同じ考えにたどり着いたため、こう呼ばれています）。

縦軸は、グローイング・アップ〔成長〕の道における意識構造の諸段階を表しており、信頼できる発達モデルであれば、どんな発達モデルを用いても構いません（とはいえ、そうしたどの発達モデルにおいても、本質的に同じ6つから8つの発達段階が見受けられます。この図では、インテグラル理論において基本となる7つの発達段階が描かれています）。

横軸には、主要な意識状態として、4つか5つの意識状態が描かれています。これまで述べてきたように、最も高次の意識状態までを扱うウェイキング・アップ〔目覚め〕の道であればどの道であっても、この図に描かれている順序で意識状態を捉える傾向にあります（もっとも、それぞれの意識状態は個別に深めていくことも可能です。例えば、粗大《グロス》領域全体とひとつになるのが**自然神秘主義（nature mysticism）**であるといえます。微細《サトル》領域とひとつになるのが**神性神秘主義（deity mysticism）**です。元因《コーザル》／目撃者《ウィットネス》の領域とひとつになるのが**無形神秘主義（formless mysticism）**ないし深淵《アビス》に基づく神秘主義です。非二元《ノンデュアル》の領域とひとつになるのが**非二元神秘主義（nondual mysticism）**ないし純粋な合一《ユニティ》に基づく神秘主義です。こうした神秘主義の諸形態も、それぞれの意識状態に対応させて、図の上部に描かれています）。

大事な点は、先にも述べたように、歴史のその地点において現れている最も高次の構造（段階）と最も高次の状態に到達することを目指すということです。これは今日においては、統合的段階（この段階に到達すれば超-統合的段階への道も自然に開かれるようになります）の意識構造と非-二元の意識状態へと到達することを意味しています。

そして、この2つの道――グローイング・アップ〔成長〕とウェイキング・アップ〔目覚め〕――について非常に重要なことは、**どちらの道も、発達論的に展開していく**ということです。どちらの道においても、世界中でほぼ共通して見受けられる一連の諸段階を通して成長や発達や進化が起きるのであり、しかも、こうしたプロセスそのものを促進することは可能なのです。

実際、さまざまな調査によって示されているのは、発達の段階を飛ばすことはできないけれど、発達の速度を上げることは可能だということです。そして、そのための最も基本的な方法のひとつが、それぞれの道における発達の諸段階とはどんなものであるかを、大まかに学ぶということなのです。研究によれば、信頼できる何らかの発達モデルをその基本的内容だけでも学んだ人は、そうでない人に比べて、発達の諸段階をすみやかに進んでいく傾向にあります。

言い換えれば、**発達に関する地図**——例えばAQAL《アークアル》（全象限、全レベル、全ライン、全ステート、全タイプ）モデル——**には、心を活性化させる作用《サイコアクティブ》がある**のです。こうした発達の地図をただ学ぶことによって、地図は私たちの心に作用し始め、さまざまな段階や領域を活性化し、私たちの発達を促すことになります。私たちは、かなりの程度まで、自らに与えられた未来をつくり出すことができるのです。

人類の変容を促す「ベルトコンベア」

グローイング・アップ〔成長〕という見方が私たちに伝えてくれていることのひとつは、人はスピリチュアリティの領域（すなわちスピリチュアリティの発達ライン）において、基本的にどの発達段階に位置していることもありうるということです。たとえどんな宗教的伝統であっても、このことは変わりません。

ただし、私が今ここで述べているのは、**「スピリチュアルな知性」(Spiritual Intelligence)**〔精神的／霊的な知能〕のことであって、**「スピリチュアルな体験」(Spiritual Experience)**〔精神的／霊的な体験〕のことではありません。前者はグローイング・アップ〔成長〕の諸段階と並行して発達するものであり、後者はウェイキング・アップ〔目覚め〕の道において経験されるものです。

先にも述べたように、人類が実現しうるスピリチュアルな成長や発達には、大きく分けて、異なる2種類のものが存在しています。そしてその両者はそれぞれ、グローイング・アップ〔成長〕とウェイキング・アップ〔目覚め〕という2種類の発達に対応しているのです。

こういうわけで、グローイング・アップ〔成長〕の道においては、6つから8つの意識構造を通してスピリチュアルな発達が起こりうる、そして、ウェイキング・アップ〔目覚め〕の道においては、4つから5つの意識状態を通してスピリチュアルな発達が起こりうるということになります。

詳しい内容はすぐ後で述べますが、さしあたって言えることは、私たちはここまで、2種類の発達を見てきたということです。1つは意識構造の発達であり、6つから8つの段階を通して、統合的段階あるいは超-統合的段階へと進んでいきます。もう1つは意識状態の発達であり、4つか5つの段階を通して、非-二元の一《ユニティ》なる意識へと進んでいきます。

ここで大事な点は、どちらの発達についても、精神的《スピリチュアル》／霊的な関わり方が存在しているということです。ウェイキング・アップ〔目覚め〕の諸段階が精神性《スピリチュアリティ》／霊性と関係していることは明白でしょう。なぜなら、ウェイキング・アップ〔目覚め〕の一連の段階は、世界中の大いなる瞑想的伝統の中核にあるものだからです。

しかし近年の研究によって示されているのは、人はスピリチュアルな体験をすると、その体験を、自分が位置している構造-段階（グローイング・アップ〔成長〕の段階）の言葉によって解釈するということです。そしてそれゆえに、精神的《スピリチュアル》／霊的な発達に、全く新たな次元が付け加わることになるのです（これから見ていきます）。

大事な点は、**私たちはスピリチュアリティの発達ラインにおいて、グローイング・アップ〔成長〕のどの段階に位置していることもありうる**ということです。それゆえ、例えばキリスト教であれば、キリスト教を呪術的に信仰している人、キリスト教を神話的に信仰している人、キリスト教を合理的に信仰している人、キリスト教を多元的に信仰している人、キリスト教を統合的に信仰している人などが存在しているのです（ヒンドゥー教、仏教、タオイズム、イスラム教、ユダヤ教などについても同じことが言えます）。

神学者のジェイムズ・W・ファウラーは、その先駆的な研究によって、人々の**「信仰」（faith）**には一連の段階が見受けられることを明らかにしました（これは私の言う「スピリチュアルな知性《スピリチュアル・インテリジェンス》」の諸段階にあたります）。ファウラーは人々に面接調査を実施することで、人々の信仰が6つか7つの段階を通って変化していくことを発見したのです。そして、各段階がどのようなものであるかを記述し、各段階に名前をつけました。（ファウラーの各段階は、本書における「古代的」「呪術的」「呪術-神話的」「合理的」「多元的」「統合的」という一連の段階と本質的に同じものです。ただし、ファウラーの研究はもちろん、スピリチュアリティの発達ラインに焦点を当てたものです。インテグラル理論においては、スピリチュアルな知性《スピリチュアル・インテリジェンス》とは多重知能のひとつであり、他の全ての発達ラインと同じ6つから8つの段階を通って発達していくものだと考えます。そしてファウラーの研究そのものが、こうした見方を強く支持しているのです）

ダスティン・ディパーナは、AQAL《アークアル》モデルに基づく現在のインテグラル理論に通じている最も優れた理論家の一人ですが、統合的な精神性《スピリチュアリティ》／霊性の中核をなすいくつかの原理に関して、さらなる証拠を示すとともに、新たな応用例も生み出しています。例えばディパーナは、発達には4つの方向《ベクトル》が存在すると主張しています。その4つとは、「構造」(structure) と、各構造に対応する「眺め」(View)、そして「状態」(state) と、各状態に対応する「見晴らし」(Vantage Point) です。[原注]

ディパーナによれば、呪術的な眺め、神話的な眺め、合理的な眺め、多元的な眺め、統合的な眺めが存在しており、さらに、粗大《グロス》な見晴らし、微細《サトル》な見晴らし、元因《コーザル》の見晴らし、目撃者《ウイットネス》の見晴らし、非二元《ノンデュアル》の見晴らしが存在しています。さらにディパーナは、さまざまな例を挙げながら、今日、キリスト教、イスラム教、ヒンドゥー教、仏教のどの宗教の中にも、5つの段階《ステージ》ないしレベルが存在していると述べています。

さて、このことが意味しているのは——著書『インテグラル・スピリチュアリティ』の中で最初に指摘したことですが——**宗教には、人類全体の変容を促進する「ベルトコンベア」としての役割がある**ということです。[原注] 現在、人間の活動分野のうち、(少なくともいくつかの発達ラインにおいて) 6つから8つの全ての発達段階にわたって成人が存在している分野は、宗教の他にはほとんどありません。

例えば、自然科学の分野を考えてみましょう。自然科学のほとんど全ての部分は、純粋な合理的段階の論理に基づく活動であるといえます。科学は、呪術的段階に位置している人々の心をつかんで、神話的段階、合理的段階、そしてさらに高次の段階へと押し上げることはできません。そもそも科学は、そうした基本的な段階の在り方を扱っていないからです。

しかし宗教では、そうした基本的な段階の在り方も扱われています。世界中の大い

[原注] Dustin DiPerna, *In Streams of Wisdom: An Advanced Guide to Integral Spiritual Development* (2014) および Dustin DiPerna and H. B. Augustine (eds.), *The Coming Waves: Evolution, Transformation, and Action in an Integral Age* (2014) を参照のこと。

[原注] 『インテグラル・スピリチュアリティ』第9章「コンヴェア・ベルトとしての宗教」を参照。

なる宗教的伝統のどれをとってみても、その中には、それぞれの発達段階（呪術的段階、神話的段階、合理的段階、多元的段階、統合的段階）の在り方を支持する人々が存在しているのです。

キリスト教を例に挙げてみましょう。キリスト教の呪術的および神話的な面はよく知られています。キリスト教の原理主義的な教派においては、神話は絶対的に正しいもの、一字一句全く間違いのないものであり、神の言葉そのものであると考えられています。理性に基づく啓蒙思想の時代においては、先駆的な仕事をおこなっていた偉大な科学者たちはほとんどみな、合理的なキリスト教徒、すなわち、理神論者でした。20世紀の終わり頃に開かれていた「イエス・セミナー」でも、イエスを歴史的な人物として研究することが行われていました。そして最近では、米国聖公会の主教であったジョン・シェルビー・スポングが、後近代《ポストモダン》の多元主義的な立場に基づいて、キリスト教に関する著作を執筆しています。[訳注] さらに、ポール・スミスの *Integral Christianity*〔未訳〕をはじめとして、「統合的なキリスト教」の在り方を提言する素晴らしい著作も多く執筆されています。

このように、人類が実現しうる精神的《スピリチュアル》／霊的な発達には、大きく異なる2種類のもの——ウェイキング・アップ〔成長〕の道における意識状態の発達、および、グローイング・アップ〔成長〕の道における意識構造の発達——が存在しています。しかし結局のところ、こうした事実は、私たちに何を伝えているのでしょうか。

大事な点は、少なくとも2つあります。どちらも、もし十分に包括的な立場をとろうとするならば、考慮すべき内容です。

1つ目は、**どんな精神的伝統も**——もしとり入れていないならば——**その伝統の中に含まれている**

［訳注］訳書に『信じない人のためのイエス入門：宗教を超えて』(2015) がある。

ウェイキング・アップ〔成長〕の実践をとり入れるべき（あるいは少なくとも、望めばそうした実践を行えるようにしておくべき）であるということです。

ほとんど全ての精神的伝統には、何らかの「秘教的《エソテリック》」な教え、あるいは「内なる」教えが存在しています。そうした教えによれば、人は瞑想や黙想を通して、「神性」とのあいだに深い結びつきを形成し、そのことによって、さまざまな高次の意識状態へと――多くの場合、最も高次の意識状態、すなわち、ある種の「究極のアイデンティティ」の状態にまで――到達するのです。私たちはそこで、あらゆる存在を支える究極の基底《グラウンド》を直接に体験し、「大いなる解放《グレート・リベレーション》」へと導かれることになります。（めったにないことですが、自分自身の宗派の中に瞑想的な実践があまり含まれていない場合、同じ精神的伝統に含まれる他の宗派から、あるいはもし必要であれば、他の精神的伝統から、瞑想的な実践を借りてきて、それをとり入れても構いません。ウェイキング・アップ〔成長〕という軸が全く含まれていないことのほうが、遥かに問題なのです。厳しい意見かもしれませんが、十分に根拠のある見方だと思われます）

そしてこれこそが、多くの点において、全ての精神性《スピリチュアリティ》／霊性の核心にあるものであるといえます。それは、生き生きとしていて、活力にあふれており、意識的な気づきに満ちている、存在そのものの基底なき基底《グラウンドレス・グラウンド》、生命の究極の本質、生きとし生けるもの全てにそなわる本当の自己へと、人々を直接にいざなうものなのです。この基底なき基底こそ、私たちの究極のアイデンティティであり、世界中のほぼ全ての精神的伝統において、人間が実現しうる「最高善《スムム・ボヌム》」であるとみなされているものなのです。

とはいえ、ちょっと待ってください。先にも述べたように、悟りには、呪術的な悟り、神話的な悟り、合理的な悟りなどがありうるのでした。

東洋のある伝統によれば、悟りとは「空性と形態がひとつであることを認識すること」（言い換えれば、形なき神と個々の人間がひとつであることを認識すること）であるとされます。この定義を用いるなら、ウェイキング・アップ〔目覚め〕の道における悟りとは、グローイング・アップ〔成長〕のどの段階においても実現しうるということになります。

そして、これこそが大事な点なのです。ウェイキング・アップの道における全ての状態‐段階《ステート・ステージ》（最も高次の状態である非二元の悟りを含む）は、基本的に、グローイング・アップ〔成長〕の道においてどの構造‐段階《ストラクチャー・ステージ》にいたとしても、体験しうるものなのです。ただし、その体験（例えば微細《サトル》な状態、元因《コーザル》の状態、非二元《ノンデュアル》の状態の体験）は、その意識構造（例えば神話的段階、合理的段階、多元的段階）の言葉によって解釈されることになります。

それゆえ、次のことが言えます。たとえどの構造‐段階に位置していたとしても、悟りにおいて、空性と形態がひとつに結びつくことは確かです。けれども、**空性がどの発達段階においても本質的に同じものである**（空性には全く「形がなく」「属性もない」）**のに対して、形態《フォーム》**（発達や進化のプロセスにさらされている）**の姿は、それぞれの発達段階によって全く異なります。**

例えば、神話的段階（アンバー）に位置するある人が、自分が形態《フォーム》の世界全体とひとつであることを見出すとしましょう。このとき、その人が包含している形態《フォーム》は、神話的段階までのものでしかありません。しかし実際には、その「頭の上」に、合理的な世界、多元的な世界、統合的な世界などが広がっています。これらは全く現実の世界であり、現実の構造、現実の出来事なのですが、にもかかわらず、神話的段階の個人はこうした世界と合一できていないのです。

なぜなら、そもそもこれらの世界は、その人の意識の中には存在していないからです。私たちは、自分にとって存在していないものとひとつになることはできません。それゆえ、神話的段階の人にとっての「一なる意識《ユニティ・コンシャスネス》」も、確かに「ひとつ《ユニティ》」ではあるのですが、十分に包括的な「ひとつ」ではないのです。その「ひとつ」は、部分的で、限界を抱えており、不完全で、断片的なものなのです。

それでは、もう1つの点へと移りましょう。2つ目の要点は、**どんな精神的伝統も、自らの教えが「ベルトコンベア」として十分に機能するように変化する必要がある**ということです。各個人のウェイキング・アップ〔目覚め〕を促すだけでなく、同時にグローイング・アップ〔成長〕も手助けすることで、一人ひとりの精神《スピリ》性《チュアリティ》／霊性を統合的段階へと押し上げるのです。

そしてそのことによって、一なる意識《ユニティ・コンシャスネス》への目覚めは、本当のもの、真に包括的なものとなります。これまでに創発し進化してきた全ての世界——すなわち、形態《フォーム》の全ての段階——と合一することになるからです。

加えて、このことは、本当の意味で**インクルーシブ**〔包括的〕な社会をつくることにもつながります。単に理想として述べるだけではなく、人類にとっての全くリアルな現実として、全てを包含するのです。

発達理論の研究によって明確に示されているように、第一層の段階では、その性質上、真に包括的な態度をとることはできません。なぜなら、第一層では、そうした包容力を示すために十分な程度まで、物事の複雑性や統一性を認識することができないからです。しかし、統合的段階、すなわち第二層の段階に到達すると、本物の包括的な態度を表現しうる潜在的な可能性が生まれるようになります。そうした包括性を現実に示すために必要となる知的能力や心の豊かさがもたらされるのです。

教育や政治のシステムは、少なくとも、こうした発達論的事実を考慮したものへと変化するべきでしょう。あるいは、もし開発《ディベロプメント》に関する目標が必要であると言うのなら（国連の「持続可能な開発目標（SDGs）」のように）、人々の発達《ディベロプメント》そのものを目標に定めてみてはどうでしょうか。

さらに、この2つ目の点は、私たちが用いている「悟り」の新たな定義（歴史のその地点において現れている最も高次の状態と最も高次の構造の両方とひとつになること）とも関係しています。今日において、最も高次の状態とは非二元《ノンデュアル》の意識状態であり、最も高次の構造とは統合的段階の意識構造です。

他方、紀元前2000年においては、元因《コーザル》の意識状態と神話的段階の意識構造が最も高次の在り方でした。当時の人たちにとっては、元因《コーザル》の状態および神話的な構造とひとつになることが、実際に、宇宙全体とひとつになることだったのです。当時の「一なる意識《ユニティ・コンシャスネス》」は、それ以上に統合的ではあり得なかったのであり、それゆえ、進化のその地点において与えられている条件のもとでは、最も豊かな悟りでした。

しかし現在に至るまで、進化（それは「スピリットの働き《スピリット・イン・アクション》」に他ならないと考える人もいます）は確かに続いており、絶え間なき「新しさへの創造的前進」をもたらしてきました。そのため、今日において、世界全体とひとつになり、真に全体《ホール》的になるためには、非二元《ノンデュアル》の意識状態と統合的《インテグラル》な意識構造へと到達する必要があるのです。

そういうわけで、この2つ目の点、人々にとっての「ベルトコンベア」を整備するという点に関して、次のことが言えます。たとえ**どのような精神的伝統であっても、その主要な教えを、グローイング・アップ（成長）のそれぞれの段階に適した言葉や表現で示すことが必要になる**ということです。

そのことによって、例えばある人は、幼少期における精神的《スピリチュアル》／霊的な発達を、自らの宗教の呪術的な側面と関わりながら進めていけるようになるかもしれません。中学生の頃になれば、宗教のもっと神話的な側面を重視するようになるかもしれません。青年期になれば、もっと合理的な観点から捉えられるようになるかもしれません。そしてもし成長が続いていけば、成人期の前期において、もっと多元的な見方をもつようになるかもしれません。成長がさらに深まれば、最終的には、自らの精神的伝統の「統合的なバージョン」に傾倒するようになるかもしれません。

私たちは、こうしたグローイング・アップ〔成長〕の観点を、従来のウェイキング・アップ〔成長〕の道と組み合わせることによって、自らの精神的／霊的《スピリチュアル》な活動を、人類が実現しうる最も包括的で、最もインクルーシブで、最も完成されたものへと変化させることができます。進化のこの地点において到達しうる最も高次の意識状態と最も高次の意識構造を実現し、そのことによって、およそ生命が望みうるなかで最も素晴らしく最も輝かしい内容を、余すところなく実現するのです。

「形態」は進化していく

究極の意識状態である「非‐二元の一なる意識」の状態について言えば、大事なことはもちろん、ある程度の時間をかけて、この意識状態に親しくなるということです。それはあなたの本来の顔であり、この瞬間、そしてあらゆる瞬間に、非‐二元の真如《サッチネス》ないし是性《ザスネス》ないし如性《イズネス》として、現前しているものです。それはあなた自身の根源にある存在《ビーイング》かつ生成《ビカミング》であり、進化の基底なき基底《グラウンドレス・グラウンド》、源なき源《ソースレス・ソース》、目標なき目標《ゴールレス・ゴール》であり、ひとりの人間（あるいは何らかの生命）が実現しうる「最高の善《スムム・ボヌム》」なのです。

さて、この純粋な非二元の意識——特にその「空性」としての側面——の中には、実にさまざまな内容、無限とも言えるほどの内容が——「形態《フォーム》」の側面として——含まれています。こうした内容の中には、今までに説明してきた6つから8つの意識構造も含まれます。

次章以降では、この「一なる意識《ユニティ・コンシャスネス》」に、さらに別の内容を付け加えます。そのことによって、一なる意識のうちの「形態《フォーム》」ないし「豊かさ《フルネス》」の面はますます大きくなり、私たちはもっとホリスティックな形で、世界と合一できるようになるでしょう。

先にも述べたように、こうした「一なる意識」の状態、すなわち、空性と形態が結びついた状態は、基本的にどの発達段階においても体験できるものです。ただし、そのとき、**あなたが実際に合一できるのは、自分が気づいている世界全体だけ**になります。

例えば、もしアンバー段階においてそうした状態を体験すれば、あなたが「ひとつ」になれるのは、物理的世界の全て（例えば原子、分子、恒星、銀河）、および、生物学的世界の全て（例えば植物、爬虫類、哺乳類、ガイア）、および、心的世界の一部（インフラレッドの古代的段階からアンバーの神話的段階まで）でしょう。しかし、もしあなたが神話的段階に位置しているなら、あなたのいわば「頭の上」に、オレンジの合理的世界、グリーンの多元的世界、ターコイズの統合的世界などが存在していることになります。そして、あなたはこうした世界とひとつになれていないのです。

けれども、あなたはそのことには気づきません。**そこに欠けているものがあるということは、体験されない**のです。あなたが直接に体験するのはただ、世界全体とひとつになっていることだけです（実際には、その「世界」とは、本来の世界よりも限られたもの、視野の狭いものでしかありません。それよりももっと深く包括的な形で世界と合一することは可能なのですが、そんなことには思いもよらないのです）。

そしてだからこそ、私たちは、**この顕現した世界、絶えず進化している「形態《フォーム》」の世界について、そのさまざまな側面を学び続ける必要がある**のです。

なぜなら、世界の多くの側面に気づくようになればなるほど、私たちが実現しうる「一なる意識《ユニティ・コンシャスネス》」は、ますます全体的《ホール》な（そしてそれゆえに、ますます包括的で、倫理的で、インクルーシブで、広大で、深遠な）ものになっていくからです。私たちの一なる意識《ユニティ・コンシャスネス》は、形態《フォーム》の世界に含まれるますます多くのものを包含するように拡大し、その豊かさ《フルネス》はますます増大していくことになります。そしてそのことによって、悟り——空性と形態を結びつけること——そのものの性質もまた、拡張されていくのです。

それゆえ、次章以降では、これまでに紹介した「意識状態」および「意識構造」という要素に加えて、新たにいくつかの要素（「象限」や「ライン」など）を紹介していきます。こうした要素は、単にそれ自身として興味深いだけでなく、私たちの最も根底にある「一なる意識《ユニティ・コンシャスネス》」（あるいは本来の顔《オリジナル・フェイス》、あるいは真如《サッチネス》）の内容を豊かにしてくれるものでもあります。なぜなら、スピリットの働き《スピリット・イン・アクション》によって生み出されたこの世界、形態《フォーム》と豊かさ《フルネス》に満ちたこの世界のますます多くの側面を、包含できるようにしてくれるからです。

ホワイトヘッドは、スピリット〔精神／霊〕にそなわる2つの側面を次のように表現しました。1つは、**「神の原初的本性」**(the Primordial Nature of God) と呼ばれているものであり、非‐時間的で、変わることのないスピリットの側面を表しています（私たちが「空性」と述べてきたものにあたります）。

もう1つは、**「神の結果的本性」**(the Consequent Nature of God) と呼ばれているものであり、進化ないしエロスないしスピリットの働きによって——新しさと創造性をともなう絶え間なき生成《ビカミング》のプロセスによって——これまでに生み出されたもの全ての総和を表しています。

そしてこうした見方は、東洋におけるスピリット〔精神／霊〕の区分とも類似しています。例えば、ヒンドゥー教における**ニルグナ・ブラフマン**〔形のないブラフマン〕とは、あらゆる属性を超えた純粋なスピリットのことを意味しており、「空性」に相当するといえます。

他方、**サグナ・ブラフマン**〔形のあるブラフマン〕とは、属性や特性をそなえたスピリットのことを意味しています（例えば「存在‐意識‐至福」、愛や創造性、真や善や美などの属性）。

繰り返しになりますが、大事な点をもう一度述べておきましょう。空性（神の原初的本性）にそなわる根本的な自由は、成長も進化もしなければ、そもそも時間の中で変化することがありません。それに対して、形態《フォーム》の世界は、ほぼ疑いなく、成長し、発達し、進化しており、一瞬一瞬、ますます大きな全体性《ホールネス》を生み出しています。

それゆえ、私たちが多くの豊か《フルネス》さに気づくようになればなるほど、私たちが合一できる世界は広がっていくのであり、そのことによって、私たちの「一なる意識」は次第に深まり、ますます全体的なものへと重層的に変化していくことになるのです。

そして、これは終わりのないプロセスであるといえます。すなわち、私たちが歩もうとしている道とは、今ここに完全に現前しようとする道でありながらも、同時に、決して終わりがなく、絶えず拡大していく悟りを実現しようとする道でもあるのです。

これは目的地のない道、期限のない旅、境界線のない探求であり、私たちは自らの限界なき意識をもって、常に後退していく地平線へと向かって歩んでいき、そのことによって、ある全体性《ホールネス》から次の全体性《ホールネス》へと、全体性《ホールネス》を次々と増大させていくのです。

これこそが、私たちがそもそも知っている唯一の生、今ここに完全に在りながら、同時に、決して終わることなく開き出されていく生ではないでしょうか。

「大いなる完成」と「原初の回避」

さて、ここまで、時間のない絶対的な今において、純粋で完璧な「ひとつの味《ワン・テイスト》」が現前しているということを述べてきました。

この広大で、開かれていて、空っぽで、澄みきっていて、純粋な一なる意識《ユニティ・コンシャスネス》の感覚に、ただ、安らぎましょう。宇宙の中で生起している全てのことは、実際には、あなたの内側で生起しています。頭もなく、思考もなく、静かで、動くこともなく、純粋で、広大なあなたの意識の中で、全てが生起しているのです。

もし思考が生まれたとしても、この「一なる全体《トータル・ユニティ》」あるいは「大いなる完成《グレート・パーフェクション》」の一部分として、思考がただ生まれるがままに任せましょう。

もし自我《エゴ》や分離した自己が生まれたとしても、この「一なる全体」あるいは「大いなる完成《グレート・パーフェクション》」の一部分として、自我《エゴ》や分離した自己がただ生まれるがままに任せましょう。

もし痛みや苦しみが生じたとしても、この「一なる全体」あるいは「大いなる完成《グレート・パーフェクション》」の一部分として、痛みや苦しみがただ生じるがままに任せましょう。

もしこのことが理解できたとしても、この「一なる全体」あるいは「大いなる完成《グレート・パーフェクション》」の一部分として、その理解の感覚がただ生じるがままに任せましょう。

もしこのことがよくわからなかったとしても、この「一なる全体」あるいは「大いなる完成《グレート・パーフェクション》」の一部分として、そのわからない感覚がただ生じるがままに任せましょう。

あなたがこのことを理解しようとしまいと、絶対的な今において、頭なき非-二元の意識が常に現前しています。それはおのずから生まれ、そして、世界全体をおのずから包み込んでいます。

ようこそ、あなたの故郷へ。おかえりなさい。そう、それはいつもそうだったのです。

このように、私たちが――純粋な目撃者の状態、あるいは、非-二元の一なる意識の状態において――気づいているこの世界とは、個々のあらゆる物事や出来事が、スピリットあるいは「神性」あるいは「大いなる完成《グレート・パーフェクション》」の完璧な顕現として生起している世界であるといえます。

言うなれば、世界とは、広大な絵画のようなものなのです。この絵画には、存在するもの全てが描かれています。それは**〈在るものすべて〉の全景画（the Total Painting of All That Is）**なのです。あなたの周りに存在している世界の全て、そしてあなたの内面に存在している世界の全ては、全てを包括するこの〈在るものすべての全景画〉の一部なのです。

そして、どんな絵画もそうであるように、そこには光と闇があり、山と谷があり、高いところと低いところがあり、鮮やかな部分と曇った部分があります。言い換えれば、一般的に「よい」とされる領域と、「悪い」とされる領域が存在しているのです――例えば、快楽と苦痛、善と悪、優れたものと劣ったもの、高次のものと低次のものというように。

しかし大事なことは、**そもそもその両方がなければ、この〈全景画〉は存在しえない**ということです。もし全ての暗部、全ての日陰、全ての影をとり除いてしまったら、絵そのものが消滅してしまうでしょう。そこにあるのは、純粋な白色、一面の光だけであり、あたかも北極で吹雪の中にいるかのように、何ひとつとして、判別できる特徴を見つけることはできないでしょう。

むしろ、宇宙の中で生起しているあらゆる物事や出来事は、この広大な〈在るものすべての全景画〉にとって不可欠な要素なのです。

そして、この〈全景画〉に関して最も重要なことは、これこそが、私たちが意識することのできるものの全てだということです。全てを偏りなく目撃するにせよ、全てと非‐二元的に合一するにせよ、それは「全て」なのです。

私たちの根底にある意識は、全てを抱擁し、全てを包含し、あまねく広がっているのであり、たとえどんな物事や出来事であっても、それを意識の外へと追いやってしまうことはありません。全てを目撃するにせよ、全てとひとつになるにせよ、どちらの場合であっても、私たちの意識は、「全て」を抱擁し、「全て」に気づき、「全て」を抱握し、「全て」に触れようとするのです。

けれども、よく注意して観察してみると、私たちはあまりにも多くの場合、何らかのものを「見たくない」と感じています。それは大きなものであるかもしれませんし、小さなものであるかもしれません。重要なことであるかもしれませんし、ほんの些細なことであるかもしれません。いずれにせよ、私たちは、そうしたものから目をそらし、顔を背け、そこから離れようとするのです。

ちょっとした不快な身体感覚、不愉快な考え方、見るに堪えない光景――何であれ、そのまま受けとめるにはあまりにも不愉快であったり、苦痛であったり、憂鬱であったり、不安を感じさせるものであったり、自分に近すぎたりするものを、私たちは避けようとします。たとえほんのわずかな後退であったとしても、私たちはそうしたものから引き下がろうとするのです。そこから目をそらし、顔を背け、離れようとします。

しかし、この動き、この最初の小さな動きこそが、人類のあらゆる苦しみの根底にあるものなのです。私たちは、天国から地獄へと、たった一歩で転落するのです。

そのとき、私たちは、〈在るものすべての全景画〉がもたらす完璧な豊かさ《フルネス》と自由《フリーダム》を捨て去り、小さくて、視野が狭くて、有限で、慣習的で、分離した自己へと同一化することになります。私たちは無限を前にして尻込みし、小さく縮こまってしまうのです。

そしてこの**「自己収縮」（self-contraction）**こそが、文字通り、全ての苦しみを生み出しています。広大な非二元の意識が分裂し、有限な主体と有限な客体が対立するようになるのです。こうして私たちは、究極の豊かさ《フルネス》、究極の全体性、〈在るものすべての全景画〉を、瞬く間に見失っていきます。

しかし私たちは、そうした〈全景画〉の中にこそ、最大限に安らぐべきであるといえます。ただ生じるがままに気づきを生じさせ、その気づきがおのずから〈在るものすべて〉に公平に向かうことを許すべきなのです。何を避けることもなく、何から引き下がることもなく、何に委縮することもなく、内なる葛藤を生み出すこともなく、無益な防衛反応に従うこともなく、気づきがおのずから生じるままに任せましょう。

純粋で、広大で、開かれていて、空っぽで、澄みきっていて、完全に安らかで、完全に包容力に満ちていて、あまねく広がっていて、何にも委縮することのない気づきをもって、〈在るものすべての全景画〉を意識に映し出しましょう（あるいは、それと合一しましょう）。

この〈全景画〉を構成するありとあらゆる側面を、ひとつの全体として抱擁しましょう。顕現した宇宙全体に含まれている輝かしい栄光の全てを、その光と影の全てを、その高次の面と低次の面の全てを、その喜びと苦しみの全てを、その浮き沈みの全てを、意識に映し出しましょう（あるいは、それと合一しましょう）。

このようにして、〈在るものすべて〉の中に完全に安らぐこと――これこそが、あなたの純粋な見る者《シーア》であり、本当の自己《リアル・セルフ》であり、本来の顔《オリジナル・セルフ》であり、あなた自身の純粋な「私は在る《アイアムネス》」なのです（そしてさらに言えば、これこそが、目撃者が〈在るものすべての全景画〉と合一するということです。自分の頭があると思っていたまさにその場所で、この〈全景画〉が生起するようになります）。

けれども、私たちはすぐに、何かを避け始めます。そして、こうした**「原初の回避」(Primordial Avoidance)**によって、〈全景画〉は崩壊し、分割され、断片化し、価値判断が始まり、世界は「よいもの」（意識を向けるべきもの）と「悪いもの」（避けるべきもの）に分かれてしまうのです。

私たちは、あらゆることがおのずから生起しているこの究極の「場《フィールド》」から、わずかに引き下がり、少しばかり目をそらし、不快さを避けようとして身を縮めます。言い換えれば、そこには、私たちにとって「見たくないもの」があるのです。

そして、この「原初の回避」によって、世界に「原初の境界」（Primordial Boundary）が形成されることになります。世界が「よいもの」と「よくないもの」へと分割されるのです。こうして、〈在るものすべての全景画〉は崩れ去り、粉々になり、無数の断片となって、私たちをとりかこむようになります（それらをもう一度結び合わせるには、時間をかけて、1つひとつ、哀れなほどに少しずつ、断片をつなげていくことが必要です）。

善と悪、快楽と苦痛、好きなものと嫌いなもの、望んでいることと恐れていること、魅力的なことと憎むべきこと、私と私以外――あらゆる物事が、互いに対立する2つの極へと分かれていきます。

こうして、私たちの人生は、全ての対極性について、肯定的な面を追い求め、否定的な面を避けようとする営みへと変化していきます。私たちは、**喜びだけがあって苦しみの全くない人生、善だけがあって悪の全くない人生、愛だけがあって恐れの全くない人生を求めるようになる**のです。

しかし、喜びだけの人生、よいことだけの人生、好きなことだけの人生、愛すべきことだけの人生を実現しようとしても、成功することはありません。それはちょうど、左のない右、下のない上、外側のない内側を実現しようとするものだからです。それらは同じ一枚のコインの両面、血に染まったコインの両面なのです。

それゆえ、ヒンドゥー教ヴェーダンタ学派において、悟りとは**「対極の両方からの解放」**であると定義されているのも驚くことではありません。単に否定的な面から解放されるのではなく、肯定的な面からも解放されるのです。同じように、キリスト教の神秘家たちは、究極のリアリティのことを「対立物の一致《コインシデンティア・オポジトルム》」〔ニコラウス・クザーヌスの言葉〕と呼んでいます。

けれども、私たちは、「原初の回避」によって――すなわち、ほんのわずかでも何かから目をそらし、顔を背け、離れようとすることによって――〈在るものすべての全景画〉という統一された場《フィールド》から引き下がり、数えきれないほど多くの一時的な対立物からなる壊れた場《フィールド》の中へと移行してしまいます。

さらに私たちは、そうした対立物の根底にある一体性《ユニティ》を探し求めるのではなく、対立物の両者を徹底的に分離させようとします。善だけがあって悪の全くない人生、豊かさだけがあって貧しさの全くない人生、常に成功していて決して失敗しない人生、全てが栄光に満ちていて惨めさの全くない人生、喜びだけがあって苦しみの全くない人生を、どうにか実現しようとするのです。

こうして、決して実現できないことを追求するように運命づけられた結果、私たちの人生は、次から次へと落胆と失望を感じながら、長い長い退屈な日々を過ごすだけのものへと成り果ててしまいました。しかもそうしたつまらない日々でさえも、時々、どうしようもないほどの恐怖によって、妨げられるのです。

さて、こうした「原初の回避」が起こるとき、同時に、そうした回避を促すような現象も生じています。「分離した自己」(separate self)という感覚が生じ、「自己収縮」が起き始めるのです。実際、ウパニシャッド〔ヴェーダンタ学派などで重視される一連の書籍群〕の中でも、こう述べられています――「他者のあるところに、恐れはある［原注］」。

これこそ、自己収縮という感覚のなかで常に起きていることなのです。ここにある「主体」が、そこにある対象、すなわち「他者」に気づくというわけです。そしてその「他者」は、主体が狂ったように欲望し、手に入れようとし、追い求めるものであるか、あるいは、主体が怖がり、恐れ、避けようとするものであるかのどちらかなのです。こうした状況は、自己収縮による人生そのものであるといえます。

さらにこのとき、私たちの人生は、**気づき《アウェアネス》(awareness)** ではなく、**注意 (attention)** によって展開していくようになります。

気づき《アウェアネス》とは、開かれていて、自由で、完全にくつろいだ状態のなかで、生じるもの全てを包含することを意味しています。気づき《アウェアネス》は、無時間の絶対的な「今」において作用するものであり、現在から現在、そして現在へと展開していきます。

［原注］『ブリハッドアーラニヤカ・ウパニシャッド』第１章第４節２より。

他方、注意においては、一部のみに焦点が当たり、意識は縮小し、〈全景画〉そのものに気づくことは決してありません。注意は常に、〈全景画〉の中の特定の一部分のみに向けられるのです。注意は、過去と未来の途中にある一時的な現在において作用するものであり、それ自身を手放して、常に現前する「今」へと身を委ねることができません。

注意においては、私たちの意識は常に収縮し、過去と未来の途中にある小さな切れ目としての現在だけに焦点が当たります。一度にひとつの内容、それからまた、一度にひとつの内容、それからまた、一度にひとつの内容……というように注意が向けられていくのです。

もちろん、理想的には、私たちはこの両方を使いこなせるべきです。常に現前していて、決して捨て去ることのできない究極の気づき《アウェアネス》の場から、〈在るものすべての全景画〉の特定の側面に対して注意《アテンション》を向けるのです。そのとき、私たちは、〈全景画〉そのものとも、〈全景画〉を指し示してくれる気づき《アウェアネス》とも、接触を失うことはありません。

しかし私たちは、「原初の回避」によって、そうした究極の場をばらばらに砕いてしまいます。〈在るものすべての全景画〉を二つに引き裂いて、欲しい部分、好きな部分、望んでいる部分と、嫌いな部分、憎んでいる部分、恐れている部分へと分けてしまうのです。

こうして、互いに対立する両極からなる世界が、ガシャンと音を立てながら出現し、私たちの人生は、不可能なことを実現するために捧げられることになります。そしてそれゆえに、さまざまな幻想や苦しみ、痛みや涙が生まれることになるのです。

さまざまな対象がやってきては、少しの間とどまり、私たちを苦しめ、そして去っていく。これを繰り返しながら、とうとう死を迎える。これこそ、「原初の回避」に満ちた人生、「自己収縮」に満ちた人生であり、さまざまな「対《ペア》」からなる世界なのです。

さて、ほとんどの精神的伝統において認識されているのは、**こうした「原初の回避」によって、主体と客体のあいだに何らかの区別ないし二分法が生まれる**ということです。純粋な気づき《アウェアネス》という非二元の場が「破壊」されて（もっとも、非二元の気づきを本当に破壊することはできないので、破壊したというのも幻想なのですが）、自己と他者、内側と外側、天国と地上、無限と有限、涅槃と輪廻、神と被造物といった見かけ上の対立が生み出されるのです。

そしてこうした原初の回避によって、**究極のスピリットが、自分自身を次々に「収縮」ないし「縮小」させていくこと**になります。ますます密度が高く、ますます現実的でない領域へと——キリスト教の用語を使えば、スピリット、魂、心、身体、そして物質へと——次々と移行していくのです。

（ただしこのとき、それぞれの段階がスピリットであることに変わりはありません。それぞれの段階は、究極のスピリットの「縮小したバージョン」であり、それゆえ、「スピリット」「スピリットとしてのスピリット」「魂としてのスピリット」「心としてのスピリット」「身体としてのスピリット」「物質としてのスピリット」なのです）

スピリットが縮小するにつれて、意識は狭くなり、気づきは浅くなり、愛は小さくなっていきます。こうして最終的には、スピリットは、最も気づきが浅く、最も愛が小さく、最も意識的でない存在、すなわち、原子や素粒子などの物質として現れることになります。そしてそこから、ビッグバンが起こり、純粋に物質的な宇宙（生命も心も魂も全くない宇宙）が動き始めるのです。

こうした下向きの運動は、**「内化」(involution)** と呼ばれています（プロティノスはこの運動を「流出」と呼びました）。そしていったん内化が起きると、今度は、スピリットへ戻ろうという上向きの運動、すなわち、**「進化」(evolution)** として知られている現象が起こることになります（プロティノスはこの運動を「帰還」と呼びました）。

このとき、帰還の運動は、基本的には内化と逆の順序で起こります。すなわち、感覚なき物質から、生きた身体へ、概念をもった心へ、目覚めた魂へ、そして純粋な「スピリットとしてのスピリット」へと、逆向きに展開していくのです。

一般的に言って、この「帰還」ないし「進化」の運動は過去140億年にわたって続いており、現在、およそ中間地点に位置しているといえます。物質、身体、心と進化してきて、ちょうど魂を――そしてスピリットを――とり入れようとしているところなのです。

（もっとも、一人ひとりの個人は、たとえ進化のどの時点であっても、ウェイキング・アップ〔目覚め〕の道を自ら進んでいき、この帰還の運動を自分自身のペースで完了させることができます。自分自身の最も中核にあるものが「スピリットとしてのスピリット」であることを完全に認識することによって、伝統的な意味での悟りや目覚めを達成するのです）

さて、グローイング・アップ〔成長〕という近代的な道が発見されたことで、こうした図式、こうした主要な諸領域に対して、新たな要素が付け加わることになりました（なお、こうした図式は、私たちに生まれつきそなわっている5つの主要な意識状態を別の形で表現したものでもあります。「物質」とは、粗大《グロス》ないし物理的な領域のことであり、「身体」とは、基本的な諸感覚から深い啓示に至るまでのさまざまな内面的状態のことであり、「心」とは、意識そのものの元因《コーザル》な基底のことであり、「魂」とは、真の自己ないし目撃者のことであり、「スピリット」とは、非二元の一なる意識《ユニティ・コンシャスネス》のことなのです）。

すなわち、進化という帰還の運動は、単にこうした主要な諸領域――内化のプロセスを通して「形象化《パフォーム》」し「堆積」した諸領域――を再現するだけのものではなく、**新たな領域や段階を創造するものでもある**ことが明らかになったのです。

言い換えれば、内化だけでなく進化においても、創造的な「スピリットの働き《スピリット・イン・アクション》」が作動しているのであり、内化と進化のどちらもが「新しさへの創造的前進」なのです（創造的に縮小していくのが内化であり、創造的に拡大していくのが進化であるといえます）。


そして、こうした前進のプロセスにおいて起きるのは、それぞれの段階を超えて含むことによって、ますます包括的な〈在るものすべての全景画〉が創造されていくということです。

進化が展開していくなかで、〈全景画〉はやがて、自分自身を初めて意識するようになりました。自分自身を内省する能力が出現したのです。

さらに、〈全景画〉はやがて、進化という現象そのものを意識するようになりました。自分自身がこれまで進化してきたこと、しかも、今なお進化していることを自覚するようになったのです（進化が進化そのものを意識するようになったともいえます）。

さらに、〈全景画〉はやがて、人間の領域においても進化――第一層の進化――が起きていることを意識するようになりました。過去の諸段階、すなわち、第一層の諸段階について理解することで、人間もまた、進化し続けている存在、絶えず開き出されている存在であることが明らかになったのです。

さらに、〈全景画〉はやがて、人間の領域において起きている進化という現象が自分自身の関わっているプロセスでもあることを、直接に、曇りなく、第二層の視点から認識するようになりました。自分自身が実際にコスモス全体と共-進化しているということを、内省的な認識として、明確に自覚するようになったのです。

そしてとうとう、〈全景画〉は、進化とはスピリットの働き《スピリット・イン・アクション》そのものであり、その作用が人間を通して現れているのだということを、第三層の意識によって直接に体験するようになりました。言い換えれば、スピリットが、スピリットとして、スピリットを——人間という存在を通して——直接に体験するようになったのです。

けれども、精神的な伝統においては、進化を通して生み出される段階《ステージ》やレベル（例えば本書で説明してきた6つから8つの発達段階）のことが、ほとんど認識されていません。

なぜなら、そうした伝統においては、意識の構造すなわち構造-段階のことが認識されていないからであり、そしてそれゆえに、内化と進化の運動が、意識の状態および状態-段階《ステート・ステージ》（「粗大《グロス》、微細《サトル》、元因《コーザル》、目撃者《ウィットネス》、非二元《ノンデュアル》」や「物質、身体、心、魂、スピリット」）という観点だけから説明されているからです。

しかし私たちは、これら二種類の系列（状態と構造）をひとつに合わせることで、内化と進化（流出と帰還）のプロセス全体について、遥かに包括的な見方をもつことができます。

さまざまな伝統において想定されていた事態とは異なり、進化とは、単に内化のプロセスを巻き戻すだけのものではありません（こうした見方においては、進化のなかで出現する全ての事柄は、内化のプロセスを通して既に生み出されていたものであり、私たちがそれを「忘却」しているだけだとされます。私たちは、気づきに満ちた進化のプロセスを通して、それを「思い出す」〔想起する〕だけなのです）。

そうではなく、進化とはそれ自体、極めて創造的な力（まさしく「スピリットの働き《スピリット・イン・アクション》」）であり、進化における構造と段階のほとんどは、進化それ自体がもたらす「新しさへの創造的前進」によって創造されたものなのです。

構造や段階は、内化という「あの世的」で先験的《ア・プリオリ》なプロセスによって生み出されたものではなく、むしろ、進化という「この世的」なプロセスにおいて、限りなく創造的なエロス〔愛〕が作用することで生み出されたものであるといえます。

それゆえ、こうした**存在と認識の諸段階のことを、何か「神の心の中にある永遠のイデア」のようなものであると考えることは必要ではありません**（近代以前《プレモダン》の形而上学的な体系においては、世界のどこでも大抵、このように捉えられています〔原注〕）。そうした段階はむしろ、進化それ自体によって創造されたものであり、前の瞬間に生み出されたものを絶えず「超えて含む」ことによって、創造されたものなのです。

私たちは、こうした諸段階のことを説明するために、「超-自然的《メタフィジカル》」〔形而上学的〕な話を持ち出すことは必要ではありません。こうした諸段階は、自然を「超えて」存在しているのではなく、自然の「中に」存在しているのであり、「この世的」な進化のプロセスそのものの内部で起きていることなのです。私たちは、こうした見方を「統合的なポスト形而上学」(integral post-metaphysics) と呼んでいます。

とは言うものの、さしあたって大事なのは次の点です。たとえ私たちが、内化と進化のプロセスを、主に状態《ステート》／領域《レルム》に関わるものだと考えるにせよ、主に構造／段階《レベル》に関わるものだと考えるにせよ（あるいはインテグラル理論のように両方を包含するにせよ）、「原初の回避」こそが、非-二元の場

［原注］こうした見方（全く同じ表現ではない）は、聖アウグスティヌスに拠るところが大きい。

を分離し、区別し、縮小し、収縮させ始めるということです。

私たちはこれまで、何らかのもの、少しばかり不愉快なものを見ないようにしてきました。そうしたものから目をそらし、顔を背け、離れようとしてきたのです。

こうした「原初の回避」によって、私たちは、有限で、自己収縮に基づいており、幻影でしかない、「主体」としての自己（これは実際には「客体」なのですが）と同一化するようになりました。〈在るものすべての全景画〉を否定することで、苦しみをつくり出し、対極の片方だけを追いかけまわすようになったのです。

そして、この**「原罪」**ないし**「原初の二元論」**ないし**「原初の疎外」**があまりにも強烈なものであったために、私たちは、絶望のどん底へと身を投げ出すことになりました。

それゆえ、私たちは――少なくとも実際的な面では――自分自身を救い出さなければならないのです。偽物の自己を少しずつ変容させ、あまり分裂しておらず、あまり断片化しておらず、あまり部分的ではない自己を、すなわち、もっと全体的で、もっと統合的で、もっと意識的な自己を形づくっていくことが必要なのです。

そしてこのプロセスは、第三層の超‐統合的段階――特に言えばスーパーマインドの段階――において、最高点に達することになります。

そのとき、純粋な空性（目撃者、対象なき意識、絶対的主観性）が、全ての形態《フォーム》、すなわち、目撃されうる全ての対象（粗大《グロス》な対象、微細《サトル》な対象、元因《コーザル》な対象の全て）と合一するようになるのです。言い換えれば、最も高次の意識構造において、最も高次の意識状態（一なる意識《ユニティ・コンシャスネス》の状態）が実現されるのです。

（なお、最も高次の段階とは、第三層の超‐統合的段階、特にその最後の段階であるスーパーマインドの段階であると私は考えています。とはいえ、少なくとも今日の世界においては、第二層の統合的段階が最も高次の段階であると言ってもよいでしょう。いずれにせよ、そうした高次の段階は、第一層における「分離した自己」や「欠乏欲求」を超えているものであると思われます）

こうした「最上の悟り」によって、最も高次の意識状態（空性と形態、神と被造物、無限と有限、涅槃と輪廻が完全にひとつになっている状態）は、これまでの進化における最も高次の形態（統合的段階、あるいは超–統合的段階）と結びつくことになります。

そしてそのとき、私たちが実現する「一なる意識《ユニティ・コンシャスネス》の状態」は、本物の合一《ユニティ》、完全な豊かさ《フルネス》、完璧な包括性を示すことになるでしょう。言い換えれば、私たちはそのとき、最大限に豊かで包括的な〈在るものすべての全景画〉とひとつになるのであり、その〈全景画〉には、進化すなわち「スピリットの働き《スピリット・イン・アクション》」によってこれまでに生み出されてきた全ての段階《レベル》〔構造〕と全ての領域《レルム》〔状態〕が、超えて含まれているのです。

もはや、あなたの「頭の上」に残っているものは何もありません。なぜなら、あなたにはもう、頭がないからです。かつて「頭の上」にあったものは、巨大な青いパンケーキとなって落ちてきたのであり、あなたとはそれなのです。ここには自己収縮はなく、ただ、「ひとつの味《ワン・テイスト》」だけがあります。

ところで、第三層の最も高次の段階である**スーパーマインド**（**Supermind**）は、非–二元の一なる意識《ユニティ・コンシャスネス》である**ビッグ・マインド**（**Big Mind**）とは何が違うのでしょうか。［原注］ それは、ビッグ・マインドとは意識状態であり、スーパーマインドとは意識構造だということです。

［原注］ビッグ・マインド（大いなる心、大心）とは、特に言えば、非–二元の意識状態をあらわす禅の言葉である。

この言葉を初めて広範に用いたのは鈴木俊隆老師（『禅マインド ビギナーズ・マインド』の著者）であり、さらに最近になって、デニス・ゲンポウ・マーゼル老師（*Big Mind Big Heart* の著者）がこの言葉を用いている。

ビッグ・マインド（トゥリヤティタ）は、ウェイキング・アップ〔目覚め〕の道における意識状態のひとつであり、事実上、グローイング・アップ〔成長〕のどの段階においても体験することができます。それゆえ、神話的なビッグ・マインドの体験、合理的なビッグ・マインドの体験、多元的なビッグ・マインドの体験などが生じうることになります（このように、たとえ形態《フォーム》の世界においてどの発達段階に位置していたとしても、「空性と形態がひとつになる」という体験をすることは可能です。しかし、統合的段階よりも前の段階だと、その形態《フォーム》や豊かさ《フルネス》が十分に包括的であるとは言えないでしょう。世界と「ひとつ」なっているのは確かなのですが、その世界はあまり包括的なものではないのです）。

他方、スーパーマインド（現存する最も高次の段階）は、それ以前の全ての発達段階（すなわち第一層と第二層の諸段階）を進んだ後に、初めて体験することができるものです。スーパーマインドは、それ以前の全ての意識構造を超えて含んでいるのです。それゆえ、スーパーマインドの段階においてビッグ・マインドが体験されるとき（後で述べるように、この段階においては必ず体験されるのですが）、そのビッグ・マインドは、進化の歴史全体の中でこれまでに出現した主要な段階の全てを踏まえて、解釈され体験されることになります。言い換えれば、**「スーパーマインド ＝ ビッグ・マインド ＋ これまでに進化してきた全ての形態《フォーム》」**なのです。

そしてだからこそ、第三層のスーパーマインドの段階（そして第二層の最後の段階であるターコイズの統合的段階）は、全く驚異的な段階だと言えるのです。この段階においては、最も高次の意識状態（トゥリヤティタ、ビッグ・マインド、非二元の一なる意識）にアクセスできるだけでなく、同時に、ビッグ・バンから始まる進化のなかでこれまでに生み出されてきた全ての主要な意識構造にもアクセスすることができます。言い換えれば、スーパーマインドの段階における空性は、ありうる自由《フリーダム》のなかで最も自由《フリー》なものであり、スーパーマインドの段階における形態は、ありうる形態《フォーム》のなかで最も豊か《フル》なものなのです。
最上の自由《フリーダム》と最高の豊かさ《フルネス》——これこそ、第三層のスーパーマインドの段階が（あるいはそれに準じるものとして、第二層の最終段階であるターコイズの統合的段階が）私たちに与えてくれるものなのです。

（たとえどの発達段階であっても、ビッグ・マインドが「空性と形態がひとつになった状態」であることは変わりません。しかし第二層——もっと正確に言えば、第三層——になると、その「形態」とは、ビッグ・バンから現在までに出現した「全ての形態」を意味するようになります。

それゆえ、例えばあなたが神話的段階や合理的段階に位置していたとしても、**ビッグ・マインドの状態を「至高体験」することはできますが、スーパーマインドの構造を「至高体験」することはできません。**[原注]スーパーマインドを十分に体験するためには、第一層と第二層の諸段階、さらには第三層の諸段階を、一歩一歩進んでいかなければならないのです。

とはいえ、もしあなたが統合的段階の在り方を十分に確立し、インテグラル・マインドフルネスのような実践をおこなっていけば、あなたは第三層の諸段階へと自然に開かれることになります。だからこそ私は、統合的段階が実質的には最も高次の発達段階であると述べてきたのです。

それゆえ、もしあなたが統合的段階の在り方を十分に確立し、それが疑いようのないほどに定着するようになったなら、さらに高次の全体性《ホールネス》、さらに高次の豊かさ《フルネス》、さらに高次の自由《フリーダム》に対して、じっと目を見開いておきましょう。進化のプロセスは、さらに大きな包括性へと向けて、絶え間なく前進し続けているのですから）

［原注］至高体験とは、短時間の強烈な超個的体験ないし神秘的体験をあらわすマズローの言葉である。至高体験は、ほとんど全ての発達段階において起こりうるものである。

さて、もう一度述べておきましょう。人間という存在は、初めから、それまでに生み出されていた主要なホロンの全てを包含して（超えて含んで）いました。人間は、文字通り自分自身の体のなかに、クォーク、亜原子粒子〔陽子や中性子〕、原子、分子、原核細胞や真核細胞、そしてさまざまな有機的組織――植物が切り拓いた基本的な生化学、魚類や両生類の神経索、爬虫類の脳幹、古哺乳類の大脳辺縁系、霊長類の大脳皮質、人間自身の大脳新皮質と三位一体脳など――を包含しているのです。

さらにそこから（ここまでの諸段階は全てインフラレッド段階に含まれます）、人間そのものもまた、成長や進化を続け、先行する段階を超えて含みながら、第一層と第二層の６つから８つの段階を生み出し、そしてとうとう、現存する最も高次の段階であるスーパーマインドの段階へと到達することになりました。

それゆえ、スーパーマインドの段階とは――あるいは、今日において実質的には最先端の段階である統合的段階とは――コスモス全体の中で最も深さの大きな（そして幅《スパン》の小さな）ホロンであり、最も重要な（そして最も基本的でない）ホロンであるといえます。それはつまり、**既知の宇宙における他のどんな対象や現象よりも、多くの段階《レベル》が包含されている**という意味です。

先にも述べたように、ビッグ・マインドとは単に、世界とひとつになっている状態のことを指しています。そしてスーパーマインドの段階では、進化によって生み出された最も高次の意識構造を通して、ビッグ・マインドが体験され、解釈されるのです。

それゆえ、超‐統合的段階において体験されるビッグ・マインドとは、驚異的なほどの豊かさ《フルネス》を包含するものであるといえます。なぜなら、その「空性と形態《フォーム》がひとつになる」という体験において、空性は他の段階において体験されるものと同じですが、形態《フォーム》は、コスモスの中でこれまでに出現した最も豊《フル》かな形態となっているからです。その形態《フォーム》は、これまでに進化によって生み出されてきた全てのホロンを包含し、そしてそれらと共鳴しているのです。

こういうわけで、超-統合的段階における形態《フォーム》には、究極の**深さ**が与えられることになります。言い換えれば、そこには、140億年前から止むことなく続いてきた〈在るものすべての全景画〉の全歴史が包含されているのです。コスモスのどこを探しても、これほど包括的なものは他に見当たらないでしょう（さらなる深さがいずれ生み出されるまでは）。

これこそが、私たちの真の自己《トゥルー・セルフ》、本当の条件《リアル・コンディション》、非-二元の真如《サッチネス》を、最も高次の意識状態と最も高次の意識構造において表現するということなのです。これこそが、「原初の回避」にも「自己収縮」にも陥ることなく、常に現前する〈在るものすべての全景画〉に純粋な気づき《アウェアネス》を向け、「常に現前する今」から「常に現前する今」へと無-時間的に現前するということなのです。

こうした純粋な気づき、純粋な「在る」という感覚は、今ここのあなたにとって、既に明らかなものです。あなたは今ここで、直接に、「私は在る《アイアムネス》」に気づいています。そうですよね？　こうした気づきは、達成することが難しいのではなく、避けることができないものなのです。問題は、どうすればそこに到達できるかではありません。問題は、それが**常に現前している**ことをどうすれば認識できるかということです。

そしてそのために必要なことは、ただひとつです。頭なきビッグ・マインドの状態に安らぎながら、グローイング・アップ［成長］の諸段階がおのずと現れるがままに任せ、そしてそのことによって、さらに豊《フル》かな形態の一なる意識《ユニティ・コンシャスネス》へと移行していくこと。そうすればいずれは、これまでに進化（あるいは「スピリットの働き《スピリット・イン・アクション》」）を通して生み出されてきた宇宙の全てを、（それと合一しながらも同時に）「超えて含む」ことができるようになるでしょう。

ちょうど鏡のような心《ミラー・マインド》がそこに映し出されたもの全てを完全に受け容れているように――すなわち、何を求めることもなく、何を拒絶することもなく、全てを受け容れながら、何に対しても固執していないように――あなた自身も、ためらうことなく、全てをただ生じるがままに生じさせ、全てを余すところなく意識に映し出し、そして全てを手放しましょう。目をそらすことなく、顔を背けることなく、離れることなく、ただ、全てをあるがままに生起させましょう。

そのとき、あなたの空性は、〈全景画〉の豊《フルネス》かさで無限に満たされるようになり、全てを公平を見つめる目撃者は、それに先立って存在している、〈在るものすべて〉の純粋な一体性《ユニティ》へと姿を変えるでしょう。そう、これこそが、あなたの真の条件《トゥルー・コンディション》、あなたの本当の真如《リアル・サッチネス》なのです。

こういうわけで、私がみなさんにお勧めしたいことは、極めて単純明快です。

1つは、**グローイング・アップ〈成長〉の道において、自分にできる限りの行動を起こし、統合的段階へと向かって発達していく**こと（そうすれば、超–統合的段階の入り口にも立ったことになります）。インテグラル・マインドフルネスのような実践を活用し、現在よりも高次の自己、高次の存在、高次の意識が、おのずと動き始めるがままに任せましょう。そうすることで、みなさんはやがて統合的な全体性《ホールネス》を見つけ出し、最も豊《フル》かなバージョンの〈在るものすべての全景画〉と真正面から向き合えるようになるでしょう。

もう1つは、それと同時に、**ウェイキング・アップ〈目覚め〉の道において、少なくとも2つの状態――〈全景画〉を純粋に目撃する状態、および、〈全景画〉とひとつになる状態――を訓練していく**ということです。

この両者――最も高次の意識構造と最も高次の意識状態――を結びつけることによって、私たちは、自分という独自の存在に秘められた最も素晴らしく最も輝かしい部分を目覚めさせ、そしてそのことによって、自分が与えうる最も深い贈り物《ギフト》を、世界に届けられるようになるのです。

さらなる論点

加えて、もしあなたがAQAL《アークアル》の地図においてこうした場所に位置するようになったならば、あなたは文字通り進化の最先端にいるのであり、そしてそれゆえに、あなたの思考や行動が、未来の形態《フォーム》、あるいは未来の意識構造に、直接的な影響を与えることになります。あなたは本当に、現実を「共-創造《コクリエイト》」しているのであり、その後の全ての人間が、そうして生み出された現実を経験していくことになるのです。（思い出しましょう。AQAL《アークアル》とは「全象限、全レベル、全ライン、全ステート、全タイプ」(All Quadrants, All Levels, All Lines, All States, All Types）の簡略表現です。AQALとは、人間であることの条件を描いた複合的な地図（あるいは「超-地図《スーパー・マップ》」）であるといえます。既に見てきたように、私たちはこの超-地図を用いることで、自らの成長の全体を、もっと適切に方向づけられるようになります）

それゆえ、あなたの全ての活動を、自分にとって可能な範囲で、あなたの中にある最も深く、最も広く、最も高次の「源《ソース》」(例えば統合的な段階と非二元の状態）から生まれるものへと変えてみましょう。あなたの口から出てくる全ての言葉を、あなたが認識している最も高次の自己から発せられるものへと変えてみましょう。あなたの全ての行動を、あなたが呼び起こしうる最も深い源《ソース》から湧き出てくるものへと変えてみましょう。

そのとき、あなたはコスモスの大いなる貯蔵庫へと形態《フォーム》を蓄積しているのであり、いずれはそうした形態《フォーム》が降りてきて、未来を形づくる型となることでしょう——そして**その未来には、あなた自身の特別なこだわりが添えられている**のです。

それゆえ、あなたが本当に誇りに思える事柄を、形態《フォーム》として蓄積するようにしましょう。自分たち自身が未来の世界そのものを直接に共-創造しているのだということ、そのことを本当に、明確に体感していますか？　どうか、このことを決して、決して、忘れないでください……。

さて、進化という「帰り道」においても、進化そのものにそなわる「新しさへの創造的前進」によって、全く新たな領域、新たな側面、新たな可能性が絶え間なく生み出されています。

私たちは、こうしたさまざまな領域に意識を向け、それらを究極の気づき《アウェアネス》の場の中へと持ちこむことによってのみ、自らの究極的な条件《コンディション》を拡大し、その潜在的な可能性を広げ、絶え間なく生成しているスピリットのあらゆる側面を包含していくことができるのです。

そしてこのとき、そうしたスピリットの側面の中には、私たちによって「思い出される」ことを待っているものもあれば、全く初めて出現するもの、進化を通して全く新たに表現されるものもあります。

それゆえ、自らの真の条件《トゥルー・コンディション》を見つけ出して話を終えてしまう前に、〈在るものすべての全景画〉を構成する他の側面も、簡単に見ておきましょう。なぜなら、こうした領域は実際にそこに存在しているからであり、それらを意識にのぼらせておくことによってのみ、究極のスピリットにそなわる深い幸福を、もっと大きく、もっと活力あるものへと変えていくことができるからです。

もちろん、みなさんは、**自分が今いる場所にとどまるのも、全くもって自由です**。ただし、そのとき、自分には統合的段階（さらには超-統合的段階）にまで成長しうる可能性があるということ、および、悟りや解放の状態にまで目覚めうる可能性があるということを、認識しておきましょう。そして、この両方の軸を活性化させることができる実践を、とり入れてみましょう。

こうした実践をおこなうだけでも、みなさんはやがて、現状、世界人口の1パーセント未満しか到達していない内容――両方の道において今述べたような深さへと発達すること――を実現することになるでしょう。これは確かに、一生をかけて実現するのに十分な内容だと言えるかもしれません。

とはいえ、人間の発達に関する6つから8つの意識構造、および、人間の意識に生まれつきそなわっている4つか5つの意識状態について知ったときに感じることのひとつは、おそらく、こうした領域が自分にとって（さらにはそれ自体としても）とても興味深いものであるということでしょう。ほとんどの人は、この新たな情報に魅力を感じ、それが日々の生活の中でも非常に役立つものだということにすぐに気づきます。

次章以降で紹介する内容は、ある意味では、これまで見てきた領域ほど「重要」ではないと言えるかもしれません。にもかかわらず、ほとんどの人にとっては、これまでに紹介した2つの要素と同じくらいに興味深く、同じくらいに新しく、そして――自分の人生をもっと素晴らしく、輝かしく、幸せで、健康的なものに変化させていくうえで――同じくらいに有用なものであるはずです。

そしてこうした内容もまた、私たちが紹介している「複合的地図」ないし「超-地図《スーパーマップ》」の一側面なのです。それはつまり、人類の歴史においてこれまでに出現した主要な文化のほぼ全てを――前-近代《プレモダン》、近代《モダン》、後-近代《ポストモダン》、そして初期の統合的《インテグラル》時代の文化の全てを――考慮に入れて、生み出されたものだということです。それゆえ、この意味において、「普遍性」の検証に耐えうる内容なのです。

次章では、私たちが**「四象限」**と呼んでいる内容について探求していきます。これは、「真善美」として知られている有名な3つの価値領域と関連するものでもあります。おそらくみなさんも、プラトンのこの考えをどこかで聞いたことがあるだろうと思います（もっとも、本書での説明は、そのときの説明の仕方とは大きく異なるものになると思われますが）。

真、善、美。この言葉を聞いただけで、私の心《ハート》は何かを感じとります。みなさんも、この言葉に、なにか本質的な魅力を感じないでしょうか？

私たちは、四象限という見方を包含することで、グローイング・アップ〔成長〕とウェイキング・アップ〔目覚め〕の両方のプロセスに、もっと具体的な中身を与えることができます。そして、グローイング・アップ〔成長〕の諸段階やウェイキング・アップ〔目覚め〕の諸段階に触れたときと同じように、**ただこうした要素のことを知るだけで、私たちの中のそうした要素が活性化し、目覚め、動き出し、それ自身の成長と発達を始める**ことになるのです。

こうして、真と善と美の全てが、私たちの存在《ビーイング》と生成《ビカミング》の中へともたらされ、私たちの意識は、かつてないほどに輝かしく、魅力的で、生き生きとしていて、世界に響き渡るものへと変化していくことになります。ただそうした要素に気づきを向けて、インテグラル・マインドフルネスをおこなうだけで、私たちの意識はそうした要素をとりこんで、ますます豊か《フル》なものへと拡大していくのです。

それゆえ、どうかもう一歩進んで、次の要素についても学んでみてください。おそらくほぼ確実に、疑いようのないほど重大な変化がもたらされるはずです。

加えて、そこでみなさんは再び、人間であるとはどういうことかについて、極めて重要な内容を学ぶことになるでしょう。

AQAL《アークアル》とは、いわば「ヒト入門講座」(Human Being 101)を構成する内容なのです。AQALの各要素は、人間という「世界-内-存在」にそなわる極めて根本的で極めて重要な側面であり、それゆえ、歴史上の主要な文化においては、ほとんどの場合、こうした要素が無視されることはありませんでした。

それにもかかわらず、そう、それにもかかわらず、**私たちのような文化では、こうした情報の大半が、巧妙に無視されており、場合によっては、積極的に否定されています。**こうした情報は、人間であるとはどういうことかを考えるうえで決定的に重要な内容であるにもかかわらず、そうなのです。

そしてそれゆえに、現在の私たちは、こうした内容を何から何まで自分自身で見つけ出し、解き明かさなければならなくなっています——もっとも、そもそもそうした内容にたどり着ければ、ですが。

おそらくもうお気づきでしょうが、これまでに説明した2つの要素——グローイング・アップ〔成長〕に関わるさまざまな意識構造、および、ウェイキング・アップ〔目覚め〕に関わるさまざまな意識状態——は、一般的に言って、私たちの文化ではほぼ完全に口に出せない内容であるか、あるいは、全くと言っていいほど知られていない内容なのです。

加えて、みなさんはおそらく、こうした要素が実際に存在していることを示唆する事実や事柄が非常に多いことに——そしてもちろん、こうした要素が極めて重要なものだということにも——かなり驚いたのではないかと思います。

だとすれば、なぜ、みなさんにとって、これらの情報は「初耳」だったのでしょうか? こうした内容は、ほとんどどんな文化においても、教育システムの中に組み込まれるべき——そして公共的な知として普及させるべき――ものであると思われます。

結局のところ、本書で扱っている内容とは、人間を人間たらしめるものは何であるかということです。言うなれば、これは、**人間という有機体《オーガニズム》をどのように乗りこなしていけばよいか**を教えてくれる「取扱説明書」のようなものなのです。しかし私たちは、こうしたこと全てをじゅうたんの下に押し込んでしまい、あるいはクローゼットの中に隠してしまい、ただ運よくそれを見つけ出せるかどうかに、全てを委ねてしまっています。

ともあれ、幸運にも、あなたはこの本を見つけました。実際、本書は、「ヒト入門講座」を提供しようとしているひとつの試みなのです。そこには、グローイング・アップ〔成長〕に関わるさまざまな意識構造と、ウェイキング・アップ〔目覚め〕に関わるさまざまな意識状態が含まれています。加えて、これから、ショーイング・アップ〔体現〕に関わる４つの象限についても紹介していきます。

それでは、もう少しだけ、私と一緒に先へ進んでみませんか？　真と善と美が、あなたの心にも深く訴えかけてくるかどうかを、確かめてみませんか？　そう、これからお伝えするのは、要するに宇宙の取扱説明書の一部であり、この宇宙をどのように乗りこなしていけばよいかを教えてくれるものなのです……。

第三章　ショーイング・アップ：意識にそなわる多様な視点

Chapter 3. Showing UP: The Many Perspectives of Consciousness

本書ではここまで、意識状態にかかわるウェイキング・アップ〔目覚め〕の道と、意識構造にかかわるグローイング・アップ〔成長〕の道について紹介してきました。また第一章では、シャドー〔影〕の問題についても簡単に言及し、クリーニング・アップ〔浄化〕の道も重要なものであることを指摘しました。

さて、これからショーイング・アップ〔体現〕の道について話し始める前に、確認しておきたいことがあります。**本書では、クリーニング・アップ〔浄化〕(Cleaning Up)の道について詳しく紹介することはしない**ということです。理由は単純で、「無意識」や「影《シャドー》」という見方は既に広く知れ渡っており、しかも広く受け入れられているからです。

フロイトが心理学に多大な貢献をしたおかげで、心理療法および精神医学のさまざまな流派が新たに発展することになり、私たちの心の中に「無意識」や「抑圧された内容」が存在することは広く受け入れられるようになりました（少なくとも、心理学の主要な学派のうちのいくつかにおいてはそうです）。加えて、今ではほとんど苦労せずとも、自分の住んでいる地域の近くに、さまざまな心理療法の実践者を見つけることができます。こうした問題に関して支援を求めることはかなり容易になり、社会的にも広く受け入れられるようになりました。

とはいえ、ここで私が注意を促しておきたいのは次の点です。クリーニング・アップ〔浄化〕の実践は、グローイング・アップ〔成長〕を扱うどんな流派においても、さらにはウェイキング・アップ〔目覚め〕を扱うどんな流派においても十分に扱われておらず、ときには全く触れられていないのです。これはつまり、**もしあなたが情動的ないし心的な問題を抱えているなら、そうした問題には別の方法によって対処しなければならない可能性が非常に高い**ということです。

例えば、**単に瞑想だけをおこなっていても、瞑想そのものによっては、シャドー〔影〕の問題が解決されることはない**でしょう。こうした問題に対しては、既存の実践とは別の方法によって、直接に働きかける必要があるのです（なお、研究によれば、さまざまな心理療法の「成功率」は、広く用いられている主要な心理療法の流派であれば、どれであっても同程度――大幅な改善を示すのは全体の60パーセント程度――であることが示されています）。

もっとも、こうしたセラピーにおいても、瞑想が役に立つのは確かです。それゆえ、もしお望みなら、瞑想にも通じているセラピストを選ぶとよいでしょう。しかし、瞑想そのものによって、こうしたシャドーの問題も解決されるだろうとは思わないでください。

こうした問題に対する精神的／霊的《スピリチュアル》なアプローチは、確かにある程度までは役に立つものですが、信頼に足るアプローチであると言うには、あまりにも非-直接的で、効果の限られた方法なのです。シャドーの問題に対するアプローチは極めて多様であり、インターネットで少しばかり検索してみるだけでも、その種類の多さに驚くことでしょう。

次の2つの点を認識しておきましょう。まず1つ目。本書の主なテーマは、自らの存在と認識を構成するさまざまな側面のうち、主要なものをすべて探し出して、それらを意識の対象にするということですが、こうした意識化の実践は、私たちの隠れたシャドーを掘り起こすためにも実行できるものだということです。

もう1つは、本書でとりあげている領域――グローイング・アップ〔成長〕の道、ウェイキング・アップ〔目覚め〕の道、そしてショーイング・アップ〔体現〕の道（これから説明します）――はどれも、私たちの文化においてはあまり知られてないか、あまり受け入れられていないものであるということです。それゆえ、本書の内容の大半は、読者の皆さんにとって、かなり目新しいものであることでしょう。それに対して、シャドーに関する心理的ワークは、既に広く普及しており、広く受け入れられており、少なくとも100年近くの間、実行されてきたものなのです。

先に述べたように、クリーニング・アップ〔浄化〕の領域は、グローイング・アップ〔成長〕の実践においても、ウェイキング・アップ〔目覚め〕の実践においても――さらにはショーイング・アップ〔体現〕の実践においても――十分にとり扱われていません。

それゆえ、私が強くお勧めしたいのは、**何らかの種類のセラピーをとり入れてみる**ということです（書籍やインターネットなどを参考にして、自分自身で実行できる形のセラピーをおこなうのでも構いません。そうした自助〔セルフ・ヘルプ〕型のワークであっても、極めて大きな効果をもたらしうるからです）。

実際、私たちの中に、**シャドーの問題を背負わずに育ってきた人はほとんどいません**。にもかかわらず、シャドーは、気づきの対象になることを巧妙に避け続けるのです。そしてそこでは、グローイング・アップ〔成長〕の実践も、ウェイキング・アップ〔目覚め〕の実践もあまり助けにはなりません。それどころか、シャドーの活発さや深刻さによっては、そうした道を大きく脱線させてしまうことにもなりえます。それゆえ、もしあなたが何らかのセラピーを必要としているなら、必ず、ためらうことなく、適切な支援を求めるようにしてください。

そういうわけで、本書ではクリーニング・アップ〔浄化〕について詳しく説明することはせずに、本書の一般的なテーマである「主体《サブジェクト》を客体《オブジェクト》にする」「全体性《ホールネス》を増大させる」「多様性《ダイバーシティ》の中の統一《ユニティ》性を尊重する」「自分自身の存在と認識の一部でありながら今まで意識されていなかった側面に気づきを向ける」ことに、引き続き焦点を当てていきます。

そして本章では、意識の構造（グローイング・アップ〔成長〕の道）と意識の状態（ウェイキング・アップ〔目覚め〕の道）に気づきを向けることに加えて、意識にそなわるさまざまな「視点」（perspective）にも気づきを向けていきます。そのことによって、もっと信頼に足る形で、そしてもっと最大限にまで、日々の生活の中に現前できるようになることを目指すのです。私たちはこれを**「ショーイング・アップ」（体現）**の道と呼んでいます。[訳注]

私が自信をもって保証しますが、みなさんはこれからほんの数分間で、自らの新たな側面をいくつか見つけ出し、その内容に興味を惹かれることになるでしょう。

具体的には、この章では、ショーイング・アップ〔体現〕の道と関連づけながら、「四象限」という見方について紹介していきます。私たちは、どれほど多くの方法によって、日々の生活の中に**「姿を現す《ショー・アップ》」**ことができているでしょうか？

ショーイング・アップ〔体現〕に関するさまざまな内容のなかで、人々が最も興味を抱くもののひとつは、人間関係です。以下では、どうすればマインドフルネスを人間関係に活かせるのかという問いに答えるために、まず「四象限」という見方を紹介し、それがインテグラル・マインドフルネスの実践とどう組み合わさりうるのかを説明したうえで、特に焦点を当てるテーマとして、人間関係の問題をとりあげたいと思います。

［訳注］　英語での表記はShowing Upである。
なお、本書でのShow Upの意味合いとしては「姿を現す」という日本語が最も近いと思われるが、その名詞形として自然な言葉が見当たらないため、Showing Upに対しては「ショーイング・アップ〔体現〕」のように「体現」という訳語をあてている。

四象限とは何か

象限（quadrant）とは、私たちが提唱しているAQAL《アークアル》フレームワークの中のひとつの要素です。四象限とは単に、４つの根本的な領域ないし視点のことを意味しており、ほとんどあらゆる物事を考えるうえで活用することができます。それどころか、もし私たちが何らかの話題に関して、重要な基本的視点を漏れなく確実に包括したいと思うならば、必ず活用すべきフレームワークであるといえます。

この４つの根本的視点に関して重要なのは次の点です。それぞれの視点が与えてくれる情報やデータは、どれも極めて重要なものでありながら、どれも極めて異なる種類のものであるということです。

しかし、**この４つの視点の全てを包括しているアプローチは、ほとんど存在していません。**さまざまな学問分野における主要な学派はどれも、このうちひとつの視点だけに焦点を当てる傾向にあります。そして、他の視点を置き去りにしてしまうか、あるいは、他の視点の存在そのものを否定してしまうのです。

どの象限についても、その象限を熱烈に支持する人たちがいます。しかし悲しいかな、全ての象限を支持しようとする人は、ほとんどいないのです。

私たちは、全ての象限を尊重することで、ありとあらゆる事柄——政治からビジネスまで、安全保障から外交政策まで、科学から芸術まで、倫理から歴史まで、経済から法律まで、自己成長からセラピーまで、恋人やパートナーとの関係から子育てまで、心理学や哲学から精神性《スピリチュアリティ》／霊性まで——に対して、今よりも遥かに豊かで、遥かに真実に満ちていて、遥かに効果的な見方をもてるようになります。

こうしたテーマの全て（さらには、存在しうるほとんどあらゆるテーマ）を、もっと統合的で、もっと包括的で、もっとインクルーシブな方法で——意識構造、意識状態、そして「象限」という視点を用いて（さらには次章で紹介する「ライン」という視点を用いて）――とり扱うことが可能になるのです。
そしてそのことによって、私たちは、今よりも遥かに満足できる結果を得ることになるでしょう。

ビジネスにおける四象限

インテグラル理論が具体的な分野にどのように応用されるのかを簡単に紹介するために、ここでは、マネジメント〔経営管理〕の分野における主要な理論をとりあげることにしましょう。

こうした理論においては、従業員をどのようにマネジメントするのか、マネジメントとはそもそも何であるのか、マネジメントはどのような仕組みで作用するのか、どうすればマネジメントの効果を最大化することができるのかといったことが述べられています。

多くの専門家たちが合意していることは、現在普及している主要なマネジメント論には、少なくとも４種類のものがあるということです。それは**「X理論」「Y理論」「文化マネジメント論」「システム理論」**の４つです。

X理論は、**一人ひとりの労働者あるいは個々の製品を、客観的で、科学的で、外面的で、分析的な方法によって捉える**理論であるといえます。この理論において重視されるのは、個々人に対する報酬と罰、いわゆる「アメとムチ」です。加えて、X理論では、個々の製品や品質管理の方法に注意が向けられます。いずれにせよ、主に焦点が当たるのは、個々の人やモノの外面的な性質や行動なのです。X理論は、ビジネスの世界においては今なお、最も重要なマネジメント手法のひとつとなっています。

他方、Y理論は、**一人ひとりの労働者の内面に着目する**理論であるといえます。この理論では、どんな要因があれば従業員（とリーダー）は幸せを感じるのか、どのようにして人々は仕事に意味を見出すのか、どうすれば仕事を通して人生の価値や目的を見出せるのか、どうすれば職場において楽しく仕事をできるのかといったことに焦点が当たります。そして多くの場合、マズローの欲求階層論がとりあげられます。

マズローが発見したことは、私たちは成長や発達にともなって、階層的に、新たな欲求をもつようになっていくということです。順に述べると、生理的欲求、安全の欲求、所属の欲求、自尊心の欲求、自己実現欲求、自己超越欲求となります（もちろん、インテグラル理論では、基本となる6つから8つの発達段階が欲求のラインにおいて表現されたものであると考えます）。このとき、低次の欲求が満たされると、次の段階の欲求が現れ、その欲求も十分に満たされると、さらに次の段階の欲求が現れる・・・・・というように欲求が展開していきます。

ここで大事な点は、各個人は、その成長や発達の段階《ステージ》に応じて、異なる欲求や動機づけをもっているということです。そして、異なる欲求をもっている個人は、異なる理由によってモチベーションを高めるのです。それゆえ、**一人ひとりの従業員を、非常に異なる方法でマネジメントする**ことが必要になります。例えば、自己実現欲求の段階にある個人は、多くのお金を受け取ることよりも、仕事の中に意味を見出せることのほうが重要だと感じるでしょう。こうした人々にとって最も重要なことは、給料ではなく、意味や価値なのです。

著名な世論調査会社であるギャラップは、世界中の人々に対して、自らの幸福にとって何が最も重要であるかということを尋ねました。すると、最も多かった答えは、お金でもなく、家族や結婚でもなく、有名になることでもなく、「よい仕事」をもつこと——意味が感じられて、目的があり、価値のある仕事をすること——だったのです。ギャラップ社の会長はこう述べています。「全世界が欲しているのは、よい仕事である。これこそ、ギャラップが今まで成し遂げたなかで最も重要な発見のひとつなのだ」[原注]にもかかわらず、さまざまな調査によって一貫して示されていることは、西洋において、自らの仕事に満足しているのは全従業員の3分の1にも満たないということです。なんと恐ろしい統計データでしょうか。

ともあれ、これこそが、Y理論の真髄なのです。**個人の内面こそが、卓越したマネジメントを実現するうえでの最も重要な要素だと考える**のです。一人ひとりの従業員の内的欲求や内発的動機を満足させよう、そうすれば会社はうまくいくだろう（そして幸せな会社になるだろう）というわけです。

3つ目の主要なマネジメント理論は、1980年代になって突然現れるようになった全く新しいアプローチであり、「文化マネジメント論」と呼ばれています。

「文化」とは何でしょうか？　文化とは、ある意味では、「集団の内面」であるといえます。具体的には、その集団において共有されている価値、共有されている意味、共有されている目的、共有されている倫理や道徳、共有されている相互理解、共有されている習慣、共有されている歴史、共有されている世界観などが挙げられます。文化こそが、集団を内側からまとめているものなのです（ちょうど外的な制度やネットワークが集団を外側からまとめているように）。

どんな個人も、さまざまな集団の中に存在しています。例えば、家族、友人、同僚、もしおありなら宗教的ないし政治的な団体、部族、民族、国家、人類などです。そして**どんな企業も、さまざまな個人**

［原注］Jim Clifton, *The Coming Jobs War* (Gallup Press, 2011), p.10.

からなる集団であるがゆえに、特定の文化をもっています。そこには一連の価値や意味、一連の役割や規則があり、そうした文化によって、人々が内側からまとめ上げられているのです。

マネジメントの専門家たちがマネジメントにおいて最も重要なものは何かということを研究し始めたとき、すぐに思い至ったものは、組織の文化それ自体でした。

ハーバード・ビジネス・スクールのジェームス・L・ヘスケット教授が明らかにしたことは、いわゆる「強い文化」は、企業の業績を上げることもあれば、下げることもあるということです。加えて、ヘスケットの調査によれば、同じ事業をおこなう2つの組織であっても、「営業利益の差のうちの半分近く」は、組織の文化が効果的なものになっているかどうかで説明できるといいます。[原注]

あるいは、別の専門家は、「文化を導くことこそ、あらゆるリーダーにとって最も重要なただひとつの仕事である」と述べました。さらに、経営学の世界的権威であるピーター・ドラッカーは、次のように述べたと言われています。「文化は、戦略を朝食のように食べてしまう」――言い換えれば、**文化を導く**ことこそ、事業戦略や事業計画を策定することよりも、遥かに重要なことなのです。

要するに、文化マネジメント論とは、集団の内面をマネジメントしようとするものなのです。

４つ目の重要なマネジメント理論は、システム理論的なアプローチを用いるものです。文化マネジメント論では集団の内面に着目するのに対して、システムマネジメント論では、集団の外面を分析します。その**集団の特性を、外側から、客観的な立場から研究する**のです。

言い換えれば、この理論は、人々の内面が互いに織り合わされて、意味や価値や相互理解のネットワークを形づくっていることを明らかにするのではなく、人々の外面が互いに織り合わされて、

[原注] James Heskett, *The Culture Cycle: How to Shape the Unseen Force That Transforms Performance* (Upper Saddle River, NJ: Pearson FT Press, 2011), p.2.

制度や構造や物理的環境のネットワークを形づくっていることを明らかにするのです。

システム理論によれば、どんな個人も、互いに依存した諸プロセスからなるさまざまなネットワークやシステムの中に組み込まれています。そしてこうしたシステムこそが、究極的にリアルなものであるとされます。与えられた状況を本当に理解するためには、**システムの一部分ではなく、システム全体を調べる**ことが必要なのです。

それゆえ、システム理論的な見方を用いたマネジメント論やリーダーシップ論においては、企業というシステム全体を、ひとつの統一された網《ウェブ》の目としてマネジメントすることが重視されます。企業を、個々の部分、すなわち、互いに分離した個人や部署が単に集まっただけのものであるとはみなさないのです（もっとも、企業という網《ウェブ》の目も、市場というさらに大きな網《ウェブ》の目の中の一部であり、さらに市場という網《ウェブ》の目も、国際体制や生態系や地球システムといったさらに大きな網《ウェブ》の目の中の一部であるとされます）。

とはいえ、システム理論では、個人の内面も、集団の内面も、十分に扱うことができません。システム理論に関するどんな教科書を読んでも、集団の中でどんな価値や倫理、どんな芸術や美的感覚、どんな目的や意味を共有するのがよいかという話は、全く見つからないでしょう。システム理論は全体《ホール》を扱うのですが、しかしその全体を、あくまでも外側から、客観的な立場から、そして多くの場合、「科学的」な観点から分析するのです。

要するに、システムマネジメント論が扱っているのは、集団の外面なのです。

さて、こうした4種類のマネジメント論のうち、どれが正しいのでしょうか？　インテグラル理論では、この全てが正しいと考えます。統合的なアプローチにおいては、これら4つの理論のうちどれが正しくてどれが間違っているのかを問うのではなく、その代わり、この現実世界をどのように捉えれば、これら全ての理論を結びつけて、ひとつの包括的な全体へとまとめ上げることができるのかを問うのです。

そしてこうした問いのもとで、前-近代《プレモダン》、近代《モダン》、後-近代《ポストモダン》の全てにおける何百種類もの理論を研究した結果、インテグラル理論が提唱しているのは次のことです。

あらゆる現象は――今述べたマネジメントの例のように――**少なくとも４つの視点ないし領域から捉えることができる。**そしてその４つの視点とは、**「個の内面」「個の外面」「集団の内面」「集団の外面」**である。

インテグラル理論では、この４つの視点ないし領域を単に**「四象限」(four quadrants)**と呼んでいます。これらの４つの視点ないし領域は、コスモスにそなわる本質的な特性であり、上から下まで、全ての段階《レベル》において存在しているものです。

これから見ていくように、この４つの象限は、実にさまざまな方法によって表現することができます。そのひとつの例が図3-1です。図3-1には、それぞれの象限の「中」にはどんな内容が含まれるのか、その具体的な例が示されており、その上端は、今日における進化の最先端であるターコイズの統合的段階となっています。

ここで注意してほしいのは、基本となる発達段階（すなわち「高さ」）は、４つの象限全てにおいて同じであるということです。図に記されているどんな内容も、４つの象限の全てにおいて、それに対応する内容をもっています。４つの象限とは、同じ根源的事象を捉えるための４つの見方ないし視点なのです。

とはいえ、異なる象限から見ると、各内容は大きく異なるものとして見えますし、ある意味では、本当に異なるものです。なぜなら、それぞれの象限は、同じ出来事の異なる側面を照らし出すものだからです。

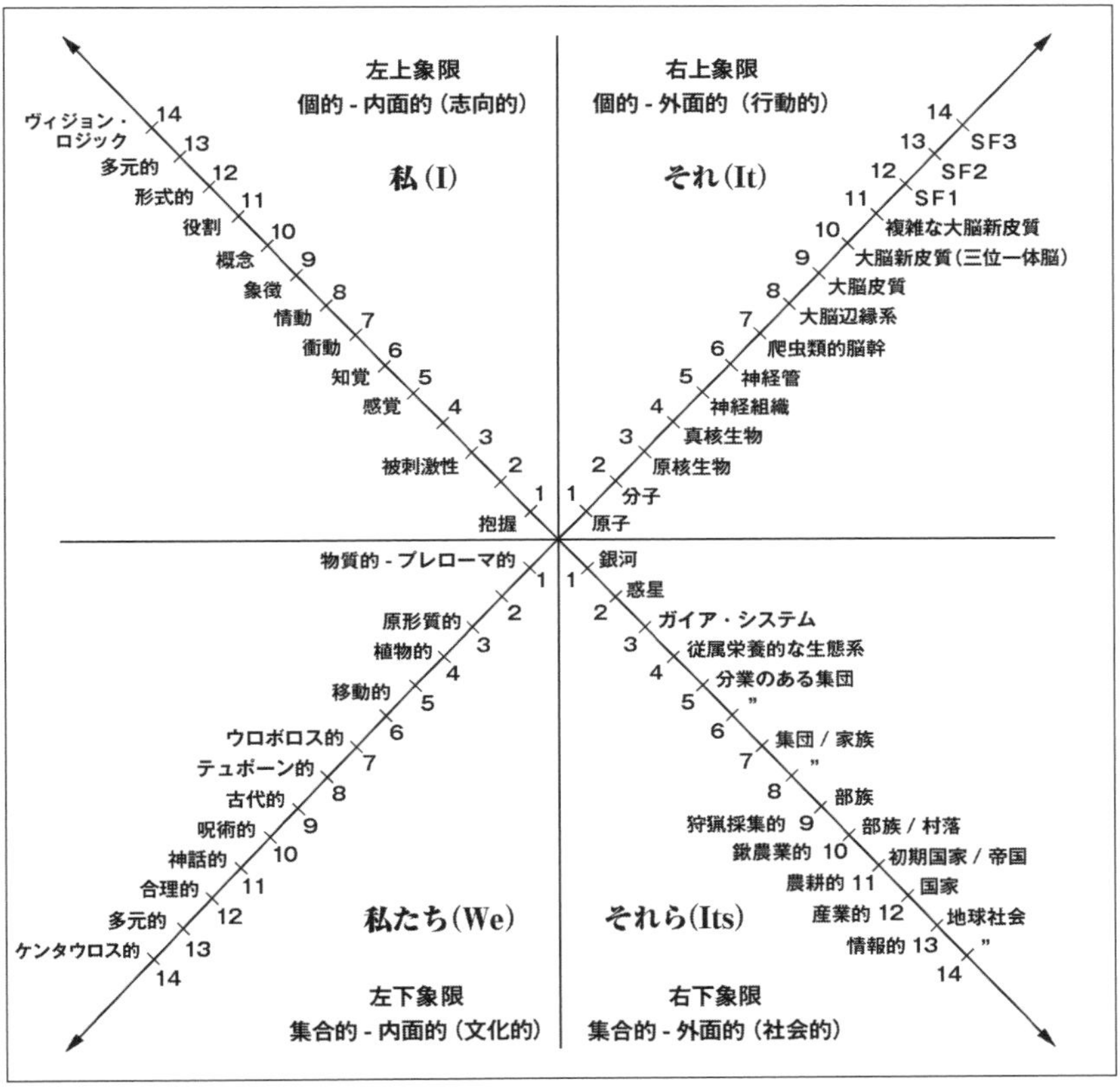

図 3-1. 四象限の詳細

これから詳しく見ていくように、こうした4つの象限のい、全てを包含することなしに、何らかの出来事を説明しようとすると、問題が起こります。その結果、**カテゴリーの違いを正しく認識できず、現実に起きている事柄を、歪曲したり拒絶したりしてしまう**のです。

そしてこれこそが、インテグラル理論がこの断片化した現代世界に与えうる最も重要な洞察のひとつであるといえます。このバラバラになった世界を癒し始めるための最も簡潔な方法のひとつは、**重要な出来事について重要な議論をするときには必ず、４つの**

図3-2. ビジネスにおける四象限

象限からの見方を全て包含するということなのです。

図3-2は、ビジネスの領域への四象限の応用例を簡潔にまとめたものです。ここで心に留めておいてほしいのは、どの象限の中にも、レベル（段階《ステージ》、波《ウェイブ》、意識構造《ストラクチャー》）、ライン（流れ《ストリーム》）、ステート（意識状態）、タイプといった要素が存在していることです。

本書ではここまで、左上象限におけるレベル（意識構造）とステート（意識状態）、すなわち、個の内面である「私（I）」の領域に含まれる要素に焦点を当ててきました。しかし実際には、**レベルやラインやステートやタイプといった要素は、全ての象限において存在している**のです。

とはいえ、現時点では、こうした細かな点について心配することは必要ではありません。私たちは、象限という見方にもう少し親しくなりさえすれば、象限についても、目を見張るほどに効果的なインテグラル・マインドフルネスを実行できるようになるでしょう。そしてそのことによって、4つの象限への理解は驚くほど生き生きとしたものになり、こうした単なる「理論的」な議論は、もっと明快なものへと変化するはずです。

本章ではこの後〔次々節から〕、例として、特に人間関係の領域に焦点を当てていきます。そこで説明する内容は、あなたが今形成しているどんな人間関係に対しても——恋人やパートナーとの関係であれ、仕事上の関係であれ、家族との関係であれ、友人との関係であれ——非常に明晰な視点を与えてくれるはずです。

私（I）、私たち（We）、それ（It）

それではまず、個の領域における2つの象限、すなわち、個の内面の領域と個の外面の領域（上側の2つの象限）に目を向けてみましょう。個の内面とは、「私（I）」の領域に対応するものであり、Y理論の本拠地でもあります。個の外面とは、客観的で外的な「それ（It）」の領域に対応するものであり、X理論において重視される領域でもあります。

次に、集団の領域における2つの象限、すなわち、集団の内面の領域と集団の外面の領域（下側の2つの象限）に目を向けてみましょう。集団の内面とは、「私たち（We）」の領域に対応するものであり、文化マネジメント論の本拠地でもあります。集団の外面とは、「それら（Its）」の領域に対応するものであり、システム理論の本拠地でもあります。

とはいえ、もう一度述べておくと、私たちはビジネスだけでなく、全ての活動（例えば人間関係）をこれら4つの象限を通して見ることができるのであり、もっと言えば、見るべきなのです。これら4つの視点の全てが、疑いなく、私たちに非常に重要なことを伝えてくれています。

さて、このとき、4つの象限（「私」「私たち」「それ」「それら」）を簡略化して、3つの領域として扱うこともあります。外面の領域における2つの象限（「それ（It）」と「それら（Its）」）を合体させて、「それ（It）」というひとつの領域として扱うのです。こうして、**「私（I）」「私たち（We）」「それ（It）」という3つの領域**へと簡略化することができます。

そして、この3つ（ないし4つ）の領域は、ほぼ全ての社会において——前《プレ》-近代《モダン》であれ、近代《モダン》であれ、後《ポスト》-近代《モダン》であれ——共通して現れるものなのです。実際、あらゆる主要な言語には、1人称、2人称、3人称の代名詞が存在しています。

少し復習しておきましょう。**1人称**とは、話している人を指しており、個の内面、すなわち、「私（I）」の領域（左上象限）に対応しています。**2人称**とは、話しかけられている人（「あなた」）、および、「あなた」と「私」からなる「私たち」）を指しており、集団の内面、すなわち、「私たち（We）」の領域（左下象限）に対応しています。そして**3人称**とは、話の内容になっている人やモノを指しており、個の外面と集団の外面、すなわち、「それ（It）」（右側の2つの象限）の領域に対応しています。

さらにこの3つの象限は、**「真」「善」「美」**として知られている価値の基礎をなすものでもあります。「真」とは、個的なものであれ集合的なものであれ、客観的な真実であることを意味しています（「それ」の領域）。「善」とは、倫理のことであり、私たちがどのように他者と接するのかということを意味しています（「私たち」の領域）。そして「美」とは、「蓼《たで》食う虫も好き好き」と言うように、それぞれの「私」が感じる美しさのことを意味しています（「私」の領域）。

マネジメント理論の例で見てきたように、これらの3つないし4つの象限には、それぞれ、異なる見方や視点があり、異なる価値や意味があり、異なるタイプの真実があり、異なるタイプの情報が存在しています。そしてその全てが、極めて重要なのです。

人間関係における四象限

どうすれば、インテグラル・マインドフルネスを自分の人間関係に活用していけるのでしょうか？

さて、ようやく、ほとんどの人にとって最も関心が高いであろう質問へと到達しました。４つの象限の全てを通して、私たちの人間関係――とりわけ、恋人やパートナーとの関係――をどのように捉えることができるのかということです。

最初に認識しておくべきことは、**どのような人間関係の中にも、少なくとも3つ（ないし４つ）の視点が存在している**ということです。２つの「私（I）」が、一緒になって「私たち（We）」を形成しており、しかもこの「私」や「私たち」が、さまざまな客観的事実や真理（「それ（It）」）に依存しながら成立しているのです。

それゆえ、私たちは、「私」の領域にマインドフルネスを行うだけでなく、「私たち」の領域それ自体にも、さらには、この「私」や「私たち」に関係している全ての事実すなわち「それ」の領域に対しても、マインドフルネスを行う必要があります。

とはいえ、こうした関係性のワークを紹介するためには、まずその準備として、いくつかの内容を体験的に理解してもらうことが必要です。それゆえ、私がここでも読者の皆さんにお願いしたいのは、どうか最初の数ステップだけでも実践してみて、このワークがあなたの現在の人間関係に極めて明快な指針を与えてくれるものであるかどうかを、自分自身で確かめてみてほしいということなのです。

それでは、まず、自分自身の「私（I）」の領域に対して、率直な気づきを向けてみましょう。

本書では既に、この領域には多くの気づきを向けてきました。小さな自己すなわち「私（I）」が進んでいく発達の諸段階について詳しく見てきただけでなく、目撃者すなわち「私-私（I-I）」などのさまざまな意識状態についても見てきました（思い出してほしいのですが、「私-私」とはラマナ・マハルシの言葉であり、究極の目撃者、すなわち、真の自己《トゥルー・セルフ》〔真我〕のことを意味しています。「私-私」とは、小さな「私」に気づいている大きな「私」なのです）。

ここから言えるのは、**私たちの自己は、究極の自己（「私-私」）と相対的な自己（「私」）を、さまざまな形で組み合わせたものでありうる**ということです。例えば、もしあなたが自らの目撃する自己《ウイットネシング・セルフ》の中によく安らいでおり、かつ、相対的な自己がグリーンの段階にあるならば、あなたの自己全体は「目撃者／グリーン」であるといえます。

とはいえ、ここでは単に、自分はどの意識状態にいることが多いか（粗大《グロス》、微細《サトル》、元因《コーザル》、目撃者《ウイットネス》、非二元《ノンデュアル》）、および、自分はどの意識構造にいることが多いか（呪術的、神話的、合理的、多元的、統合的）ということに、気づきを向けましょう。この**「全体としての自己」（overall self）**（「構造-自己《ストラクチャー・セルフ》」と「状態-自己《ステート・セルフ》」からなる複合体、すなわち、第二章で述べた「二重の重心」）こそが、私たちが普段、「自分」について考えたり、「自分」のことを説明したりするときに、気づきを向けている自己なのです。

そして――ここでの話題に関連させて言えば――この「全体としての自己」こそが、私たちが人間関係の中に持ちこむものであるといえます。あなたがなぜその関係性の中にいるのか、あなたがその関係性に何を求めているのか、あなたがどれだけ自分の見方を進んで譲歩することができるか（相手が「正しい」と思っていることに合わせるために、自分が「正しい」と思っていることをどれだけ手放せるか）ということは、この「全体としての自己」によって決まってくるのです。

さて、カップル療法を受けた多くのカップルが最初に伝えられることのひとつは、**自分の感じたことや思ったことを、「事実」として、すなわち「それ（It）」の言語によって伝えるのではなく、「私（I）」の言語によって伝える**ことが大事だということです。

例えば、「一緒に何かをするときはいつも、あなた〔君〕は人のことを批判してばかりいるよね」と伝えるのではなく、「一緒に何かをするときはいつも、私はあなたに批判ばかりされているように感じるの」と伝えてみましょう。あなた自身の体験ないし反応として、感じたことや思ったことを伝えるのです。

人のことを批判ばかりするという相手の傾向を、絶対的な事実、すなわち、客観的な「それ（It）」の事柄であると捉えて非難するのではなく、あなた自身の「私（I）」の事柄として、すなわち、あなた自身が感じていることとして、飾らずに表現するのです。相手のことを責める代わりに、自分の感じていることを、素直に相手に伝えてみましょう。

誰もが認めるように、「私」の領域は、「それ」の領域とは異なります。「私の感覚では、あなたはXのように思える」と述べることは、「あなたはXである」と述べることとは全く異なるのです。

私たちは、あまりにも多くの場合に、自分自身の情動的な反応、さらには自分自身の知的な見解であるにすぎないものを、絶対的で客観的な真実であると誤って認識しています。そして多くの人は、そのことを自覚していないのです。

ここでは、例として、私たちがもっている何らかの知的な意見をとりあげてみましょう（なぜかと言うと、大事な点を説明するには、こちらのほうが簡単だからです）。

口論が起きるときには、ほとんど常に、ある状況が成り立っています。**二人ともが、自分自身の「私（I）」の意見でしかないものを、事実（すなわち「それ（It）」の主張）として扱っている**のです。そして、自分自身の主観的な見方でしかないものを事実として主張している限り、二人が合意に至ることは決してありません。一方が正しければ、もう一方は間違っているのです。二人とも、自分が正しいのだと考えています。二人とも、「私（I）」の視点と「それ（It）」の視点を混同している（これら2つの象限を区別できていない）のです。

こうした混同が起きると、ほとんど常に、「私たち（We）」の領域において衝突が生まれます。2つの「私（I）」がそれぞれ、自分自身の「真理」、すなわち、自分自身の「それ（It）」を主張し、ぶつかり合うのです。このとき、二人ともが、自らの真理こそ正しいものである、客観的に正しい「それ（It）」であると考えています。しかし実際には、そのどちらもが、「私（I）」の好み、「私（I）」の選択、あるいは、「私（I）」の個人的感覚を述べているにすぎないのです。

それでは、これからインテグラル・マインドフルネスによって、これらの視点にひとつずつ意識を向けていきましょう。そして、この状況をもっと明晰に捉えることはできないか、確かめてみましょう。

「私」の視点と「それ」の視点の違い

どんな人間関係を考えるにしても、最初に行うべきことのひとつは、3つの領域――「私」の領域、「私たち」の領域、「それ」の領域――の違いを、実感として十分に理解しておくことです。ここではまず、「私」と「それ」の違いから始めましょう。

さて、あなたがもっている何らかの「好み」に、意識を向けてみましょう。例えば、「私はチョコレート味のシェイクよりもバニラ味のシェイクが好き」というように。このとき、その「私（I）」の感覚（「バニラ味のほうが好き」）は、客観的な言葉で「バニラ味こそ最も優れた味である」と主張することとは――すなわち、普遍的に正しい「それ（It）」の主張として述べることとは――全く異なります。それゆえ、ここでは、そうした「好み」の感覚に意識を向けてみましょう。

まず、2つの対象を心の中に描きます。バニラ味のシェイクとチョコレート味のシェイクでもよいですが、自分は一方のほうがもう一方よりも好きであると仮定してください。そうしたら、次に、自分自身の内面的活動に対してマインドフルネスを適用します。両方の対象を見て、自分の好きなほうに手を伸ばすとき、心の中でどんな動きが生じているかに、意識を向けましょう。好みによって選択は変化しますが、今度はその選択によって、あなたの好みは影響を受けます。

両方の対象、あなたの選択、あなたの好み――これら3つの要素全てに、意識を向けましょう。まず、両方の対象（例えばバニラ味のシェイクとチョコレート味のシェイク）をよく見つめます。次に、自分がどのような思いをもって一方を選ぶのかを観察しましょう。そうしたら、自分の中に「好み」が生じる様子を――自分がその一方を欲しいと思い始める様子を――観察しましょう。最後に、自分が実際にその選択を実行し、自分の好きなほうに手を伸ばす様子を、観察しましょう。

（思い出してほしいのは、このとき、心の中に生じてきたものに対して何かをすることは必要ないということです。ただ、生じてきたもの全てに意識を向けて、それらをありのままに録画しましょう）

そしてこうしたワークをおこなっていると、あることに気づきます。**もうひとつの選択肢が**――〈在るものすべての全景画〉の一部として――**そこに残り続けている**ということです。このことに気づき始めると、自分の選択とは、あくまでひとつの好み、1人称的な好みであって、3人称的な「それ（It）」、すなわち、事実や普遍的真理とは異なるものであるということが、明確に実感されるようになります。別の選択肢もそこに存在しているのであり、他の多くの人々は、そちらの選択肢をとるかもしれないのです。

「好み」というのは、興味深い現象です。私たちは、多くの選択肢のなかで、あるものを他のものよりも好みます。しかも、どんな普遍的な理由に基づくのでもなく、ただ、自分自身の個人的な好みとして、それを好むのです。個人としての願望が、ここでは重要な影響を与えています。

（そして、願望〔貪欲〕とは、仏教において大きな位置を占めるテーマでもあります。実際、仏教によれば、人間の全ての苦しみは、願望や貪欲によって生み出されているとされます。私たちの言葉に置き換えれば、全ての苦しみは「原初の回避」によって生み出されていると言えるでしょう）。

しかし確かに言えることは、「私（I）」の個人的な好みや願望を、事実すなわち客観的な真理（すなわち「それ（It）」の主張）と混同することで、終わりなき対立が生まれるということです。そのとき私たちは、単に自分自身の好みでしかないものを、世界に押しつけようとしています。**自分の個人的な好みを、単なるひとつの選択肢ではなく、誰もが従うべき絶対的な真実であるかのように考えている**のです。

こうした問題は、とりわけ人間関係において、わっと噴き出してくるものです。私たちは、お互いについてのさまざまな事実を認識しているだけでなく、たくさんの意見や好みをもっているのですが、その両者を一緒くたにしてしまうのです。**もし事実について意見の衝突が生じているならば、大抵の場合、何らかの方法によって、それを解決することができます**。その事実の情報源《ソース》を確認したり、その内容についてインターネットで検索したりすれば、何が本当の事実であるのかを明らかにすることができるはずです。

例を挙げてみましょう。あなたとパートナーが、ある家を買うかどうか決めようとしているとします。もしかすると、今二人で見てきた家を買うとどれほどの費用がかかるかについて、言い争いになるかもしれません。しかしこれは単に、事実を確認すれば――例えば、広告に載っている価格を調べれば――解決するでしょう。

とはいえ、その家を買うかどうかを決めるためには、その家についての客観的な事実（例えば費用、大きさ、部屋の数、色、場所、その地域における学校制度やバスの路線など。客観的な「それ（It）」として簡単に確認できるもの）だけでなく、二人それぞれの好み、あるいは好き嫌いを考慮する必要があります。

そしてこうした状況でこそ、私たちは、**好みをあくまで好みとして認識し、普遍的な真理であると考えない**ように、特に気をつける必要があるのです。それはあくまで「私（I）」の好みであり、「それ（It）」の事実ではないのです。

ところで、私たちは、事実、すなわち、「それ（It）」の真理に出会ったときに、どのような思いや感情を抱くでしょうか？　簡単な例を、思いつくだけ挙げてみましょう。「水は１００度で沸騰する」「独身男性とは、結婚していない男性のことである」「月は満月になることがある」などなど……。

こうした事実に触れて、どのような感じがしたでしょうか？　こうした事実に対して、あなたはどんな反応を起こしたでしょうか？　ほとんど何の願望も生じなければ、好き嫌いの選択をすることもほとんどなかったのではないでしょうか？

例えば、月が満月になることを確かめようとして、あなたが月を直接に見つめるとき、そこにあるのは、月が存在しているという事実、すなわち、月の如性《イズネス》ないし是性《ザスネス》だけであるといえます。そして月の存在は、空を見上げた全ての人々にとって、否定しがたいものです。

満月になることがあるかどうかを決めるために、あれこれ言い合うことはありません。そこには、どんな願望も、どんな好みも、入る余地がありません。そこにはただ、**与えられた真理の如性《イズネス》**のみがあります。満月は疑いなく現前しており、どんな複雑な選択も、どんなややこしい好みも、そこには入ってこないのです。

さて、私たちは、こうした「それ（It）」の事実に対して、「私（I）」の好みを付け加えていきます。もしかすると、満月をロマンチックであると感じるかもしれません。あるいは、そんな見方はおめでたいものだと感じるかもしれません。あるいは、天文学者たちが月に感じる魅力に思いを馳せるかもしれませんし、月には本当は宇宙人が住んでいると考えるかもしれません。

しかし、いずれにせよ確かなことは、「私（I）」の個人的な好みと、「それ（It）」からなる現実の世界は大きく異なるということです。そして、恋人やパートナーとの間で起きる「どちらが正しいのか」という衝突ほど、このことが明確に現れる領域はないといえます。

さて、この極めて異なる2つの領域――「私（I）」の好みと「それ（It）」の事実――に対して、最大限にマインドフルな〔気づきを保持した〕意識を向けましょう。両方の領域から、具体的にいくつかの内容をとりあげ、自分がそうした内容をありありと見つめるとき、どのように反応するのかを認識しましょう。

そしてこのとき、2つの領域が大きく異なるものであることに、注意を向けてみましょう。両者に純粋な意識を向けて、それらがどれほど異なったものとして感じられるかに気づいてみましょう。

「私（I）」の好みというのは、自覚していようといまいと、常にひとつの選択肢として現れます。それに対して、「それ（It）」の事実というのは、事実の「如性《イズネス》」〔あるがまま〕を直接に認識することであり、そこに選択の余地はほとんどありません。

自分の視点が一方から他方へと切り替わる様子を、注意深く意識してみましょう。特に、自分が「事実」だと思っている内容をよく調べて、その中にどれほど多くの「好み」が混ざっているかを認識しましょう。

とりわけ、パートナーとの間に何らかの衝突や口論が生じたら、こうした自己内省を行いましょう。そしてその際――もしそのほうが正確な言い方であるならば――「それ（It）」の言葉ではなく、「私（I）」の言葉を使って伝えることを、忘れないようにしましょう（例えば、「あなたは私のことを決めつけている」ではなく、「私はあなたに決めつけられていると感じる」のように〔原注〕）。

もしこうした内省と配慮をおこなえば、数えきれないほど多くの言い争いは、あっさりと終

［原注］ダイアナ・ハミルトンの著書*Everything is Workable: A Zen Approach to Conflict Resolution*（2013）では、さまざまな種類の関係性においてマインドフルネスをどのように活用できるのかということが、極めて包括的かつ実践的な形でまとめられている。

結することでしょう。特に、パートナーの側も同じことをしている場合はそうです。

そしてそのことによって、私たちは、「事実」についての解決不可能な論争を続けることをやめて、互いに歩み寄るための議論を始めることができます（なお、この論争が解決不可能なのは、そこで問題になっている内容は実際には「事実」ではなく「好み」であり、それゆえ、**どちらが正しいのかを確かめるための情報源《ソース》が存在していない**からです）。言い換えれば、どうすれば異なる好みを結びつけ、お互いが合意できる解決策へとまとめられるかについて、協力して話し合えるようになるのです。

「こうだよ！」対「違う、こうだよ！」から、「私はこうするのが好き」と「うーん、僕はこうするほうが好きだな」へ、そして「たぶんこうすれば、二人とも納得できると思う」へと移行すること――これこそ、能動的な相互理解を通して、異なる「私（I）」の好みをひとつの「私たち（We）」へと結びつける方法なのです。

他方、実際には「私（I）」の好みであるものを、「それ（It）」の事実であるとみなすような論争は、決して解決することがないでしょう。

「私」と「あなた」が「私たち」をつくる

それでは、次に、「あなた（You）」と「私たち（We）」の領域へと移りましょう。「あなた」という感覚は、興味深いものです。まず、当然ながら、「あなた」の領域は、「私」の領域とは異なります（もっとも、その「あなた」にも、その人自身の「私」があると推測されますが）。

少し時間をとって、「あなた」と「私」という2つの領域の違いについて、マインドフルな意識を向けてみましょう。**「私（I）」の感覚と、「あなた（You）」の感覚に対して、交互に気づきを向けてみましょう。**

そうしたら、自分自身の「私（I）」の領域が、どのようなものとして感じられるかに、特に注意を向けましょう（これはつまり、小さな「私（I）」がどのように感じられるかだけでなく、究極の「私-私（I-I）」がどのように感じられるかにも気づくことを意味しています。自分の「全体としての自己」に意識を向けるのです。とはいえ、基本的には、自分自身の分離した自己感覚に意識を向けるということを意味しています）。

ほとんどの人にとって、自分自身の「私（I）」は、身体の中のどこか（例えば頭、胸、腹）に位置していると感じられるようです。読者のみなさんにとっても、身体に気づきを向けることが「私（I）」の領域を感じるためのひとつの方法となるかもしれません。

そして、この「私（I）」こそが、数えきれないほど多くの願望や好みを生み出しているのです。とはいえ、そうした願望や好みの全ては、あなたの自己によって、大なり小なり制御《コントロール》された状態にあります。

しかしこうしたことはどれも、「あなた（You）」の領域には当てはまりません。その最も大きな違いは、**「あなた（You）」の領域は、私によっては全く制御《コントロール》できない**ということです。他方、「私（I）」の領域は、大なり小なり制御することができます。

けれども、みなさんはさまざまな理由によって、その人に惹きつけられているのであり、それは基本的には、その人を構成する「私」「あなた」「それ」の複合体に惹かれているということを意味しています。あなたは、その人の外的特徴（例えば身長、体重、体型、匂いなど、「それ（It）」の領域）や、その人の性格的特徴（「私（I）」の領域）に惹かれているのです。

（もっとも、個人の性格特性の中には、ほとんどの全ての人によって普遍的に好まれるものもあるかもしれません。例えば、ユーモアのセンスが抜群に優れている、というように。とはいえ、あなたが惹かれている性格特性のうちの多くは、あなたの個人的な好みであるといえます。それはちょうど、あなたが惹かれる「それ（It）」の多くが、あなたの個人的な好みであるのと同じことです。例えば、ある人は、背が高くて、肌が浅黒くて、顔立ちの美しい人を、パートナーとして求めるかもしれません。しかし別の人は、小柄で、細身の人のほうが好きかもしれません。ある人は、筋肉質の身体が好きかもしれませんし、別の人は、雑誌『プレイボーイ』の折り込み部分に掲載されているような人が好きかもしれません。こうして、「私（I）」の個人的な好みのリストは、無限に続いていきます）。

いずれにせよ、「事実」と「好み」が不思議な形で組み合わさることによって、あなたはその人に魅力を感じているのだといえます（なお、実際には、「事実」そのものにも、４つの象限全ての内容が関係しています。「私」の領域における心理学的要因、「私たち」の領域における文化的要因、そして「それ」の領域における生物学的およびホルモン的要因が関係しているのです）。

とはいえ、その人のことを好きだろうと好きでなかろうと、一人の「あなた（You）」を見つめ、対話し、意思疎通し、理解することは、非常に価値あることです。そして、相手が何を考え、何を感じ、何を言おうとしているのかについて、ほんの少しでも理解するためには、**相手の立場に身を置く**〔相手の役割を担う〕ことが必要なのです。

実際、良好な人間関係を形成するうえで最も重要な要因のひとつは、お互いが相手の見方に対して本当に注意を向けられているかどうかであるといえます。言い換えれば、**自分自身の「私（I）」が考えていることを脇に置いて、相手の眼から見た世界、相手の「私（I）」から見た世界とはどんなものであるかを認識する**ことが重要になるのです。

そして、このようにして相手の立場に身を置けるようになればなるほど――特に、あなただけでなく相手も同じことをできるようになればなるほど――「私（I）」と「あなた（You）」は深く結びつき、共通認識と相互理解に基づいた「私たち（We）」という空間が形成されることになります。そう、これこそが、あらゆる本物の「私たち（We）」の基礎にあるものなのです。

ところで、仮にあなたが、自分と何ひとつとして共通の要素をもっていない人と出会ったとしましょう。その人はあなたと完全に異なる言語を話しているため、あなたはひとつの単語も理解することができません。さらに、その人はあなたと完全に異なる文化で生まれ育っており、完全に異なる価値や意味や欲求をもっています。

このとき、あなたにとって、その人は2人称の存在でさえないでしょう（先に述べたように、2人称とは、「話しかけられている人」のことを指しています）。なぜなら、あなたは、その人に話しかけることが全くできないからです。

実際、あなたにとって、その人はむしろ、3人称の「それ（It）」のように感じられることでしょう（3人称とは、「話の内容になっているもの」を指しています）。言い換えれば、その人は、岩石と同じような単なる対象なのです。しかも、「何ひとつとして共通の要素をもっていない」ので、ボディーランゲージを用いて会話することもできません。

あなたはその人と話すことはできず、その人について話すことしかできません。現実的に言って、そこには「私たち（We）」が全く形成されていないのです。あなたはその人とのあいだに、岩や泥とのあいだに形成される「私たち（We）」と同程度の「私たち（We）」しか形成することができないでしょう。

そういうわけで、「あなた（You）」の領域についての知られざる内容のひとつとは、**もしある人が本当に「あなた（You）」となるためには、その人が「私たち（We）」の一部にならなければならない**ということ、さもなければ、その人に話しかけることも、その人と意思疎通することも全くできないということなのです。

そしてそのとき、その人は単に、岩と同じような3人称の対象になります（すなわち、その人の左側象限は認識されず、右側象限だけが認識されることになります。その人は「汝《なんじ》（Thou）」ではなく、「それ（It）」になるのです）。昏《こん》睡状態にある人、あるいは、火星人に接するのと同じような状況になると言ってもいいかもしれません。その人は「それ（It）」であって、「あなた（You）」ではないのです。

先にも述べたように、他者の立場に身を置くという能力、相手の視点に立つという能力こそ——すなわち、相手の「私（I）」から世界を見ようとするという能力こそ——良好な人間関係を築いていくうえで、極めて重要な能力であるといえます。

実際、恋人やパートナーとの関係において聞こえてくる最も根深い不満のひとつは、相手が「自分のことを、見てくれない」というものです。言い換えれば、あなたの立場に身を置いて、あなたの視点から物事を認識し、あなた自身の願望や好みを理解しようとはせず、その代わりに、**自分の好みをあなたに押しつけようとする**のです。

こうした場合、大抵、次のようなことが起きています。まず、そのパートナーは、「私（I）」の好みを、普遍的な真理、すなわち「それ（It）」の事実と混同しているということ。さらに、**それこそが正常な考えをもった全ての人間にとって唯一の選択肢だと考えている**ために、その「事実」（実際には自分自身の「隠れた好み」なのですが）を、無自覚のうちに相手に押しつけているということです。

言うなれば、自分自身の好みを、満月が見えるのと同じくらいに自明な事実だと考えているのです。それは誰もが簡単に認識できる事柄、あるいは、物事が存在しうる唯一の方法なのであり、そこには何の議論も必要ではありません。ただ、自分の好みこそが、純粋な真理なのです。私の感覚があなたの感覚と同じであることは間違いなく、それゆえ、そのことについて話し合う理由はないのです。

とはいえ、たとえ純粋に客観的な「それ（It）」の事実（例えば満月）について話しているときでさえも、その事実に対してどう反応するか、その事実をどう解釈するか、その事実についてどう感じるかといった要素が常に存在しています。そもそも、あなたのパートナーは満月が好きなのでしょうか？　もしかすると、昔、満月のはっきりと見える夜に、ひどく嫌な出来事があって、それ以来、満月が嫌いになっているかもしれません。

いずれにせよ、もし私たちが、自分自身の「私（I）」の好みを普遍的な「それ（It）」の真理と混同してしまうと、相手がどう考え、どう感じ、何を好んでいるのかを、相手に尋ねて理解することは必要なくなります。なぜなら、それは自分の好みと同じであるはずだからです。

そうなれば、パートナーが、**自分のことを見てもらえている、聞いてもらえている、理解してもらえていると感じることは――そして究極的には、愛されていると感じることも――決してないでしょう。**二人の関係は（他のほとんど全ての関係と同じように）荒《すさ》んだものとなり、そしてそれは、私たちが相手の立場に身を置いて、相手の「私（I）」の中に共感をもって入り込むことができるまで、変わらないのです。

それゆえ、今ここで、そうした能力を身につけてしまいましょう。

みなさんはすでに、自分自身の「私（I）」の領域に対して、マインドフルネスを実行してきました。自分自身の「私（I）」の領域は、どんな見た目をしていますか？　どんな感覚のするものですか？　身体のどこに位置しているように感じられますか？　どんな形で、どんな色をしていますか？　そこには、根源的な欲求や好みとして、どんなものが存在していますか？

それでは、同じことを、あなたが関係をもっている何らかの人物に対して、おこなってみましょう。できれば恋人やパートナーであることが望ましいですが（ここで説明している内容と一致するので）、他の人物——例えば職場の同僚、友人、家族——でも構いません。

まず、その人を対象として、すなわち、3人称の「それ（It）」として、意識してみましょう。外側から見ると、その人はどのように見えるでしょうか？　どんな特徴があり、どんな体型でしょうか？　身長や体重はどれくらいで、年齢はいくつでしょうか？　こうした「それ（It）」の事実に対して、気づきを向けてみましょう。ただしこのとき、そうした性質を、純粋な「それ（It）」の対象として、すなわち事実として、見るようにしましょう。それが好きであるかどうか、欲しいものであるかどうか、望むものであるかどうかといったことは、脇に置いておきましょう（刑事ドラマ『ドラグネット』の中でジョー・フライデーがよく言っていたように——「事実だけ話してください、奥さん」）。

そうしたら次に、その人と真剣に話をしたときのことを思い出しましょう。かなり重要な問題について、言い争いではなく、公平な態度に基づいて対話をおこなったときのことを思い出しましょう。

そしてこのとき、相手が何を言っていたかに対して最大限に意識を向けるだけでなく（もっとも、それも入り口としては重要なことです。その人が実際に発していた言葉は何だったでしょうか？　その言葉を復唱できますか？　本人に同意してもらえるような表現で、その人が主張しようとしていた内容を言い直せますか？）、相手が何を主張しようとしていたのか、その問題に関してどんな見方をもっていたのか、その問題をどのように捉えていたのか、その問題について実際にはどう考えていたのか、その問題をどう感じていたのかということに、意識を向けてみましょう。

言い換えれば、**マインドフルな意識をもって、相手の立場に身を置いてみる**のです。その人自身の「私（I）」の領域に、最大限に気づきを向けてみましょう。相手の立場に身を置いてみて、そして、そうすることで見えてきたものに対して、マインドフルネスを実行してみましょう。

マインドフルネスへの既存のアプローチにおいて、他者の立場に身を置くこと——他者の「私（I）」の視点から物事を見ること——が奨励されることは、全くと言っていいほどありません。なぜかと言えば、４つの象限全てが重要であることを認識しているアプローチがほとんど存在していないからです。

けれども、この「あなた（You）」と「私たち（We）」の領域は極めて重要なものであり、真剣にマインドフルネスをおこなうべき領域であるといえます。

そして、このマインドフルネスがうまくいくかどうかは、あなたが相手の視点を本当に認識し理解できているかどうかで決まってくるのです。それはつまり、**その人が実際に物事を見ているのと同じように、あなたも物事を見てみる**ということを意味しています。おわかりでしょうか？　相手のことを見るというのは、その人を直接に見ることではなく、その人が物事をどんなふうに見ており、何を認識しているのかを見るということなのです。

その人は、ただそこに客観的に存在している「あなた＝それ」（You/It）ではありません。その人には、その人自身の「私（I）」の領域があり、それこそ、私たちが認識し理解していく必要のあるものなのです。

さらにこのとき、自分自身の好みや願望をいったん脇に置くということが必要になります。そしてこうした作業ができるかどうかは、自らの好みを、全ての人に当てはまる普遍的な真理（「それ（It）」）であるとみなすのではなく、「私（I）」自身の好みや選択として捉えられるかどうかにかかっています。

このように、私たちは、自分の「私（I）」をいったん脇に置くことによって、相手の「私（I）」の領域を内側から——相手自身が本当に見ている通りに——認識しようと試みることができるのです。

ところで、こうした相互理解は、二人が同じくらいの発達段階〔構造-段階〕に位置していると、うまくいきやすいでしょう。

こうした発達段階、すなわち、隠れた地図《ヒドゥン・マップ》に関して厄介なことは、こうした地図は確かに隠れているということ、そしてそれゆえに、私たちはそれらを地図として認識しないということです。**それらは地図ではなく、物事のありのままの性質であると、私たちは自覚なしに考えてしまう**のです。そうした地図《マップ》が、実際の土地《テリトリー》そのものであると、無意識のうちに誤認してしまうのです。

それゆえ、隠れた地図《ヒドゥン・マップ》に含まれているさまざまな基本的価値は、好みや選択のひとつであると認識されることがなく、**全ての人間が大切にすべき物事の本当の姿であると認識される**ことになります。言い換えれば、「私（I）」の隠れた好み、すなわち、隠れた地図《ヒドゥン・マップ》が、普遍的に正しい「それ（It）」の事実であると認識されるのです。

例えば、あなたが主にオレンジの段階に位置しており、あなたのパートナーが主にグリーンの段階に位置しているとしましょう。その場合、あなたとパートナーの両方が、相手の見方にびっくり仰天することでしょう。

あなたは、達成すること、優秀であること、成功することを求めて絶えず努力しています。あなたは、どれほどのことを達成したか（どのように在るかではなく）によって自分を評価しており、どんなときも突出した存在でありたい、さまざまな事柄について他の誰よりも優秀でありたいと思っています。

しかし、あなたのパートナーは、いつも次のように述べているかもしれません。「どうして私たちは、仲良く暮らすことができないんだろう？」「どうして私たちは、全ての人のためになることをできないんだろう？」

「どうして私たちはみな、友達になれないんだろう？」「どうしてこんなに意地汚い競争ばかりがおこなわれているんだろう？」

他方、あなたは、いつも次のように述べているかもしれません。「こんな負け犬たちと運命を共にしたくはないね」

このとき、**二人ともが、自分は物事をありのままに見ていると考えています**。自分は実際の土地《テリトリー》を直接に見ているのであり、それは全く明らかであり、疑いなく正しいものだと考えているのです。そして二人とも、この根本的な真実に同意できない人がどこかにいるとは、想像もできません。なぜかと言えば、それはちょうど、満月をじっと見つめながら、あれは本当は半月であると主張するようなものだからです。

とはいえ、もしあなたが健全な人間関係を形成したいと思っているなら、あなたのパートナー自身の「私（I）」の領域に対してマインドフルネスをおこなうことを、基本的な実践にすべきであるといえます。

あなたは、インテグラル理論、あるいは他の良質な発達理論の地図を用いることで、自分とパートナーが、実際には異なる発達段階に位置していることに気づき始めるかもしれません。さらに、パートナーの見ている世界が、自分が今の発達段階から見ている世界とどのように異なるのかについて、感覚として理解し始めるようになるかもしれません。

もしそうなら、そうした発達理論の地図を用いることで、パートナーがもっていそうな特徴や特性、大切にしていそうな価値などを選び出しておきましょう。そして、パートナーの「私（I）」の領域を理解し、そこから世界を見てみようとするときに、そこにそうした特徴がありはしないか、探してみるとよいでしょう。

しかしいずれにせよ、あなたが相手の立場に身を置いて、**相手の視点に対するマインドフルネス**を実践すればするほど、パートナーは「自分のことを見てもらえている」と感じることでしょう。

そして、自分自身の「私（I）」の視点とは個人的な好みや願望にすぎず、誰もがそのように感じるわけではない、誰にでも当てはまる普遍的な「それ（It）」の事実なのではないということを理解すればするほど、あなたは相手のことを、自分と違うがゆえに愛することができるようになります。違うけれど愛する、というわけではないのです。

こうして、あなたとパートナーがつくる「私たち（We）」の空間は、ますます健全なものへと変化していきます。なぜなら、あなたの「私（I）」の中に、パートナーの「私（I）」を入れるための余地が、ますます生まれるようになるからです。

「私たち」という空間について

それでは、「私たち（We）」という領域そのものを、直接に観察してみましょう。

まず、自分自身の「私（I）」の領域に対して、マインドフルな意識を向けましょう。そうしたら次に、パートナーの「私（I）」の領域に対して、意識を向けましょう。相手が今どのように感じているか、相手の中に今どのような願望や好みが生じているかを、想像してみるのです。数分の間、相手の「私（I）」の領域から世界を見つめ、そうすることで生じてきた全てのものに対して、マインドフルネスを実践しましょう。

さて、自分自身の「私（I）」の領域に対して、もう一度意識を向けましょう。そして今度は、自分と相手が形成している「私たち（We）」の領域に対して、**自分自身の「私（I）」の視点から、**注意を向けてみましょう。言い換えれば、自分自身の「私（I）」が、自分と相手がつくる「私たち（We）」をどう体験しているかということに、意識を向けるのです。

ここで注意したいことは、「私たち（We）」という領域には、哲学者たちが「支配的モナド」(dominant monad) と呼んでいるものが存在していないということです。[訳注]

例えば、イヌが起き上がり、部屋の中を動けば、イヌの体を構成している全ての原子、全ての分子、全ての細胞も、それにともなって移動します。半分の細胞はこっちに行って、もう半分はあっちに行った、ということにはならないのです。これは民主主義ではありません。イヌを構成する全ての原子や分子や細胞は、イヌがもっている「支配的モナド」に従って、部屋の中を動くのです。

他方、「私たち（We）」――あるいは、集団や集合体――には、支配的モナドのようなものはありません。「私たち（We）」を構成する全てのメンバーが自動的に１００パーセント従うような支配的な見方、支配的なモナドは存在していないのです。

しかし、集団には**「支配的な様式《モード》」(dominant mode)** があります。その集団における支配的なコミュニケーションの様式《モード》、支配的な言説の様式《モード》、支配的な共感の様式《モード》といったものが存在しているのです。その集団のメンバーは、そうした支配的な様式《モード》を通して意思疎通をおこなっているの

［訳注］「支配的モナド」とはライプニッツ哲学の用語であり、「魂」や「意識」と似たような意味であるとされる。なお、モナドは「単子」とも訳され、世界を複雑に構成している「単一の実体」という意味である。

であり、そしてその様式《モード》は、全て（あるいは、ほとんど全て）のメンバーが理解し表現できるものなのです。とはいえ、集団には「支配的モナド」がありません。これはつまり、**集団は「大きな有機体」や「ひとつの巨大な生きもの」ではない**ということを意味しています。集団のメンバーとは、巨大な有機体を構成する細胞のような存在ではないのです。

集団を構成する一人ひとりの個人は、有機体〔動物や植物〕を構成する原子や分子や細胞と同じような存在ではありません。集団の中の一人ひとりは、自分よりも大きな「私（I）」の**部分**ではなく、集合的な「私たち（We）」の**メンバー**なのです。

「私（I）」には支配的モナドがありますが、「私たち（We）」にはありません。言い換えれば、「私（I）」とは個的ホロンであり、「私たち（We）」とは集合的ホロンなのです。両者は極めて異なるものです。

そういうわけで、次のことに注意しておきましょう。「私たち（We）」は、巨大な有機体ではありません。つまり、「私たち（We）」には、自らの意思、すなわち支配的モナドは存在していないのです。

それゆえ、「私たち（We）」を直接に制御《コントロール》することはできませんが、しかし逆に、「私たち（We）」によって完全に制御されてしまうこともありません。言うなれば、**「私たち（We）」の領域には、それ自身のいのちがある**〔「私（I）」の領域とは異なるそれ自身の力学に従って展開していく〕〔次頁、訳注〕のです。

さて、「私たち（We）」の領域は、共有された価値、共有された理解、共有された好み（こうした共通の価値や好みこそ、おそらく、二人が惹かれ合った主な理由のひとつであると思われます）、お互いが感じ合っている魅力、二人のこれまでの歴史などから成り立っています。あなたとあなたのパートナーのそれぞれが、自分自身の「私（I）」を通して、この「私たち（We）」を見ているのです。そしてそこには、他のあらゆる物事と同じく、「それ（It）」の事実（例えば、生物学的な差異、ホルモン的な差異、全ての人間に同じように現れる性的な特徴など）と、二人それぞれの好みや願望（「私（I）」の視点）が存在しています。

実際のところ、この「私たち（We）」こそ、あなたとあなたのパートナーが惹かれ合っている内容ではないでしょうか。言い換えれば、私たちは、相手そのものを愛しているというより、相手と一緒にいるときに感じられるさまざまな内容を愛しているのです。**私たちが直接に愛しているのは、「あなた（You）」というよりは、「私たち（We）」**なのです。

それゆえ、この「私たち（We）」の領域に、マインドフルな意識を向けましょう。まず、自分自身の「私（I）」の領域に対して、数分間のマインドフルネスを行いましょう（「私-私（I-I）」すなわち目撃者の視点へと移行することがあるかもしれませんが、それでも構いません）。それから、この「私たち（We）」の領域に、意識を向けましょう。

このとき、「私たち（We）」とは、自分の身体のように直接に動かせるものではないということに注意しましょう。実際、「私たち（We）」には、それ自身のいのちがあるのです。

二人が一緒に過ごせば過ごすほど、二人がつくる「私たち（We）」の空間は分厚くなり、二人の歴史は豊かになり、二人のあいだで共有された出来事、共有された関心、共有された解決策は増大していきます。しかし同時に、**二人がそれぞれの「私（I）」を何とか調整しようとして生じる衝突も、なくなることはないでしょう。**

［訳注］こうした論点についての詳細は、『進化の構造(1)』第３章「個体と社会」、『インテグラル・スピリチュアリティ』第７章「「私たち」という奇跡」などを参照されたい。

ともあれ、この「私たち（We）」の領域に対して、マインドフルネスを実行しましょう。それはどんな見た目をしていますか？　どんな感覚のするものですか？　身体のどこに位置しているように感じられますか？　どんな大きさで、どんな形で、どんな色をしていますか？

もし今、あなたとあなたのパートナーとのあいだに大きな衝突や論争が起きているならば、次の二つのことを想像してみましょう。もしその論争が自分の思う通りの方向に進んだとしたら、そのとき、「私たち（We）」の領域はどのように感じられるでしょうか？　もしその論争が、相手の思う通りの方向に進んだとしたら、そのとき、「私たち（We）」の領域はどのように感じられるでしょうか？

重要なことは、**こうした「私たち（We）」の領域と、自分自身の「私（I）」の領域を、どれほど明確に区別できているか**に注意を向けることです。「私（I）」の領域と、「私たち（We）」の領域を、行ったり来たりしてみましょう。そして、そこにどんな違いがあるかに気づきましょう。

あなたは本当に、自分自身の「私（I）」の好みは常に「私たち（We）」の好みと同じであり、自分自身の望んでいることは常に「私たち（We）」の望んでいることと同じであると思うでしょうか？

（もしそうなら、あなたはその「私たち（We）」の中に、相手の立場、すなわち、パートナーの「私（I）」の領域を含めていないということになります。ここで思い出してほしいのは、「私たち（We）」とは、1人称の複数形であるということです。2つ以上の「私（I）」「1人称」が一緒になって、ひとつの「私たち（We）」をつくるのであり、その元になっているのは、「あなた（You）」「2人称」や「それ（It）」「3人称」ではないのです。あなたは、2つの「私（I）」の両方に対して、本物の居場所を与えられているでしょうか？　それとも、自分自身の「私（I）」が、その「私たち（We）」の中の大半を占めているでしょうか？　もし後者であれば、その人間関係の中で今生じている衝突を思い浮かべて、そこから、相手の「私（I）」の領域に気づいてみましょう）

「私にとっての私たち」と「あなたにとっての私たち」

さて、次に説明する内容は、少しばかり難しいものです。けれども、この内容を理解することで、自分がどのようにして他者の立場にマインドフルな意識を向けているのかということを、もっと明確に把握できるようになるでしょう。

本書ではすでに、自分自身の「私（I）」が「私たち（We）」をどのように体験しているのかということを、詳しく見てきました。そしてそのとき、「私たち（We）」とは、ほとんど全ての場合において、自分自身の「私（I）」から見た「私たち（We）」のことを意味していました。

加えて、本書では、自分のパートナーにとっての「私（I）」の領域を想像してみるということを、読者のみなさんに求めてきました。できるだけ生き生きと、そしてできるだけ正確に、相手の感じていること、相手の考えていること、相手の望んでいることを、想像してみましょう。

もしあなたがこうしたことを今まで一度もおこなったことがなかったのなら、それは本当に驚くべき体験となるはずです。誰かが自分と大きく異なる形で物事を見ていることがありうるということ、さらに、自分自身の「私（I）」の好みや感覚とは、全ての人が認識し体験している普遍的な「それ（It）」の事実ではなく、常に事実と解釈が混ざり合ったものであるということを、ありありと実感するようになるからです。それゆえ、相手自身の視点から、相手の「私（I）」の領域を感じられるように、全力を尽くしましょう。

それでは、ここで、相手の「私（I）」の視点に立って、**相手が「私たち（We）」の領域をどのように体験しているか**を、想像してみましょう。最初は少し難しく感じるかもしれませんが、何度も実践しているうちに、こうした見方も明確に体感できるようになるはずです（最初、難しく感じるのは、こうした見方を形成してきた人が非常に少ないからです。異なるレンズや視点を通して世界を見たことがある人は、実際にはあまりいないのです。他者のさまざまな視点がそこにあるということには、何となく気づいているのですが、そうした視点を本当に覗き込んで、そこに本当に意識を向けることは全くないのです）。

それから、**相手にとっての「私（I）」の領域と、相手にとっての「私たち（We）」の領域を、何度も行ったり来たりしてみましょう。**どちらの領域に対しても、最大限にマインドフルな〔気づきを保持した〕意識を向けましょう。そして、そうすることで生じてきた全てのものを、注意深く、はっきりと、ありのままに、録画しましょう。

そうしたら、これまでに述べてきた4つの領域の全てに対して、以下のように簡単なマインドフルネスをおこなってみましょう。

1. **自分自身の「私（I）」の領域**に気づきましょう
2. **自分が「私たち（We）」の領域をどう体験しているか**に気づきましょう
3. **相手の「私（I）」の領域**に気づきましょう
4. **相手が「私たち（We）」の領域をどう体験しているか**に気づきましょう

このように、**二人の関係性の中には、実際には「4人」が存在しています。**言い換えれば、これら4つの視点こそ、二人の人間が集まるときに、実際に集まっている主要な視点なのです。

さて、４つの領域のそれぞれについて、数分の時間をとり、その領域の中で生起しているものに意識を向けてみましょう。そのとき、そこに現れているものが「それ（It）」の事実なのか「私（I）」の好みなのかということにも、気づいてみましょう（加えて、もし「私（I）」の好みであるとすれば、誰の好みであるかにも気づきましょう。自分の「私（I）」でしょうか？　相手の「私（I）」でしょうか？）。

もしかすると、そこに、本当の意味で**「私たち（We）」の好み**と呼べるものが存在していることに気づくかもしれません。それは、あなたとあなたのパートナーが「合意することに合意した」内容であり、それぞれの「私（I）」にとっては譲歩［妥協］することが必要だったかもしれませんが、しかしそれゆえに、**どちらの「私（I）」の中にも存在していなかった内容**なのです。そしてこのとき、それぞれの「私（I）」が「私たち（We）」を体験しているからこそ、互いに歩み寄るということが可能になったのです。

例えば、あなたとあなたのパートナーが、互いに歩み寄ったゆえに、ある家を買ったとします。そこに生まれた「私たち（We）」の好み、「私たち（We）」の選択に対して、意識を向けてみましょう。それは、あなたの「私（I）」やあなたのパートナーの「私（I）」の中にあったものではなく、二人がつくる「私たち（We）」の中に生まれたものなのです。

こうした「私たち（We）」の選択が現れるたびに、その全てに気づきを向けてみましょう。そうした選択においてはいつも、どちらか一方の「私（I）」がもう一方の「私（I）」よりも中心的な位置を占めているということはないですか？　もしそう思われるなら、これからはよく注意してみてください……。

そうしたら最後に、**自分にとっての「私たち（We）」の領域と、相手にとっての「私たち（We）」の領域**（できる限り正確に想像してみてください）**を、注意深く、行ったり来たりしてみましょう。**

自分が「私たち（We）」をどう体験しているのかということに意識を向けるとともに、相手が「私たち

（We）」をどう体験しているのかということを、できるだけ正確かつ明晰に想像し、そこに意識を向けましょう（そしてもう一度言えば、どちらの領域についても、そこで見えているものが「それ（It）」の事実なのか「私（I）」の好みなのか、あるいは本当に「私たち（We）」の好みなのかに、注意を向けましょう）。

おそらく、**こうした「視点移動」のエクササイズこそ、人間関係の領域における最も中核をなす実践**であると思われます。そして、これはどんな関係性に対しても活用することができるのです。

複数の「私（I）」、複数の「あなた（You）」、複数の「それ（It）」をひとつに結びつけて、健全で、機能的で、幸せな「私たち（We）」をつくること——これこそ、人間関係において決定的に重要なことなのです。（なお、実際には、「私たち（We）」の外面にあたる「それら（Its）」の領域、すなわち、システムの領域のことも考慮する必要があります。その人間関係がどれほど「機能的に適合《ファンクショナル・フィット》しているか」を考えるのです）

「私」の諸段階と「私たち」の諸段階

さらに、もう1点、私たちが心に留めておいてほうがよいと思われることがあります。そしてこれこそ、本当の意味で、男の子と女の子を、男性と女性から分かつものなのです。特に、もし自分のパートナーが自分と異なる発達段階に主に位置していることがほぼ確実であるなら、これから述べる内容を、時間をかけて丁寧にとり入れていく必要があります。

例えば、あなたが主にターコイズの統合的段階に位置しており、あなたのパートナーが主にオレンジの合理的段階に位置しているとしましょう。このとき、先に述べた4つの視点――自分自身の「私（I）」、自分自身の「私たち（We）」、相手の「私（I）」、相手の「私たち（We）」――は、どのようなものになるでしょうか。

これら4つの視点がそれぞれ、自分自身のターコイズの「私（I）」、自分自身のターコイズの「私たち（We）」、相手のオレンジの「私（I）」、相手のオレンジの「私（I）」にとっての「私たち（We）」として現れることに、注意を向けましょう。

さらにその際、私たちは、各発達段階のあいだに実際にどんな違いがあるのかということを、このエクササイズの中に十分に反映させる――あるいは少なくとも、十分に反映させようと努力する――必要があります。そうすることで、自分自身のターコイズの「私（I）」が体験している「私たち（We）」は、**ターコイズの「私たち（We）」**として意識されるようになり、同じように、相手のオレンジの「私（I）」が体験している「私たち（We）」は、**オレンジの「私たち（We）」**として意識されるようになるでしょう。こうした全ての視点、全ての体験がどんなものであるかを、できるだけ生き生きと想像することが必要なのです。

それでは、オレンジの段階に対応する性質であると自分が理解している内容（達成すること、実績を挙げること、優秀であること、進歩していくこと、利益を挙げること、強い意欲をもつこと）の中に、自分自身の身を置いてみて、そしてそうしたオレンジ段階のレンズを通して、相手の「私（I）」の領域を体験してみましょう。

そうしたら次に、相手がオレンジの「私（I）」を通して、オレンジの「私たち（We）」にあたる内容をどのように体験しているのかを、想像し、感じてみましょう。これはつまり、相手があなたのことをオレンジの言葉によってどう解釈しているかを想像するということでもあります。

それゆえ、次の3つの視点を、できるだけ正確な想像力をもって、行ったり来たりしてみましょう。

(1) 相手のオレンジの「私（I）」とは、どのような体験であるか

(2) 相手のオレンジの「私（I）」は、オレンジの「私たち（We）」をどのように体験しているか

(3) 相手のオレンジの「私（I）」は、あなたのターコイズの「私（I）」を、どのように解釈し体験しているか

大事な点は、**こうした全ての体験は、現実に生じている現実の体験である**ということです。私たちに与えられた選択肢は、こうした体験〔視点〕の存在を意識的に考慮するようにするか、あるいは、こうした体験の存在を無視し、無意識に追いやってしまうかのどちらかしかありません。厳しい話かもしれませんが、これこそが、実際にとりうる選択肢の全てなのです。

もちろん、ここでの主要な論点とは、あなたのパートナーは**ターコイズの空間を直接に認識することができない**ということです。それゆえ、あなたが体験しているターコイズの「私（I）」も、あなたが体験しているターコイズの「私たち（We）」も、パートナーは正確に認識することができません。代わりに、パートナーはオレンジ段階のレンズを通して、こうしたターコイズの空間を体験しているのです。

みなさんは、段階間にこうした断絶があるのであれば、異なる段階に位置している個人どうしが良好な人間関係を築くことはほとんど不可能なのではないかと思うかもしれません。それもよくわかります。そう考えるみなさんはおそらく、これまでに何度も、相手が自分の意図を明確に理解してくれず、しかもそれがとても対応できないほどの無理解だったという体験をしたことでしょう（なお、後で述べるように、たとえ意識構造の段階が異なっていたとしても、二人が同じようなウェイキング・アップ［目覚め］の道を歩んでいるならば、二人のあいだに共通の基盤が生まれて、良好な関係性を維持するための助けになります）。

とはいえ、さまざまな理由によって、どうやらあなたはその人に恋をしてしまったのです。もしそうなら、自分に対する相手の認識を直接に変えることはできませんが、自分自身の例に照らして、先に述べた全ての視点を考慮に入れることはできるはずです。

そしてそのことによって、少なくとも、現在の状況をもっと広大な意識と理解をもって捉え直し、多くの衝突を和らげられるようになります。あるいは最低でも、衝突の直接的な要因に対して意識を向けることで、そうした無意識の要因によって不意に心を刺激され、苛立ちのあまり相手にきつく当たることは回避できるでしょう。

特に言えば、自分が各発達段階について理解している内容を活用することで、パートナーとやりとりをするときにはいつでも、パートナーと同じ高さで話すように努めることができます。

この例であれば、**オレンジの段階にとってもっと理解しやすい単語を用いてコミュニケーションを行う**ということ、そして、オレンジの段階から述べられた内容を、オレンジの視点そのものとして認識するということが挙げられます。ちょうどあなたの見方や発言の多くがターコイズの段階によって規定されているように、パートナーの見方や発言の多くがオレンジの段階によって規定されていることを認識しましょう。

こうした手法は、相手を巧みにコントロールするために利用することもできます。例えば、自分の欲しいものを、相手にとって魅力的に映るように、意図的にオレンジの言葉で伝えるのです。他方、思いやりと気遣いに満ちた方法でこうした手法を活用し、意思疎通や相互理解をもっと明晰なものにできないかと工夫してみることもできます。

結局のところ、発達段階という視点は、人を一方的に判断したり、順位づけしたりするために用いられるべきものではありません（こうした態度は全て、統合的アプローチを間違った形で用いていることによるものだといえます）。そうではなく、大事なのは、発達段階について学ぶことを通して、自分たちの意思疎通や相互理解の質を向上させるとともに、自分たちの気遣いや思いやりや愛を、もっと効果的で本物のものへと拡張していくということなのです。

さて、もうひとつ、重要な点があります。今の例では、自分が主にターコイズの段階に位置しており、相手が主にオレンジの段階に位置していると仮定していました。しかし、その逆の場合だってあり得ますよね？言い換えれば、**相手のほうが、自分よりも高次の段階に位置しているかもしれない**のです。そしてそうした場合にこそ、私たちは、多くの努力を行うことが必要になります。

まず、1つ目として、次のことを理解しておく必要があります。**特定の段階と同一化している**——この例であれば、自分が相手よりも「低い」段階と同一化している——**という判断は、その人の存在そのものに関わるような判断ではない**ということです。それは善悪の判断でもなければ、その人そのものの価値を決めてしまうような判断でもありません。

思い出してほしいのですが、発達においては常に、さらに「高次の段階」が存在しています。それゆえ、ある意味では、誰もが「低次の段階」に位置しているといえます。加えて、もし二人が共にウェイキング・アップ［目覚め］の道を歩んでいるなら、あなたは実際、その軸において、パートナーよりも遥かに発達しているかもしれないのです。

とはいえ、重要なことは、発達の諸段階とは単に機能的なものであり、どの段階も、深さ《デプス》と全体性《ホールネス》を無限に増大させていくこの果てなき道の途中に現れた、一時的な段階にすぎないということです。私たち一人ひとりは、ただ単にある段階に位置しているのであり、そこには、どんな価値判断も、どんな善悪も存在していません。それはただ、あるがままなのです。

2つ目の点として、これは前向きな話ですが、私たちは、**自分自身の現在の「重心」よりも少し高次の段階について理解しようと努力することで、そうした高次の段階へと実際に成長し発達することを促される**ということです。

ここで思い出してほしいのは、発達モデルについて学ぶことには、心を活性化させる作用《サイコアクティブ》があるということです。私たちはこうした努力をおこなうことで、自分自身の中にある高次の諸段階への衝動を、力強く、そして真正面から、活性化させることになるのです。それゆえ、自分のこうした努力を祝福してあげましょう！

しかしいずれにせよ、先に述べた4つの視点——自分自身の「私（I）」、自分にとっての「私たち（We）」、相手の「私（I）」、相手にとっての「私たち（We）」——の全てを体験しようとするなら、（この例であれば）次のようにおこなうのがよいでしょう。

まず、**ターコイズ段階では世界はどのように見えるのかについて、自分が知的に理解している内容を思い浮かべて、**自分自身をその中に置いてみます。そして、**そうしたターコイズ段階のレンズを通して、相手が体験している「私（I）」と「私たち（We）」を感じてみる**のです。

もちろんこれは、あなたが高次の段階を実際に身につけたということではなく、高次の段階についての記述を参考にして、そうした段階の視点を知ろうとしているということです。

しかしもう一度言えば、各発達段階について理解することには、心を活性化させる作用《サイコアクティブ》があるのであり、そうすることで私たちの意識は、さらなる変容へと促されるのです。それゆえ、こうした努力を根気よく続けていきましょう！

そしてもうひとつ、心に留めてほしいことがあります。たとえどんなワークであれ、**人間関係についての本物のワークを行えるようになるためには、そもそもその前に、相手の視点に立てるようになっていなければならない**ということです。

言い換えれば、相手の視点に立つことこそが、特定のスキル（例えばノンバイオレント・コミュニケーション〔NVC〕）を学ぶことよりも、基本にあることなのです。

とはいえ、みなさんは、ここで説明してきた全ての視点を活用しているコンサルタントやコーチに出会うことは——全くではないにしても——ほとんどないでしょう。なぜなら、４つの象限全てに十分な意識を向けている人は、極めて少ないからです（ましてや、全ての発達段階や意識状態を含めている人はほとんどいません）。

それゆえ、AQALフレームワークのような何らかの統合的アプローチを用いることで、こうした多種多様な視点（象限、レベル、ライン、ステート、タイプ）の全てを学びましょう。

そしてそのことによって、自分の行いうる最善を尽くして、豊かな未来へと進んでいくのです。

スピリチュアルな「私たち」空間

それでは、最後のテーマに移りましょう。あなたとあなたのパートナーが、同じ精神的／霊的《スピリチュアル》な道を一緒に歩んでいるとします。

たとえそれがどんな瞑想的ないし黙想的な道であったとしても、あなたがたは遅かれ早かれ、マインドフルネスのような何らかの実践技法をとり入れることになるでしょう。結局のところ、瞑想的伝統の本質にあるのは意識を鍛えるということであり、そして多くの場合、その主要な実践として、マインドフルネス〔気づきの実践〕が位置づけられているのです。

簡潔に述べましょう。もしあなたとあなたのパートナーがともに精神的な道を歩んでいるならば、遅かれ早かれ、どちらかないし両方が、次の意識状態を経験するようになるでしょう。

(a) **純粋な目撃者《ウィットネス》、純粋な「私-私（I-I）」、「私は在る《アイアムネス》」の状態**

(b) あるいはさらに進んで、**非-二元の真如《サッチネス》ないし是性《ザスネス》ないし如性《イズネス》の状態、純粋な一なる意識《ユニティ・コンシャスネス》の状態**

どちらの場合であっても、小さな「私（I）」、慣習的な「私（I）」は生起し続けています。とはいえ、あなたはもはや、そうした小さな自己とだけ同一化することはありません。あなたが同一化しているのは、真の自己《トゥルー・セルフ》ないし本当の自己《リアル・セルフ》、すなわち、あなたの究極のアイデンティティなのです。そしてこのとき、あなたの最も深い本性は、スピリットおよび宇宙全体と非-二元的に合一することになります。

しかし、**たとえ真の自己《トゥルー・セルフ》ないし非-二元の真如《サッチネス》であっても、相対的な世界における「乗り物」を通して、自**

らを表現していくことが必要なのです。これはつまり、慣習的な自己——そしてその隠れた地図《ヒドゥン・マップ》——という「形態《フォーム》」を通して、世界を捉えることが必要であることを意味しています。

既に見てきたように、私たちは、たとえ頭なき非二元の意識を経験するようになったとしても、ほとんどあらゆる発達段階（例えばアンバー、オレンジ、グリーン）に位置していることがありえます。

同じことが、純粋な目撃者の状態についても言えます。私たちは、たとえあらゆる属性を超えた純粋な目撃者の状態に安らぐようになったとしても、そうした状態そのもの、および、そこから見える内容を、そのときに自分が利用できる心的ツール（例えば慣習的な自己が用いている隠れた地図《ヒドゥン・マップ》）を通して、解釈し続けることになるのです。

そしてだからこそ、私たちは、単にマインドフルネスを実践するだけではなく、インテグラル・マインドフルネスを実践することが必要なのです。

先にも述べたように、マインドフルネスそれ自体によっては、自分がどんな隠れた地図《ヒドゥン・マップ》に従っているのかを認識することはできません。自分がそうした地図に忠実に従っているということにさえ、全く気づかないのです。それゆえ、たとえ悟りや目覚めを実現したとしても、そうした状態を、現在の隠れた地図《ヒドゥン・マップ》を通して解釈し続けることになります。

しかしインテグラル・マインドフルネスにおいては、その「インテグラル」の面において（インテグラル理論や発達理論の見方を活用することで）、こうした隠れた地図《ヒドゥン・マップ》を意識化し、対象化し、「明るみに出す《アンヒドゥン》」ことができます。そして、「マインドフルネス」の面において、そうした無意識にレーザー光線を当てて、粉々に打ち砕いてしまうのです。言い換えれば、隠れた主体《サブジェクト》を客体《オブジェクト》にして、それと脱同一化することによって、次の発達段階がおのずと現れるような空間を整えてあげるのです。

そして、こうした対象化のプロセスを続けて高次の段階へと変容していくと、あなたはやがて、進化の最先端——今日においては統合的段階のあたり——へと到達することになります。あなたは、進化のこの地点における最も広大で、最も全体《ホール》的で、最もインクルーシブで、最も愛と気遣いに満ちていて、最も包容力のある発達段階を確立することになるのです。

このように、グローイング・アップ〔成長〕の最も高次の段階をウェイキング・アップ〔目覚め〕の最も高次の状態——非二元の一《ユニティ・コンシャスネス》なる意識の状態——と結びつけることで、最も豊かで最も包括的な悟りがもたらされます。

この悟りは、人間の成長や発達に関する根本的な2つの道における、最も素晴らしく最も輝かしい部分を結びつけたものであり、結果として生まれるのは、「超人」(super-human) と言っても少しも大げさではないような存在であるといえます。

歴史上初めて、人間の発達に関する2つの根源的な流れがひとつに合流したのであり、私たちは今や、ほとんど超人的とも言えるような潜在的可能性を与えられているのです。そしてそうした可能性を実現するとき、私たちは、自らの存在の最も深く最も高次の側面を見つけ出すことになるでしょう。

さて、あなたとあなたのパートナーの両方が、純粋な目撃者の状態（トゥリーヤ）ないし非二元の真如《サッチネス》の状態（トゥリヤティタ）に根を張るようになると、二人の関係性を支える土台も、大きく拡大し深化することになります。二人のつくる「私たち（We）」が、**「慣習的な私たち」(conventional we) から、「スピリチュアルな私たち」(spiritual we) へと変化する**のです。

そしてそうなれば、たとえ慣習的な次元において二人の発達段階が異なっていたとしても、良好な関係性を維持できる可能性は高まるでしょう。

マーティン・ウチックは、その男性向け著作 *Integral Relationships: A Manual for Men* のなかで、AQAL フレームワークを用いて恋人やパートナーとの関係性を分析しています。特に、二人が AQAL の各要素において異なる性質をもつ場合、どのような関係を形成しうるかということについて、詳しい分析がなされています。

ウチックは、この領域における自らの広範な経験から（ほとんどの発達研究者も共感するでしょうが）、次のように結論づけました。それは、AQAL の５つの要素のうちの４つ（具体的には、象限、ライン、ステート、タイプ）については、たとえ二人が異なる性質をもっていたとしても、非常に豊かな関係を築くことは可能だということです。

しかし、５つ目の要素が異なる場合、すなわち、二人が異なる発達段階（グローイング・アップ〔成長〕の段階）に位置している場合について、ウチックの助言はただひとつです――申し訳ない《ソーリー》。

ウチックが見出したのは単に、**段階《レベル》とは、互いに極めて異なるもの**だということです。各段階は、異なる真理を捉え、異なる欲求をもち、異なる願望を抱き、異なる価値を大切にしています。それゆえ、ウチックによれば、異なる発達段階に位置するパートナーどうしが、十分な相互理解に到達し、さまざまな価値を共有することはほとんど不可能であり、本当の意味で一緒に生きていくことはできないのです。

けれども、これまで述べてきたように、私たちはたとえどの発達段階に位置していたとしても、基本的には、全ての意識状態――目撃者《ウィットネス》の状態と真如《サッチネス》の状態を含む――を経験することができます。

それゆえ、たとえあなたとあなたのパートナーがグローイング・アップ〔成長〕の道において異なる段階に位置していたとしても、**ウェイキング・アップ〔目覚め〕の道において意識状態を共有することができれば、二人のあいだに共通の土台が生まれる**ことになります。そしてそのことによって、段階間の驚くべき違いや、異なる段階であることがもたらす衝突を、ある程度は埋め合わせることができるでしょう。

いずれにせよ、もっとバランスがとれていて、一貫していて、喜びに満ちた人生を送るためには、ウェイキング・アップ〔目覚め〕の道を歩むことが大切なのであり、もしあなたとあなたのパートナーが一緒にそれをおこなえば、二人は多くの深遠な体験を分かち合うことができるでしょう。

そしてそうした分かち合いこそ、ロマンチックな「私たち（We)」の空間を、もっと深く、もっと広大なものへと変化させてくれる唯一のものではないでしょうか。

四象限とショーイング・アップ

これまで何度も述べてきたように、４つの象限（＝視点／領域）を通して見ることができる――そして見るべき――領域とは、人間関係の領域だけではありません。本質的に言って、人間がおこなっている全ての活動や分野に対して、このアプローチを適用することができます。これら４つの象限は、宇宙のあらゆる場所で生起するあらゆる現象に関係しているものなのです。

多くの哲学者、および、ほとんどの精神的伝統が主張しているのは、主体と客体のあいだに区別が生まれることで、世界が出現したということです。言い換えれば、認識するものと認識されるもののあいだに区別が生まれることで、世界が現れたのです。

インテグラル理論もこうした見方には同意しますが、しかし、宇宙が本当に身を起こし、動き始めるためには、もうひとつの区別が必要であると考えます。それは、「単数と複数」、あるいは別の言葉で言えば、「個と集合」という区別です。

もし主体と客体というただひとつの境界だけが存在するのであれば、両者は永遠にそれぞれの道を歩み続けるだけでしょう。ひとつの巨大な主体が、ひとつの巨大な客体を見つめているというだけなのです。

しかし実際には、**主体と客体はどちらも、個という形態でも集合という形態でも存在することができます。**それゆえ、ただひとつの境界が、数えきれないほど多くの境界へと分裂するのです。こうして、４つの象限の全てにおいて、差異化と統合のパターンが自己相似的《フラクタル》にどこまでも繰り返し現れることになります。

そしてそれにともなって、本物の宇宙が身を起こし、動き始め、本物のホロン――それ自体として全体であると同時に、もっと大きな全体にとっての部分でもあるもの――が現れるようになります。絶え間なき進化のプロセス、絶え間なき「新しさへの創造的前進」を通して、宇宙が開き出されるようになるのです。

こうして、さまざまな宇宙が実際に生まれることになりました。

さて、このことが意味しているのは、宇宙に顕現しているあらゆるものの――原子よりも小さな粒子から、顕現したスピリットに至るまで――には、少なくとも４つの象限（＝視点／領域）が、**その元々の特性として、その存在そのものの性質として、そなわっている**ということです。

だからこそ、もし私たちが何らかの現象について本当に包括的でインクルーシブな見方をもちたいのであれば、最低でもこうした４つの象限の全てにおいて、その現象を捉える必要があるのです。

本書ではここまで、ビジネスの領域、および、人間関係の領域において、４つの象限をどのように活用することができるかを見てきました。同じことを、人間の関わっている（そして、人間の関わっていない）あらゆる領域に対してもおこなうことができます。

問題とは、先にも述べたように、ほとんど全ての領域において、これら４つの象限のうちのひとつ（あるいはよくて２つ）だけが「本当の現実」であると考えられていることです。

私たちは、自分のお気に入りの象限だけを宣伝し、他の全ての象限をゴミ箱へと投げ捨ててしまうのです。これは全くの悲劇としか言いようがありません。おそらくみなさんは、本章の冒頭で紹介したマネジメント論の例に触れただけでも、このうちどれかひとつの理論だけを取り出して、他の全ての象限を無視してしまうのがどれほど残念なことであるかを感じとったのではないでしょうか。

こうした４つの象限が現実に存在しているという証拠やデータはあまりにも多く、しかもそれぞれの象限は、私たちに、信じられないほど重要な真実を伝えてくれています。これらの象限を見落とすということは、すなわち、現実の世界を形づくっている現実の領域を無視するということであり、それゆえ、その結果はいつも——そう、いつも——とても満足とは言えないものになるのです。

たとえどんな領域であれ、もしその領域のことを十分に理解したいと思うなら、その領域における４つの象限全てに対して意識を向けること。これこそが、あなたがその領域の現実の中に、十分に「姿を現す《ショー・アップ》」ための方法なのです。

そしてそうすることで、私たちは、その領域の全体に対して自分を開くことができるようになります。自分がこれまで見落としがちであった他の側面に対しても、意識を向けられるようになるのです。

例を挙げましょう。私たちは左上象限〔個の内面〕を含むことによって、グローイング・アップ〔成長〕のさまざまな内容、ウェイキング・アップ〔目覚め〕のさまざまな内容、クリーニング・アップ〔浄化〕のさまざまな内容に意識を向けやすくなります。

さらに、私たちは左下象限〔集団の内面〕を含むことによって、さまざまな文化や文脈が、世界をどのように認識し、どのように価値づけ、どのように動かしているのかということに、もっと敏感《センシティブ》に気づけるようになります。例えば、どんな事柄であっても、**文脈**《コンテクスト》を考慮することが極めて重要であることが明らかになります。あるいは、どんな現象であっても、**多文化的**《マルチカルチュラル》**な視点**を考慮に入れるべきであることが明白になります。あるいは、個人がどんな人格を形成するかということは、その人がどんな**文化的背景**（および他の間‐主観的《インターサブジェクティブ》な要因）のなかで育ってきたかによって大きく変わりうるものであることが、疑いなく認識されるようになります。

同様に、私たちは右下象限〔集団の外面〕に意識を向けることによって、**物質とは**、単に「存在の大いなる連鎖」（例えば「物質、身体、心、魂、スピリット」といった図式）の中の「最も低い」段階《レベル》なのではなく、むしろ、「存在の大いなる連鎖」の**全ての段階《レベル》にとっての「外面」である**ことを認識できるようになるでしょう。例えば、左上象限においてどんな意識状態を体験したとしても、右上象限において、脳の状態に何らかの変化が生じます。とはいえ、これは、心や意識のことをすべて、脳の状態に還元して説明できるという意味ではありません（その逆でもありません）。そうではなく、両者は同時に生起しているのです。

そしてこうした外面の事柄は全て、広大なシステムやネットワークからなる間‐客観的《インターオブジェクティブ》な網の目（右下象限）のなかで、互いに織り合わされ、互いに結びつき、動的《ダイナミック》に関係し合っています。それゆえ、私たちはこうした網の目について理解することで、ほとんどどんな物事を理解する際にも、極めて重要な視点〔間-客観的な視点〕を付け加えられるようになります。なぜなら、**全宇宙におけるどんな物事や出来事も、数えきれないほど多くのシステムやネットワークの一部として生起している**からであり、こうした間-客観《インターオブジェクティブ》的な網の目は、あらゆる物事や出来事にとって（そして私たち自身にとって）不可欠な要素であるからです。

そしてもちろん、右上象限〔個の外面〕のことを忘れる人はほとんどいません。実際、多くの人々（行動主義者から実証主義者まで）が、本当の現実だと言えるのはこの象限だけであると考えています。インテグラル理論においても、右上象限は極めて重要なものとして扱われますが、しかしそれは、ショーイング・アップ〔体現〕という物語《ストーリー》全体のいわば「4分の1」を占めているにすぎないのです。

四象限一周の旅

さて、もし今度、誰かが何かを「説明」しているのを耳にしたら、その説明を注意深く聞いて、それが特定の象限だけに基づく説明ではないか、確かめてみましょう。おそらく、**ほとんどの人が、ひとつの象限だけに深い信頼を置いて物事を説明している**ことがわかるでしょう。

そしてこのとき、確かにそうした説明も「真実だが部分的」なのですが、間違いなく「部分的」であるということを認識しましょう。こうした説明においては、特定の象限だけが「本当のもの《リアル》」であると考えられており、他の象限は全て——明示的に述べられているにせよ、そうでないにせよ——真に重要な領域ではないとみなされているのです（もちろん、このことは、AQALの他の要素についても成り立ちます。特定の段階《レベル》以外の全ての段階《レベル》、特定のライン以外の全てのライン、特定の状態《ステート》以外の全ての状態《ステート》、特定のタイプ以外の全てのタイプを除外してしまうのです。とはいえ、ここでは、象限という要素に焦点を当てて説明しています）。

もし私たちが、こうした象限の全てにおいて「姿を現す《ショー・アップ》」ことができたなら、従来の説明とは異なる――そしてそれを補完する――どんな物語《ストーリー》が生み出されることでしょうか！

図3-3は、四象限の一部を図3-1とは異なる形で簡潔に表したものであり、特に人間の領域に焦点が当てられています。この図は、本章の内容をうまく要約してくれる図であり、また最後の説明としてもちょうどよいものです。

この図を見ると、４つの象限の全てにわたって、重要な対応関係が存在していることがわかります。

例えばこの図は、左下象限〔集団の内面〕において**「前-近代《プレモダン》」**に分類されている諸文化が、左上象限〔個の内面〕における「呪術的」な自己、「呪術-神話的（自己中心的）」な自己、「神話的」な自己と並行して出現する傾向にあることを表しています。さらに、こうした文化や自己は、右下象限〔集団の外面〕における「狩猟採集的」「鍬《くわ》農業的」「農耕的」な技術-経済的構造とも並行して出現する傾向にあります。

あるいは、左下象限〔集団の内面〕における**「近代《モダン》」**の諸文化が、左上象限〔個の内面〕における「合理的」な自己、および、右下象限〔集団の外面〕における「産業的」な技術-経済的構造と一緒に現れる傾向にあることを表しています。

さらに、左下象限〔集団の内面〕における**「後-近代《ポストモダン》」**の諸文化が、左上象限〔個の内面〕における「多元的」な自己、および、右下象限〔集団の外面〕における「情報的」な技術-経済的構造（例えばインターネット）

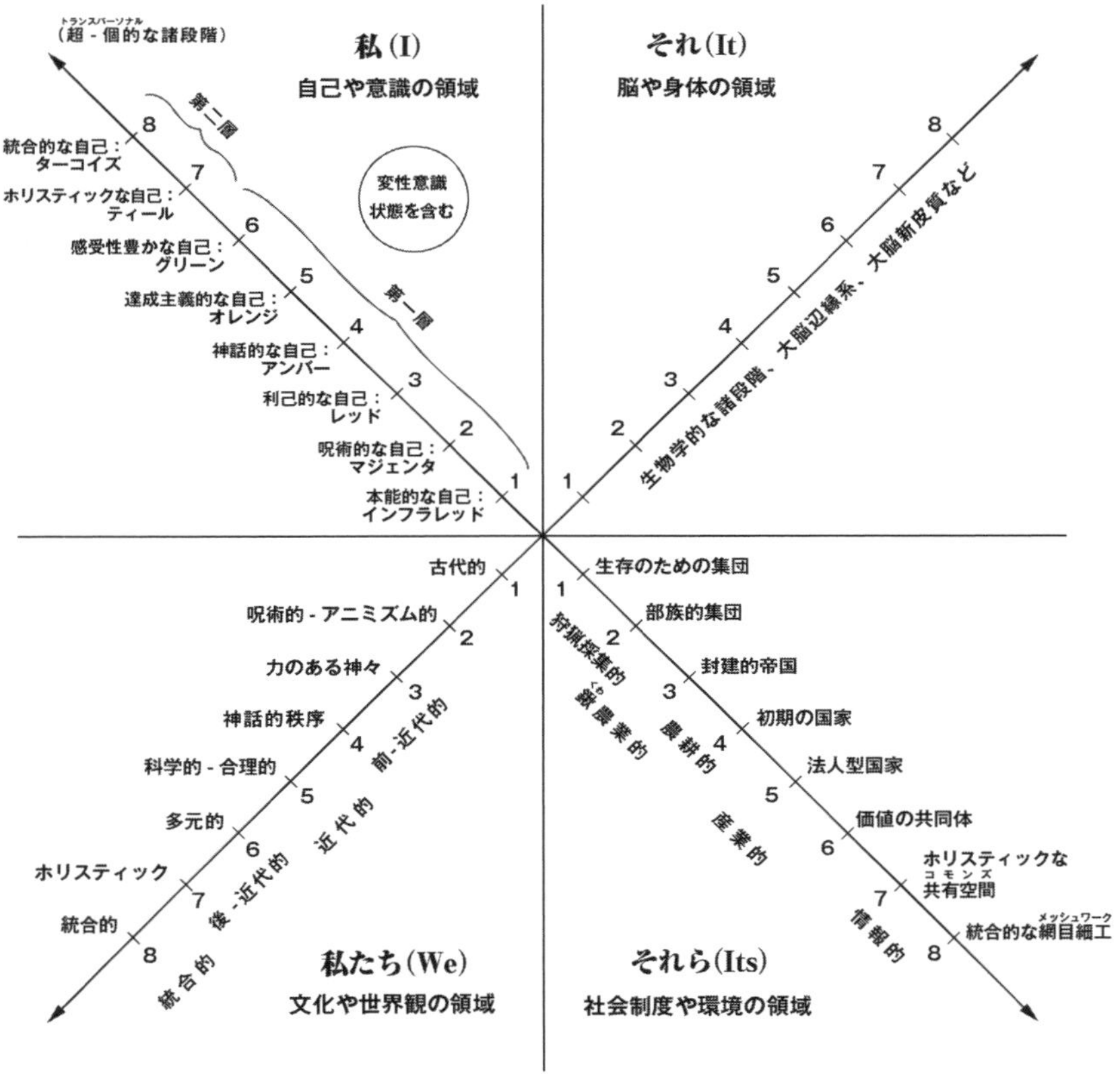

図 3-3. 人間の領域における四象限

と一緒に現れる傾向にあることを表しています。

実際、例えばアメリカでは、南部や中西部に位置するいわゆる「農業州」の多くにおいて、神話的で原理主義的なキリスト教を支持する人々の割合が今なお高くなっています。他方、北東部や極西部の州では、近代《モダン》および後-近代《ポストモダン》的な文化が遥かに顕著に見られます。

それゆえ、いわゆる「文化戦争」とは、単に左上象限「個の内面」における意識構造（神話的、合理的、多元的）だけに支えられた現象ではなく、同時に、右下象限〔集団の外面〕における技術–経済的構造（農耕的、産業的、情報的）にも支えられた現象なのです（どんな技術–経済的構造が定着しているかによって、人々の社会的交流の形態は変化します）。

だとすれば、**左側象限**〔内面〕**における統合的な自己と統合的な文化は、右下象限**〔集団の外面〕**におけるどんな技術–経済的構造と一緒に出現するのでしょうか**。私たちは今、そうした変化を待っているところだとも言えます（私の予想は何かって？ 人間がコンピュータや機械と直接に結びつくこと、つまりサイボーグ技術の進化！）。

いずれにせよ、こうした議論の中心にあるのは、次のような考えです。

> 4つの象限は、顕現したどんな宇宙においても欠くことのできない要素——世界が実際に身を起こし、動き始めるために必要な要素——である。すなわち、**4つの象限は、〈在るものすべての全景画〉の一部として常に現前している**のであり、私たちはこれらの象限の全てに十分な気づきを向けるべきである。

私たちは、全ての象限に意識を向ける（そしてマインドフルネスを行う）ことによって、それぞれの象限を自らの究極の気づき《アウェアネス》の場の中で明確に描けるようになるだけでなく、もっと容易に、真の見る者《シーアー》や究極の目撃者《ウィットネス》と同一化できる（そしてさらには、目撃者を「脱落」させ、純粋な一なる意識《ユニティ・コンシャスネス》とひとつになれる）ようにもなるでしょう。

結局のところ、四象限とは、同じ〈在るものすべての全景画〉を見るための異なる4つの方法、あるいはもしこう言ってよければ、同じ〈全景画〉にそなわっている異なる4つの側面なのです。

それゆえ、〈全景画〉を公平に目撃するときには、**4つの世界すべてを目撃する**ことを忘れないようにしましょう。あるいは、〈全景画〉とひとつになるときには、**4つの世界すべてとひとつになる**ことを忘れないようにしましょう。

そして、これからマインドフルネスを実践するときにはいつでも、４つの象限すべてのイメージを心の中に思い浮かべて、それぞれの象限を、はっきりと、明確に、気づきの対象にしましょう（ちょうど人間関係の領域において「私（I）」「私たち（We）」「それ（It）」の全てに対して明晰な気づきを向けたように）。さもなければ、そうした象限は、あなたの意識に触れてもらえず、コスモスの片隅にこっそりと押し込まれたままになるでしょう。しかし、**それらはただ隠れているだけで、これからもあなたに対して重大な影響を与え続ける**のです。

４つの象限を、無意識的な要素として、隠れた要素として、あなたにとって見えない場所で生起させるのではなく、それらを意識化し、そのベールを剥《は》がし、あなたの純粋な主体《サブジェクト》ないし本当の自己《リアル・セルフ》（さらには真如《サッチネス》）にとっての明確な客体《オブジェクト》にしましょう。

さて、こうした全ての領域――グローイング・アップ〔成長〕、ウェイキング・アップ〔目覚め〕、クリーニング・アップ〔浄化〕、ショーイング・アップ〔体現〕――に意識を向けるにあたって注意したいのは、こうした地図《マップ》を実際の土地《テリトリー》だと混同してしまうことは必ず避けなければならないけれども、同時に、**めちゃくちゃになった地図を使い続けることも避ける必要がある**ということです。

実際、世界の主要な地図はどれも（前近代《プレモダン》のものであれ、近代《モダン》のものであれ、後近代《ポストモダン》のものであれ）、こうした領域のうちの少なくともひとつを――たいていは複数の領域を――除外してしまっています。

しかし、こうした領域のうちどれかひとつの領域でも欠けてしまうと、私たちが到達する場所は、地図そのものと同じくらいに、めちゃくちゃなものになってしまうのです。

人類はこれまで、その歴史全体を通して、とても統合的とは言いがたい条件、包括的とは言いがたい条件、インクルーシブとは言えない条件のもとで暮らしてきました。私たちはこれまで、ひどく歪んだ地図を描き続けてきたのです。

とはいえ、地図から除外された領域も、私たちの活動に重大な影響を与え続けてきました。そして人類はこれまで、そうした影響を説明しようとして、さまざまな原因や理由をつくり上げてきたのです。そうした説明も当時には意味があったのですが、これまで見てきたように、今では最も薄っぺらく、最も説得力のない見方になってしまいました。

もちろん、500年後の世界からすれば、私たちの文化は、どうしようもなく素朴であり、全くの迷子に陥っているように見えることでしょう。しかしそれまでの間も、自分にできうる限りの最も大きな全体性《ホールネス》をとり入れていきましょう。なぜなら、**ほんのわずかでも大きな全体性《ホールネス》を実現しているほうが、小さな全体性《ホールネス》しか実現していないよりも望ましい**ことだからです。

そしてこれこそ、統合的な見方が私たちに与えてくれるものなのです。今日の世界において獲得可能な最も大きな全体性《ホールネス》へと到達し、そのことによって、あらゆる場所に暮らすあらゆる生命が到達しうるなかで、最も大きな自由《フリーダム》と最も大きな豊かさ《フルネス》を実現するのです。

第四章　発達のさまざまなライン：多重知能を探究する

Chapter 4. Our Many Streams: Exploring Multiple Intelligences

さて、本書ではここまで、もっと豊かで、もっと包括的で、もっとインクルーシブな形で世界を認識するにはどうすればよいかを探求してきました。

とはいえ、私たちは、**物事を複雑化させたいわけではありません**。こうして多様な領域を紹介してきたのは、そうした領域はどれも現実に存在しているものであり、それゆえ、**私たちが気づこうと気づくまいと、私たちに常に影響を与え続けている**からなのです。

言い換えれば、私たちは世界を複雑化させようとしているのではなく、もっと正確で、もっと現実的で、もっと意識的な見方を形成しようとしているのです。既にそこにあり、既に活性化しており、既に私たちに影響を与えているさまざまな側面に対して、もっと意識的な気づきを与えようとしているのです。

それゆえ、私たちに本当に与えられている選択肢とは、世界を「単純に捉えるか、複雑に捉えるか」ということではありません。そうではなく、こうした領域を「無意識のままにとどめておくか、意識にのぼらせるか」ということなのです。私は意識にのぼらせたいと思いますが、みなさんはどうでしょうか？

既に見てきたように　ウェイキング・アップ〔目覚め〕の諸段階とグローイング・アップ〔成長〕の諸段階の両方に気づきを向ける（両方を包含する）ことで、驚くほど重大な変化がもたらされます。こうした段階が実際にそこにあることをいったん認識してしまうと、そうした領域に気づいていない状態がどういうものだったか、ほとんど想像できなくなるほどです。

加えて、クリーニング・アップ〔浄化〕やシャドー〔影〕の問題も——本書では詳細に論じることはできませんでしたが——私たちの誰もが意識を向けるべき領域であるといえます。

そして、前章では、宇宙の誕生とともに出現した４つの根本的な区分（すなわち四象限）を全て考慮に入れることが重要であることを見てきました。全ての象限を包み込んでいないということは、すなわち、全ての宇宙を包み込んでいないということです。それゆえ、４つの象限全てを含むことが、宇宙の中で最大限に「姿を《ショー・》現す《アップ》」ためには必要不可欠なことなのです。

さて、もうひとつだけ、どうしても述べておかなければならない領域があります。他にも、重要な側面は何十何百と存在していますが、この要素に比べれば、重要性は劣るでしょう。

私たちがAQAL《アークアル》アプローチ（統合的アプローチ）を通して実行しようとしていることは、**最も少ない要素を用いて、最も広い範囲の現実を捉える**ということです。それゆえ、そうして得られた地図は、かなり単純なものでありながら、同時に、極めて包括的でインクルーシブな性質をもつものになります。

そしてこの地図は、私たちがこの宇宙をどのように渡り歩いていけばよいのかを教えてくれるものでもあります。言うなれば、それはコスモスの「利用案内書《ユーザーズ・マニュアル》」であり、あるいは別の言い方をすれば、「ヒト入門講座」を構成する内容なのです。

それでは、最後の主要な領域へと話を移しましょう。そのためにまず、インテグラル・マインドフルネスに関して私が最もよく受ける質問を、もうひとつご紹介します。

発達のさまざまなライン

どうすれば、インテグラル・マインドフルネスを用いて、健康や食生活や運動習慣を改善していけるのでしょうか？　どうすれば、仕事やお金の領域、あるいは家族や子育ての領域に、この実践を活用していけるのでしょうか？

この種の「大きな問い」によって実際に問われているのは、「どうすればインテグラル・マインドフルネスを自分の人生全体に活用することができるのか」ということであると思われます。とはいえ、一般的な問いとして発せられたにせよ、個別的な要素について尋ねられたにせよ、基本的な答えは同じです。すなわち、**統合的フレームワークに含まれる何らかの要素が人生の中に現れたときにはいつでも、そうした要素に対してマインドフルネスを実行する**ということです。

本書ではここまで、レベル（意識構造）、ステート（意識状態）、象限という3つの要素について、そうした実践をどのように行なえばよいかを述べてきました。どの場合においても、みなさんはきっと、自らの存在を構成している全く新たな側面ないし領域を見つけ出したことでしょう。そしてそうした側面が、これまでそこに存在していることさえ知らなかったけれど、自分の人生の中で——仕事、人間関係、子育て、趣味などにおいて——非常に深い役割を担ってきたものであることに気づいたはずです。

こうしたさまざまな統合的要素に焦点を当てる——グローイング・アップ〔成長〕、ウェイキング・アップ〔目覚め〕、ショーイング・アップ〔体現〕、クリーニング・アップ〔浄化〕の全てを人生にとり入れる——ことによって、みなさんはもっと豊か《フル》で、もっと自由《フリー》で、もっと健康的で、もっと幸せで、もっと意識的で、もっと気遣いに満ちていて、もっと愛にあふれた人生を送り始めるようになるでしょう。

なぜこうした無数の変化が起きるのかと言えば、統合的フレームワークの各項目とは、人間という存在そのものを形づくっている基本的な構成要素だからです。これらの要素にただ意識を向ける（そしてそれらにインテグラル・マインドフルネスを実行する）ことによって、そうした要素に火がともり、命が吹き込まれて、それらはそれ自身の成長や発達を始めるようになります。加えて、もちろんこうした実践は、私たちの自己認識や自己理解を大きく深めてくれるものでもあります。

そして、これと同じことが、本書でとり上げる最後の主要な要素についても言えます。それは、**ライン (line)**〔能力領域〕という要素です。

先にも述べたように、主要なラインのいくつかは既によく知られており、**「多重知能」**〔多重知性〕(multiple intelligences) という概念として普及しています。

かつて、私たちにそなわっている知能は一種類だけであると信じられていました。その知能とは、一般に認知的知能と呼ばれているものであり、知能検査（IQテスト）によって測定できると考えられていたものです。しかしここ数十年で、多くの研究者が理解するようになったのは、人間には10種類を超える知能がそなわっているということです。こうした知能すなわちラインはどれも異なるものですが、にもかかわらず、本書で紹介してきた6つから8つの段階《レベル》を通って発達していきます。言い換えれば、**異なるラインが、同じレベルを通って発達していく**のです。

ともあれ、大事な点は、進化そのものの働きによって、人生のさまざまな領域——認知にかかわる領域、情動にかかわる領域、道徳にかかわる領域、美にかかわる領域、人間関係にかかわる領域、身体にかかわる領域、数学にかかわる領域、音楽にかかわる領域、空間認識にかかわる領域、精神性《スピリチュアリティ》／霊性にかかわる領域など——を扱うことに特化した知能が生み出されたということです。

言い換えれば、私たちには、認知的知能だけでなく、感情的知能〔EQ/EI〕、道徳的知能、対人的知能、音楽的知能、美的ないし芸術的な知能、身体的ないし運動感覚的な知能などがそなわっているのです。

この発見が重要だと言える理由は数多くあり、詳しくはこれから見ていきますが、ここでひとつだけ述べておきましょう。

全ての人間が10種類を超える多様な知能を利用できるということは、**これまで認知的知能の面で「平凡」あるいは「発達が遅い」と判断されていた**（それゆえ、知能そのものが不足していると考えられていた）**人が、他の知能**（例えば対人的知能や美的知能や運動感覚的知能）**の面では、たぐいまれな能力をもっているかもしれない**ということです。そしてこのことは、あなた自身にも当てはまるかもしれないのです！

私たちは、こうした多種多様なラインのそれぞれにおいて、自分にどんな素質（あるいは「才能」）があるのかということをほとんど認識していません。それでも、こうした多様な能力は確かに存在しています。なぜなら——これまでの例と同じように——私たちは単にそうしたラインの存在に気づいていないだけであり、だからと言って、それが存在しないということにはならないからです。

こうして、ここでもまた、単にそのことを知らないという理由で、人間の重大な潜在的可能性が捨て去られてきたのです。ええ、こんなことはもうやめにしましょう……。

さて、どれだけ多くの発達ラインを想定するかということは、研究者によって意見が異なりますが、一般的に言えば、少なくとも次の8つのラインが重要であると考えられています。

1. 認知的知能（Cognitive Intelligence）

認知的知能とは、正確に言えば、無味乾燥で抽象的な分析的能力のことではありません。そうではなく、認知的知能とは、**視点をとる能力**のことなのです。言い換えれば、1人称の視点、2人称の視点、3人称の視点、4人称の視点などのさまざまな視点を、意識的に取得できる能力のことを意味しています。そしてこのとき、段階が進むほど、ますます複雑で、意識的で、全体的で、統合的な形の気づき《アウェアネス》（すなわち、最も広い意味での「認知《コグニション》」）が実現されることになります。

認知のラインは、特に重要なラインです。なぜなら、**認知《コグニション》〔≠気づき〕のラインは、他のラインの発達にとって「必要」である**——ただし「十分」ではない——から〔訳注〕です。

例えば、自分自身の感情的な知能と向き合うためには、そもそもそうした知能の存在に気づいていなければなりません。言い換えれば、それを意識していること、それに関する認知的な知能をもっていることが必要なのです。それゆえ、このラインが、基礎となるラインであると言えます。

多くの場合、認知のラインは、他のほとんどのラインよりも1つか2つほど先の段階に進んでいます。なぜかと言えば、それは他のラインの発達にとって「必要だが十分でない」からです。

〔訳注〕ウィルバーは「認知（cognition）」という言葉を、「気づき」や「意識」と同じような意味合いで使うことも多く、それゆえ認知のラインとは、必ずしも論理的ないし分析的な能力のことだけを意味しているわけではない。しかし同時に、西洋心理学における一般的な用法を踏まえて、そうした狭い意味で「認知」という言葉を用いることも多い。どの意味合いで用いられているかは文脈から判断する必要がある。こうした二重の使い方をしている理由については *Integral Psychology* pp.19-22 などを参照。

2. 感情的知能（Emotional Intelligence）

感情的知能とは、**単に自分の中にどんな感情が生じているかだけでなく、周りの人の中にどんな感情が生じているかにも気づく能力**のことを意味しています。言い換えれば、感情的知能には、対人的な側面や社会的な側面がかなり含まれているのです。そこでは、他者の立場に身を置くことが重要になります（そしてそのためには認知のラインの発達が必要です）。

それゆえ、感情的知能においては、自分や相手の感情とどれほどうまく関わることができているか、および、**自分の感情と相手の感情との相互作用をどれほど理解できているか**ということが問題となります

さて、先にも述べたように、グリーンの多元的段階（「感受性豊か《センシティブ》な自己」の段階とも呼ばれます）においては、「考えること《シンキング》」よりも「感じること《フィーリング》」が重視されるようになります（そして多くの場合、考えることは悪者扱いされます）。グリーンの段階においては、知性、特に合理性や論理などに深い疑いの目が向けられて、その代わりに、「心《ハート》の声に従うこと」「実際に体現《エンボディ》すること」「気持ち《フィーリング》に触れること」などが重視されるのです。

近頃、認知的知能（思考）よりも感情的知能（感情）のほうが大きく称賛されているのも、こうした理由によるものであるといえます。

他方、オレンジの段階に位置する批評家たちは、世界中心的な道徳や科学的な態度を身につけるうえで理性が重要であることには気づいているため、こうした後‐近代《ポストモダン》的な見方を非難する傾向にあります。

こうした人々が始めようとしているのはある種の「感情の共和制《フィーリング・オブ・リパブリック》」であり、アメリカ合衆国憲法修正第一条に定められた「表現の自由」を「感情を傷つけられない権利」に置き換えようとしていると、非難するの

です。〔原注〕

さて、あなたがどちらの側に立っているにせよ、私たちは次のことを覚えておくべきです――**どれほど深い感情を経験しうるかということは、どれほど深い認知的発達を達成しているかによって決まる**のです。

例えば、キャロル・ギリガンによって研究された女性の道徳性〔倫理性〕の発達を考えてみましょう。既に見てきたように、女性の道徳性は、自己中心的な「利己的段階」から、自集団中心的な「ケア」の段階、そして世界中心的な「普遍的なケア」の段階へと発達する傾向にあるとされます。

そしてこのとき、それぞれの段階は、視点をとる能力――1人称の自己中心的な視点、2人称の自集団中心的な視点、3人称の世界中心的な視点などをとる能力――に依存しながら発達していきます。言い換えれば、「気持ちに触れる」ためには、その前に「知性に触れる」こと、認知的能力を身につけることが必要なのです。

例えば、もしあなたの認知的能力では1人称の視点しかとることができないなら、あなたの全ての感情は、自己愛的で、自己中心的なものとなるでしょう（それはあまり褒められたことではありません）。**他者の立場に身を置く**――本当の意味で相手の立場に立って、相手が実際に何を考え感じ体験しているのかを認識する――**ためには、最低でも、アンバー段階の具体操作的な思考能力が必要**なのです（これは「規則《ルール》／役割《ロール》」の段階とも呼ばれています。なぜなら、役割《ロール》を担うことと規則《ルール》に従うことが可能になるからです）。

感情は、ただそれ自身を感じることしかできません。相手の立場に身を置くこと、すなわち、

［原注］Christina Hoff Sommers, “The Republic of Feelings,” September 1, 2000, http://www.aei.org/publication/the-republic-of-feelings/, acceeessed July 23, 2015.

相手の立場に立って、相手が見たり感じたりしている通りに世界を見たり感じたりすることは、認知的な活動、精神的な活動です。もし私たちが心の声あるいは身体に根ざした感情に従うだけであれば、私たちは、自己愛的に、自己中心的に、利己的に、自分の感情を体験するだけに終わるでしょう。これは非常に低いレベルの感情的知能（レッド段階ないしそれ以下の段階）であるといえます。

それゆえ、私たちに必要なのは、単に「心《ハート》の声に従う」ことによって知性をあざむくことではなく、**知性を感情と結びつける**ことなのです。さらに深く、さらに広大な高次の視点を形成することによって、その視点と結びついた形で、さらに素敵な感情が生まれるようになります。

こういうわけで、もう一度言えば、認知的知能の発達は、感情的知能の発達にとって必要であるが十分ではありません。それゆえ、たとえあなたが感情を他のどんなものよりも大切なものだと考えていて、心の声に従って生きたいと願っているとしても、知性をゴミ箱に捨ててしまわないようにしましょう。**知性を捨て去るということは、とりもなおさず、自分自身の深い情動や深い感情を捨て去るということに他ならない**のです。

もちろん、逆に、認知のラインだけが過度に重視されてしまうこともあります（もっとも、私たちが誰かのことを「あの人は話が抽象的すぎる」「あの人は頭でっかちだ」と述べるとき、それはほとんど常に、その人が**論理‐数学的な知能**を過度に強調しているということを意味しています。**これは認知のラインとは異なるまた別の多重知能**であり、論理的で分析的な方法で物事を捉えることに関わる知能です。この知能は確かに、かなり抽象的で無味乾燥なものとして感じられることがあります）。

とはいえ、「身体に根ざして生きる《エンボディメント》」ことを熱烈に支持する人たちが本当に大切にすべきことは、頭の代わりに体を使うことではなく、頭脳と身体、知性と心、思考と感情をひとつに結びつけ、統合することなのです。

こうした道から逸れて、ただ感情だけを重視するようになると――感情だけでは他者の立場に身を置くことができないので――多くの場合、非常に自己愛的な在り方へと陥ることになります。

そしてだからこそ、ベビーブーム世代は「自己中心世代《ミー・ジェネレーション》」と呼ばれるようになったのです。この世代は、グリーンという多元的で感受性豊《センシティブ》かな段階を大規模に出現させた最初の世代だったのです。

けれども、私たちがその過ちをもう一度繰り返す必要はありません。

3. 内省的知能（Intra-personal Intelligence）

「Intra-」という接頭辞は、「内に、内部に」という意味です。それゆえ、内省的知能とは、**明晰に、そして効果的に、自らの内側を見つめる能力**のことを意味しています。福音書には「神の国は私たちの中にある」と記されていますが、もし私たちが内側を見つめることができなければ、どんな恩恵も受けようがないでしょう。自己認識を深められるかどうかも、知恵を手にすることができるかどうかも、全ては、内側を明晰に見つめることができるかどうかにかかっているのです。

先にも述べたように、これは人間に生まれつきそなわっている能力ではありません。こうした内省的能力は、長く、険しく、複雑な道のりを通って成長ないし発達してきたものです。

言い換えれば、それは、自己中心的な内省（これは本物の内省とは言いがたいもので、実際には、さまざまな感情が決まった形をとらずに現れてくるだけです）から、自集団中心的な内省（他者の立場に身を置いて、他者の視点そのものを認識するようになり始める）、そして世界中心的な内省（十分に成熟した形で、自らの内側を見つめ、明晰に内省することができるようになる）へと、変容を遂げてきたものなのです。

そしてこうした**世界中心的な内省能力を身につけて初めて、「内面世界」の全体が十分に明かされる**ことになります。特に、「もし～だったらどうなるだろう」(what if) および「あたかも～のように」(as if) という思考が出現し、条件に応じてさまざまな世界が存在しうることが認識されるようになるため、この新たな内面的世界をある程度隅々まで探索できるようになります。

けれども、こうした内省的能力は全て、他の非常に多くの能力と同じく、人間に生まれつきそなわっているものではないのです。

4. 身体的知能《ソマティック》（Somatic Intelligence） ないし運動感覚的知能 (kinesthetic intelligence)

この知能は「身体知」と呼ばれることもあります。身体的知能とは、**自分の身体が伝えている知恵を読みとる能力、身体が今どんな状態にあるかに気づく能力、**そして**自分の身体を上手に活用する能力**のことを意味しています。

私たちの体の中には、生物としての知恵が深く組み込まれているのであり、こうした知恵を読みとることは極めて重要な知能なのです。

5. 道徳的知能（Moral Intelligence）

道徳的に正しいこととは何かを知ることが、道徳的知能です。私たちが誰かを公平に扱うのは、自分がその人とのあいだに何らかの同一性や連帯を感じているときだけであるといえます。それゆえ、私たちのアイデンティティが、6つから8つの発達段階を進むなかで広大になればなるほど、私たちの道徳的反応もまた、ますます偉大なものへと変化していくことになります。

先にも述べたように、こうした発達を最も単純な形で述べたもののひとつが、自己中心的《エゴセントリック》（自分自身のことだけを気遣う）、自集団中心的《エスノセントリック》（自分の関わる集団だけを気遣う）、世界中心的《ワールドセントリック》（全ての人間を気遣う）、宇宙中心的《コスモセントリック》（生きとし生けるもの全てを気遣う）という一連の段階なのです。

ところで、「道徳」(moral) は「倫理」(ethics) とは異なります。[訳注] 倫理とは、規則《ルール》や決まり事、すなわち、特定の文化や集団において当然従うべきだとみなされている事柄に関係した概念です。つまり、**その文化の中では何が「よい」ことなのか**を問題にしているのです。

他方、道徳においては、特定の集団だけが考慮されるのではなく、**普遍的な理念から見れば何が「正しい」のか**が問題となります。何が「よい」(good) かではなく、何が「正しい」(right) かが問題となるのです。それゆえ、倫理《エシックス》は、非常に道徳的《モラル》であることもあれば、あまり道徳的《モラル》でないこともあります。

倫理ないし「善《グッド》」は、多くの場合、左下象限における妥当性要求[訳注]の

〔訳注〕本章では「道徳」(moral) と「倫理」(ethics) が明確に区別されているが、一般的に言えば、「道徳」と「倫理」という言葉は互換的に使われることも多く、区別するとしてもその仕方は一定ではない。加えて、ウィルバー自身、他の書籍などでは常にこの用法に従っているわけではない。それゆえ、上記以外の箇所については、文脈に応じて、どちらの訳語も用いている。

〔訳注〕validity claim　妥当性要求（「妥当要求」と訳されることも多い）とは、ドイツの哲学者ハーバーマスの用語であり、発話行為において求められる「真理性」「正当性」「誠実性」という3つの妥当性のことを意味している。

ウィルバーはそれに「機能的適合」を加えて、四象限のそれぞれに対応させ、私たちには常に「真理」(右上象限)、「公正さ」(左下象限)、「正直さ」(左上象限)、「機能的適合」(右下象限) という4種類の妥当性要求が課されていると主張している。

ことを意味しており、特定の集団や組織や文化において、何が適切であり、公正であり、妥当なことなのかを判断する基準となります。

例えば、ほとんどの専門家組織〔職能団体〕には、何らかの倫理規定《コード》、すなわち、その専門的職業の在り方を律するための一連の規則が存在しています。例えば、医療倫理、法曹《そう》倫理、政治倫理といったものです（こうした倫理《エシックス》は、それほど道徳的《モラル》なものだとは限らないことに注意しましょう）。

さらに、マフィアにさえも、倫理的な掟《おきて》〔コード〕が存在しています。そしてそれはあまり道徳的なものではありません（その道徳的発達は、レッドないしアンバーの自集団中心的な段階にあると思われます）。マフィアの「沈黙の掟」もまた、こうした倫理的なルールのひとつであり、全てのメンバーが従うべきだとされている事柄なのです（もし従わなければ、多くの場合、死ぬことになります）。

私たちは、道徳を通して、与えられた倫理について深く内省することができます。これはある種の「メタ倫《メタエシ》理的《カル》」な判断であり、そこでは、特定の倫理的規範が普遍的に正しいものであるかどうかが考察されるのです。マフィアにとって「よい《グッド》」ことが全ての人間にとって「正しい《ライト》」ことであるとは言えません。だからこそ、道徳とは（普遍的な正しさについての）価値判断なのであり、それに対して、倫理とは（特定の集団において何が適切であり何が「よい」ことなのかを主張している）妥当性要求なのです。

言い換えれば、**倫理とは、あくまで左下象限の事柄**なのです。他方、**道徳的判断とは、どの象限における現象に対しても行いうるもの**です（「私（I）」の領域から見て正しいことは何か、「私たち（We）」の領域から見て正しいことは何か、「それ（It）」の領域から見て正しいことは何か、といった道徳的判断があり得ます）。

道徳は、多重知能のひとつであると言えます。なぜなら、それは普遍的な発達領域であり、６から８つの段階を通って成長していくからです。このことは文化横断的に確認されています。他方、倫理は、多重知能のひとつであるとは言えません。それは普遍的な発達領域ではなく、文化によって、また同じ文化であっても時代によって、内容が変わりうるからです。

倫理とは、いくつかの道徳的な要素と、さまざまな文化的好み、文化的特質、歴史的要因などが混ざり合ったものであると言えます。そうした文化的なルールの中には、非常に道徳的なものが存在しているかもしれませんし、あるいは逆に、端的に言って不道徳なものが存在していることもあります。

確かに、「倫理的知能」のようなものを考えることはできます。しかし、それはただ、自らの文化的な背景や文脈、役割や規則を読みとる能力のことを意味しているだけであり、その人が結局そこに何を見出すのかということは、大部分、その人の道徳的発達の段階によって決まるのです。

もう一度述べましょう。倫理とは、左下象限だけに限られた概念であり、自らの文化的な背景や文脈を読みとることに関係しています（「文化的に適切であるか」という妥当性要求に関係しています）。他方、道徳とは、左下象限だけでなく、どの象限における現象に対しても行いうる価値判断であり、それが特定の文化や集団にとってどれほど「適切」あるいは「よい」のかではなく、それがどれほど「正しい」のかということを問題にするものなのです。

道徳においては、例えば、次のような問いが発せられます。「自分たちが依拠している生態系（右下象限）との関係を考えるとき、どうするのが道徳的に正しいのだろう?」「秘密のお金を見つけてしまった（右上象限）とき、どうするのが道徳的に正しいのだろう?」「自分が最初に思いついたアイデアだと主張していた（左上象限）ことが、既に他の人が発見していたものであることを知ってしまったとき、どうするのが道徳的に正しいのだろう?」「ある法律が実際には不道徳なものであることに気づいてしまったとき、どうするのが道徳的に正しいのだろう？　もしかすると、私は市民的不服従の運動を起こすべきなのだろうか？」といったものです。

私たちは、市民的不服従あるいは非暴力の抗議を行うことで、道徳は倫理を超えうるものだということ、道徳が倫理に勝ることもあるのだということを、実際に示すことができます。

（市民的不服従とは――ガンディーのものであれローザ・パークスのものであれ――その文化において倫理的とされている特定のルールや法律が、もっと高次の普遍的な視点から見ると、実際には不道徳であり、それゆえ従うべきではないものであるという主張に基づく行動です。市民的不服従を実行する人は、その文化から「違法」な行動をしていると判断されることを覚悟しておく必要があります。しかし大事な点は、**この場合、「違法」であることは「不道徳」であることを意味しない**ということです。それどころか、全く逆であり、極めて「道徳的」な行動なのです。それゆえ、市民的不服従とは、多くの場合、極めて高潔で、極めて勇敢な行為となります。それは、個人の「良心」、すなわち、個人の道徳的知能に従った行動なのです）

道徳もまた、コスモスの基本的な性質――超えて含む――に逆らうものではありません。その成長の段階を進むにつれて、私たちが同一化する（含む）対象は、ますます広大な（それまでの範囲を超えた）範囲にまで拡大していきます。

言い換えれば、さまざまな生命が、私たちの道徳的意識と道徳的行動の中に包含されるようになります。自己中心的な段階、自集団中心的な段階、世界中心的な段階、そして宇宙中心的な段階へと、私たちの道徳的知能は発達していくのです。

6. 精神的《スピリチュアル》／霊的《スピリチュアル》な知能（Spiritual Intelligence）〔スピリチュアルな知性〕

精神的《スピリチュアル》／霊的《スピリチュアル》な知能とは、私たちが**どんなことを究極的な関心としているか、何を最も重要なことであるとみなしているか、究極のスピリットについてどう考えているか**に関係する知能です。この知能もまた、グローイング・アップ〔成長〕の全ての段階において現れるものであり、6つから8つの発達段階を通って変化していきます。

しかし先にも述べたように、人間が実現しうる精神的《スピリチュアル》／霊的《スピリチュアル》な成長や発達には大きく異なる2種類のものがあり、こうした段階を進んでいくものは、そのうちのひとつでしかありません。もうひとつの種類は、ウェイキング・アップ〔目覚め〕の道、すなわち、さまざまな意識状態に関わるものであり、その本質にあるのは、精神的《スピリチュアル》／霊的《スピリチュアル》な**体験**（Spiritual Experience）です。言い換えれば、究極のスピリットを**どのように直接体験しているか**ということが問題になるのです。

他方、ここで説明しているのは精神的《スピリチュアル》／霊的《スピリチュアル》な**知性**〔知能〕(Spiritual Intelligence）です。精神的《スピリチュアル》／霊的《スピリチュアル》な知性においては——知性という言葉が示唆しているように——スピリチュアリティ〔精神性／霊性〕に関して**どのような知的理解ないし物語《ナラティブ》をもっているか**ということが問題になります。

これは序章で述べた宗教の1つ目の形態とも関わる知性であり、最初に研究を行った人物としては、神学者のジェイムズ・W・ファウラーを挙げることができます（驚くことではないですが、ファウラーは、こうした知性が6つか7つの段階を通って変化していくことを発見しました。ファウラーの諸段階は、私たちが本書で虹の色を用いて述べてきた諸段階と極めて類似したものであり、そうした基本的な段階がスピリチュアリティのラインにおいて表現されたものであるといえます）。

さて、人間が行いうる精神的《スピリチュアル》／霊的な活動には大別して2種類のものがあることに対応して、現代の西洋社会における宗教も、大きく2つの問題を抱えています。

1つ目は、現代西洋の宗教における**精神的《スピリチュアル》／霊的な知性が、今なお、アンバー段階（神話的-字義的な段階）に固着している**ということです。言い換えれば、グローイング・アップ〔成長〕の道において、**スピリチュアリティのラインの発達が、進化そのものに対して2000年ほど遅れている**のです。

そして2つ目は、現代西洋の宗教には、（瞑想や黙想を通して直接に経験される）**精神的《スピリチュアル》／霊的な体験がほとんど含まれていない**ということです。言い換えれば、ウェイキング・アップ〔目覚め〕の道をどこにも見つけ出すことができないのです。

歴史的には、西洋における精神性《スピリチュアリティ》／霊性の中にも、瞑想や黙想を通してウェイキング・アップ〔目覚め〕の道を歩んでいこうとする宗派は数多く存在していました。しかしやがて、教会はそうした宗派を重視しなくなっていきました。なぜなら、そうした宗派が主張している内容は、既存の宗教的教義《ドグマ》に反するものであることが多かったからです。

神秘家たちは、ほとんど普遍的な体験として、何らかの形の「究極のアイデンティティ」、すなわち、魂ないし神との同一性を体験していたのですが、やがて、**そうした状態に至ることができるのはただ一人だけ、神の子イエス・キリストだけであるとみなされるようになりました。**自分自身もそうした状態に至ろうとすることは、全くもって神への冒瀆なのです。

こうして、異端審《しん》問官たちが、人々の心の中からそうした考えを徹底的に消し去るための活動を始めるようになりました。そして多くの場合、そこでは、拷問や死刑宣告といった手段が用いられたのです。

言うまでもなく、こうした状況において人々の瞑想的発達が促されることはありません。むしろ、人々の宗教的な活動は、神話的‐字義的《ミシック・リテラル》な段階の見方に基づく信条や法典や教義を、律法主義的な態度に基づいて順守することへと限定されるようになっていったのです。

そして、ここから結局、今日の西洋社会の宗教が直面している2つの主要な問題が生み出されることになりました。ウェイキング・アップ〔目覚め〕の道は全く存在せず、さらに、スピリチュアリティのラインにおけるグローイング・アップ〔成長〕はかなり低次の段階にとどまり続けている。これら2つの問題が組み合わさることで、他に並ぶもののないような文化的悲劇が生じています。このことが西洋文明全体にどれほどの悪夢をもたらしているかということは、いくら強調してもしきれないほどです。

それでは、この大惨事をどのように解決すればよいでしょうか。第二章でも述べたように、私の提言は次の二つです（最も一般的な言葉で表現しています）。

(1) スピリチュアリティの発達ラインにおけるグローイング・アップ〔成長〕の諸段階とはどんなものであるかを、全ての段階について認識し、人々が6つから8つの段階を通って自然に変容していけるような「ベルトコンベア」を整備すること。

言い換えれば、**自らの精神的伝統に含まれる基本的な教えや実践を、それぞれの構造‐段階に適した形で、言語化し、伝達する**ということです（具体的には、呪術的な教えと呪術的な実践、神話的な教えと神話的な実践、合理的な教えと合理的な実践、多元的な教えと多元的な実践、統合的な教えと統合的な実践の全てを用意するということになります）。

(2) **自らの精神的伝統の中にウェイキング・アップ〔目覚め〕の実践をおこなう宗派を組み入れる**（組み入れなおす）ことで、人々が罪や分離や有限性や自己収縮や苦しみから徐々に解放されて、粗大《グロス》、微細《サトル》、元因《コーザル》、純粋な目撃者《ウィットネス》、非-二元《ノンデュアル》の一なる意識へと意識状態を深めていくことを手助けすること。

言い換えれば、人々が、最も深遠で、最も高次で、最も真実で、最も現実的で、最も大きな解放を与えてくれる、自らの「究極のアイデンティティ」を見出せるように支援するのです。それはスピリットとしてのアイデンティティ、コスモス全体としてのアイデンティティであり、どこまでも偉大で、どこまでも輝かしく、限りなく広大な自由と、限りなき解放を与えてくれるものなのです。

これら2つの変革を実現することによって、私たちは、伝統的な意味での悟りや目覚め（単に意識状態だけを粗大《グロス》から非-二元《ノンデュアル》まで変容させていく）から、もっと豊かで包括的な悟りや目覚め（その地点における最も高次の意識構造に基づいて最も高次の意識状態を経験する）へと移行することができます。

別の言い方をすれば、スピリチュアルな知性《スピリチュアル・インテリジェンス》の最も高次の段階（スピリチュアリティのラインにおけるグローイング・アップ〔成長〕の最も高次の段階）に基づいて、ウェイキング・アップ〔目覚め〕の最も高次の状態を解釈し体験するのです。そしてそれは、今日の世界においては、統合的段階の意識構造（これは超-統合的な諸段階への入り口でもあります）に基づいて、非-二元の一なる意識《ユニティ・コンシャスネス》を解釈するということを意味しています。

7. 意志の力（Willpower）〔自制心〕

意志とは、単に、**物事を前に押し進めるための精神的な力**のことを意味しています。私たちが目標を見失うことなく、道をそれることもなく、何らかの行動指針に従って真っすぐに動くことができるのは、意志のおかげなのです。

思いを行動に移すためには意志が必要であり、それゆえ、これは途方もなく重要な知能です。この後すぐに紹介するエクササイズのなかで、どんな事柄が意志に関わっているのかを、もっと正確にお伝えします（ここで挙げている他の全ての知能についても、同じようにエクササイズを紹介します）。

8. 自己のライン（Self line）

自己のラインとは、私たちの**相対的で有限な自己に関わるライン**です。この相対的で有限な自己が、ますます深く、広大で、高次で、包容力に満ちたものへと成長していくのです。

自己のラインは、人間にそなわっている最も重要な知能のひとつであると言えます。なぜなら、私たちの自己は、意識の指示に従いながら、「イド、自我《エゴ》、神」「人間以前、人間、超人」あるいは「下意識、自己意識、超意識」のように変化していくからです。

常に現前する目撃者ないし真の自己が、6つから8つの相対的で有限な自己（およびその隠れた地図《ヒドゥン・マップ》）のどれかを通して、世界を認識し、解釈しています。つまり、自己のラインとは、**私たちの相対的な自己がどのように成長していくのか**を表すものなのです。

そういうわけで、西洋の発達心理学者たち――例えばジェーン・レヴィンジャー、ロバート・キーガン、ジョン・ブロートンなど――が研究している「自己」とは、有限な「構造-自己《ストラクチャー・セルフ》」のことを意味しています。この「構造-自己《ストラクチャー・セルフ》」（6つから8つの構造-段階を通って発達していく自己）こそが、自己のライン（多重知能のひとつであり、グローイング・アップ〔成長〕の諸段階に関係するもの）を通って開き出されていくものなのです。

けれども、私たちは、こうした自己だけでなく、もうひとつの自己も忘れずに包含する必要があります。それは「状態-自己《ステート・セルフ》」であり、その重心は、４つから5つの意識状態（状態-段階《ステート・ステージ》）を進んでいくのです。

そして先にも述べたように、この両方の自己を組み合わせることで、全ての人間には**「二重の重心」**があることがわかります。例えば、ある人の構造-自己《ストラクチャー・セルフ》の重心はアンバー段階にあり、状態-自己《ステート・セルフ》の重心は微細《サトル》な領域にあるかもしれません。これは（アンバー、サトル）のように表せます。あるいは、別の人の二重の重心は、（グリーン、コーザル）や（統合的、ノンデュアル）であるかもしれません。

このように、2つの自己（構造-段階を通って発達していく自己、および、状態-段階を通って発達していく自己）を組み合わせることで――すなわち、二重の重心（グローイング・アップ〔成長〕の重心とウェイキング・アップ〔目覚め〕の重心）を考えることで――自らの「分離した自己」が全体としてどのように発達していくのか（どのようにしてスーパーマインドとビッグ・マインドへと道を譲ることになるのか）を追跡することができるのです。

主体の一部となっていた全ての意識状態が客体になると、ビッグ・マインドが実現されます。主体の一部となっていた全ての意識構造が客体になると、スーパーマインドが実現されます。統合的発達の究極の目標とは、ビッグ・マインドの状態をスーパーマインドの構造から経験するということです。言い換えれば、ウェイキング・アップ〔目覚め〕の最も高次の状態とグローイング・アップ〔成長〕の最も高次の構造を結びつけるのです。

残念なことに、こうした「二重の自己」の発達についてとり上げている本は多くありません（例外は、インテグラル理論全般について論じている私の書籍、および、統合的なアプローチを扱っている他の書籍――例えばインガーソルとザイトラーの *Integral Psychotherapy*〔未訳〕――などです）。とはいえ、みなさんはこのテーマについて、自分自身で道をたどっていくことも難しくありません。

そのためには、まず、それぞれの意識状態およびそれぞれの状態-段階《ステート・ステージ》とはどんなものであるかを学習しましょう（例えば、私の著書 *The Religion of Tomorrow*〔未訳〕、ダニエル・P・ブラウンの著作、ダスティン・ディパーナの著作などが参考になるでしょう）。そうしたら次に、自分の状態-自己《ステート・セルフ》がどのあたりの状態〔状態-段階〕に位置しているかを評価できるように努めましょう。

そしてこうした理解を、6つから8つの意識構造の諸段階〔構造-段階〕に関する理解と組み合わせることで、私たちは、**自らの「二重の重心」がどこにあるのかを追跡できるようになる**でしょう。二重の重心とは、グローイング・アップ〔成長〕とウェイキング・アップ〔目覚め〕のそれぞれの道において、あなたの主要な自己が今どこに位置しているのかを教えてくれるものなのです。

＊＊＊＊＊

さて、ここまで述べてきた「知能」はどれも、ひとつの発達領域（すなわちライン）をなしています。こうした具体的な諸領域を通してこそ、私たちの真の自己ないし究極のアイデンティティは、輝きを放つことができるのです。

加えて、こうした発達領域は全て、私たちの小さな自己、慣習的な自己、有限な自己が同一化しようとする領域でもあります。言い換えれば、私たちの小さな自己は――単に特定の意識構造や特定の意識状態に位置するだけでなく――特定のラインにおける特定の段階《レベル》（特定の隠れた地図《ヒドゥン・マップ》）とも同一化しようとするのです。（こうした有限で慣習的な自己は極めて重要なものです。なぜなら、この自己こそが、私たちの存在と認識の中に顕現している多種多様な要素の全て――ここにはラインすなわち多重知能も含まれます――を統合し、ひとつに結びつける働きを担っているからです。中世のスコラ哲学において言われていたように、自己とは、心に統一性を与えるものなのです）

インテグラル・マインドフルネスの実践においては、その「インテグラル」の面において、こうした発達ラインにも焦点を当てていきます。そうしたラインを目覚めさせ、活性化し、その成長と発達を促進するのです。こうした実践を続けていけば、最終的には、あなたが人生において活用している主要なラインの全てにおいて、最も高次で、最も全体的で、最も発達した段階に到達することになります。そのことによって、今よりももっと広大で、もっと輝かしい形で、自己実現を果たすのです。

ここでもやはり、大事な点は、こうした各知能が自分自身の中に存在していることに気づくということ、しかもそれらの知能は**今この瞬間にも生起しており、周りの世界に対して反応している**ことを認識するということです（この後すぐに、こうした気づきを促すためのエクササイズを紹介します）。

加えて、**それぞれの知能は、かなりの程度まで独立に発達する傾向にある**ということが知られています。それゆえ、私たちは多くの場合、いくつかのラインにおいては極めて高度に発達しているけれど、別のいくつかのラインにおいては中程度の発達であり、他のいくつかのラインにおいてはかなり未成熟なままであるという状態にあるのです（私がいつも例として挙げるのは、ナチスに関わっていた医師たちです。高い段階の認知的知能をもっていたけれど、道徳的知能は低い段階のままであったと思われます）。

さて、みなさんはきっと、この節の内容を読むまで、自分がさまざまな多重知能を活用しうるのだということを意識していなかったのではないでしょうか。それにもかかわらず、こうした各知能は、今ここのあなたの中で活発に作動しています。

それはちょうど、みなさんが本書を読むまで、６つから８つの発達段階について（おそらく）意識していなかったのと同じことです。同じことが、象限についても、状態《ステート》についても、タイプについても言えます。

とはいえ、大事な点は、**こうしたそれぞれの要素についていったん学び始めると、そこで自分が理解した内容を活用して、それぞれの領域において自分が今どこにいるのかを判断できるようになる**ということです（こうした行為――自己にそなわる諸能力を意識的に活用して、自己そのものに価値判断を下す――のことを、私たちは、「測定器としての自己《セルフ・アズ・インストゥルメント》」を活用することであると呼んでいます）。

そして、さまざまな研究によって示されているのは、私たち一人一人は――たとえ専門家ではない一般の人々であっても――発達の度合いを判断することにかなり長《た》けているということです。さまざまな主張、考え、思想などが示されたときに、それが「高次」のものか「低次」のものかを判断することができるのです。

とりわけ、この世界に関する現実的な地図が与えられている場合には（実際、本書でも、６つから８つの発達段階、４つか５つの意識状態、４つの象限、８つのラインなどからなる地図を紹介してきました）、「自己を測定器として活用する」という私たちの生まれもった能力は、大きく向上することになります。私たちは、

それぞれの領域の中で自分が今どこにいるか、自分が今どんな成長と発達の段階に位置しているかについて、かなり正確な評価を下せるようになるのです。

それゆえ、単にさまざまな実践やエクササイズをもっと効果的に組み合わせて自己実現を促進できるようになるだけでなく、こうした各領域のなかで自分が手助けを必要としている領域とはどこなのかに注意を向けて、そうした手助けを与えてくれる適切な情報や支援者を探し出せるようになります。

しかし全体として言えば、私たちはこのプロセスを通して、自己理解を――そして「世界理解」を――驚くほど深めることができるのです。

そしてこうした「統合的索引《インテグラル・インデックス》」に関して素晴らしいことのひとつは、統合的フレームワークの全体を活用することで、宇宙に生起している全ての現象を然《しか》るべき場所に位置づけることができるということです。

言うなれば、それは**「ビッグ・データ」**を利用するようなものです。ビッグ・データそのものは、単に大量のデータの集まりにすぎず、そうしたデータの間にどんな関係があるかということは明示されていません。しかしそうした全てのデータを、立体的で包括的な枠組《フレーム》みないし索引《インデックス》に従って整理することはできます――これこそ、AQAL が実行していることなのです。

特に重要なのは、単に人間のさまざまな可能性のなかで最も重要で最も中心的なものとは何であるかを明らかにしてくれるだけでなく、そうした全ての要素が**互いにどんな関係にあり、どうすればそれらを活性化させ、成長させ、進化させることができるのか**を示してくれるということです。

これは人類の歴史において真に驚くべき大発見《ブレイクスルー》であり、現代世界には厄介な問題が山積みになっているにもかかわらず、今という時代を驚くべき時代にしているものであると言えます。なぜなら、こうした新たな発見、胸を躍らせるような発見が、私たちの前に次々と現れているのですから。

元のテーマに戻りましょう。私たちは、単にそれぞれの発達ラインを成長させるための特定の実践をおこなうだけでなく、各ラインに対するマインドフルネスも同時におこなうことで、各ラインがもっとすみやかに多様な段階を進んでいけるように働きかけることができます（要するに、それぞれのラインが6つから8つの発達段階を進んでいく速度を上げるのです）。

それでは、次の節で、「ラインへのマインドフルネス」を簡単に体験してみましょう。そのことによって、ラインへのマインドフルネスとはどんなものなのかを、ただ率直に、確かめてみましょう。

各ラインへのマインドフルネス

この節では、それぞれのラインの名称とそのいくつかの特徴を私が提示し、それを聞いたときにみなさんの中にどんな思考や感情が生じるかに意識を向けてもらいます。

このとき、そうした思考や感情がただ現れるがままに任せましょう。それを意識の中に保持《ホールド》し、あらゆる角度から見つめ、ありのままに録画し、そして次のように自問しましょう。「これは身体のどのあたりに位置しているだろう？　どんな見た目をしているだろう？　どんな感覚のするものだろう？」

なお、みなさんが自分自身で実践するときには、ここで紹介するよりもっと長い時間をかけて実践して構いません（そうすれば、上記のようなマインドフルネス型の問いを最大限に発することができます）。しかしここでは、ごく簡単に体験することにしましょう。

1. 認知的知能へのマインドフルネス

それでは、最初に、**自分自身の意識そのものを意識してみましょう。**自分自身の意識そのものに注意を向けてみましょう。

まず、数分の時間をとって、自分自身の意識《アウェアネス》〔気づき〕の中にただ安らぎます。

そうしたら次に、その意識そのものを対象として見つめます（自分のできる範囲で構いません）。

そしてそれから、次のように問いかけましょう。この意識はどんな見た目をしているだろう？　どんな感覚のするものだろう？　身体のどこに位置しているように感じられるだろう？

このようにして、あなたの意識そのものを、意識の対象にしましょう（こうした実践をおこなっていると、自分が究極の目撃者へと立ち返っていることに気づくかもしれません。何も問題はありません。ただ、それが起こるがままに任せましょう）。

2. 感情的知能へのマインドフルネス

今ここで自分自身が感じていることを、ただ率直に感じてみましょう。あなたの中に、今、どんな感情が生じていますか？（興奮、喜び、困惑、退屈さ、幸福感、不安、悲しさ、楽しさ、高揚感など）

数分の時間をとって、自分が今感じていることを、本当に認識し、本当に感じてみましょう。

もし周りに人がいるなら、その人の立場に身を置いて、その人が今何を認識し何を感じているかを想像し、その内容に対してマインドフルネスをおこないましょう。自分自身の1人称の視点に気づくだけでなく、自分自身の2人称の視点にも気づきましょう。その両方を意識の対象にしましょう。

さまざまな感情が、あなたの究極の気づき《アウェアネス》の場の中で生起するがままに任せましょう。ただしこのとき、そうした感情に自分を持っていかれないようにしましょう！

3. 内省的知能へのマインドフルネス

今ここで、ただありのままに、自分自身の内側を見つめましょう。自分自身を内省しましょう。自分が今どんなことを考えているのか、どんなことを感じているのか、どんなことを願っているのか、どんなことを望んでいるのか、どんなことを求めているのか、どんなことを欲しているのかを、ただ、見つめましょう。

自分自身の内面に意識を向けて、内面そのものを気づきの対象にしましょう。そして、その気づきそのものを保持《ホールド》しましょう。

そうしたら、いつものように問いかけましょう。この内面はどんな見た目をしているだろう？　どんな感覚のするものだろう？　身体のどこに位置しているように感じられるだろう？

「内側を見る」という感覚そのものに、その感覚の全体に、注意を向けましょう。この感覚は、そもそも何であると感じられますか？

4. 身体的知能へのマインドフルネス

自分自身の身体を、直接に、ただちに、感じてみましょう。自分自身の身体の全てを、ただ、感じてみましょう。

多くの場合、私たちの身体は、気づかれないまま、自らの「主体としての自己」の一部になっています。主体となっている自分の身体を、客体にしましょう。それを見つめ、それを感じ、それを目撃しましょう。自らの究極の気づき《アウェアネス》の場の中に、それを保持《ホールド》しましょう。それを通して感じるのではなく、それを見つめましょう。

さて、みなさんはこうした実践をおこなっていると、目撃者の立場へとそっと移行することが多くなるかもしれません。そうなると、目撃者すなわち真の自己とは「身体をもっているが身体そのものではない」ことが明確に実感されるようになります。なぜなら、あなたは自らの身体を、まさしく対象として見ているからです。

実際、**真の自己は身体ではありません**〔訳注〕。真の自己すなわち純粋な目撃者は、あなたの身体が――他のあらゆる対象と同じように――究極の気づき《アウェアネス》の場の中で対象として生起しているのを見つめています。

私はあの山でもなく、あの雲でもなく、あの建物でもなく、あの木々でもなく、この身体でもない……。まさに「これでもない《ネーティ》、あれでもない《ネーティ》」のです。「私-私」(I-I) はあれでもなく、これでもありません。「私-私」はその全てからの影響を受けないのです。

とはいえ、目撃者が非-二元の真如《サッチネス》ないし「ひとつの味《ワン・テイスト》」へと溶解すると、あなたは――他のあらゆる対象と同じく――**身体とも同一化する**ことになります。私はあの山であり、あの雲であり、あの建物であり、あの木々であり、そして、そう、この身体なのです。

ただしこのとき、こうした全ての対象は〈在るものすべての全景画〉の一要素をなしてあり、あなたが同一化するのはその全てです。あなたが完全にひとつになるのは、この〈全景画〉を構成す

〔訳注〕とはいえ、身体には「粗大《グロス》な身体」だけでなく、「微細《サトル》な身体」や「元因《コーザル》な身体」もあると考えられる。この点については第五章を参照。

る全ての要素なのです。こうして、あなたの真の自己にそなわっている完全な自由《フリーダム》に対して、完全な豊かさ《フルネス》が付け加えられることになります。

　こうした一連の変化は、多重知能のどの知能に対してマインドフルネスを適用した場合にも起こりうることですが、自分の身体にマインドフルネスを行うときに、特に明確に起こることであると思われます。なぜなら、**身体こそ、「主体としての自己」が最もよく同一化している対象**であり、それゆえ、私たちのアイデンティティが、孤立した生物個体《オーガニズム》とだけ同一化するという部分的なものから、〈在るものすべて〉と同一化するという全包括的なものへと移行していくうえで、極めて重要な転換点をなすものだからです。

5. 道徳的知能へのマインドフルネス

　あなたが最近、道徳的なジレンマ〔板挟み〕に直面したときのことを思い出しましょう。つまり、**「この状況で、自分はどうするのが正しいのだろう?」と自らに問いかけたときのことを思い出しましょう。**

　まず、自分が正しい行為だと思っている内容を心に描きましょう。それから、間違った行為だと思っている内容を心に描きましょう。

　そうしたら次に、「正しい」という感覚を、自分の意識の中に保持《ホールド》しましょう。その感覚を、意識の対象にしましょう。そしてこう問いかけましょう。

　この「正しいことをする」という感覚は、どんな見た目で、どんな感じのするものだろう? なぜそれが重要なのだろう? もし間違ったことをしてしまったら、自分はどんなふうに感じるだろう? そもそも、間違っているということの何が間違っているのだろう? 間違っているという感覚があると、自分の中にどんな思考や感情が生まれるだろう？

（もう一度言っておくと、ここでの目標は、それに対して何かをすることではなく、ただそれを見つめること、それに意識を向けること、それを自らの究極の気づき《アウェアネス》の場のなかで対象として保持《ホールド》することです。「次に起こることなど何もない」のです）

自分は道徳的であるという感覚、自分は正しいという感覚を、ただ、ありのままに録画しましょう。

6. 精神的《スピリチュアル》／霊的な知能へのマインドフルネス

自分にとっての究極的な関心事は何であるかということを、極めて注意深く、考えてみましょう。この世界全体のなかで、あなたにとって最も重要なことは何ですか？

あなたはもしかすると、複数の内容――例えば配偶者、子ども、仕事、お金、友達、社会的評判、健康――を思い浮かべるしれませんが、何とかして、その中で最も重要なものを、ただひとつだけ選びましょう。

そうしたら、その内容を心の中にとどめて、自分がそれを求めているという感覚（あるいは単に、自分がそれを大切に思っているという感覚）に、注意を向けてみましょう。自分の「究極の望み」に気づきを向けて、それを意識の対象にしましょう。

それはどんな見た目で、どんな感覚のするものですか？　それは身体のどこに位置しているように感じられますか？　何かが自分にとっての究極的な関心であるとは、どういうことなのでしょうか？　そもそも「究極的」であるとは、何を意味しているのでしょうか？

さて、重要なことなのでもう一度述べておきますが、このとき、特定の答えを――もっと言えば、どんな答えも――求めないようにしましょう。意識の中にたとえどんなものが現れたとしても、それに対して何かをすること、何らかの反応を返すことは必要ではありません。

あなたが行うべきことはただ、こうした問いを発することで自分の中に生じてくるものに対して、気づきを向けることだけです。たとえどんなものが現れても――例えば、そこにただ「空白」を感じただけとしても――それを直接に見つめて、それをありのままに録画しましょう。そう、必要なことは、これだけなのです。

意識の中に現れるものすべてを対象として認識することこそ、あなたが行うべき唯一のことであり、たとえどこにも焦点の合っていない虚ろな感覚だけが生じたとしても、それを対象として認識するという方針は変わらないのです……。

7. 意志の力へのマインドフルネス

まず、時計を用意します。**時計の秒針**（デジタル時計であれば秒の表示部分）**を見つめて、15秒間、自分の心をそこに固定しましょう。**そうしながら、自分の心が秒針の動き（あるいは秒の表示部分の変化）を捉え続けているということの力を感じてみましょう。

言い換えれば、見失うことなく特定の領域に注意を向け続けるという自分の能力に、気づきを向けるのです。その精神的な力を、ただ感じてみましょう。それを対象として注意深く見つめましょう。それはどんな見た目で、どんな感じのするものでしょうか？　そう、これこそが、「意志」と呼ばれているものなのです。

さて、何かに「焦点を当てる《フォーカス》」というこの能力には、非常に肯定的な側面も多くあります。しかし同時に、**この能力こそ、「気づき《アウェアネス》」を「注意《アテンション》」へと変化させるもの**――そして「原初の回避」を引き起こすもの――

なのです。

それゆえ、私たちは、何かに焦点を当てるというこの能力そのものを対象として認識することで、同時に、**「原初の回避」そのものを対象として認識する**ことも容易になります。

そうなれば、私たちの背景にある究極の気づき《アウェアネス》は、豊かで安らいだ元の状態へと戻り、〈在るものすべての全景画〉をありのままに映し出すようになるでしょう。ある要素を排除することによって別の要素に強引に焦点を当てる（ある要素を回避することによって別の要素を求める）ということがなくなるのです。

ただし、もう一度言えば、こうしたことを目標にしないようにしましょう。別の言い方をすれば、ただ対象として認識することだけが目標なのです。

とはいえ、こうしたマインドフルネスの実践をおこなっていると、自分が究極の豊かさ《フルネス》の中に移行していることに気づくかもしれません。もちろん、そうなっても何の問題もありません！

8. 自己のラインへのマインドフルネス

それでは、最後に、「自己収縮」の感覚に気づきを向けてみましょう。**今ここで、自分自身の中にある、ごく小さな緊張の感覚に気づいてみましょう。**この小さな緊張の感覚は、「分離した自己」という感覚と結びついているものでもあります。

ただし、このとき、こうした感覚がどんなものであるかは、あなたが今どの意識状態《ステート》にいるのかということ、および、その意識状態をどの意識構造《ストラクチャー》によって解釈し体験しているのかということ、この2点の組み合わせによって大きく変化することになります。

（なお、みなさんはインテグラル・マインドフルネスに上達するようになるにつれて、意識状態と意識構造をもっと明確に区別して認識できるようになるでしょう。状態《ステート》‐自己《セルフ》は、今ここに明白に現前しているものであり、1人称の直接的な体験として感じられるものです。この自己は、粗大な対象《グロス・オブジェクト》、微細な対象《サトル・オブジェクト》、元因な対象《コーザル・オブジェクト》などを認識しており、純粋な「私‐私」の体験、あるいは頭なき合一《ユニティ》の体験において、全てを目撃することができます。

そして、状態《ステート》‐自己《セルフ》によって開示されたこうした世界および体験が、あなたの意識構造［構造‐自己］によって解釈されるのです。例えば、もしあなたが主にオレンジの達成主義的段階に位置しているならば、あなたは、何かを成し遂げたい、社会的に成功したい、物事を達成したいという考えやイメージを手放そうとはしないでしょう。つまり、そうした価値ないし考え方が、あなたの構造《ストラクチャー》‐自己《セルフ》の一部をなしているのです。状態《ステート》‐自己《セルフ》とは違って、構造《ストラクチャー》‐自己《セルフ》は、今ここに明白に現前しているものではありません。それは――例えば本書でおこなっているように――発達に関する地図を用いてその存在を明示しない限り、十分に認識されないものなのです）

とはいえ、こうした自己の感覚は、モノではなくプロセスであるといえます。自己とは、**私たちの意識を極めて微細な形で収縮させていくプロセス**なのです。

この収縮の感覚、すなわち自己の感覚に、気づきを向けてみましょう。この微細な緊張の感覚を、意識の中に保持《ホールド》し、ありのままに録画し、対象として見つめましょう。

（みなさんはおそらく、こうした小さな緊張の感覚ないし自己収縮の感覚に気づくことはできるでしょう。しかしこうした感覚の「下」には――あるいはこうした感覚を「超えた」ところには――常に現前する目撃者《ウイットネス》、および、頭なき一なる意識《ユニティ・コンシャスネス》が潜んでいます。それゆえ、自己収縮の感覚そのものを対象として認識することによって、こうした高次の状態へと「滑り落ちる」ことも多くなるでしょう！）

9. 他の発達ラインへのマインドフルネス

ここまで、発達の8つのラインについて簡単に見てきました。もしかすると、ここで、次のような疑問が浮かんでくるかもしれません。「発達のラインすなわち多重知能は、どれだけ存在しているのだろう？」

実際、これは発達研究において活発に議論されている論点のひとつです。これまで何十種類もの能力が、大まかに「多重知能」であると主張されてきました。その中には、かなり根拠に乏しいものもあります。しかし少なくとも――その知能が存在することに多少なりとも合理性や証拠があると考えられているものとしては――上記の8つの知能に加えて、次のような知能《ライン》を挙げることができます。

論理–数学的知能（logico-mathematical）、音楽的知能（musical）、美に関する知能（aesthetic）、関係性に関する知能（relationship）、言語的知能（linguistic）、視点に関する知能（perspectives）、性–心理に関する知能（psychosexual）、価値に関する知能（values）、防衛作用に関する知能（defenses）、対人的知能（interpersonal）、欲求に関する知能（needs）、世界観に関する知能（worldviews）、博物的知能（naturalistic）、空間と時間に関する知能（spacetime）、実存的知能（existential）、ジェンダーに関する知能（gender）などです。

中でも、本書で紹介した8つの知能〔認知的知能、感情的知能、内省的知能、身体的知能、道徳的知能、精神的／霊的な知能、意志の力、自己のライン〕は、多重知能というものの最も中核的な性質を伝えてくれるものです。それゆえ、**これら8つの知能を考慮に入れることが、私たちの存在を構成する多重知能という領域の全体を把握するために、最低限、必要なことである**と思われます。

しかし同時に、自分自身の中核にはどんな多重知能があるかについて入門的なレベルで把握するという目的のためには、これよりも遥かに多くの知能を持ち出す必要はないでしょう。

もちろん、私たちは、好きなだけ多くの種類の知能を包含することができます。そして、それぞれの知能の質を——垂直的な「高さ」(altitude)と水平的な「適性」(aptitude)の両面において——向上させるための実践を、好きなだけとり入れることができます。

大事な点は、少なくとも上記の8つの能力について、それらをはっきりと意識し、明確な気づきの対象にするということです。そのことによって、「主体を客体にする」というプロセスを続け、自分という存在そのものにそなわっているもっと高次で広大で包括的な能力へと、自らを開いてあげるのです。

そして、これら8つの知能と親しくなるにつれて、極めて重要な事実が明らかになり始めます。**私たちは、実に多種多様な仕方で、賢くなれる**のです。それゆえ、自分のことを過小評価しないようにしましょう！

次のように言われることがよくあります。「自分が本当に好きなことで、しかも自分にある程度の素質があることを見つけよう。そしてそれを心の底から追求しよう。そうすれば、ほとんど自動的に、あなたの夢は叶うだろう」

ええ、悲しいかな、事はそんなに単純ではないかもしれません。とはいえ、確かに言えることがひとつあります。**どんな種類の知能がありうるのかを十分に把握していなければ、自分の中に秘められた才能を見落としてしまう可能性が非常に高い**ということです。それゆえ、こうしたさまざまな知能に対して、常に目を見開いておきましょう！

そしてこのとき――統合的探求の他の部分と同じく――自分がこれまで無視してきた領域、否定してきた領域、見落としていた領域、軽視していた領域を探し求めるようにしましょう。なぜなら、そうした領域にこそ、あなたの才能が眠っているかもしれないからです。

私たちは、統合的フレームワークを用いることで――言い換えれば、ひとつの方法だけを全ての事例に適用しようとすることをやめることで――これまでその存在さえ想像したことのなかった無数の領域、無数の側面、無数の能力、無数のスキルに対して、自らを開くことができます。

そしてそこには、かけがえのない宝物が、すなわち、あなた自身の最も華やかで輝かしい才能が、隠れているかもしれないのです。

統合的サイコグラフ

もし自分が「レベルとライン」に関してどんな状況にあるのか（それぞれの知能すなわちラインについて、自分がどの程度の段階《レベル》にあるのか）を直感的に理解したいなら、この2つの要素を一緒にまとめて、「統合的サイコグラフ」と呼ばれているものを描いてみましょう。統合的サイコグラフとは、レベルとラインの全てをひとつのグラフとして表現したものです。

まず、縦軸には、これまでに説明してきた主要な発達段階を記します（大抵は「色」を用いますが、垂直的な成長を表すものなら何でも――名称や数字でも――構いません）。次に、横軸ないし横線の下に、個々の発達ラインの名称を記し、それぞれのラインを、現時点で発達していると思われる高さまで伸ばします（例えばレッドやアンバーやオレンジやグリーンの高さまで）。

そうすれば、ひと目見ただけで、**自分が主要な知能のそれぞれにおいてどれほど「うまくいっているか」**ということを把握できるでしょう。各知能は、かなり未成熟である（例えばレッドの高さまでしか伸びていない）かもしれませんし、かなり順調に成長している（例えばオレンジの高さまで伸びている）かもしれませんし、並外れた発達を遂げている（例えばターコイズの高さまで伸びている）かもしれないのです。みなさんは、サイコグラフに書き入れた全てのラインについて、こうした認識をもてるようになります。

加えて、統合的サイコグラフは、異なる発達モデルのあいだにどのような関係があるのかを示すために用いることもできます。多くの場合、ひとつの発達モデルにおいては、ひとつの多重知能のみに焦点が当てられています。あるいは、数種類の多重知能を扱っている発達モデルもあります。あるいは、もっと多くのラインがひとつの「パッケージ」としてまとめられているものもあります。

いずれにせよ、**さまざまな発達モデルが互いに異なるように見えることが多いのは、主として、それぞれのモデルが異なる多重知能に焦点を当てているから**なのです。

もっとも、だからと言って、それぞれの発達モデルの有用性が下がるわけではなく、ましてや間違っているわけでもありません。そうではなく、このことは単に、多種多様なラインが互いに織り合さって、人間という存在を形づくっていることを示しているだけなのです。

統合的サイコグラフをどのように活用するにせよ、大事な点は、発達段階とはそれ自身としてどこかに存在しているものではないということです。発達の諸段階が存在するのは確かです。けれども、**発達段階とは常に、特定のラインにおける発達段階**なのです。

言い換えれば、それぞれの段階は、各ラインにおいて、次の2つの方法で姿を現すことになります。

(1) 一般的な特徴（その段階において一般的に見られるもの）

(2) 実際の形態ないし内容（その段階が特定のラインにおいて表現されたもの）

それゆえ、先にも述べたように、例えばアンバーの段階が認知のラインにおいて表現されると「具体操作的思考」の段階となり、道徳のラインにおいて表現されると「法と秩序《ロー・アンド・オーダー》」の段階となり、自己のラインにおいて表現されると「順応的」な段階となる……といった具合です。**同じレベルが、異なるラインを通して表現される**のです。

こういうわけで、もう一度言えば、段階とは、それ自身としてどこかに存在しているものではなく、常に特定のラインにおいて顕現しているものであるといえます。そして、こうした全てのラインに共通して見られる性質こそが、発達段階そのものの一般的な特徴なのです。他方、それぞれのラインにおいて表現される具体的な性質や細かな特徴は、各ラインによって異なります。

西洋において先駆的な役割を果たした発達モデルはどれも、多重知能の中の特定のラインにのみ焦点を当てる傾向がありました。特定のラインにおいて、6つから8つの一般的な発達段階がどのように表現されるかを研究していたのです。

例えば、ジャン・ピアジェが研究していたのは認知のラインです。同じように、ローレンス・コールバーグは道徳のライン、ジェーン・レヴィンジャーは自我〔自己〕のライン、クレア・グレイブスは価値のライン、アビゲイル・ハウゼンは美のラインに焦点を当てていました。

発達モデルの中には、いくつかの知能を特定の仕方で混ぜ合わせて、ひとつの明確な機能的領域として研究しているものもあります。例えば、ロバート・キーガンの「意識段階」には、認知のライン、視点のライン、自己のライン、世界観のラインが含まれています。

他方、多くの発達モデルにおいては、ひとつのラインすなわちひとつの多重知能だけに、かなり明確に焦点が当てられています（例えば、マズローは欲求のライン、ファウラーは精神性《スピリチュアリティ》／霊性のライン、グレイブスは価値のライン、コールバーグは道徳のラインにかなり明確な焦点を当てていました）。

自分が着目している発達の「パッケージ」が、本質的にひとつのラインからなるものであるにせよ、複数のラインからなるものであるにせよ、私たちは、統合的サイコグラフを作成することで、さまざまな発達ラインが他の発達ラインに対してどのような関係にあるのかを示すことができます。加えて、それぞれの発達ラインが、全てのラインに共通の段階を通過していくことも示すことができます。

統合的サイコグラフの中に多くの発達ラインを――先に述べた8つのラインを、あるいは、キーガンのような有名な「パッケージ」を――含めば含むほど、そこで描かれる図はますます包括的なものとなり、私たちは、その個人が発達論的にどんな位置にあるのかを全体として把握できるようになるのです（こうしたサイコグラフの具体的な例については、この後すぐに改めて説明します）。

さて、こうしたサイコグラフを一般的に描いたものが、図4-1および図4-2です。これらの図には、主要な発達モデルがどのように組み合わさるのかが表現されています。

図の縦軸に記されているのは、全てのラインに共通の垂直的な発達段階（意識そのものの段階であるとも言えます）であり、虹の色によって表されています（広く認められている6つから8つの段階だけでなく、未だ内容の不確かな第三層の4つの段階についても記しているので、合計で12個の段階になっています）。

横軸には、さまざまな発達ライン、あるいは、複数の発達ラインからなるパッケージが記されており、各ラインにおける個々の段階（一般的な段階がそのラインにおいて表現されたもの）どうしをひと目で比較できるように、隣り合わせに描かれています。

加えて、図4-2では、図の右端に、5つの主要な意識状態を表す「円」を描いています（図2-1を小さく簡潔にしたものです）。なぜこの円を図に追加したのかと言えば、**事実上どの意識構造（段階）においても、こうした全ての意識状態を体験できるということを忘れない**ようにするためです。

先にも述べたように、私は著書*Integral Psychology*の巻末で、100種類を超える発達モデルの概要を図表としてまとめました——ええ、こうしたどの発達モデルであっても、この種のサイコグラフの中に含めることができます。そして、それぞれのモデルが互いにどのように関係しており、どのように対照をなしているのかを示すことができるのです。

私たちは、共通の一般的な発達段階、すなわち、「高さ」(altitude)〔高度〕という変数をとり入れることによって、こうした全てのラインを、発達の普遍的なスペクトラムの中で結び合わせることができます。たとえそれぞれのラインにおける表層的な特徴がどれほど異なっていたとしても、異なるラインが、同じ段階を通って発達していくのです。

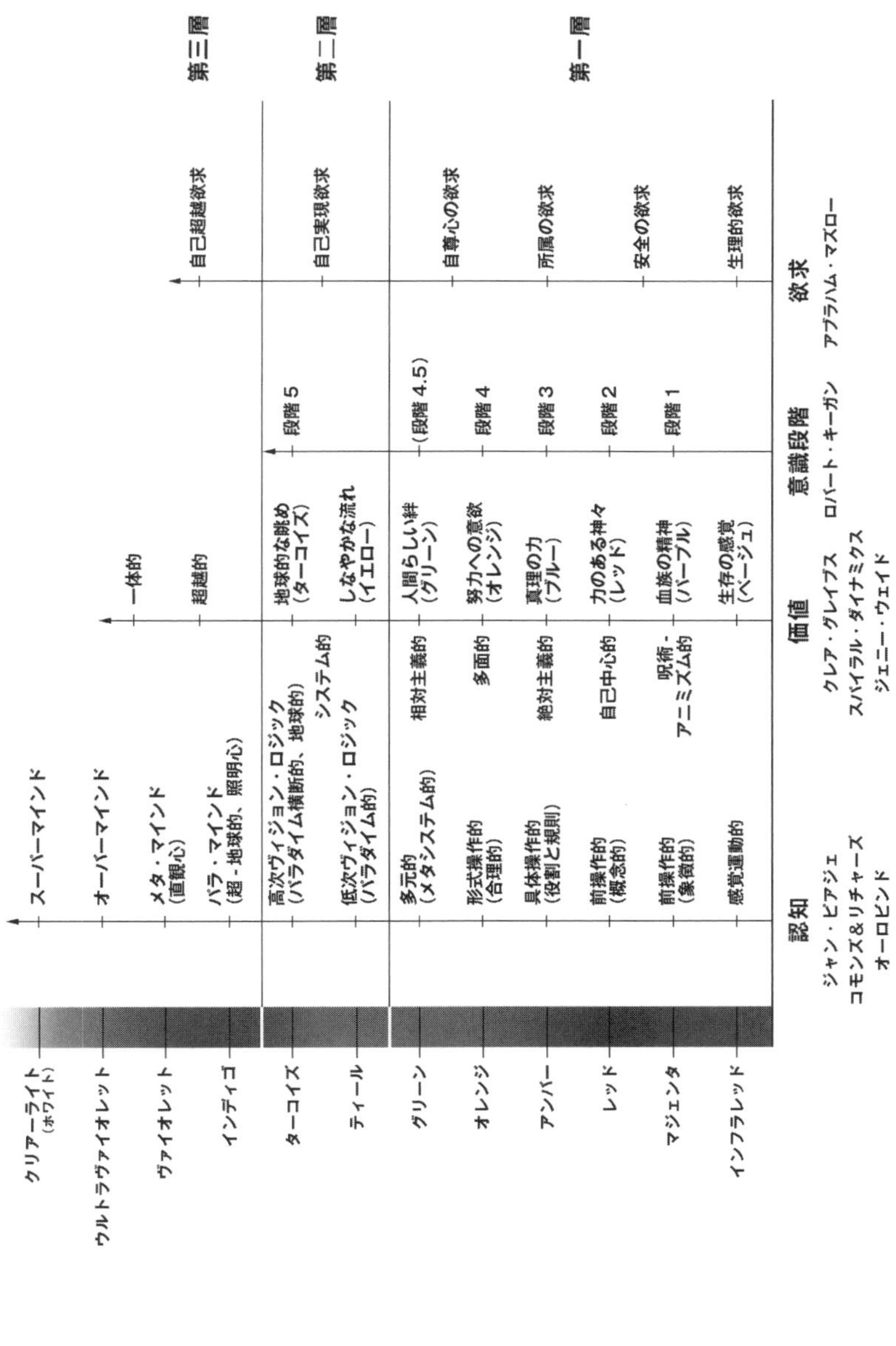

図 4-1．統合的サイコグラフ：
主要な発達領域《ライン》と主要な発達段階《レベル》（虹の色を用いた表現）

統合的サイコグラフの作成

それでは、統合的サイコグラフを作成してみましょう。私たち一人一人が、自分自身の統合的サイコグラフを作成することができます（先にも述べたように、「自己を測定器として活用する」のです）。

本書では既に、6つから8つの一般的な発達段階——現時点では、文字通り99パーセントの発達はこの範囲に収まります——について紹介してきましたが、こうした内容があれば、各ラインにおいて自分がどの程度まで発達しているかを（かなりの正確性をもって）直観的に推測するには十分であるといえます。

例えば、もしあなたが大学4年生の女性であるならば、自分自身のサイコグラフを次のように推定するかもしれません。

「認知の面では、私はとても頭が切れる（未だに「女の子にしては」と言う人がいるのはイライラするけれど）から、もしかするとターコイズかも。感情の面では、自分のジェンダーのことをあまりわかっていないから、たぶんアンバーだと思う。道徳の面では、私は倫理観が強くて平等主義の傾向が強いから、グリーンかな。身体や運動の面は、全然ダメだし、マジェンタやレッドだったとしても驚かないね。それでどんな問題があるのか知らないけれど、自分の身体の中に完全に落ち着いたことは一度もないから。内省の面は、すごく自信があるので、グリーンかティールかな。意志も強いので、これはオレンジかグリーン（このせいでよくトラブルになるけれど。もし私が男の人だったら、そのことを褒めてもらえるのに！）。

自己のラインは、かなり良い感じ。少なくともグリーンだと思う。音楽はほとんど無理、全然できない。インフラレッド。論理-数学的な面は、悪くないけど、特に好きでもないので、たぶんアンバーかオレンジ。言語の面は、とても自信があるので、少なくともティール、もしかするとターコイズかも（10代の前半からずっと詩を書いてきたし、いつもたくさんの褒め言葉をもらってきたから）。

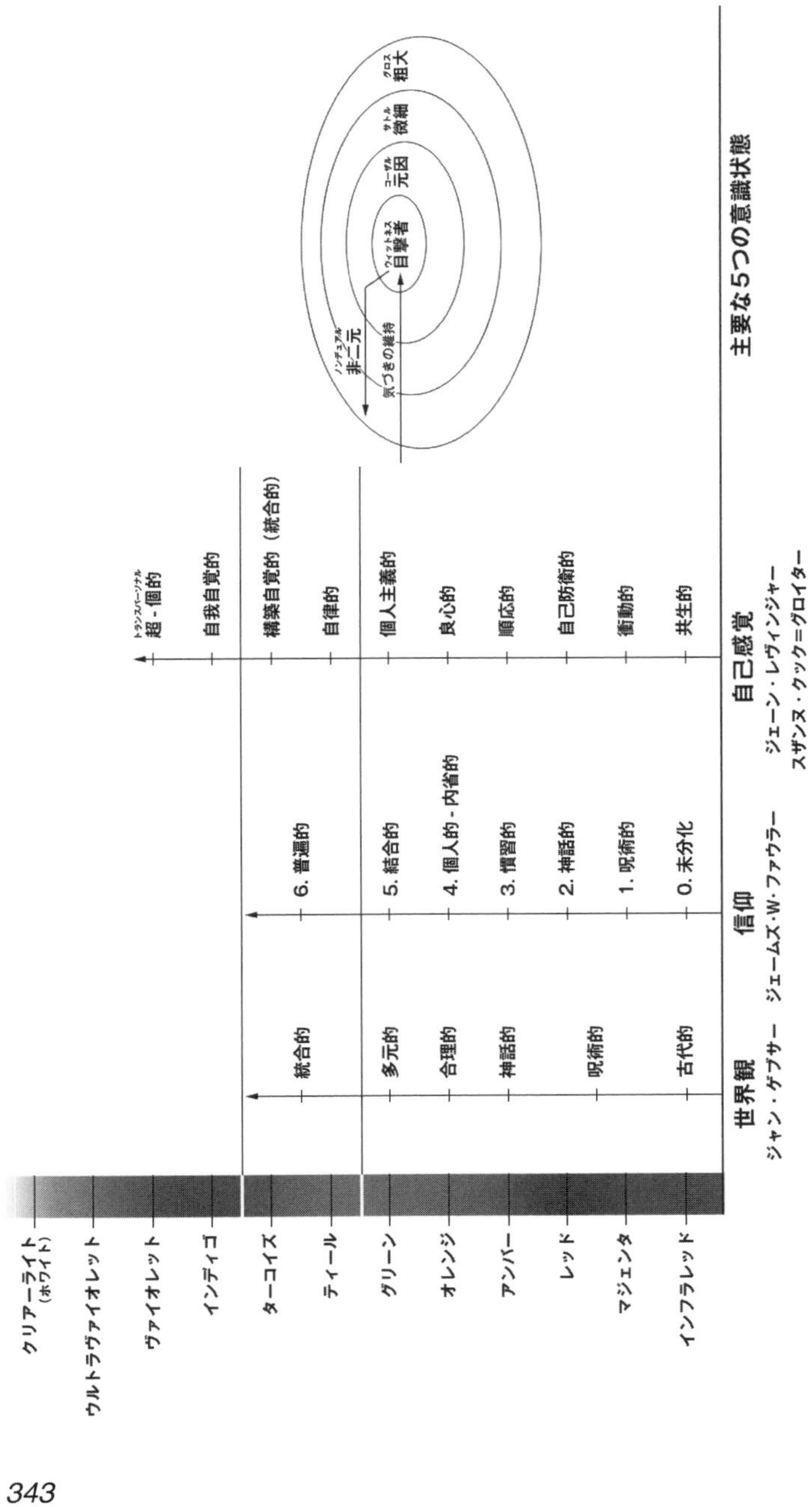

図 4-2. 統合的サイコグラフ：他の重要な発達領域《ライン》の例

そういうわけで、全体としての平均的な段階（意識構造の重心）は、オレンジかグリーンあたりだと思う（重心を考えるうえで重要だとされる自己のラインの段階とも一致しているからね）」

このように、統合的サイコグラフを用いることで、自分がそれぞれのラインにおいてどの程度まで発達しているのかをひと目で把握することができます。そしてこのとき、**何かの能力を多重知能のひとつであると考えることをためらう必要はありません。**

先にも述べたように、多重知能とは何であり、実際にどれだけの知能が存在しているのかということについては、非常に多くの定義が存在しているからです。中には、人間が身につけうるほとんど全ての能力を「知能」だと考えている人もいます（例えば「建築に関する知能」「歯学に関する知能」「ガーデニングに関する知能」というように。とはいえ、極端に行き過ぎてしまう可能性があるので、適当な制限を設けるとよいでしょう）。いずれにせよ、こうしたサイコグラフは、自らの成長や発達の道のりをたどるための素晴らしい方法であるといえます。私たちは、進化の働きによって授けられたさまざまな意識構造を通して、さまざまなラインを発達させていくのです。

とはいえ、注意しておきましょう。私たちには、**あらゆる知能をターコイズの統合的段階**（この段階は第三層への入り口でもあります）**まで発達させることは必要ではない**ということです。

問うべきことはむしろ、例えば自分の選んだ職業を考えたときに、**「この仕事で成功するために重要だとされる知能の全てを、自分は十分に発達させられているだろうか？」**ということなのです。

例えば、ビジネス界のリーダーが大きな成功を収めるためには、認知的知能（特に第二層の認知的能力。システム思考やヴィジョン・ロジックとして知られている能力）、感情的知能、対人的知能、そして精神的《スピリチュアル》／霊的な知能（近年、ますます重要性を増しています）が重要であると指摘されています。［原注］

実際、ホールフーズ・マーケットの共同創業者であるジョン・マッキーと、『世界でいちばん大切にしたい会社　コンシャス・カンパニー』の共著者であるラジェンドラ・シソーディアは、４つの象限全てを用いて自分たちの主張を分析するとともに、段階《レベル》という見方も活用し、さらには、複数の発達ライン――認知的知能、感情的知能、システム《システミック》的な知能、そして、そう、精神的《スピリチュアル》／霊的な知能――を重視しています。

もしあなたがビジネスに関わるリーダーであり、最も広大で深遠な方法で成功したいと本気で考えているならば、今述べた４つの知能のそれぞれが自分の中でどれほど発達しているかを、真剣に確かめる必要があるでしょう。自分はどの知能が優れていてどの知能が劣っているのかを認識し、そしてそれから、何らかの講座を受けたり他の行動を起こしたりすることで、自分に足りない知能を伸ばすために必要なスキルを（水平的な適性と垂直的な高さの両方において）磨くのです。

大事な点は、今よりもっと統合的な地図――ビジネスにおいて

［原注］ここに道徳的知能を含めようとする人もいるが、これは論争の多いテーマである。今日の世界において、ビジネスがおこなわれる環境は道徳的であるとは言いがたく、また、ビジネスの上では有利な活動の中にも、道徳的とは言えないものがある。しかも、多くの場合、ビジネスの世界で成功しているリーダーは、そうした一線を越えることを厭《いと》わない傾向にある。

実際、近年の調査――雑誌『ハーバード・ビジネス・レビュー』や『タイム』（2014年７月21日）でも紹介されたもの――によれば、最高経営責任者（CEO）の78％が、もしウォールストリート型の目標を達成することに役立つのであれば、道徳的でない活動もおこなうと回答している。

とはいえ、これは激しい論争が起きているテーマであり、良識のある人間であれば誰でも、ビジネス界の全てのリーダーに対して、本物の道徳的行動をとるように要求し始めなければならないであろう。もちろん、そのためにはまず、そうしたリーダーたちが実際に道徳的知能を向上させ、かなり高度な段階の道徳に基づいて感じ考えられるようになることが必要となる。

実際に必要となる能力の全てをさまざまな領域に区分けして示してくれる地図——を用いることで、**自分が行うべきことを、もっと容易に認識し、実行できるようになる**ということです。

そしてもう一度言えば、全てのライン、すなわち、全ての多重知能において優秀である必要はありません。もしお望みなら、さまざまな知能の発達にとりくむのは完全に自由ですが、あなたがビジネス領域のリーダーであれば、大抵の場合、音楽的知能、空間的知能、言語的知能、運動感覚的知能などを大きく発達させることは必要ではないでしょう（もっとも、個々の業界において、製品に関わる何らかの知能が必要かもしれません）。

重要なことは、**「意識／認知」のラインと「自己」に関わる諸ライン**〔訳注〕**がほとんどの時間においてティールやターコイズの段階にあり、かつ、多種多様なラインが存在することを十分に認識しており、**かつ、少なくとも**自分の人生にとって最も重要な諸領域**（例えば仕事、関係性、子育てなど）**に必要なラインを大きく発達させている**ならば、あなたは十分に「統合的」な人だと言えるということです。

現代という時代は、もしあなたが、自分自身の最も深く、最も広く、最も高次の才能や可能性を花開かせることに関心があるならば、とてもワクワクするような時代であるといえます。人間にどんな潜在的可能性がそなわっているのかについて、これほど多くのことがわかったことは、過去には決してなかったからです。

自らの成長を実現するにはどうすればよいのか、そうした成長を妨げたり脱線させたりする要因は何なのか、うまくいかなくなったときに自らの可能性を取り戻すにはどうすればよいの

〔訳注〕self-related lines　直訳すると「自己関連ライン」であり、自己と密接に結びつきながら発達してくラインのことを指す。具体的には、自己のライン（例えばレヴィンジャー）、道徳のライン（例えばコールバーグ）、欲求のライン（例えばマズロー）などが挙げられる。詳細は *Integral Psychology* 第四章を参照。

かといったことが、かつてないほどに認識されるようになってきたのです。

加えて――全く驚くべきことですが――その思いがけない贈り物として、私たちは、単に自分自身の潜在的可能性を卓越した形で実現する（そうした可能性をもっと高次のアイデンティティの中に含む）だけでなく、**そうした全ての可能性の背後にある究極の基底《グラウンド》ないし目標《ゴール》ないし源《ソース》へとますます近づいていく**（そうした全ての可能性を超えて、真の自己《トゥルー・セルフ》、本当の見る者《リアル・シーアー》、究極の真如《サッチネス》へと移行する）ようにもなります。

言い換えれば、**グローイング・アップ〔成長〕の道、クリーニング・アップ〔浄化〕の道、ショーイング・アップ〔体現〕の道の全てがひとつにまとまり、ウェイキング・アップ〔目覚め〕という根源的な道と結びつく**ことになるのです。そしてそのことによって、自分自身の相対的で有限な能力や才能を開くことが、同時に、常に現前する真の自己《トゥルー・セルフ》および非二元の真如《サッチネス》への気づきを開くことにもなります。

そしてこうした複合的な恩恵を得られる可能性は、人類の歴史全体において、文字通り一度も存在していませんでした。しかし、もしあなたが１９５０年代や６０年代、あるいはそれ以降に生まれたのであれば、あなたは、人間という「世界-内-存在」にそなわる最も根本的な５つの次元の全て（象限、レベル、ライン、ステート、タイプ）を目覚めさせることができる最初の世代のひとりなのです。

これは途方もないこと、驚くべきこと、並外れたこと、華やかで栄光に満ちたことであり、私たちは実際、自らの幸運に感謝する必要があるでしょう……（こうした幸運もまた、私たちの「本来の顔」が見せる輝きであり、「本来の顔」が私たちに微笑みかけているのです）。

AQALマトリックス

さて、ラインへのマインドフルネスの話を締めくくることにしましょう。私たちが最後にとり上げていたのは、自己のラインへのマインドフルネス、特に言えば、有限な主体すなわち有限な自己を、意識の対象にするということでした。

みなさんは、こうした有限な自己の感覚、すなわち、自己収縮の感覚には気づいているかもしれません。ここでは、本章を終えるあたって、こうした自己収縮のプロセスに気づいている者そのものに気づきを向けてみましょう。言い換えれば、「私（I）」を目撃している者そのものに気づきを向けるのです。

思い出してほしいのですが、目撃者とは、ラマナ・マハルシが「私‐私（I-I）」と呼んでいるものであり、対象としての自己すなわち小さな「私（I）」を見つめている、大きな「私（I）」のことを指すのでした。

これは純粋な見る者《シーアー》、本当の自己、真の主体であり、どんな有限な主体でもありません。そうした有限な主体は、実際には対象［客体］として見ることができるものであり、それゆえ、そもそも本当の意味で主体ではありえません（だからこそ、大いなる精神的伝統においては、そうした主体は「幻想」あるいは「堕落したもの」あるいは「二元論的なもの」あるいは「原罪を背負ったもの」であるとみなされているのです）。

実際、この目撃者すなわち「私‐私」こそが、先ほどはさまざまなラインないし多重知能に気づいていたのであり、第一章では6つから8つの隠れた地図《ヒドゥン・マップ》に気づいていたのであり、第三章では人間関係における四象限に気づいていたのであり、そう、これこそが、あなたの本来の顔《オリジナル・フェイス》、真の見る者《トゥルー・シーアー》、本当の自己《リアル・セルフ》なのです。

そしてこの目撃者は、究極のスピリット、純粋な意識、純粋な無限の気づき《アウェアネス》そのものと、直接にひとつになっています。それは**あらゆる生命において全く同一のもの**であり、量子力学の創設者の一人であるエルヴィン・シュレディンガーの言葉を借りれば、「意識とは単数形であり、その複数形は知られていない」［原注］のです。これこそ、あなたのビッグ・マインド、本当の自己《リアル・セルフ》、純粋な観察する自己《オブザービング・セルフ》、真の目撃者《ウィットネス》なのです。

それでは、純粋な目撃する意識《ウィットネシング・アウェアネス》の中に、簡単に安らいでみましょう。「私は在る《アイアムネス》」という純粋で明快な感覚の中に、今ここで、安らいでみましょう。

このとき、思い出してほしいのは、それは対象として見えるものではないということです。**もし何かを見つけたとしても、それは単に、別の対象でしかありません。**そうではなく、目撃者とは、広大で、純粋で、開かれていて、空っぽの場所《クリアリング》ないし空間《スペース》そのものであり、その中で、あらゆる客体と主体が——今も、今も、そして今も——生起しているのです。

この空っぽの場所《クリアリング》の中で、さまざまな言葉が生起しており、さまざまな雲が生起しており、さまざまな建物が生起しており、この部屋が生起しています。この空っぽの場所《クリアリング》こそが、無限なる空間的広がり《スペーシャスネス》であり、純粋で開かれた空性《エンプティネス》であり、あなたのただひとつの真の自己《トゥルー・セルフ》、あなたの本当の条件《リアル・コンディション》なのです。

この広大で、開かれていて、空っぽで、明晰で、静かで、動くことのない空間的広がり《スペーシャスネス》の中に、安らいでみましょう。あなたの無時間にして永遠の本質の中に、ただ、安らいでみましょう。

さて、目撃者そのものにはどんな性質も特徴もありません（それは根本的に制約がなく、生まれるこ

［原注］エルヴィン・シュレディンガー著『生命とは何か』より。

とも死ぬこともなく、あらゆる属性を超えているからです）が、目撃者が世界を見つめるときには、与えられた「形態《フォーム》」を通して世界を見つめることになります。

これはつまり、**目撃者は、慣習的な自己が現在位置している発達段階《レベル》**（およびその隠れた地図《ヒドゥン・マップ》）**を通して世界を見つめる**ということであり、同時に、**現在活性化されている特定のラインを通して世界を見つめる**ということであり、同時に、**現在生起している意識状態《ステート》を通して世界を見つめる**ということであり、同時に、**現在活性化されている象限を通して世界を見つめる**ということであり、同時に、**現在表現されているタイプを通して世界を見つめる**ということです。

（タイプとは——次節でごく簡単に説明しますが——あらゆるタイプ論〔類型論〕における特定のタイプのことを意味しています。どんな瞬間においても、私たちの自己は、何らかのタイプを活性化させているのです。いずれにせよ、大事な点は、目撃者は特定のタイプを通しても世界を見つめるということです）

そしてこれこそ、パタンジャリが「見る道具を見る者だと認識してしまう」と述べたときに意味していたことなのです。私たちは、自分自身の本当の自己《リアル・セルフ》、真の見る者《トゥルー・シーアー》、純粋な目撃者《ウイットネス》を、現在生起している象限やレベルやラインやステートやタイプ（すなわちAQALの各要素）と、誤って同一視してしまうのです。

インテグラル・マインドフルネスを実践することで、私たちは——多くの場合、生まれて初めて——こうした各要素を認識し、意識化し、それらが今ここに存在していることに気づけるようになります。

そしてそのことによって、それぞれの要素を、私たちが小さな主体として同一化している（真の自己と誤って同一視している）対象から、気づきの対象へと変えることができます。主体となっているそれぞれの要素を客体にし、そのことによって、それから脱同一化するのです。こうして、私たちは、自分自身の真の自己、無時間の自己、生まれることも死ぬこともない本当の自己《リアル・セルフ》として、安らげるようになります。

別の言い方をすれば、私たちはインテグラル・マインドフルネスを通して、**AQALと特定の形で同一化することを避ける**ことができるのです

私たちは、AQALというマトリックス〔母体、基盤〕のさまざまな側面と――自分では気づかないままに――同一化するとき、無限にして永遠である自分自身の本物の自己《リアル・セルフ》および真如《サッチネス》を、時間と空間の中にある有限な対象として認識してしまいます。そしてそのことによって、自分自身を断片化させ、破壊し、苦悩させ、拷問にかけてしまい、さらには、自らの究極のアイデンティティを見失ってしまうのです。

それゆえ、私たちがAQALマトリックスの各要素と排他的に同一化するとき、AQALは、**私たちが閉じ込められている牢獄の見取り図**となります。AQALは、私たちが縛りつけられている誤ったアイデンティティに関する地図、この顕現世界において私たちに痛みや苦しみを引き起こす内容を指し示す地図になるのです。

他方、私たちがAQALの全ての要素に目を向けて、それらを意識化すると、主体《サブジェクト》となっていたそうした各要素は、意識の対象《オブジェクト》になります。すなわち、私たちの真の自己、純粋な目撃者《ウイットネス》、本物の気づき《アウェアネス》にとっての対象となるのです。

それゆえ、映画『マトリックス』における主人公ネオのように、もし私たちがマトリックスの中に存在しながらそのことに気づいていないなら、そのマトリックスは私たちにとっての牢獄となり、私たちは、実際には幻想であるものを現実と見間違うことになります（もっとも、それは非常に現実《リアル》的なものとして感じられますが）。

しかし、もしマトリックスを――意識の対象として、あるいはマインドフルネスの対象として――外側から見つめることができれば、私たちは、**マトリックスから完全に自由になる**ことができます。私たちは、大いな《グレート・》

る解放《リベレーション》、あるいは悟りを実現し、自分自身の本当の姿へと目覚めるのです。

そしてそこまで到達すれば、純粋な見る者《シーアー》が見られるもの《シーン》すべてと合一するまではあと一歩であり、そうなれば私たちは、AQALマトリックスの全体と合一することになります。**マトリックスの中のどの地点ないし場所とも同一化していないゆえに、そのすべてと自由に合一できる**ようになるのです。私たちは、全ての象限、全てのレベル、全てのライン、全てのステート、全てのタイプを、究極のスピリットが究極のスピリットとして純粋に顕現したものとして、認識できるようになります。

加えて、もし私たちの小さな自己、慣習的な自己がAQALマトリックスの何らかの要素と同一化しているなら――実際、同一化せざるを得ないのですが――そうした小さな自己は、このような統合的な超-地図《スーパー・マップ》を用いることで、その時点における最も高次で、最も全体的で、最も発達したAQALマトリックスの要素と合一することへと開かれるようになります。

そしてそうなれば、やがて、私たちの頭なき空性、姿なき空性は、現時点で実現しうる最も豊《フル》かな形態《フォーム》（統合的段階ないし超-統合的段階に位置し、4つの象限全てと8つのライン全てに気づいており、非-二元の意識状態に根ざしているもの）と合一することになるでしょう。言い換えれば、他の全ての段階を超えて含んでいる最も高次の段階の地平から、存在しうる最も大きな形態《フォーム》を実現するようになるのです。

実際、これは最大限に豊《フル》かな形態《フォーム》であり、バラバラで、限界を抱えていて、部分的で、壊れていて、苦悩に満ちた形態《フォーム》とは異なるものです。言うなれば、それは**純粋なスピリットそのもの《グレート・パーフェクション》に施された装飾《オーナメント》**であり、私たちの究極の真如《サッチネス》、私たちの本来の顔《オリジナル・フェイス》、私たちの大いなる完成が表現されたものに他ならないのです。

特に、人生の個別的な領域——健康、食生活、運動、仕事、お金、家族、子育てなど——について言えば、私たちはどの領域においても、マインドフルネスによって自らの真の自己および非二元のアイデンティティへと目覚めていくことができるとともに、どの領域においても、統合的な地図によってAQALマトリックスのそれぞれの要素を磨き上げていくことができます。

そうすればやがて、あなたの本当の自己《リアル・セルフ》が顕現した領域と同一化するとき、あなたが同一化する領域は、最も発達していて、最も進化していて、最も全体的《ホール》なものになるでしょう。そしてそのことによって、あなたの慣習的な自己は、その地点における最も適切で、最も有能で、最も豊か《フル》な自己へと変化することになります。

言い換えれば、そのとき、**あなたの真の自己《トゥルー・セルフ》および真如《サッチネス》が、ありうる最も豊かな方法で自らを顕現させ、自らを表現し、自らを伝達する**ようになるのです。こうして、あらゆる領域にわたって、私たちの「方便」は劇的に磨き上げられることになります。

人生のそれぞれの領域——例えば健康、仕事、家族など——には、4つの象限のそれぞれに関係した側面があります（そしてどの領域であっても、4つの象限全てを用いて状況に対処する必要があります）。

人生のそれぞれの領域は、特定の発達段階およびその隠れた地図《ヒドゥン・マップ》に基づいて体験されます（もっとも、そうした発達段階そのものが、成長や発達を遂げ、最大限に自らを開き出していきます）。

人生のそれぞれの領域は、特定の多重知能を活性化させます（こうしたそれぞれの知能もまた、成長や発達を遂げ、最大限に自らを開き出していきます）。

そして人生のそれぞれの領域は、意識状態に関するマインドフルネス瞑想（その領域において現れている意識状態に気づきを向けること）の対象となり、究極的には、私たちを真の自己《トゥルー・セルフ》および非二元の真如《サッチネス》へと導くことになるのです。

もう一度言えば、発達段階にかかわるグローイング・アップ〔成長〕の道と、意識状態にかかわるウェイキング・アップ〔目覚め〕の道が――さらには、四象限にかかわるショーイング・アップ〔体現〕の道と、多重知能にかかわるオープニング・アップ〔開放〕(Opening Up) の道が――結びついて一緒に実践されるようになったのは、本質的に言って、歴史上初めてのことであり、そのことによって、真に「超人的」と言えるような悟りが生み出されることになるのです。

とはいえ、こうした展望は興味深いものではありますが、**事を急ぐことは必要ではありません**。本書で紹介した多くの情報は、おそらくみなさんにとって、全く新しいものだったはずです。しかしそうした要因〔AQAL の各要素〕は、今ここで完全に作動しており、私たちが世界をどう解釈し、どう認識し、どう体験するかを大きく規定しています。

私たちには、こうした要因を作動させるかさせないかという選択肢はあり**ません**。こうした側面は既にそこにあって、私たちに影響を与え続けているのであり、あなたが好もうが好むまいが、望もうが望むまいが、信じようが信じまいが、知ろうが知るまいが、そのことは変わらないのです。

私たちに与えられた選択肢とは、こうしたさまざまな要因に気づきを向けて意識化するか、それとも、これまでと同じようにそうした要因に対して無防備であり続けるか、ということなのです。

もしあなたが「意識化」の道をとって、こうした要因を気づきの対象にしようとするなら、重要なことは、丁寧に、しかし気楽に、ゆっくりと、しかし揺るぎなく、力強く、しかし穏やかに、こうした意識化のプロセスを進めていくということです。

あまりにも多くの要素を一度にとり入れようとして、いわば「形而上学的なヘルニア」の状態に陥ってしまうことは、非常によくあることです。

それゆえ、**まずはひとつのテーマ**——6つから8つの構造／段階《レベル》、4つか5つの状態《ステート》／領域《レルム》、シャドーに関するワーク、4つの象限など——**に焦点を当てて、気楽に、そしてゆるやかに、そのテーマにかかわる実践や学習をおこないましょう。**

1日に15分から30分の時間をとることから始めて、そこから、ゆっくりと時間を増やしていくとよいでしょう。**全ての要素を一度に無理やり詰め込むような実践をおこなうことはやめましょう。**

おそらくこうした要素の中には、あなたの人生にとって、他の要素よりも明らかに重要なものがあるはずです。**あなた自身の興味や能力や願望に合った順序で、**それぞれの要素をとり上げていきましょう。

重要なことは、みなさんは今や、こうしたさまざまな領域が実際に存在していることに十分に気づいているということです。加えて、それと同じくらいに重要なことですが、みなさんは既に、こうした全ての領域（6つから8つの発達段階、4つか5つの意識状態、4つの象限、8つのラインなど）についての良質な入門的地図を手に入れたということです。

まずは、いずれかひとつの領域の中に含まれている最も重要な側面を、自らの人生の中に、ゆっくりと、そして気楽に、とり入れてみましょう。そして、**そうした領域に関わることが心地よい自然な習慣になったら、別の領域の内容をとり入れてみましょう。**

そうすることで、私たちはやがて、自分自身の人生や存在や意識の中に、こうした深遠な諸領域のうち自分の望むだけの領域を包含できるようになります。

さらに、もしこうした諸領域があなたの心に継続して訴えかけてくるものであれば、あなたはおそらく、そうした各領域を扱っているさまざまな「知の共同体」(あるいは、専門家の集まり) とも——さらには、**統合的なコミュニティ**そのものとも——親しくなるはずです。

もし私がそうしたコミュニティにいる人々の気持ちを代弁してよければ、こう述べましょう。

ようこそ、この驚くべき集まりへ、そして、この奇跡のような冒険の旅へ。

タイプについて

私はここまで、AQALの最後の要素である「タイプ」についてあまり説明してきませんでした。その理由は単純で、タイプというのは、広く開かれた分野であるからです。

この現実世界に関するどんなモデルも、もしまともなモデルであるならば、最も少ない数の要素を用いて、現実の最も多くの側面を説明しようとすることでしょう。そしてこれこそ、インテグラル理論がAQAL（象限、レベル、ライン、ステート、タイプ）を通して実行しようとしていることなのです。

タイプを包含するとは、一般的に言えば、**その領域に適用しうるタイプ論**〔類型論〕**を必要な種類だけ用いる**ということを意味しています。

タイプは、段階《レベル》が変わっても、状態《ステート》が変わっても、ラインが変わっても、多くの場合、変化しません。

それゆえ、例えば「男性性《マスキュリン》‐女性性《フェミニン》」という一連のスペクトラムにおいて、もしあなたが女性性《フェミニン》なタイプであれば、あなたはどの発達段階においても、どの意識状態においても、どのラインにおいても、女性的《フェミニン》な傾向をもっているということになります。たとえ女性性そのものが成長し発達したとしても（実際、成長し発達していくのですが）、そこで開き出されていくのは、基本となる同じ「女性性」なのです。

加えて、**それぞれの象限には、何百種類**——実際のところ、何千種類——**という異なるタイプ論が存在しており、**それぞれのタイプ論は、存在を構成する特定の側面や領域に焦点を当てています。

いずれにせよ、このようにして、タイプという要素はAQALフレームワークの中に包含されるのです。

そして、こうすることで示されるのは、**もし私たちが何らかの事柄に対して統合的な形で関わりたいならば、その事柄に関係するタイプ論を1つか2つ（あるいはそれ以上）包含する必要がある**ということです。そのことによって、その事柄に対する理解をもっと具体化するのです。

それゆえ、もしあなたが左上象限における性格特性《パーソナリティ》を問題として扱おうとしているなら、例えばマイヤーズ・ブリッグス・タイプ・インディケーター〔MBTI〕、エニアグラム、男性性–女性性といったタイプ論のいずれかを、あるいはこれら全てを、包含する必要があるということになります。

（なお、男性性–女性性というタイプ論のことを私は「スペクトラム」であると呼びましたが、私の言う「男《マス》性性《キュリン》–女性性《フェミニン》」とは、いわゆる「性自認」〔ジェンダー・アイデンティティ〕のことを指しているのではなく、発達理論の研究において男性性ないし女性性であるとみなされてきた特性のことを指しています。ここには、ギリガンによる男性的価値と女性的価値の研究も含まれますが、それだけに限られるものではありません）

例えば、エニアグラムは、優れたタイプ論を用いることでどんなことを意識化できるかを教えてくれる格好の例であると言えます。

エニアグラムの理論体系によれば、人間の性格は、基本となる９つのタイプを通して表現されます。実際、それぞれのタイプにつけられた名前を聞くだけでも、各タイプが互いにどれほど異なるかを感じとることができるでしょう。

具体的には、タイプ1は「改革する人」、タイプ2は「助ける人」、タイプ3は「達成する人」、タイプ4は「個性的な人」、タイプ5は「調べる人」、タイプ6は「忠実な人」、タイプ7は「熱中する人」、タイプ8は「挑戦する人」、タイプ9は「平和をもたらす人」と呼ばれています。〔訳注〕

そして、こうした特性はまさに「タイプ」であるがゆえに、例えばもしある人が根本的にタイプ5の性格傾向をもっているならば、その人は、マジェンタの段階でもレッドの段階でもアンバーの段階でもオレンジの段階でもグリーンの段階でも、タイプ5の傾向を示すことになるのです。

タイプは、発達段階や意識状態ほどに決定的な影響をもたらすことは少ないですが、それが大きな影響をもたらしうることは確かです。特に、**もしあなたが特定の領域に対して非常に具体的で細かなレベルまで関わっているならば、１つか２つのタイプ論を包含することは間違いなく役立つ**はずです。

さらに、多くの人が見出していることは、**優れたタイプ論を用いることで、自分自身に対する理解を大きく深めることができる**ということです。実際、例えばエニアグラムを学んだ人のほとんどが、自分がどんな特性をもっているかについて――さらには、自分の周りの人たちがどんな特性もっているかについて――非常に的確な理解を得られたと感じています。

タイプという見方を用いることによって、私たちは、新しく有用な情報を、意義のある形で議論に組み込むことができるのです。

〔訳注〕各タイプの名称は『新版 エニアグラム【基礎編】自分を知る９つのタイプ』（ドン・リチャード・リソ ＆ ラス ハドソン著，高岡よし子 他訳，2019）で用いられているものを記した。

さて、本書ではこれ以上、タイプ論について述べることはありません。私が指摘したかったのは、さまざまなタイプ論が既に存在しているのだということ、そして、非常に秀逸で非常に効果的なタイプ論を今では容易に学ぶことができるということです。

多くの場合、私たちは、1つか2つのタイプ論を含むことによって、とり上げている事柄についての遥かに全体的で統合的な見方をもつことができます。実際、さまざまな統合的研究について調べてみれば、多くのタイプ論がさまざまな分野において活用されていることがわかるはずです。

＊　＊　＊　＊　＊

それでは、最後のテーマに移りましょう。

ここまで述べてきた全ての領域のことを考慮すると、**私たちは、次の一歩として実際にどんな一歩を踏み出すことができるのでしょうか？**　あるいは、どんな一歩を踏み出すべきなのでしょうか？

結局、こうした全ての要素を、私たちはどのように捉えればよいのでしょうか？　私たちはこうした要素を用いることで、世界にどんな変化をもたらすことができるのでしょうか？

あるいは、もしあなたが既にウェイキング・アップの道を歩んでいるなら、どのようにしてグローイング・アップの諸段階――あるいはAQALの他の要素――をとり入れていくのが効果的なのでしょうか？

そして、こうしたこと全てにおいて、本当に大事な点とは何なのでしょうか？　そもそも、こうしたこと全ては、本当に重要なのでしょうか？

正確に言うなら、こうしたこと全てによって、私はいったい何を得るのでしょうか？　こうしたこと全てによって、私の人生において、実際にどんな違いが生まれるのでしょうか？

第五章　在るものすべての全景画

Chapter 5. The Total Painting of All That Is

究極的に言えば、私たちが探し求めているのは、どうすれば〈在るものすべての全景画〉を、本当に、在るもの「すべて」についての「全」景画にできるかということです。

そして、これまで見てきた内容によって明らかになったことがあるとすれば、それは、この〈全景画〉の多くの側面は隠れており、私たちはそうした側面に気づいていないということです。私たちは、それがどんな性質であるかを、あるいはそれが存在することさえも知らないまま、日々、そこから影響を受け続けているのです。

それゆえ、人は生まれつき、この世界を渡り歩いていくうえで必要な本質的能力の全てをそなえているという見方は、単純に正しくありません（もし「あちらの世界」を渡り歩くのに必要な能力も考慮するのであればなおさらそうです）。

さらに、進化という働きそのものの性質、特にその「超えて含む」という運動を考慮に入れるなら、「超える」の面において、一瞬一瞬、ほんの少し新しいものがこの世界にもたらされています。**〈在るものすべての全景画〉そのものが、一瞬一瞬、わずかに大きくなる**のです。そしてこのプロセスには、終わりがないように見えます。

それはつまり、単に現在の私たちに知りえない真理があるということではなく、今はまだ存在さえしていない真理、今はまだ現れていない真理がありうるということです（未来にはこうした真理も創発するようになるでしょう。そしてそのたびに私たちは、過去の人間——私たち自身を含む——がどれほど無知で情報不足であったかを痛感するのです）。

他方で、私たちはこれからも、自らに与えられた未来をつくり出していくにあたって、尊重するに値する過去の真理を全て「超えて含む」ようにしましょう。しかしそのためには、そもそもそうした真理がそこにあることに気づいていなければならないのです。

そしてこれまで見てきたように、現実世界のほとんどの事柄は、疑いようのないものでもなく、単に与えられたものでもなく、明らかなものでもなく、あるいは、自らの存在に気づいてもらうために鈴を鳴らしたり笛を吹いたりして走り回っているものでもありません。

実際には、そうした要素も疑いなくコスモスの一角を占めているのですが、私たちが特定の手段や方法によって探求するまでは、明らかにならないのです。

しかし、いったんそうした探求がなされると、それは**あまりにも明瞭で、あまりにも疑いようのないものとして現れる**——正確に言えば、共‐創造《コ・クリエイト》される——ことになります。そして、私たちはこう思うのです。「どうして今まで、このことに気づかなかったんだろう？」

AQAL《アークアル》フレームワークを構成する各領域とは、実際にはよく見える場所にあるにもかかわらず、人類がこれまで見落としてきた内容の一覧であるといえます。

このとき、それぞれの領域について、**その内容に詳しい人たちからなる小さな共同体**が存在しています。そして、そこには一般に、こうした「隠れた」領域の性質とはどんなものであるかについて、大まかに合意されている驚くべき事柄があります。けれども、こうした内容は、そうした共同体の外にいる人々にはほとんど知られていないのです。

AQALフレームワークには5つの領域（象限、レベル、ライン、ステート、タイプ）が含まれていますが、こうした領域はどれも、人類の生活にとって最も重要な領域のひとつであり、世界中の小さな共同体によって熱心に研究されてきた内容なのです。私たちがおこなっているのは、こうした全ての領域を結びつけて、単純でありながら包括的なひとつのフレームワークとして提示するということです。

この包括的フレームワークを用いることで、各領域がどのように関係しているのかが明らかになるとともに、私たちは、今までよりも遥かに広大な意識と遥かに深い関心をもって、それぞれの領域をひもといていけるようになります。そしてその内容を活用することで、人類の生活のあらゆる側面に対して、驚くべき変化をもたらすことができるのです。

さらに、こうした内容は、単に人間（と世界）に関する私たちの考え方や地図や理論をもっと豊かなものにしてくれるだけでなく、私たちの存在そのものを豊かにしてくれるものでもあります。結局のところ、**AQALフレームワークを人間（と世界）に対して適用するとは、それをあなた自身に対しても適用するということ**なのです。

これまで見てきたように、AQALとは、単に「そこにある世界」や「そこにいる人間」や「そこにいる生物」だけに適用されるものではありません。それは、あなた自身の存在を構成する諸側面に対して、あなた自身という世界–内–存在の諸側面に対して、適用されるものなのです。

AQALのそれぞれの要素は——もうお気づきになられたと思いますが——私たちの中で以前から作動していたものであり、私たちはただ、そうした要素がそこにあることを知らなかっただけなのです。それはちょうど、文法の規則などというものには全く思いもよらないまま、そうした規則に従って言葉を使っていたのと同じことです。

とはいえ、こうした隠れた規則も——さまざまな知の共同体によって——とうとう発見されることになりました（何千年も前に発見されたものもあれば、ほんの10年ないし20年前に発見されたものもあります）。

こうした要素は、実際にそこにあり、現実の存在として、日々、私たちに影響を与え続けています。そしてもう一度言えば、私たちがとりうる選択肢は、本質的に言って、次の二つしかありません。こうした要素から意識的に影響を受けるようにするか、それとも、無意識的に影響を受けるままでいるか。**こうした要素に気づきを向けるか、それとも、これからもそれに目を塞いで、こうした要素に翻弄され続けるか。**

こうした要素を存在させるか存在させないかという選択肢は、私たちにはありません。こうした要素から影響を受けるか受けないかという選択肢は、私たちにはありません。こうした要素は既にそこに存在し、作動しているのであり、一瞬一瞬、私たちに影響を与え続けているのです。

私たちは、こうした要素を意識にのぼらせることもできます。あるいは、こうした要素を無意識に追いやってしまい、そこで作動させることもできます。しかし悲しいかな、選択肢はそれだけなのです。

そしてこのことが意味しているのは――もうひとつの「悲しいかな《アラス》」ですが――どうしても、多少の努力（大量の努力ではありません）が必要になるということです。言い換えれば、**少しばかりの時間と労力を割いて、それぞれの要素ないし領域について学ぶことが必要**なのです。

なぜなら、繰り返しになりますが、AQALの各要素とは、単に与えられているものではないからです。私たちたちが理解しておく必要があるのは、たとえこうした努力をしないことに決めたとしても、それらの要素は、何百という方法で、私たちに影響を与え続けるということです。ただ、自分では気づかないままに、これからもそうした要素から影響を受けるというだけなのです。

もっと言えば、こうした要素を意識化するために必要な作業をしないということは、こうした要素によって自分が知らず知らずのうちに影響を及ぼされることを積極的に許容するということに他なりません。

それゆえ、こうした要素を学ぶことは、例えばピアノの弾き方を習うといったこととは全く異なります。ピアノの弾き方であれば、もしそれを習わないことに決めたのなら、単にその技能《スキル》が身につかないだけです。

他方、AQALの各領域について学ばないことは、単にそうした領域に関する技能が身につかないという話ではありません。**たとえ意識的に学ばなかったとしても、こうした要素はあなたの中に存在し続け、あなたの中で作動し続ける**のであり、ただ、本当は自分に何が起こっているのかを、あなたが今後も理解できないままでいるだけなのです。

ある面では、これは不愉快な取引《ディール》のようなものです。しかし別の面では、こうした時代に生きていることが極めて幸運なことであると実感することもできます。私たちは今や、驚くほど重要な（少なくとも）5つの隠れた領域を、最大限に、そして自由に、活用することができるからです。なんと驚くべきことでしょう！

多くの人々は——特に、統合的段階に位置している多くの人々は——大いなる可能性を秘めたこうした領域についてこれから学んでいけるという見通しを得ることで、捉えがたくも深遠なよろこびを感じます。**故郷に帰ってきたのだという感覚、自分が本当は誰であり何なのかを見つけ出しているのだという感覚、自らの真の自己《トゥルー・セルフ》および究極の真如《サッチネス》を発見し、ありうる全ての世界の中でこれから姿を現す《ショーイング・アップ》のだという感覚**を抱くのです。

そしてそのとき、世界は魔法にかかり、まばゆいばかりに輝きを放つことになります。そう、それは確かに、幸せな明日であり、この時間なき「今」において、既に始まっているのです。

もしこうした展望があなたにとって興味深いものであるなら、私の他の著作も何冊か読んでみることをお勧めします。例えば、*The Integral Vision*〔未訳〕、*The Religion of Tomorrow*〔未訳〕、『インテグラル・

スピリチュアリティ』（原著名*Integral Spirituality*）などを読まれるとよいでしょう。

あるいは、私が共著で執筆した『実践インテグラル・ライフ』（原著名*Integral Life Practice*）では、AQALフレームワークを活用して真に統合的な実践を始めるにはどうすればよいかを、広く解説しています。この本では何十種類というエクササイズを紹介していますが、それぞれのエクササイズについて、「1分間モジュール」と名づけた実践も用意しています。これは、もとのエクササイズを驚くほど効果的な形で凝縮したものであり、実践を終わらせるのに1分以上かからないように設計されています。こうした短時間の実践であっても、極めて大きな効果をもたらすのです。そして、1日に1分という時間もとれない理由が存在するとは考えられません。これこそ、書籍全体のなかで最も素晴らしい部分だったと述べている人もいます。それゆえ、どうかお見逃しなく！

あるいは、みなさんはインターネットを通して、IntegralLife.comのサイトや、フェイスブックのケン・ウィルバーのページにアクセスすることもできます。そこからさまざまなリンクをたどってもよいですし、グーグルで検索してみてもよいでしょう。

みなさんは、統合的アプローチが60を超える異なる分野や領域において活用されており、そうした応用を行っている人々が大規模な世界的ネットワークを形成していることにも気づくでしょう。加えて、あなた自身が参加しうる範囲の地域の中にも、そうした実践を行っている人々の集まる場所が存在しているはずです。

新しく若い分野には新しく若い才能が必要であり、それゆえ、**何らかの分野**——例えば医療、法律、教育、政治、芸術、セラピー、コーチング、コンサルティングなど、本当にどんな分野でも構いません——**について、その未来の在り方を構想し、統合的な視点によってアプローチしてみましょう**（本章の最後の節である「次に行うべきこと」という節も参考にしてください）。

こうしたアプローチに秘められた可能性は、驚くべきものです。多くの人々が実際に統合的段階に移行すればするほど、あらゆる「統合的なもの」への需要は、爆発的に大きくなっていきます。それゆえ、今も拡大し続けているこの波に乗ることを、是非とも検討してみてください。

そしてもちろん、あなた自身の成長や発達というテーマがあります。これまで紹介してきた全ての領域について、私たちが発見したことは、存在するほとんどあらゆるものは進化（すなわち「スピリットの働き《スピリット・イン・アクション》」）によって生み出されたものであり、それゆえ、発達の道のりをたどってきたものであるということです。

言い換えれば、ほとんどあらゆるものは、単に水平的な技能（すなわち「適性《アプチチュード》」）を身につけることで拡大し発達させられるだけでなく、垂直的に成長すること（すなわち「高さ《アルチチュード》」）を通して拡大し発達させられるものでもあるのです。

そしてこのことは、象限、レベル、ライン、ステート、タイプのどの要素にも当てはまります。実際、こうしたどの要素に対してもインテグラル・マインドフルネスを実行することができるのは、どの要素も、進化というプロセスの中核にある原則——ある瞬間の主体が次の瞬間の主体にとっての客体になる——に従っているからなのです。

段階《レベル》についてインテグラル・マインドフルネスを実行すれば、そうした段階《レベル》における成長や発達を促すことができます。象限についてインテグラル・マインドフルネスを実行すれば、そうした象限における成長や発達を促すことができます。他の要素についても同様です。

こうして、小さな主体は次々と客体になり、最終的には、決して客体になることのない「絶対的主観性」（あるいは「対象なき意識」）だけが残ることになります。そしてとうとう、見る者《シーアー》は、見えているものすべての中へと崩壊し、それに先立って存在している、純粋な一なる意識《ユニティ・コンシャスネス》、頭なきひとつの味《ワン・テイスト》を復活させるのです。

そのとき私たちは、コスモスの中にある全ての物事や出来事と根本的にひとつになり、自分自身のただひとつの真の条件《トゥルー・コンディション》を思い出すことになります。

ワン・テイスト

私たちがこうした根源的な「ひとつの味《ワン・テイスト》」に安らぐとき、「原初の回避」が起こることはありません。そこでは、究極の気づき《アウェアネス》が、努力なく、自発的に、生起するがままに生起しています。〈在るものすべての全景画〉に含まれる全ての事柄を、直接に、公平に、その気づきの中に映し出しているのです。

私たちは、観察する自己《オブザービング・セルフ》の立場に身を置くことによって、こうした〈在るものすべての全景画〉を目撃することができます。


私にはさまざまな感覚があるが、私はこうした感覚ではない。

私にはさまざまな感情があるが、私はこうした感情ではない。

私にはさまざまな思考があるが、私はこうした思考ではない。

私は、こうしたもの全てから根本的に自由である。

私は、動くこともなく、限界もなく、制約もない、純粋な目撃者《ウイットネス》として安らいでおり、生起するものすべてを目撃している。
これこそ、私の本来の「私は在る《アイアムネス》」である。

さらに、ここからもう一歩進んで、目撃者の段階をも超えると、非二元の一なる意識《ユニティ・コンシャスネス》へと到達することになります。

それでは、見ている者《ルッカー》であるという感覚そのものを溶かしてしまいましょう。どんな対象でもよいので、対象そのものに集中し、その対象が、全くそれ自身として存在していると感じてみましょう。

見ている者《ルッカー》であるという感覚を押し出して、その対象が、究極の気づき《アウェアネス》の場のなかで、全くそれ自身として生起していると感じてみましょう。その対象は、おのずから存在し、おのずから生起し、おのずから顕現し、おのずから気づいているひとつの全体なのです。

こうした実践をおこなっていると、「そこ」にある世界全体が、あなたの顔の「こちら側」で、かつてあなたの頭があった場所で生起していると感じられるようになります。そこではもはや、見る者《シーアー》と見られるもの《シーン》のあいだに区別はありません。

こうして、宇宙全体が、あなた自身の究極の気づき《アウェアネス》の場のなかで、すなわち、あなたの内側で、生起するようになります。そして、**あなたはその全てと「ひとつの味《ワン・テイスト》」になっている**のです。

あなたは空を舌で味わうことができます。あなたは太平洋をひと口で飲みこむことができます。空は青いパンケーキとなり、あなたの頭の上に——かつてあなたの頭があった場所の上に——落ちてくるようになります。

あなたが山を見るのではなく、あなたが山なのです。あなたが大地を感じるのではなく、あなたが大地なのです。あなたが雲を見つめるのではなく、あなたが雲なのです。この全ては、常に現前する、純粋な、非二元の一なる意識《ユニティ・コンシャスネス》のなかで、生起しています。

〈全景画〉を目撃しましょう。そしてそれから、〈全景画〉とひとつになりましょう。

とはいえ、注意しておくべきことがあります。こうした〈全景画〉は、さまざまな段階《レベル》を通して体験されうるものであり、さまざまなラインを通して体験されうるものであり、４つの象限のそれぞれを通して体験されうるものであり、さまざまな状態《ステート》を通して体験されうるものであり、さまざまなタイプを通して体験されうるものなのです。

統合的な「ひとつの味《ワン・テイスト》」は、これら全ての要素に対する気づきを含むものであり、そこでは、こうした要素はひとつ残らず、純粋な意識という白日の下にさらけ出されることになります。そのことによって、こうした要素がコスモスの片隅に隠れたまま、私たちに不意打ちを食らわせ、私たちを傷つけ、それにもかかわらず、私たちがその原因に全く気づきもしないという事態を終わらせるのです。

広大無辺な絶対的空間のなかで、「原初の回避」がただ消えゆくがままに任せましょう。そうすることで、私たちの究極の気づき《アウェアネス》は、こうした各要素（象限、レベル、ライン、ステート、タイプ）が生起するたびに、その要素へと自然に向けられるようになります。これら全ての要素が、完璧に、そして自由に、鏡のような心《ミラー・マインド》に触れられるようになるのです。

こうして、「分離した自己」という感覚、自己収縮の感覚は、純粋な目撃者《ウィットネス》の中へと消えていき、さらには目撃者それ自身も、〈在るものすべての全景画〉の中へと消失していきます。「こちら」と「あちら」という区別はなくなり、見ている者《ルッカー》は、見られているもの全ての中へと姿を消すのです。

見ている者《ルッカー》であるという感覚は、〈在るものすべての全景画〉というただひとつの感覚に置き換わり、なにかが「そこ」で生起しているという感覚は、内側も外側もなく、ただ生起しているという感覚に変化します。

　このとき、あらゆる「他者」すなわち「そこにある対象」が消滅し、単一の「ひとつの味《ワン・テイスト》」だけが生起するようになるため、**あらゆる恐怖は消え去ります**。同様に、気づき《アウェアネス》の外側には何もなく、欲しいものや求めるものも何ひとつないため、**あらゆる願望**——絶え間なき欠乏の感覚として体験されている願望——**は消え去ります**。

　あらゆるものは、それ自身の望むがままに生起しており、そこにはどんな摩擦も、どんな緊張も、どんな収縮もありません。何かから目をそらすことも、顔を背けることも、離れようとすることもありません。そこではただ、〈在るもののすべての全景画〉に含まれている全ての物事や出来事が、直接に、努力なく、完璧に映し出されています。

　あらゆるものは、それ自身の望むがままに生起しており、「ひとつの味《ワン・テイスト》」だけが存在しているこの究極の場の中へと、おのずから現成《げんじょう》し、そしておのずから解放されるのです。

　痛みが生じても、ただ痛みが生じるがままに任せましょう。思考が生じても、ただ思考が生じるがままに任せましょう。自我の渇望が生じても、ただ自我の渇望が生じるがままに任せましょう。恐ろしい光景が生じても、ただ恐ろしい光景が生じるがままに任せましょう。こうした状態を変えるために、有限な自己が何らかの手段を講じるかもしれませんが、そうした手段そのものもまた、〈在るもののすべての全景画〉の一部なのです。

　こうして、自分自身の存在の根源に徹底的に安らぐことによって、主体と客体のあいだの緊張は、非-二元の気づき《アウェアネス》の場のなかへと溶け去ることになります。

　そしてそのとき、**「ここに主体《サブジェクト》として存在している」**という感覚と、**「そこに客体《オブジェクト》として存在している」**

という感覚は、全く同一の感覚であることが明らかになります。一方を感じることは他方を感じることであり、両者は全く同じ感覚、神聖な「ひとつの味《ワン・テイスト》」という感覚であり、無時間の今から無時間の今へ、そして無時間の今へと展開しているのです。

言い換えれば、自分の頭があるように思える場所の「空性」と、そこにある「形態《フォーム》」の世界が、全く同一のものであることが明らかになります。なぜなら、形態《フォーム》という「そこ」の世界全体が、かつてあなたの頭があったこの空っぽの場所において、生起するようになるからです。

この空性、この開かれた空間、この頭なき場所と、そこにある形態《フォーム》の世界は、別々のものではなく、全く同一のものです。それゆえ、世界とは私から切り離されたものではなく、実際には私の内側で生起しており、そう、私とはそれなのです。

そしてそのとき、全ては終わりを迎えます。全ては本当に終わるのです。そこにあるのは、これのみ、**ただこれのみ**であり、数えきれないほど多くの世界のなかで、そして終わりのない時間のなかで、ただ、これのみなのです。

さらに、この「ひとつの味《ワン・テイスト》」は、AQALフレームワークを構成する全ての領域および次元において、等しく生起することになります。

例えば、象限について考えてみましょう。たとえ「私（I）」が「私-私（I-I）」へと移行し、それがさらに非二元の真如《サッチネス》（頭なき合一《ユニティ》の状態）の中へと消えていったとしても、４つの象限の全てが生起し続けるのです（「多様性の中の統一性」における「多様性」の面であるといえます）。

まず、左上象限において、私たちの自己は**「独自の自己」(Unique Self)**として体験されるようになります。

ある人がコスモス全体にそなわるただひとつのスピリット、ただひとつの〈自己〉と徹底的に合一したとしても、**スピリットないし〈自己〉ないし真如《サッチネス》は、あくまでその人自身の眼から——その人だけに絶対的に固有の視点や角度から——世界を見つめる**ことになります。究極の〈自己〉は全ての生命において全く同一ですが、それが異なる視点を通して世界を見つめるのです。

言い換えれば、ひとつひとつの生命には、唯一無二の「独自の自己《ユニーク・セルフ》」（そして真如《サッチネス》）がそなわっているのであり、宇宙にあまねく広がる究極のスピリットを見つけ出すということは、全く個性的で全く特別なスピリットを見つけ出すということ、自分自身の究極のアイデンティティを見つけ出すということに他ならないのです。

こうして、あなたは——他に何兆という数の生命がいるなかで——自分がなぜそもそもこの世界にやってきたのかを知ることになります。それは、**あなたにしかないただひとつの視点、宇宙全体の中でひとつしかない独自の視点を、この世界の中で体現し、表現する**ためなのです。

そしてこれこそ、あなたが、あなたとして、神に与えるものなのです。これこそ、あなたが、あなたとして、神を完成させるための方法なのです。**あなたこそ、スピリットがおこなっている活動なのであり、**そもそもこの宇宙を顕現させるためには、あなたが必要だったのです。

こうして、スピリットと人間は、ただひとつの特別な「究極のアイデンティティ」を実現することを通して、互いを完成させ、互いを実現させることになります。

あなたは、ほんのわずかな疑いもなく、なぜ自分がコスモスの全ての生命と絶対的にひとつであるのか、しかし同時に、なぜその合一の在り方が自分に全く固有《ユニーク》のものであるのかを、理解するようになります。

そしてこの独自性《ユニークネス》こそ、あなたがここにいる理由なのです。コスモスに関するその独自の視点、スピリットとしてのその独自の視点を、認識し、体現し、表現し、伝達するためにこそ、あなたはここにいるのです。

ここにあるのは、この世界全体に存在している数えきれないほど多くのホロンのなかで、たったひとつしかない独自性であり、そう、これこそがあなたなのです。

さらに、こうした根源的な「私」性（I-ness）――普遍的な真如《サッチネス》を独自の形で認識することで生まれる「私」性――は、その元々の性質として、「汝《なんじ》（thou）」という次元（左下象限）を含んでいるものでもあります。言い換えれば、あなたの「絶対的主観性」は、**「絶対的間主観性」（Absolute Intersubjectivity）**の場の中に存在しているのです。

「そこ」にいる**全ての「汝」にもまた、その元々の性質として、独自の自己《ユニーク・セルフ》がそなわっています**。それは、スピリットの、スピリットによる、スピリットについての独自の視点であり、あなたと同じように、その人にもそなわっている独自の視点なのです。

ただひとつのスピリット（すなわち空性）は、あなたにとってもその人にとっても完璧に同じものですが、他方、二人の（形態《フォーム》に関する）視点は必ず異なっており、それぞれに固有のものです。言い換えれば、**二人はどちらも必ず、相手にとって重要な何らかの内容をもっている**のです。

それゆえ、あなたが別のあなたに――汝に――出会うとき、その出会いが偽りなく本物の形で起きているならば、そのとき、あなたの中にある「私＝スピリット」が、相手の中にある「私＝スピリット」と共鳴することになります。

そしてこの共鳴こそ、もし謙虚に、勇敢に、開かれた心で、思いやりをもって接するならば、あなた自身の究極の〈全自己〉（Total Self）に、もっと大きな相対世界、もっと豊かな顕現世界、もっと偉大な統合的体験を与えてくれるものなのです（ここで、「全自己」＝「私-私（I-I）」（究極の自己）＋「私（I）」（近接自己）＋「そこにある私（me）」（遠隔自己）であり、これら3つの自己が真如《サッチネス》の中で体験されている状態のことを指しています）。

こうして、あなたの最も深くにある独自の視点は、相手の最も深くにある独自の視点と一緒になり、2つの視点は、高次の一体《ユニティ》性へとおのずと導かれることになります。

そしてその結果、二人はどちらも、この相対世界における統合の能力を高めることになり、それぞれの世界観は、もっと広大で、もっと包括的で、もっとインクルーシブなものへと変化していきます。それぞれの「独自性」が二人のあいだで共有され、互いを拡大させることになるのです。

加えて、この「汝」という次元は、単に「そこ」にいる「他者」では決してなく、**あなたという存在そのものに初めからそなわっている次元**でもあります（それはあなた自身の左下象限なのです）。

そもそも、2つの「汝」が一緒になって対話をおこなう（そして相互理解や相互共鳴に達する）ことができるのは、ただひとつの〈自己〉、ただひとつのスピリットが、それぞれの「汝」の中核にあるからなのです。

このただひとつのスピリットが、途方もない数の個的ホロンにおいて、自らを顕現させています。それぞれのホロンは、スピリットが自らを顕現させる全く同じ空間《オープニング》ないし場所《クリアリング》（明け開け）なのですが、にもかかわらず、そこには、それぞれのホロンに固有の視点や角度が存在しているのです。

それゆえ、2つの「汝」のあいだに生じる相互理解こそ、本当の意味での「多様性の中の統一性」をもたらすものであり、そこでは、「統一《ユニティ》性」（ただひとつのスピリット）と「多様《ダイバーシティ》性」（途方もない数の独自の視点）の両方が、極めて現実的なものとして、等しく尊重されることになります。

この意味で、**2つの生命が一緒になって互いにやりとりをするというのは、とりもなおさず、スピリットが**

スピリットに出会うということであり、神が神に話しかけるということであり、女神が女神を抱きしめるということなのです。そこでは、究極の愛とよろこびが、究極の受容と抱擁が、あふれんばかりに生起しています。

そしてこうしたプロセスを通して、ひとつひとつの生命にそなわる究極の〈全自己〉が、成長していくことになります。

実際、こうした対話的（dia-logical）なプロセス（もっとも、二人のやりとりは単に論理的（logical）なレベルだけでおこなわれるものではないので、正確に言えば、弁証法的（dia-lectical）なプロセスと言ったほうがよいでしょう）、あるいは弁証法的なプロセスこそ、私たちが他の存在と関わり、交わることの中核にあるプロセスなのです。

特に、あなたが自分自身の究極の条件を認識するとともに、他者の中にもそれと同じものがあることを認識し始めているならば、このことはいっそう重要なものとして感じられるはずです。

先にも述べたように、「汝」の次元とは、実際には、あなたの存在そのものを構成している要素です。**私たちは、互いを完成させるために互いを必要としています**。なぜなら、他者に固有の視点とは、まさに言葉の通り、その人にしかない視点だからです。

それゆえ、私は、「汝」とのあいだの誠実で対話的〔弁証法的〕な探求を通してのみ、相手の視点に触れることができます。そしてそれは、私一人だけでは到達できない視点なのです。私はあなたを必要としており、あなたは私を必要としており、そのことによって、この根源的な円環が完成することになります（そしてこうしたことはすべて左下象限――「私たちという奇跡」をもたらす象限――において起こるのであり、だからこそ、左下象限とは、あなた自身の最も深い「世界‐内‐存在」に初めからそなわっている要素なのです）。

そして、この象限は、私が「他者」と何らかの相互作用をした後に、私という存在の表面に付け加えられるものではありません。左下象限とは、**他者とのどんな特定のやりとりにも先立って存在している**ものであり、そうした特定のやりとりは単に、この最初から存在している次元に、細かな内容を与えるにすぎないのです。

要するに、「私はブッダであり、それは私たちそのものである」(I am the Buddha we are）のであり、相手もまた、これと全く同じことを述べることができるのです。

さて、以上が左下象限の話です。**こうしたこと全ては、必ず、私たちの右上象限を通して、表現され、顕現され、行動に移される**ことになります。言い換えれば、外的で、客観的で、「物理的」な在り方や行動として表現されるのです。

（ただし、ここで言う「物理的」ないし「物質的」とは、「存在の大いなる連鎖」の中の最も低い段階にあることだけを意味しているのではなく、「存在の大いなる連鎖」の全ての段階にとっての外面であることも意味しています）。

もし私が純粋に論理的な思考（左上象限のオレンジ段階）をおこなったとしても、それに対応する変化が、私の脳（右上象限）の中に生じることになります。もし私が「神の意識」を（左上象限において）体験したとしても、それに対応する変化が、私の脳（右上象限）の中に生じることになります。

このように、複雑化した物質とは、内面的な意識の状態よりも低い段階にあるのではなく――四象限の図からもわかるように――内面的な意識にとっての外面なのであり、そうした内面と同じ段階に位置しているのです。

逆に、「形而上学的《メタフィジカル》」ないし「超自然的《スーパーナチュラル》」な実在というのも、自然の「上」に、あるいは自然を超えたところに存在しているのではなく、自然の内側に、自然にとっての内面として存在しているのです（これはちょうど、意識をもった「心」が、物質的な「脳」にとっての内面であるのと同じことです。心を脳に還元することはできませんが、両者は別々のものでもありません。４つの象限は全て、互いに還元不可能な現実なのです）。

こういうわけで、私という存在は必ず——その存在の全てのレベルにおいて——物質的／物理的な形態すなわち外面として、具体的な形をとることになります。

そして、**この外面という空間においてこそ、私は他の生命に出会い、目を向け、触れるのであり、他の生命の内面が、外面において具体的な行動として表現されていることを認識する**のです。この物理的な空間においてこそ、あらゆる形而上学的な実在どうしが出会い、見つめ合い、微笑み合い、触れ合い、抱きしめ合うのです。

なぜなら、ここでこそ、この物理的な場所においてこそ、**あらゆる形而上学的な実在たちが、自らの存在に含まれる具体的な次元を目に見える形で表現している**からであり、他者に見てもらうために準備を整え、そして他者に見てもらうことで喜びを感じているからです。

こうして、私たちは、具体的な姿として顕現《インカーネーション》するという祝福に満ちたダンスに参加することになります。そこでは、いわば「スピリット製の肉体」(Spirit-made-flesh) が他のあらゆる「スピリット製の肉体」と一緒に舞い踊るのであり、この喜びに満ちたタンゴは、「見ることができて嬉しい、そして見てもらえて嬉しい」(happy to see and be seen) という声を発しているのです。

そのとき、私の心《ハート》、私の知性《マインド》、私の魂《ソウル》、私のスピリットは、私の実際の振る舞い、私の特定の行動、私の偽りなき動作の中で、自らを幸せに表現することになるでしょう。私の意識は、私の肉体の中に深く顕現し、私の内面は、私の外面と分かちがたく結ばれることになります。

そして内面と外面の両方が、私の独自の自己《ユニーク・セルフ》および非二元の真如《サッチネス》によって照らされるようになると、両者はこの相互認識のダンスのなかで輝きを放つようになり、内面と外面は互いに手を取り合って、スピリットとしての、スピリットに関する私独自の視点を、最大限に顕現させることになるのです。

加えて、外面もまた、遥か「上方」にまで伸びています。なぜなら、「外面」には、粗大《グロス》ないし物理的なエネルギー（典型的には物質という形をとっています）だけが含まれるのではなく、**微細《サトル》な身体／エネルギー、元因《コーザル》の身体／エネルギー、非二元《ノンデュアル》の身体／エネルギー**が含まれているからです。

微細《サトル》な身体は、夢、さまざまな瞑想的状態、バルド（死んでから次に生まれるまでの「中間」の状態）〔チベット仏教の用語〕などを通して表れます。元因《コーザル》の身体は、夢もなく《ドリームレス》、形もない《フォームレス》、無限なる深淵《アビス》として表れます。

実際、大乗仏教には「三身《さんしん》」という見方が存在しており、これは文字通り、仏にそなわる「3つの身体」のことを指しています。1つ目は「応身《おうじん》」〔ニルマーナカーヤ〕と呼ばれており、粗大《グロス》な身体に対応しています。2つ目は「報身《ほうじん》」〔サンボガカーヤ〕と呼ばれており、微細《サトル》な領域の身体に対応しています。3つ目は「法身《ほっしん》」〔ダルマカーヤ〕と呼ばれており、純粋な元因《コーザル》の身体に対応しています。そして多くの場合、ここに「自性身《じしょうしん》」〔スバヴァーヴィカカーヤ〕――これら全ての身体を非二元的に統合する身体――が付け加えられます。

大事な点は、**これらは全て「身体」である**ということです。**これらは全て、現実の具体的な形をもった外面であり**（もっとも、粗大《グロス》から微細《サトル》、そして元因《コーザル》へと、次第に微細《サトル》なものになっていきますが）、**単なる「心」**（内面ないし意識）**ではない**のです。

言い換えれば、「身体／エネルギー」と「心／意識」はそれぞれ、同一の出来事を構成している右側象限と左側象限の事柄なのであり、両者は共に生起し、共に存在し、共に進化していくのです。

重要なことは、どんな心（左上象限）にも必ず、それに対応する身体（右上象限）が存在しているということです。そして、もし十分に包括的な悟りであるならば、この両方を同時に――分かちがたく織り合わされたものとして――作動させるはずなのです。

それゆえ、**「新しい身体」のことを語らずにただ「新しい意識」について語ることは、実際には、具体的な中身のないデタラメな話にすぎない**のです。

こういうわけで、私が何らかの行動をとるたびに、そのたびごとに、私の全てが次の一歩を踏み出すことになります。私は、全ての内面を外面として最大限に顕現させることを通して、この絶対的な現在に、完璧に現前するようになるのです。

そしてこれは、努力して実行しなければならないことではありません。究極的な悟りを実現した後には、ちょうど雷に光がともなうのと同じくらいに、自然と起こることになります。

とはいえ、間違いなく、これは考慮に入れなければならないことです。私の「私」とあなたの「汝」が出会うとき、私たちは、物理的な空間の中で、極めて具体的な表現を通して、互いに出会っているからです。

これは単に、ひとつの頭脳《ヘッド》が別の頭脳《ヘッド》に話しかけているということではありません。そうではなく、**ひとつの心身複合体《ボディマインド》が、別の心身複合体《ボディマインド》と一緒になってダンスを踊っている**のです。こうした出会いにおける身体的〔肉体的〕な側面は、忘れがたいものです。

しかし逆に、こうした出会いは、単に身体的なものでもありません。そこにあるのは、「肉体として顕現している心／スピリット」(flesh-incarnating-mind/Spirit) であり、これこそ、最も現実的であり、最もその状況に関与している存在なのです――要するに、現在というリアリティは、四象限的な出来事として生起しているのです。

そして、私が四象限――究極のスピリットとただひとつの〈自己〉に照らされた四象限――の全てに足を踏み入れるとき、私はただひとつの普遍的なスピリットとして現前するだけでなく、同時に、四象限のさまざまな要素を全く独自の形で組み合わせた存在として、認識され、映し出されることになります。

このとき、この組み合わせは、これまで宇宙のどこにも現れたことがないもの、歴史のどの地点でも現れたことがないものであり、私という存在を通して（そしてあなたという存在を通して、あらゆる生命を通して）、初めて表現されるものです。

こうして、本物の「多数性《メニィネス》」ないし「多様性《ダイバーシティ》」が生まれ、「多様性の中の統一性《ユニティ・イン・ダイバーシティ》」ないし「多の中の一《ワン・イン・ザ・メニィ》」が実現されるのです。

「一」(One) は私に自由《フリーダム》をもたらし、「多」(Many) は私に豊かさ《フルネス》をもたらします。

一と多の両方が手をたずさえることによって、想像しうる限りの最も深いよろこびが、私の「胸《ハート》」から生まれ、私の「頭《ヘッド》」の上を漂い、そこで生起している宇宙の天上的な「光」(Light) と混ぜ合わさるようになります。そしてそこから、そのよろこびは私の身体を通って下降し、私の「腹《ベリー》」、すなわち、全ての顕現した領域に暮らす地上的な「命」(Life) の源へと、集まるようになります。

こうして、よろこびがよろこびと共鳴し、輝きが輝きと共鳴し、自由が自由と共鳴し、豊かさが豊かさと共鳴するのです。

実際、この「ただひとつの自己《ワン・セルフ》／ただひとつのスピリット《ワン・スピリット》」は、全ての「私（I）」において、神の最も深い自己実現として表現されており、全ての「私たち（We）」において、神の最も誠実な対話や敬愛《ワーシップ》として表現されており、全ての「それ（It）」において、神の最も優美で具体的な身体として表現されています。

言い換えれば、全ての「私」とは神であり、全ての「私たち」とは神の最も誠実な敬愛であり、全ての「それ」とは神の最も優美な形態《フォーム》なのです。そしてそうしたものを見ることができて、私は幸せなのです。

次に行うべきこと

統合的アプローチに関して私がよく尋ねられる最後の質問――ある意味では、最もよくある質問――は、このアプローチをどのようにして現実の生活の中に確立《エナクト》していけばよいのかということです。

統合的な見方についてはかなり理解できました。けれども、どうすればこうした見方を現実の世界の中に浸透させていけるのかがわからず、苛立《いらだ》ちを感じています。要するに、この見方をどう活用すれば、世界に影響を及ぼすことができるのかが見えてこないのです。お勧めの方法はあるでしょうか？

まず、この状況において、どんな「よい知らせ、悪い知らせ」があるのかを理解しておく必要があります。歴史のこの地点において統合的段階に位置しているとは、実際には何を意味しているのでしょうか。

思い出してほしいのですが、統合的段階とは、進化そのものの最先端をなす段階だということです。先にも述べたように、第二層の統合的段階に位置している人々は、世界の人口全体の5パーセントにも満たないと推計されています。言い換えれば、95パーセントの人々は、第一層の段階に位置しているのです。

そしてこのことは、**世界人口の95パーセントは、積極的に「反《アンチ》-統合的《インテグラル》」な態度を示す**ということを意味しています。すなわち、統合的なアプローチが活用されないように、受容されないように、推進されないように、全力を尽くすのです。

第一層の段階はどれも、自らの真理や価値こそが、ただひとつの本物の真理や価値であると考えています。けれども、この気の狂った統合的段階とやらは、全ての段階には何らかの深遠で重要な意義があると主張しているのです。

それゆえ、もしあなたが統合的段階に位置しているなら、世界の人口の大多数は、あなたのことを、誤った道に進んでしまったと考えるでしょう。

加えて、実際には**統合的段階に位置している人々の大半が、自分が統合的段階に位置していることに気づいていません。**

こうした人々は、自分がどんな場所にいるのかをまだ認識できておらず、それゆえ、自分が人間の発達における極めて現実的な段階に基づいて行動していること、そして自分の思考や発想が（周りの人々が常に伝えようとしているのとは違って）「狂った」ものでも「おかしな」ものでも「病んだ」ものでもないことを、まだ知らないのです。

大抵の場合、こうした人々は、一定の期間、友人や同僚に対してこれらの考え方がどれほど重要なものであるかを納得させようとします。しかし、あまり幸運な結果を得られることはなく、やがて、そうした試みを諦めてしまいます。そして、友人のほとんどが活動しているのと同じ高さ（多くの場合、オレンジかグリーン）で、自分も再び活動するようになるのです。言うなれば、「第一層に入っては第一層に従え」というように……。

さて、あなたもまた、こうした人々のひとりであるかもしれません。人口の10パーセントが第二層の段階に到達するまでには、もう少し時間がかかるのです。

歴史的には、**人口のおよそ10パーセントが最先端の段階**（アンバーであろうと、オレンジであろうと、グリーンであろうと）**に位置するようになると、その文化は「臨界点」（tipping point）に到達し、その段階の価値が、文化全体を通して、ある程度まで認知され、受容される**ようになりました。

例えば、人口の10パーセントがオレンジの段階——当時における最先端の段階——に到達したとき、フランス革命とアメリカ独立革命が起こり、代議制民主主義が広がり、アメリカ合衆国憲法が制定され、全ての合理的‐産業的な国家において奴隷制が法的に廃止されることになりました（こうしたことは全て、それまでの歴史において一度も起きたことがなかったものです）。たとえこうした考え方を本当に信頼しているのは人口全体の10パーセントだけだったとしても、新たな見方が人々によって深く受容されるようになったのです。

同じように、人口の10パーセントがグリーンの段階に到達すると、１９６０年代の学生運動が起こり、公民権運動が起こり、世界中で環境保護運動が活発になり、私生活と仕事の両方の領域を対象とするフェミニズムが広がり、ヘイトクライム関連法が生まれることになりました。

こういうわけで、**人口の10パーセントが統合的段階に位置するようになるとき、人類の歴史において最も深**

遠な臨界点が訪れるだろうと予測できます。なぜなら、歴史上初めて、真に包括的でインクルーシブな段階によって、文化全体が影響を受けることになるからです（それに対して、これまでの全ての変容においては、最先端の段階とは第一層の段階でした。それゆえ、さまざまな方法によって、他の段階を排除し、周縁に追いやり、そして究極的には、抑圧していたのです）。

真に包括的な社会、何も周縁化しない社会とはどのようなものであるか、それはわかりません。なぜなら、**私たちはこれまでに一度も、そうした社会を目にしたことがない**からです。

とはいえ、その社会は、これまでに見てきたどんな社会とも根本的に異なるものであるでしょう。これは確かに「極めて重大な飛躍」ですが、今回は、文化全体が飛躍を遂げることになるのです。

他方、私たちはここでも、「よい知らせ、悪い知らせ」を聞くことになります。要するに、統合的段階は「最先端の段階ではあるけれど、臨界点と言えるほどにはまだ影響力をもっていない」のです。

この段階の存在は未だよく知られておらず、広く認識されているわけではないので、**統合的段階に位置する個人に合った経済的な市場や仕事は、現状、ほとんどありません**。

大抵の場合、こうした人々も標準的な仕事に就かなければならず、自らの仕事の中に統合的な見方を少しずつとり入れようとするか、あるいは、そうした見方のことは黙っておき、クローゼットの中に隠してしまうかのどちらかなのです。そしてこれは実際、最先端における孤独なのです。

それゆえ、特にこの過渡期においてみなさんにお勧めしたいことは、以下の通りです。

まずは、インテグラル理論について学び続けるということです。**自分が現在位置している段階とはどのよう**

なものであるかについて、正確な地図を描くことができればできるほど、状況はよくなるでしょう。

そして、**これまでとは異なる思考を続けていると、これまでとは異なる行動をとるようになります**。新たな振る舞いが自然と身につき、次に行うべきことがますます明白になります。人生のあらゆる領域において、こうした新たな理解を活用するための余地が生まれるようになります。

さらに、このことはまた、**インターネットを利用して、統合的な集まり、オンライン講座、書籍、動画、ディスカッション・グループ、サロン、大学院の研究科などを探す**ということも意味しています。あるいは、ウェブ上での活動が主体のものでもよいので、**コミュニティを立ち上げてみましょう**。そうすれば、自分と同じ発達段階にあり、その段階の地図をもった人たちを見つけることができるでしょう。

実際、こうした集まりや情報は、既にかなりの数存在しています。もしかするとみなさんは、統合的アプローチという一般的な枠組みから、極めて多様な見方が生み出されていることに驚くかもしれません。

もっとローカルな取り組みとしては、**あなたの住んでいる場所の近くで、統合的な見解を共有できる友人や同僚を少なくとも何人か見つける**ように努めましょう。特に仕事においては、もっと統合的なアプローチを用いることで、特定の作業や課題に間違いなく良い影響を及ぼせるという場面が訪れるかもしれません。

そのとき、もしあなたが**その状況に関する統合的な見方を――単純明快に、簡潔に、専門用語やインテグラル理論に特有の言葉は最小限にとどめながら――提示すれば**、同僚たちが実に開かれた態度でこうした見方に向き合ってくれることに驚くかもしれません（とりわけ、そうした提案を、同僚たちが位置している発達段階――大抵の場合、オレンジかグリーン――の言葉に翻訳して伝えるようにすると、好意的な反応を得られる可能性は高くなります）。

同様に、友人についても、統合的段階かそれに近い段階に位置しているだろうとあなたが思う人を選んで、話を持ちかけてみましょう。例えば、統合的な見方についての入門的な本を紹介し、そうした見方が自分にとってどれほど重要な意味をもっているかを率直に伝え、開かれた心でその内容を読んでみてほしいとお願いするのもよいかもしれません。

統合的な事柄に関する興味を共有できる人を同じ街や都市の中にたった一人見つけるだけでも、極めて大きな変化が生じうるのです。

もしみなさんが、自分と同じように統合的なアプローチに胸を躍らせている友人を一人か二人探し出すことができたなら、**その地域において、統合的なサロンや集まりをつくる**ことを検討してみましょう。ビラを貼ったり、地方の新聞に広告を出したり、ウェブ上で存在を主張したりしながら、会を開くための場所を探し、**一ヶ月に一度、誰でも参加できる集まりを開催してみましょう**。現在起きている地域ないし世界のニュースからいくつかの内容をとりあげ、それについて議論すれば、多くの場合、統合的なアプローチを用いることがどれほど有益であるかを効果的に伝えることができます。

あるいは、統合的なアプローチを支持する人々の中には、一週間に一度、あるいは一ヶ月に一度、オンラインで対話する場を設けている人もいて、誰でも参加できるようになっています。参加した人は、大抵の場合、大きな刺激を受けて、その素晴らしさを友人や同僚に伝えようとします。

そして、もしあなたが自分の住んでいる地域で統合的な集まりをつくることができたなら、他の地域における同じような集まりと関係を築くことも検討してみましょう（インターネットで検索してみるとよいでしょう）。

もしあなたがもっと大きな野心を抱いているならば、**自分の職業そのものを統合的な職業に変えてしまう**方法はないか、考えてみましょう。こうしたことの大半は、まだ誰も手をつけていない事柄であり——この試みがうまくいった場合には特に——あなた自身の独創的な才能や資質が花開くことになるでしょう。

とはいえ、既に多くの領域において、かなりの量の仕事が成し遂げられています。この分野に関する専門誌である *The Journal of Integral Theory and Practice* を読めば、60を超える分野において、AQAL型の統合的フレームワーク（あるいは他の統合的アプローチ）が適用されていることがわかります。そしてその全ては、既存の方法よりも遥かに包括的で、遥かに効果的で、遥かに満足のいく結果をもたらしているのです。

例えば、医療関係の職場において、ある医師が（AQALに関するその医師自身の理解に基づいて、あるいは、既に同様のことを実践している他の医師をウェブ検索によって発見し、その医師から大まかな指針を教えてもらうことによって）統合的医療《インテグラル・メディスン》を実践し始めると、（私の知っている事例においては）必ず、その医師が受け持つ患者の数は増加し、必要な医療費は減少するようになります。そしてまもなく、他の医師や医療従事者たちが、一体何が起こっているのかを知りたいと思い始めます。

そして多くの事例においては、その医療グループ全体が統合的医療を始めるようになり、そうして得られる結果に誰もが深く満足するのです。

なぜあなたが統合的段階に到達したのかは、誰にも完全にはわかりませんが、いずれにせよ、こうした段階の知恵を世界に持ち込むためには、**熟練した方法**と、ときに**本物の努力**が必要になります。

とはいえ、そのとき、あなたの心《ハート》と知性《マインド》と魂《ソウル》が伝える最も深い洞察に従えば——あなたの中にある深さそのものを上手に翻訳して世界へと伝えれば——あなたは、周りの社会へと影響を与え始めるようになるでしょう。そしてそこには、あなた自身が既に体験している「極めて重大な飛躍」が反映されているのです。

こうして、**「私（I）」の領域（左上象限）で生じた事柄が――「それ（It）」の領域（右上象限）における現実の行動を通して――周囲へと広がり、文化すなわち「私たち（We）」の領域（左下象限）と社会的な制度すなわち「それら（Its）」の領域（右下象限）において、新しい段階の在り方を生み出す**ことになります。

あなたの気づきは、抑えることもできずに世界へとあふれ出し、そして世界は、消し去ることのできない影響を受けるのです。

さらに、もし特定の分野において成功することが増えてきたなら、そうした実践を次の段階へと進めることを考えてみましょう。

本を執筆し、自分が行ってきた活動について詳しく記述することで、同様のことを実践してみたいと思っている人に対して具体的な提案をすることもできるでしょう。あるいは、自分自身で、もしくは同僚や友人と協力して、**ウェブサイトを作成する**こともできるでしょう。そうすれば、国中あるいは世界中で、同じような関心を抱いている専門家や一般の人々に興味をもってもらうことができます。

そしてそうなれば、同じような興味や専門分野をもっている人たちを集めて、何らかの団体や組合や共同体を結成することもできるかもしれません。そこまで来れば、1年ごとの大会を開いたり、あるいは専門誌を発刊したりするまでは、あと一歩です。

あるいは、**オンライン講座を開講**し、自分自身のクライアントや、統合的アプローチを自らの分野に活用したいと思っている他の専門家に対して支援を行うのもよいでしょう。

その頃までには、みなさんはほぼ確実に、自らのやり方で統合的職業の在り方を実践している他の集団を、いくつも見つけ出しているはずです。もしかすると、そうした集団のどれか、あるいは全てと提携関係を結ぶことで、有意義な結果を得られるかもしれません。

ところで、みなさんはおそらく（必ずではないでしょうが）、自らの人生において何らかのウェイキング・アップ〔目覚め〕の道を歩み始めており、自分自身に秘められたさまざまな統合的可能性のうち、高次の意識状態に関する可能性も追求しようとしているのではないかと思います。ただし、みなさんが見つけ出すウェイキング・アップ〔目覚め〕の道のほとんど全ては、グローイング・アップ〔成長〕の諸段階の存在に気づいていないことでしょう。

しかし、もしあなたがそうした道に心を動かされているのなら、**その精神的／霊的《スピリチュアル》な団体で活動している人々に対して、極めて慎重に、極めて注意深く、こうした内容**（例えば精神性／霊性《スピリチュアリティ》の領域におけるグローイング・アップ〔成長〕の諸段階）**について話をしてみる**のもよいかもしれません。

みなさんはおそらく、そうした集団のリーダーの中には、ウェイキング・アップ〔目覚め〕に関しては高度な発達を遂げているけれども、グローイング・アップ〔成長〕に関してはあまり成長していない人も多いということに気づくはずです。

もしあなたが偶然にも、第二層の段階に位置している精神的な師に出会っているなら、その人はほぼ確実に、統合的アプローチのさまざまな側面に対して――特に、グローイング・アップ〔成長〕の道にかかわる意識構造の諸段階に対しても――興味を示すことでしょう。もしその師がグリーンの段階に位置しているなら（教えや著作の内容から判断すると、現状、多くの精神的な師はグリーンの段階に位置しているように思われます）、ほぼ確実に、こうした見方には興味を示さないでしょう。もしその師がオレンジの段階に位置しているなら、どちらの場合もあり得ますが、こうした見方に対して、先入観なく接してくれることでしょう。師によっては、肯定的に捉えてくれることもありえます。

とはいえ、みなさんは妥協して、その教えが意識状態に関して述べていることだけを聞き、それ以外の全てについてはほぼ無視するしかないかもしれないのです。

ウェイキング・アップ〔目覚め〕の実践をおこなっている人々に対して、グローイング・アップ〔成長〕の諸段階を紹介する方法は数多くあります。

ひとつの方法は、そうした実践体系（あるいはその集団）の中核にある価値や目標をとり上げて、**その価値や目標が、実際には1つの軸ではなく2つの軸に沿って発達していくものであることを説明する**というものです。

1つ目の軸は、ウェイキング・アップ〔目覚め〕の道を構成する状態-段階《ステート・ステージ》であり、その実践体系において既に扱われているものです。そうした集団にいる人々は、ほとんどの場合、この軸には——たとえ極めて限定的な形であったとしても——気づいているはずです。

他方、アメリカにおけるグリーン段階の師や実践者たちは、ほとんど全ての段階〔構造-段階〕を視界から消し去ってしまっています。なぜなら、こうした人々は、成長型の階層構造《グロース・ヒエラルキー》と支配型の階層構造《ドミネーター・ヒエラルキー》を混同しており、あらゆる「順位づけ」は抑圧と周縁化をもたらすものでしかないと考えているからです。

しかし実際には、成長型の階層構造《グロース・ヒエラルキー》はその真逆の性質をもっています。**高次の段階になればなるほど、より包括的になり、抑圧や支配の傾向は減少していく**のです。

そしてこの点こそ、グリーンがほとんど常に認識し損なってしまう内容であり、それゆえ、大抵の場合、必要なのはただ瞑想することだけであると主張されることになります――あなたは既に悟っているのであり、それゆえ必要なのは、ただそこに座って、既に悟っている自らの本性を表現することだけなのです。発達段階などといったものに気をとられる必要はありません。

言い換えれば、こうした見方においては、**絶対的な真理のみが認識されており、相対的な真理が無視されている**のです。他方、究極の非‐二元の悟りにおいては、これら両方の真理が最大限に包含されることになります。これこそ、そうしたアプローチにおいて全く見落とされていることなのです。

それゆえ、統合的な見方を紹介しようとするときには、こうした点にも気を配っておく必要があります。

とはいえ、たとえどのような形で紹介するにせよ、大事な点は、瞑想的な発達の諸段階が存在しているだけではなく、もうひとつの種類の発達が存在しているということです。それは近代西洋の心理学によって発見されたものであり、すなわち、グローイング・アップ〔成長〕の道にかかわる構造‐段階なのです。

こうした一連の段階は、ちょうど言葉の文法のようなものであると説明しましょう。単に心の内側を内省するだけでは、言葉がどんな文法に従っているのかを認識することはできません。だからこそ、世界中のどんな瞑想システムも、こうした発達段階の存在に気づいていないのです。

そしてその際、簡単な例を示すことが効果的であるかもしれません。例えば、キャロル・ギリガンの研究した女性の道徳性〔倫理性〕の発達段階について説明するのもよいでしょう。

段階1は利己的な段階、すなわち自己中心的な段階であり、段階2はケアの段階、すなわち自集団中心的〔自民族中心的〕な段階であり、段階3は普遍的なケアの段階、すなわち世界中心的な段階であり、そして段階4

は統合、すなわち宇宙中心的な段階です。

ギリガンにとって、この最後の段階は、男性的な在り方と女性性な在り方を統合するということを意味しています。私たちのモデルでは、それに加えて、**全ての人間だけでなく全ての生命を**――それゆえガイアを、地球環境を、顕現した領域全体を――**公平《フェア》に扱う**ということも意味しています。

言い換えれば、こうした発達は、私たちのアイデンディティが「私」から「私たち」へ、「私たち全員」へ、そして「世界の全て」へと拡大していくことに沿って、起きるのです。

それでは、具体的な価値や目標を例に挙げて考えてみましょう。ここでは、あなたの関わっている集団は仏教の教えに依拠したものであると仮定し、大乗仏教において**「六波羅蜜《ろくはらみつ》」**と呼ばれている6種類の伝統的徳目をとりあげます（金剛乗仏教［訳注］においてはさらに4つの徳目を加えて十波羅蜜《じっぱらみつ》となります）。

サンスクリット語の「波羅蜜《はらみつ》」(paramita) という言葉には、2つの意味があります。1つ目の意味は、英語ではしばしば「完成」(perfection) と訳されているものであり、ある種の徳となる性質を指しています。2つ目の意味は、「彼岸《ひがん》［悟りの世界］に到達する」というものです。

それゆえ、両者を合わせれば、波羅蜜とは「悟りという彼岸の世界に到達するうえで有益な性質」のことであると定義できます。言い換えれば、波羅蜜とは**「悟りを得るうえで有用な多重知能」**なのです。

［訳注］金剛乗仏教（Vajrayana、ヴァジュラヤーナ）とは、仏教における「秘密の教え」を扱う流派のことであり、タントラ仏教（Tantric Buddhsim）とも呼ばれる。日本において単に「密教」と呼ばれているものに近い。無上ヨーガ・タントラを最高の経典群とするチベットの密教をはじめ、日本における真言宗や天台宗の密教も広く言えばここに含まれる。

実際、これらの波羅蜜は多重知能にかなり類似しており、私の考えでは、ほとんどの場合において、そのまま多重知能として扱うことができます。

それぞれの波羅蜜は、知性に基づく熟練した規律や性質であり、悟りを得るための手段、あるいは、常にすでに悟っている私たちの心を表現するものであると考えられています。六つの波羅蜜は次の通りです。

(1) **布施**《ふせ》（generosity）〔見返りを求めずに施しをおこなうこと〕
(2) **持戒**《じかい》（moral discipline）〔規律を守り身を慎むこと〕
(3) **忍辱**《にんにく》（patience）〔どんな困難をも耐え忍ぶこと〕
(4) **精進**《しょうじん》（will）〔たゆまぬ努力を続けること〕
(5) **禅定**《ぜんじょう》（meditative concentration）〔心を一点に集中させ、安定させること〕
(6) **智慧**《ちえ》（nondual awarensss）〔ありのままの真理を見極めること〕

金剛乗仏教では、さらに次の４つが付け加えられます。

(7) **方便**《ほうべん》（skillful means）〔巧みな手段で衆生《しゅじょう》を教え導くこと〕
(8) **願**《がん》（aspiration）〔衆生を必ず救うという誓いを立てること〕
(9) **力**《りき》（strength）〔善行を実践する力と真偽を判別する力を養うこと〕
(10) **智**《ち》（primordial wisdom）〔あらゆる真実を見通す智慧を完成させること〕

さて、こうした知能ないし性質に関して重要な点は、これらは単にウェイキング・アップ〔目覚め〕の諸段階を通して成長し発達していく——こうした波羅蜜の全てには、粗大《グロス》、微細《サトル》、元因《コーザル》、目撃者《ウイットネス》、非二元《ノンデュアル》のバージョンが存在しています――だけではなく、同時に、グローイング・アップ〔成長〕の諸段階を通しても成長し発達していくということです。

言い換えれば、**こうした波羅蜜の全てには、「二重の重心」が存在している**のです。

それぞれの波羅蜜には、ウェイキング・アップ〔目覚め〕の諸段階に対応するさまざまな表れ方（粗大《グロス》、微細《サトル》、元因《コーザル》など）が存在しているだけでなく、グローイング・アップ〔成長〕の諸段階に対応するさまざまな表れ方（自己中心的、自集団中心的、世界中心的、統合的など）が存在しています。

そして、両者の発達はかなり独立して起こるものであり、私たちはそれぞれの軸において、発達の度合いが大きく異なることもありうるのです。

このとき、グローイング・アップ〔成長〕の諸段階には、特に注意を払う必要があります。なぜなら、ほとんどのウェイキング・アップ〔目覚め〕の道では、意識状態の諸段階のことは認識されていても、意識構造の諸段階については認識されていない（そしてそれゆえに、こうした側面に対して無意識的で不注意なやり方で接してしまっている）からです。

特に、グローイング・アップ〔成長〕の諸段階の例としてギリガンの発達モデルを用いれば、**それぞれの波羅蜜が各段階においてどのような表れ方をするのかを大まかに説明し、構造‐段階においても発達することが極めて重要であることを伝える**のは難しくないでしょう（最初のうちは、こうした諸段階は簡単なモデルとして示すにとどめておくのがよいかもしれません。例えば、ギリガンのモデルに合わせて「低位、中位、高位、最高位」あるいは「自己中心的、自集団中心的、世界中心的、統合」とだけ説明するのです）。

例えば、こうした仏教の教えを実践している人たちは、自分自身に対してのみ布施を行うこと、あるいは特定の集団に属する人々に対してのみ布施を行うことを望まないでしょうし、さらには、人間だけに布施を行うのではなく、全ての生命に対して布施を行うことを望んでいるはずです（これは宇宙中心的な段階ないし統合の段階に対応しています）。

これまで見てきたように、非－二元の一なる意識において、私たちは実際に世界とひとつになります。しかしその世界というのは、私たちが実際に発達を遂げた段階までの世界なのです。それゆえ、もしある人が自集団中心的段階に位置しているならば、その人が合一するのは、自分の選んだ道が指し示している世界、および、自分と同じ道を歩んでいる人々だけになります。

実際、**多くの仏教の師が、意識構造の面においては自集団中心的な段階にとどまっています**。ここでは、グローイング・アップ〔成長〕の諸段階を包含することが切に必要であることを示すために、非常によくない例を挙げてみましょう。

現在、東南アジアにおいては、極めて好戦的な仏教運動が起きています。指導者の仏教僧アシン・ウィラトゥは「ビルマのビン・ラディン」〔仏教のビン・ラディン〕とも呼ばれており、全てのイスラム教徒は文字通り死ぬべき存在であると教えているのです。事実、ウィラトゥ自身が、多数のイスラム教徒を殺害するような暴動を煽り立ててきました（とはいえ、ウィラトゥ自身は、こうした行動は仏教の戒律を破るものではないと述べています。なぜなら、全てのイスラム教徒は全ての仏教徒を殺そうと思っているのであり、それゆえ、これは積極的な殺害ではなく、身を守るためのやむを得ない殺害なのです）。

ウィラトゥの教えによれば、イスラム教徒は人間でさえなく、「畜生界《ちくしょう》」に属する存在であり、それゆえ、悟りを実現することはできないとされます。その一方で、ウィラトゥは、深い瞑想的意識を達成していると評されています。

しかし、仮にウィラトゥが本物のトゥリヤティタすなわち非-二元の一なる意識を実現していたとしても、その意識構造の発達が自民族中心的〔自集団中心的〕な段階にあることは明らかでしょう。同じように、*Zen at War*（邦題『禅と戦争――禅仏教は戦争に協力したか』）という書籍では、最も尊敬されている禅の師たちが、純粋に自民族中心的な観点から、軍国主義や権威主義、殺人や戦争、あるいは偏見に満ちた他の見方を推奨していたことが述べられています。〔原注〕

言い換えれば、こうした禅師たちの悟りは、単にその自民族中心的な偏見を強化しただけだったのです。なぜなら、**非二元の真如《サッチネス》といえども、その人の構造-段階という隠れた地図《ヒドゥン・マップ》を通して世界を見つめる**からであり、もしその人がアンバー段階の自民族中心的な地図をもっていれば、世界は実際にその通りに見えるからです。アンバーの自民族中心的な段階から見える悟りの世界こそが、まさしく悟りの世界であるとみなされるのであり、その段階によって解釈された見方であるということは自覚されないのです。

そしてどの精神的伝統も、意識構造という隠れた地図《ヒドゥン・マップ》の存在に気づいていないために、どうすればこうした不適切な部分を指摘し修正することができるのかを知りません。だからこそ、私たちは、ウェイキング・アップ〔目覚め〕の諸段階とともに、グローイング・アップ〔成長〕の諸段階を包含する必要があるのです。

多くの場合、こうした例を挙げることで、なぜもうひとつの軸が必要なのかということをかなり効果的に伝えることができます。

［原注］Brian Daizen Victoria, *Zen at War*, 2nd ed. (Lanham, MD: Rowman & Littlefield, 2006).

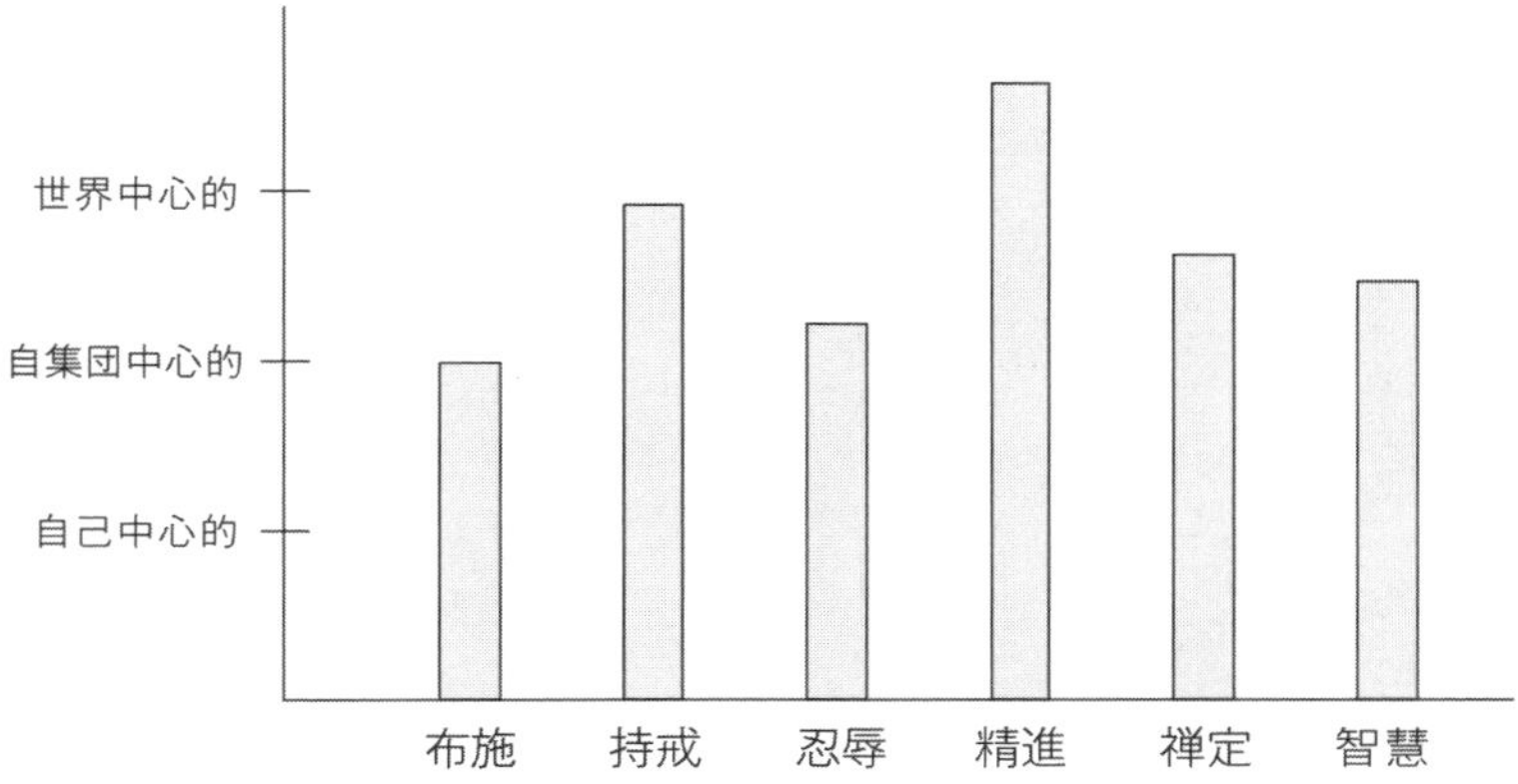

図 5-1．六波羅蜜と発達段階

ある人がそれぞれの波羅蜜において垂直的にどの程度成長しているかをサイコグラフとして表現している

もちろん、各波羅蜜におけるグローイング・アップ〔成長〕の諸段階には「古代的」「呪術的」「神話的」「合理的」「多元的」「統合的」な段階が存在していると説明することもできます（あるいは、十分に確立されているものであれば、他の発達モデルにおける諸段階でも構いません）。そしてそれは、全く正しいことです。

とはいえ、ギリガンの発達モデルを切り口にして、先に述べた４つの段階（「自己中心的、自集団中心的、世界中心的、統合」ないし「低位、中位、高位、最高位」）を用いるだけでも、十分に効果は上がるでしょう。こうした見方を図に表したのが図 5-1 です。

もしあなたがある集団に対して、グローイング・アップ〔成長〕の道を包含することの重要性を示すことができたなら、さらに、その集団を本物の統合的霊性――この場合であれば、統合的仏教――に関わらせることはできないかと探求してみるのもよいかもしれません（よければ私の著作 *Integral Buddhism*〔未訳〕も参考にしてみてください）。

これはつまり、**その集団が、今なお続いている「仏法」**

の進化に沿って展開していくのを手助けするということでもあります。実際、大いなる精神的伝統のそれぞれには、こうした運動を起こし始めている師が既に何人も存在しており、これまでのところ、どの例においても、深く満足のいく結果が得られているようです。

もしあなたがこうしたこと実行してみようと思うなら、統合的霊性に関する活動を既に始めている仏教の師や実践者と連絡をとり、その人たちと協力して、「仏教版ベルトコンベア」をつくり上げるのもよいかもしれません。

言い換えれば、仏教の基本的な教えと実践を、グローイング・アップ〔成長〕のそれぞれの構造‐段階に対応する言葉で表現しなおし、そのことによって、それぞれの段階にいる個人が、もっと容易に、そしてもっとためらいなく、こうした教えを理解し実行できるようにするのです。

人々は既に、こうした諸段階のどこかに位置しているのであり、それゆえ、人々は既に、仏教の教えを、自分が位置する段階の限界や制約に従って解釈しています（そこに選択の余地はありません）。したがって、こうした地図をもっと正確で本物のものへと変化させることは、途方もない助けになります。[原注]

そしてもちろん、これこそが、主要な精神的伝統の全てにおいて実行する必要のあることなのです。こうした伝統は、ほとんど常に、前‐近代的《プレモダン》で、自集団中心的で、神話的‐字義的な段階に固着しており、それゆえ、さまざまな紛争や侵略、ときには戦争を引き起こしてきました。

しかしこうした段階から、世界中心的で、近代的《モダン》ないし後‐近代的《ポストモダン》な段階へと移行することによって、自らの最も高次の潜在的可能性を実現し、愛や慈悲や平和を最大限に広めることができるのです。

［原注］各段階における仏教の具体的な例については、*Integral Buddhism*〔未訳〕を参照のこと。

さて、人間の成長や発達に関するこうした統合的な見方（象限、レベル、ライン、ステート、タイプ）は、歴史上初めて出現した、矛盾なき「世界哲学《ワールド・フィロソフィー》」のひとつであるといえます。

そしてそれゆえに、さまざまな運動――例えば「インディー・スピリチュアリスト」や「新しい修道生活」や「インタースピリチュアリティ」など〔訳注〕――に影響を及ぼしており、さらには世界中で、さまざまな職業や活動――例えば教育、ビジネス、政治、医療、芸術など――に変化を引き起こしています。

最も控えめに言っても、**根本的に新しく、全く前例のない意識と文化が、止めることのできない進化の力によって、私たちの行く先に現れつつある**のです。

実際、こうした在り方は、「統合的《インテグラル》」「システム的《システミック》」「システムのシステム」「戦略的」「全体的《ホリスティック》」「包括的」「インクルーシブ」「パラダイム横断的」「第二層」など、さまざまな名前で呼ばれており、そのどんな面をとってみても、「極めて重大な飛躍」なのです。

そして、この新たな意識は、現実に存在している発達段階ないし構造であるゆえに、いずれは、ありとあらゆる人間の活動――例えば仕事、関係性、信仰、ビジネス、子育て、趣味など――の基礎をつくることになります。なぜなら、この段階に到達した人々の全ての活動は、この段階の在り方に基づいて突き動かされ、形づくられ、創造されることになるからです。

そのとき、統合的段階の在り方に突き動かされるかどうかは、選べることでは

〔訳注〕Indie Spiritualist　全く正直で、非–慣習的で、宗教的ドグマから自由なスピリチュアリティを生きようとする運動。詳細はクリス・グロッソ著 *Indie Spiritualist: A No Bullshit Exploration of Spirituality* などを参照。

New Monasticism　伝統的な修道生活の在り方を拡張・修正し、現代世界の中で観想的な生活を実現しようとする多種多様な宗教運動（キリスト教に特化したものから宗教横断的なものまで）の総称。

Interspirituality　世界中のさまざまな信仰や精神的伝統の根底に共通して見受けられるスピリチュアリティのこと、あるいは、そうしたスピリチュアリティを重視しようとする運動のこと。

ありません。成長や発達を続けた人々は、**統合的段階を、人間の成長における標準的な段階、自然な段階、普遍的な段階として経験することになる**でしょう。もし成長するのであれば、この段階を通らないという選択肢はありません。

さらに、統合的段階によって、ありとあらゆる人間の活動領域において、**さまざまな統合的アプローチ、さまざまな統合的モデル、さまざまな統合的地図、さまざまな統合的実践が生み出される**ことになるでしょう。なぜなら、この段階こそが、そこに到達した人々にとっての新しい「隠れた地図《ヒドゥン・マップ》」となり、ほとんど全ての思考や行動を突き動かすことになるからです。

とはいえ、私たちは、統合的アプローチについて自覚的に学ぶことによって——単に統合的段階へと成長するだけでなく——**統合的段階という隠れた地図《ヒドゥン・マップ》そのものを意識の対象にする**ことができるようになります。統合的段階では一般にどんなパターンが見受けられるのか、この段階の根本にはどんな原理があるのか、この段階の基本的な形式とはどんなものであるのかといったことに対して、気づきを向けられるようになるのです。

もっとも、初めて統合的段階に移行するときには、この段階の根本的なパターンは、私たちの「埋め込まれた無意識」(embedded unconsciousness)の一部として現れることになることでしょう。言い換えれば、この段階の基本的な形式にあまりにも同一化しているために、それを対象として認識することができないのです。

しかし、これは発達における正常なプロセス、自然なプロセス、望ましいプロセスであり——仮に避けることが可能だとしても——避ける必要のないものです。

それどころか、**ある段階に初めて到達したとき、最初の目標となるのは、その段階と同一化し、その段階の新たな地図に従って世界を解釈し翻訳するための方法を学ぶこと**です。そしてその新たな地図は、これまでのどんな段階よりも包括的で、全体的で、統合的で、「差異化と統合」を経ていて、包容力に満ちたものなのです。

実際、それはひとつの新たな世界であり、こうした新たな地図と同一化するためには、かなりの量の実践、試行錯誤に満ちた学習、そして、既に理解していた現実の諸側面を解釈しなおすことが必要になります。**世界の全ての側面を、学びなおし、認識しなおし、解釈しなおす**ことが必要になるのです。

そして一般的に言えば、私たちはそのとき、こうした新たな隠れた地図《ヒドゥン・マップ》の存在に気づきません。自分たちの思考や行動を突き動かしている地図がそこにあることは、自覚されないのです。

私たちは、そうした地図には全く目を塞いだままで、単に新しい在り方を直観し、よろめきながら前に進んでいきます。しかし実際には、そうした地図こそが、私たちのあらゆる思考や感情や行動の形や方向性を定めているのです。

とはいえ、**もし私たちが、自分が位置するようになった新たな段階の特徴を自覚していれば、そうした「意識的な地図」を活用することによって、その新たな段階での「隠れた地図《ヒドゥン・マップ》」へと自らを調整し適合することは容易になる**でしょう（たとえ新たな地図の特徴を自覚していたとしても、直接的には、その地図は「隠れて」いるのです）。

言い換えれば、私たちは、新たな段階に基づいて世界を解釈するという課題を、遥かに容易に、明晰に、効率的に、成し遂げられるようになります。なぜなら、**こうした「意識的な地図」は、私たちの「隠れた地図《ヒドゥン・マップ》」が何をしようとしているのかを教えてくれる**からです。

実際、統合的ないし超‐統合的な地図を意識的に心に抱いておくことほど、この新たな段階への「意識的な調節」を手助けしてくれるものはないでしょう。そしてこの点においてこそ、AQALフレームワーク（あるいは他の統合的地図）は間違いなく役に立つのです。

加えて、統合的段階は、人類の全歴史において初めて出現した真に包括的でインクルーシブな段階であるゆえに、本物の「一なる意識《ユニティ・コンシャスネス》」を実際に身につけることができる最初の段階でもあります。

なぜなら、過去の全ての悟りや目覚めや解放も、その時代の基準から見れば確かに「悟り」ではあった（進化のその地点において現れている最も高次の意識構造と最も高次の意識状態の両方とひとつになっていた）のですが、進化のプロセスはその後も作動し続け、形態《フォーム》の世界の豊かさ《フルネス》は増大し続け、そして歴史上初めて、全ての形態《フォーム》を包含し、大切にしようとする段階が出現したからです。

私たちは今、人類の全歴史において最も重大な変容が起こる前夜を生きています。こうした変容は、あたかも津波のように、私たちの前に間違いなく押し寄せつつあり、次の10年ないし20年のあいだに、岸辺に到達するようになるでしょう――統合的段階に位置する個人が、人口の10パーセントに達するのです。たとえて言えば、統合的フレームワークを既に活用している人とは、サーフィンの技能資格を既に取得している人のようなものであり、やがて津波が到達したときに、他の人たちがこの新しい驚くべき波に乗ることを手助けすることができるのです。

そして、この波に一度乗ってしまえば、みなさんは、この新たな段階が「そこ」にある外的な世界にも広がってほしいと思うことでしょう。そのことによって、ますます多くの人々が、自らの最も真実で、最も深遠で、最も高次の可能性を大切にできるようになってほしいと願うのです。

　こうして、統合的な見方をこの世界の中へと浸透させたいという思いが、あなたを常に動機づけるようになります。**あなたは言葉と行動を一致させるようになり、目的をもって生きるようになり、自分が認識しうる最も深遠で、最も広大で、最も高次の価値に基づいて、人生を送るようになります。**人生は深い満足と自己実現に満ちたものとなり、あなたの魂に甘美な味わいをもたらすようになるのです。

　そしてそのとき、私たちは、自らの統合的な内面を外面として表現するようになります。たとえ一歩ずつではあっても、どんなときも常に、そうしようとするのです。

　私たちの人格の一貫性《インテグリティ》とは、自分が言葉で述べている通りに行動できているかによって決まるものですが、その言葉とは、単に人に話しかけるときに発する言葉だけではなく（それは「外向け」の言葉であり、本当の思いは隠れているかもしれません）、自分一人でいるときに自分自身に話しかける言葉のことを指しています。

　言い換えれば、そこでは、**あなたの最も深くにある考え、あなたの最も真実に満ちた思い**――すなわち、あなたにとって本当は何が最も大事なのかということ――**に従って行動できているか**が問題になるのです。

　そして、もし私たちが統合的な世界空間《ワールドスペース》をいったん認識してしまえば、私たちはそこから目を背けることはできません。一度外に出てしまった歯磨き粉は、チューブの中に戻すことができない〔訳注〕のです。

　なぜなら、統合的段階とは、それまでよりも広大で、深遠で、高次の段階なのであり、それゆえ、あなたの世界、あなたの意識、あなたのアイデンティティもまた、それまでよりも広大で、深遠で、高次のものへと変化するからです。こうして、あなたは故郷に帰ってくるのです。

〔訳注〕アメリカの実業家 H.R. ハルデマンの言葉より。

現在、この国（そして世界）におけるほとんど全ての分野や職業——例えばビジネス、医療、教育、政治、芸術、音楽、看護、セラピー、リーダーシップ、コンサルティング、子育て、コーチング、心理学、哲学、スピリチュアリティー——には、その分野で統合的アプローチを最大限に実践し、明確に推進している人が、少なくとも数人は存在しています。

そうした人々を探してみましょう。多くの人々は、ウェブ上で見つけることができます。もし心を深く動かされたなら、実際に連絡をとってみましょう。その人たちと友人関係を築いて、統合的な見方を一緒になって広めるにはどうすればよいかを考えましょう。

あなたが行いうる全ての手助けをその人に行い、その人がしてくれる全ての手助けを受け入れましょう。ゆっくりと、しかし着実に、あなたの「統合的な連絡先」のページを増やしていきながら、あらゆる方法を用いて統合的なアプローチを提供することはできないかと、常に目を光らせていましょう。

統合的なものへの異なるアプローチをたくさん見かけても——そしてそのうちのいくつかが、好戦的で喧嘩腰のものであったとしても——あまり悩まないようにしましょう。人間はやはり人間であり、たとえ統合的段階であっても、あまりに人間的であることは変わらないのです。

気を落とすことなく、さまざまな統合的アプローチに耳を傾けて、自分にとって最も納得のいくアプローチを探し出しましょう。

一般的に言って、もし統合的なものが前に進んでいかないとすれば、それは、あなたが前に進んでいないからであるといえます。そしてそれは、私たち一人一人に当てはまることなのです。

もしこうしたこと全てにあまりにも多くの不満や失望を感じてきたなら、そのときは常に、基礎に戻りましょう。すなわち、統合的アプローチを、率直に、そして誠実に、学び直すのです。

1日に15分から20分の時間をとって、統合的アプローチについての文章を読み、その内容について深く内省しましょう。こうした見方によって、あなたの存在そのものを満たし続けましょう。

覚えておいてほしいのですが、**統合的アプローチとは、その核心において、どんな思想でも哲学でもなく、世界中の人間の発達にかかわる現実の段階である**ということです。

それゆえ、これは例えば、脱構築に関する専門的な理論を学ぶこととは異なります。それは特定の理論であって、あなたはその内容を活用してもよいですし、活用しなくても構いません。

それに対して、統合的段階とは、人間の発達を現実に方向づけている普遍的な構造―段階であり、これこそが、実際の土地《テリトリー》として、この段階に関するさまざまな地図を生み出しているのです。こうした土地《テリトリー》は全く現実のものであり、私たちがこの土地《テリトリー》をどう捉えるかということは、この土地《テリトリー》そのものによって常に修正され、調節されています。

統合的段階とは、人間の発達に関する現実の段階であり、アンバー段階やオレンジ段階とグリーン段階と同じようなものです。それゆえ、統合的段階に位置する個人も、その段階におけるさまざまな変数や制約に従いながら、思い、考え、行動することになります。**統合的段階という高さ《アルチチュード》そのものが、あなたにとっての主要な教師、主要な手引き《ガイド》となる**のです。

そしてこのとき、統合的段階という高さは、それ自体としては、間違っていることはあり得ません。なぜなら、この高さは、ただそこにあるだけだからです。

究極的には、この高さこそが、あなたを導いているのです。この高さこそが、140億年をかけた進化の試行錯誤によって形づくられたものであり、これまでに存在したなかで最も全体的で、最も統合的で、最も差異化されていて、最も普遍的で、最も独自性をそなえたホロンを――そう、あなたを――生み出したのです。

それゆえ、統合的なものから影響を受けることに対して、今後も自分自身を開いておきましょう。これまでとは異なる思考を続けていると、これまでとは異なる行動をとるようになります。

そのとき、私たちの行動によって、世界は変容を始め、その形態《フォーム》は変わり始めるでしょう。そしてこの形態《フォーム》こそ、私たちが、コスモスの大いなる貯蔵庫に蓄積しているものなのです。

あなたの究極の気づき《アウエアネス》にそなわる形態《フォーム》は、いずれ、この古くて壊れた世界を終わらせる準備を完了し、その代わりに、本物の気遣い《ケア》と包括性に満ちた世界を到来させることになるでしょう。そしてそこではもはや、情けない気持ちで過去の偏狭な歴史を振り返ることはないのです。

こうして、あなたが内なる理解をどのようにして世界へ浸透させていけばよいかを探求し続けていると、あなた自身が、本物の心《ハート》と知性《マインド》と魂《ソウル》から話し始めるようになります。

あなたは、自らの内なる存在そのものが発している最も深い真理を外の世界へと向けて表現し、そのことによって、自らの内なる悟りを、外なる世界へと響き渡らせるのです。そしてそのとき、あなたの悟りは、あなたという世界‐内‐存在そのものを構成する4つの側面全てと共鳴し、その全てを、歓びと、恩寵と、感謝で満たすようになります。

あなたの内なる意識に本来そなわっている衝動《ドライブ》とは、存在する全ての「私（I）」、全ての「私たち（We）」、全ての「それ（It）」、全ての「それら（Its）」の中に、自らを響き渡らせるということです。すなわち、あなたの内面（「私」）を深く変化させ、あなたの行動（「それ」）を徹底的に修正し、あなたが暮らしている文化（「私たち」）を根本から変容させ、あなたが置かれている社会制度（「それら」）を再生させるのです。

こうして、究極のスピリットは、全ての「私」において自己実現を果たし、全ての「私たち」において対話と分かち合いをおこない、全ての「それ」において目に見える姿で顕現することになります。全ての「私」は、神の最も真正な自己であり、全ての「私たち」は、神の最も誠実な敬愛であり、全ての「それ」は、神の最も優美な顕現、神が身にまとっている輝かしい装飾なのです。

そのとき、あなたの悟りと気づきに含まれる内なる興奮《スリル》は、周りの世界へと波及し、その恍惚に満ちた在り方と、おのずから実現されている偽りなき姿を――神から神へと、スピリットからスピリットへと――伝えることになるでしょう。

そしてそのことによって、全ての世界、全ての時代、全ての領域において、どこを見ても、ただスピリットしかないことが明らかになります。

そう、ここには、スピリットだけが存在しているのです。

水晶のように透明な秋の夜、例年より早い雪が、新しい月の下できらめいています。それは丸くて白い満月であり、空に浮かんでいます。無数の人々が、心に願望を抱きながら、魂にあこがれを秘めながら、その住まいの中で眠り、未知の状態《ステート》の中を次々と通っていき、この全ては一体何なのかと不思議に思いながら、ほとんどは夢を見ており、そして見続けています。

あなたは、自らの心の中にある時間なき約束によって、この全てへと立ち返り、全ての魂を、その唯一無二の本質へと目覚めさせます。数えきれないほど多くの雪の結晶のなかで、月光がつくり出す小さな虹のなかで、それは消えることなく鳴り響き、自らを表現し続けており、この全ては、月に照らされた紫色のもやのなかで、雪の上を永遠に揺らめいており、このカミソリのようなもやは、あなたの皮膚を強烈に突き刺し、あなたの骨の髄にまで染み渡っています。

この景色全体が、互いに媒介されている織り物のひとつであり、月明かりの柔らかな光の中で踊りながら、無-時間的に生きており、輝かしく、光を放ちながら、全てを包み込んでいます。

私は突然、一度だけ、しかし激しくまばたきをし、そしてこの全ては、完全に姿を消してしまうのです。

＊＊＊＊＊

あなたが私と一緒に、この驚くべき冒険についてきてくれたことに深く感謝します。そして、みなさんのご多幸を、私は心からお祈りしています。

それでは、アロハ、つまり、また会う日まで……。

訳者あとがき

―「スピリチュアリティあるティール」を根づかせるために―

インテグラル理論の景色を体感する旅は、いかがだったでしょうか。私たちの最も深く、最も根源的な本性に気づくことはできたでしょうか。前例のない新たな未来が待ち受けているのだという感覚と、心休まる故郷に帰ってきたのだという感覚、その両方を同時に抱くことはできたでしょうか。

本書『インテグラル理論を体感する：統合的成長のためのマインドフルネス論』は *Integral Meditation: Mindfulness as a Path to Grow Up, Wake Up, and Show up in Your Life* (2016) の全訳であり、日本語に翻訳されたウィルバーの新著としては、2010年に翻訳出版された『実践インテグラル・ライフ』以来、実に10年ぶりの書籍です。

インテグラル理論の応用や具体例についてもっと知りたい方は、本書に加えて、まずは『**インテグラル理論**』および『**入門 インテグラル理論**』（近刊予定、仮題）を読み、この三冊を起点にして、さらなる学びや実践を進めていくことをお勧めします。どの本も、入門書としての性格をもちながらも、かなり異なる角度やスタンスによって書かれたものであり、他の本では十分に扱われていない重要な側面が強調されているからです。

例えば、『インテグラル理論』では「どの発達段階も優遇することなく、発達の螺旋全体の健全さを高める」

ことが何より大事であると述べられていたのに対して、本書では「統合的な意識構造と非二元の意識状態を実現する」ことが重要な目標として設定されています。

それゆえ、『インテグラル理論』を読んでから本書を読んだ方であれば、**本書は「成長への押し」がかなり強い本であると——そしてもっと言えば、上昇志向的すぎる本であると——感じたかもしれません。**

もちろん、忠実に読めば、本書でも全ての段階を尊重し健全化することの大切さは主張されていますし、『インテグラル理論』でも高次の段階（特に第二層の段階）へと変容することの意義や重要性は強調されています。

加えて、本書における「もうひとつの器の成長」は、ある意味では「非-成長の成長」とも呼べるものであり、その意味で、成長へのこだわりを根本的に手放すことが求められるという側面もあります（意識構造の発達にもそうした側面はあります）。

結局のところ、私たちは、**こうした対極性の両方——高次への愛と現在への愛——と上手に付き合っていくことが必要であるといえるでしょう。**

一方で、全ての段階を尊重するのは疑いなく大事なことですが、全ての段階をその段階のままに最大限尊重できるようになろうと思えば、高次の段階（例えば第二層の段階）へと垂直的に発達していくことが必要になります（それだけでは十分ではありませんが）。

他方で、統合的段階へと構造的に発達することは疑いなく意義のある（そして集合的に見れば切に必要な）ことですが、その発達が過去の段階を抑圧的に否定することで実現されたものであるならば、その発達は、善よりも多くの害悪を引き起こしてしまうかもしれません。

さらなる成長のために発達理論の知見を活用することと、今いる場所を愛情深く尊重するために発達理論の知見を活用すること。この両方の道を明晰に自覚し、互いが互いの中に包み込まれていることが深く把握されるとき、私たちは、**発達という、無数の逆説に満ちた精妙なダンスを、もっと効果的に、そしてもっと美しく、踊ることができる**のではないでしょうか。

とはいえ、特定の個人にとってみれば、時期によって、あるいは発達段階によって、どちらかの態度を重視することが多いといえます。**さらなる高みへの変容を重視する時期と、現在の在り方をもっと尊重しようという時期**が、交互に訪れるのです。

私たちは、こうした逆説を――禅の表現を借りるなら――ある種の「公案」として引き受けることで、発達という「死と再生のプロセス」がおのずから展開していくことを、もっとありのままに受容し、そしてそのことによって、もっとすみやかに成就させることができるかもしれません。

＊＊＊

さて、近年、『ティール組織』の流行や、成人発達理論に対する関心の増加にも後押しされて、インテグラル理論に対する認知度は向上してきたといえます。昨年、『インテグラル理論』(原著 *A Theory of Everything*) が日本能率協会マネジメントセンターより新訳として復刊されたことは、そうした動きを象徴する出来事でした。

しかし、発達や四象限という側面を中心にしてインテグラル理論が知られるようになってきたとはいえ、インテグラル理論のもうひとつの中核要素——そしてある意味では、最も大事な要素——である**「精神性／霊性《スピリチュアリティ》」という部分が、前面にとりあげられていない**のもまた事実でしょう。

もちろん、そこには然《しか》るべき理由があります。本書のイントロダクションでも述べられていたように、現代において「スピリチュアリティ」と言えば、まずもって神話的なスピリチュアリティ、**神話的で無批判な態度に基づく信仰や宗教性**を思い浮かべる人が圧倒的に多いからです。

そしてそれは確かに、独りよがりな思い込みや、原理主義的な見方に陥りやすいものでもあります。その意味で、スピリチュアリティの領域に対する警戒心にも正当な役割はあり、そのような「良識」ないし健全な懐疑の精神を捨て去ってしまう必要はないでしょう。

実際、世間にあふれる「スピリチュアル」な情報は玉石混交であり、逆にこうした領域の話を何でもすぐに受け入れてしまう人は、正当な懐疑や検証の眼を、あるいは少なくとも「判断保留」の態度を身につけたほうがよいかもしれません。

他方、スピリチュアリティという言葉が敬遠されがちなこととは対照的に、その実質的な内容の一部は、マインドフルネスや禅、あるいはヨーガや武道といった形をとって、「現代的」な人々のあいだでも受容されつつあります。

とはいえ、そうした実践の多くが——広く普及しているものであればあるほど——その「核心」の話を避けているのも、否定しがたい事実であるかもしれません。

ウィルバーが指摘するように、私たちは、神話的なスピリチュアリティと一緒に、**合理的なスピリチュアリティ**、**多元的なスピリチュアリティ**、そして**統合的なスピリチュアリティ**の可能性までも捨て去ってしまったのではないでしょうか。

私たちは、アンバーのスピリチュアリティという風呂桶の水と一緒に、オレンジおよびそれ以後のスピリチュアリティという赤ん坊も一緒に流し去ってしまったのではないでしょうか。

本書でも述べられていたように、私たちが精神的《スピリチュアル》／霊的な領域と関わる方法には、大きく分けて2種類のものがあると考えられます。

ひとつは、**スピリチュアルな知性（Spiritual Intelligence）**と呼びうるものであり、第一章で紹介された6つから8つの発達段階と並行して発達していくものです。これは多重知能（ライン）のひとつであり、**「究極的関心としてのスピリチュアリティ」**と呼ばれることもあります。

具体的には、自分にとって最も重要なことは何か、自分は究極的にはどんな関わりや条件のもとで生きているのか、世界は究極的にはどんなところなのかといった問いにかかわる知能です。伝統的な宗教は言うまでもなく、実存主義の思想、宗教哲学、神学、神義論、ニューサイエンス、スピリチュアルケアの実践などと関係の深い領域でもあります。

もうひとつは、**スピリチュアルな体験（Spiritual Experience）**と呼びうるものであり、第二章で紹介された4つか5つの意識状態にかかわるものです。「直接体験としてのスピリチュアリティ」と呼ぶこともできるでしょう。

このタイプのスピリチュアリティは、本書のテーマでもあるマインドフルネスをはじめとして、瞑想、禅、ヨーガ、武道、祈り、気功、自然との接触など、さまざまな実践を通して体験的に探求されるものです。ウィルバーによれば、こうした2種類のスピリチュアリティの両方——究極的関心としてのスピリチュアリティ、および、直接体験としてのスピリチュアリティ——が、現代では問題を抱えています。前者は神話的段階の在り方に固着していることが多く、後者も一部の人たちが限定的な形で関わっているだけなのです。

特に前者について言えば、**現代社会の多くの領域はオレンジやグリーン**（さらにはティール）**の在り方へと変化してきたにもかかわらず、究極的関心としてのスピリチュアリティのラインは、文化全体として見れば、アンバー段階のままで取り残されています。**

そしてこの「不均衡」が根底的な要因となって、さまざまな問題（道具的理性の暴走、システムによる生活世界の植民地化、実存的な空虚感、宗教的原理主義の台頭など）が引き起こされているとも考えられるのです。

ところで、本書では冒頭において、3通りの読み方を紹介しました。「インテグラル理論への最新の入門書として読む」「インテグラル理論の最も深い部分を体感するための実践書として読む」「インテグラル・マインドフルネスの概説書として読む」というものです。

しかし上記のような問題意識を踏まえて、もっと思想的ないし文明論的な観点から捉えるなら、「統合的なスピリチュアリティ」すなわち**「スピリチュアリティあるティール」を体感し理解する**ための書籍として、本書を読むこともできるでしょう。

この意味を説明するために、少し補足をします。

ウィルバーによれば、いわゆる**「近代化」のプロセスを通して歴史的に形成されたオレンジの段階とは、そもそも初めから、「歪んだバージョン」のオレンジであった**と言います。どういう意味でしょうか。

まず、近代化とは――ウェーバーやハーバーマスの議論を踏まえれば――それ以前には混然一体となっていたさまざまな価値領域が「真」「善」「美」（あるいは「科学」「倫理〔道徳〕」「芸術」）という3つの価値領域へと「差異化」されたプロセスであると捉えることができます。

こうして、科学は科学、倫理は倫理、芸術は芸術として、それぞれの価値を独自に追求できるようになりました。ウィルバーはこれら3つの領域を「ビッグ・スリー」（Big Three）とも呼んでいます。

しかしやがて、こうした**「差異化」（differentiation）**が行き過ぎて、価値領域の**「分離」（dissociation）**へと至るようになりました。それぞれが単に自律した領域になるだけでなく、互いに無関係のものになってしまったのです。

特に言えば、**科学的合理性ないし技術的合理性が、他の価値領域を犠牲にしながら、過剰に成長するようになりました。**「科学主義」（scientism）が台頭し、「生活世界の植民地化」（ハーバーマス）が起こり、人間は「情報の対象となり、コミュニケーションの主体ではなくなった」（フーコー）のです。

とはいえ、ウィルバーも指摘しているように、こうした議論そのものは、洗練された「近代批判論」においてはよく見られるものであり、必ずしも珍しいものではありません。むしろ、ここでの問題とは、**「そもそもなぜ分離が起きたのか」**が十分に解き明かされていないということです。

そしてウィルバーによれば、こうした倒壊現象の核心には、さまざまな理論家たちが明らかにしてきた諸要因に加えて、「オレンジのスピリチュアリティの不在」という要因が存在しています。

言い換えれば、**オレンジ段階（およびそれ以降）の在り方に基づいて「自分は究極的にはどのようなことに関心／関わりがあるのか」ということを探究する知性が、近代西洋においては、使い物にならなくなってしまった**のです（「直接体験としてのスピリチュアリティ」についても同様です）。

なぜなら、スピリチュアリティとは全て神話的段階のスピリチュアリティであり、合理的段階およびそれ以降のスピリチュアリティなど存在しないからです。**スピリチュアリティのラインそのものが、神話的段階という特定の段階と同一視されてしまった**のです。ウィルバーはこれを「レベルとラインの混同」(level line fallacy) と呼んでいます。

そしてその結果、科学こそが――本来はその役目を果たせないにもかかわらず――究極的な答えを与えるはずだとされました。「科学主義」が出現したのです。

もっとも、実際には、オレンジのスピリチュアリティを表現していた人たちも初めのうちは存在していた（例えば理神論者）のですが、歴史的に主流となったのは「スピリチュアリティなきオレンジ」の勢力でした。

別の言い方をすれば、ウィルバーによれば、**近代化を通して現れる「べき」であったのは、「科学、倫理、芸術」という3つの価値領域（ビッグ・スリー）ではなく、「科学、倫理、芸術、霊性」という4つの価値領域（ビッグ・フォー）であった**のです。

けれども、歴史的には、「真、善、美、霊性」(日本語だと**「真、善、美、聖」**と呼ぶほうがしっくりくるかもしれません）ではなく、単に「真、善、美」へと主要な価値領域が分化することになりました。

ともあれ、こうして、**「スピリチュアリティあるオレンジ」ではなく「スピリチュアリティなきオレンジ」が歴史的に定着した結果、さまざまな「近代の悲劇」が生まれた**というのが、ウィルバーによる近代批判論の最大の論点のひとつであるといえます。
（なお、こうした議論についての詳細は『インテグラル・スピリチュアリティ』の第9章、『進化の構造(2)』の第12章と第13章、Excerpt A from Volume 2 of the Kosmos Trilogy などをご参照ください）

さて、補足が長くなりましたが、話を戻しましょう。本書を「スピリチュアリティあるティール」を体感し理解するための書として読むとは、どういうことか。

上述のように、ウィルバーは、スピリチュアリティなきオレンジが根底的な要因となって、さまざまな「近代の悲劇」が生じたと主張しています。オレンジのスピリチュアリティを欠いた「霊性なき理性」こそが、その輝かしい成果（例えば平均寿命の増加）と同じくらいに、さまざまな病理や惨事をもたらしてきたのです。だとすれば、もしかすると、**スピリチュアリティなきティールは、「スピリチュアリティなきオレンジ」に勝るとも劣らないほどの害をもたらしうる**のではないでしょうか。霊性なきヴィジョン・ロジック――あるいは特に言えば、「スピリチュアリティなき発達理論」――は、近代の悲劇を新たな形で再来させ、いわば「統合的時代の悲劇」をもたらしうるのではないでしょうか。

実際、グリーン段階においても、スピリチュアリティなきグリーン、すなわち「霊性なき多元主義」が、その善と同じくらいに害をもたらしてきたと言えるかもしれません。

とはいえ、これはウィルバー自身が明確に主張していることではありません。ウィルバーもきっと同意してくれるだろうと思っているものの、はっきりと言ってしまえば、私個人の見方です。けれども、みなさんはどう思われるでしょうか。

否、こう問うべきだったかもしれません。**私たちは、どんなティールを、どんな統合的段階を創造していきたいでしょうか。**私たちは、自らに与えられた未来を、どのようにつくり上げていきたいでしょうか。

発達段階によって人々を序列化し、その能力を選別し、一部の「優秀」な人々が、他の愚かな大衆たちを自らの願望のために巧妙に支配するような未来がよいでしょうか。

人々の内面を「底上げ」することなどお構いなしに、このまま「発達格差」を増大させ、内面領域における「1% 対 99%」の階級社会を完成させるような未来がよいでしょうか。

それとも、死すべき存在としての絶えざる苦悩、神になれない有限な存在としての痛みと涙を全ての生命と分かち合い、そのことによって、あらゆる生命のあらゆる想いとあらゆる願いをひとつに結びつけて、このコスモスに秘められた創造の奇跡へと、真っすぐに望みを懸けるような未来がよいでしょうか。

あるいは、これを読んでいるあなたであれば、どんな世界を夢見るでしょうか。もし、あなたがまだ、夢を見ることができるなら、ですが……。


近代化の始まり、先駆的な人々の心は希望に満ちていたことでしょう。今、この「ティール化」ないし「インテグラル化」の始まりにあって、私たちは同じように、未来に希望を見出しているかもしれません。

しかし、ちょっと待ってください。**その希望には、どこか窮屈で、逃避的で、欺瞞《ぎまん》的で、抑圧的な――あるいは中毒的な――ところはないでしょうか。**身体と心を研ぎ澄ませ、静寂の果てに思いを致せば、その強情な希望の後ろに灯る、か弱い光が、だんだん明晰な声となって、訴えかけてこないでしょうか。

今すぐに、今すぐに、スピリチュアリティの領域と、真正面から向き合いましょう。今すぐに、今すぐに、究極的関心としてのスピリチュアリティにかかわる探究を、あるいは、直接体験としてのスピリチュアリティにかかわる実践を、始めましょう。

さまざまな理由をつけて、それを回避したり、「後回し」にしたりすることは、近代の悲劇を再来させることに他ならないと、私は思うのです。

＊＊＊

今後、もしこの国が著しく衰退することがなければ――この条件はもはや簡単に満たせるものではなくなっているかもしれませんが――ゆっくりと、行きつ戻りつを繰り返しながら、しかし確実に、日本にもティールの在り方が根づいていくことでしょう。

そして遅かれ早かれ、人口の10%が、ティールの在り方に到達するのです。

しかしそのとき、私たちが集合的に定着させるティールとは、どんなティールでしょうか。私たちが（与えられた可能性に導かれながら）つくり出す統合的段階とは、どんな統合的段階でしょうか。それは、あなたが本当に、本当に、望んでいたものでしょうか。あなたの心が、あなたの身体が、あなたの知性が、あなたの魂が、本当に望んでいたものでしょうか。

私は、多くの困難を乗り越えてでも、「スピリチュアリティなきティール」ではなく、**「スピリチュアリティ**

あるティール」を定着させたいと思います。

もちろん、「スピリチュアリティ」と言っても玉石混交ですし、逆に「ティール」の面だけを考えても、あまり健全とは言えない在り方は多々あるでしょう。その意味では、スピリチュアリティの有無というのは無数の判断軸の中のひとつでしかありません。

とはいえ、この点こそが、来たるべき統合的段階を望ましいものにするうえで、最も大きな分水嶺《れい》のひとつであると私は考えています（他にも同じくらいに重要なものが２つか３つあると考えています）。

本書で定義されていた「二重の重心」を用いるなら、願わくば、来たるべきティール社会の重心が、**（ティール、グロス）ではなく、（ティール、サトル）や（ティール、コーザル）**でありますように。

そして、全ての生命が、純粋な目撃者と非‐二元の一なる意識にそなわる無‐時間的な創造＝再創造のプロセスを通して、最も安らかな愛と、最も興奮《スリル》に満ちた冒険を、味わうことができますように……。

＊＊＊

最後になりましたが、本書の出版企画をご快諾いただき、また度重なる予定変更にも温かく柔軟に対応しながら丁寧な編集をしてくださったコスモス・ライブラリーの大野純一さんに、心より感謝いたします。また、本書にふさわしい静謐な表紙デザインを作成していただいた髙橋惠介さんにも、深く感謝します。

そして、その他さまざまな形で、本書の出版を可能にしてくれたあらゆる人物、あらゆる条件、あらゆる神秘に、感謝します。

令和元年 冬 大阪府茨木市

門林 奨

【著者／訳者プロフィール】

■ 著者：ケン・ウィルバー　Ken Wilber

1949年、米国オクラホマ州に生まれる。

最初の著作『意識のスペクトル』以来、トランスパーソナル心理学の代表的な理論家として知られるようになる。その後、大著『進化の構造』とそれに続く一連の著作群を通して、自らの思想を文明論的なものへと拡張し、現在はインテグラル理論（インテグラル思想、統合哲学）の提唱者として認知されている。

その革新的な業績から「意識研究のアインシュタイン」あるいは「現代の最も重要な思想家の一人」とも呼ばれ、米国元副大統領アル・ゴアもウィルバーの著作を愛読しているとされる。映画『マトリックス』のコメンタリーを担当するなど、著名人との交流も多い。

著書の数は20以上に及び、世界中の言語に翻訳されている。邦訳書は上記の他に『インテグラル理論』『無境界』『ワン・テイスト』『万物の歴史』『インテグラル・スピリチュアリティ』『実践インテグラル・ライフ』『存在することのシンプルな感覚』『存在することのシンプルな感覚』など多数。

■ 訳者：門林　奨　Shou Kadobayashi

1988年生まれ、大阪府堺市出身。京都大学理学部卒（地球物理学）、同大学院教育学研究科修士課程修了（臨床教育学）。

学生時代、関西でウィルバーとインテグラル理論に関する研究会を主催し、さまざまな職業や境遇の人と交流する。卒業後、京都市内の高校で数学および物理の教員として3年間勤務するが、自らの目指す理想を共有するための日本語の情報源がほとんどないことに直面し、離職。

現在はインテグラル理論や発達理論の分野を中心に、英語文献の翻訳をおこなっている。翻訳書に『インテグラル理論：多様で複雑な世界を読み解く新次元の成長モデル』（日本能率協会マネジメントセンター）、翻訳論文に「自我の発達：包容力を増してゆく9つの段階」（日本トランスパーソナル学会）。

URL http://shkd.jugem.jp/

インテグラル理論を体感する

統合的成長のためのマインドフルネス論

2020年1月24日 第1刷発行

発行所 (有)コスモス・ライブラリー
発行者 大野純一
〒113-0033 東京都文京区本郷3-23-5 ハイシティ本郷204
電話：03-3813-8726 Fax：03-5684-8705
郵便振替：00110-1-112214
E-mail：kosmos-aeon@tcn-catv.ne.jp
http://www.kosmos-lby.com/
装幀・挿画 髙橋恵介
発売所 (株)星雲社（共同出版社・流通責任出版社）
〒112-0005 東京都文京区水道1-3-30
電話：03-3868-3275 Fax：03-3868-6588
印刷／製本 シナノ印刷(株)
ISBN978-4-434-27093-2 C0011
定価はカバー等に表示してあります。

「コスモス・ライブラリー」のめざすもの

古代ギリシャのピュタゴラス学派にとって〈コスモス Kosmos〉とは、現代人が思い浮かべるようなたんなる物理的宇宙(cosmos)ではなく、物質から心および神にまで至る存在の全領域が豊かに織り込まれた〈全体〉を意味していた。が、物質還元主義の科学とそれが生み出した技術と対応した産業主義の急速な発達とともに、もっぱら五官に隷属するものだけが重視され、人間のかけがえのない一半を形づくる精神界は悲惨なまでに忘却されようとしている。しかし、自然の無限の浄化力と無尽蔵の資源という、ありえない仮定の上に営まれてきた産業主義は、いま社会主義経済も自由主義経済もともに、当然ながら深刻な環境破壊と精神・心の荒廃というつけを負わされ、それを克服する本当の意味で「持続可能な」社会のビジョンを提示できぬまま、立ちすくんでいるかに見える。

環境問題だけをとっても、真の解決には、科学技術的な取組みだけではなく、それを内面から支える新たな環境倫理の確立が急務であり、それには、環境・自然と人間との深い一体感、環境を破壊することは自分自身を破壊することにほかならないことを、観念ではなく実感として把握しうる精神性、真の宗教性、さらに言えば〈霊性〉が不可欠である。が、そうした深い内面的変容は、これまでごく限られた宗教者、覚者、賢者たちにおいて実現されるにとどまり、また文化や宗教の枠に阻まれて、人類全体の進路を決める大きな潮流をなすには至っていない。

「コスモス・ライブラリー」の創設には、東西・新旧の知恵の書の紹介を通じて、失われた〈コスモス〉の自覚を回復したい、様々な英知の合流した大きな潮流の形成に寄与したいという切実な願いがこめられている。そのような思いの実現は、いうまでもなく心ある読者の幅広い支援なしにはありえない。来るべき世紀に向け、破壊と暗黒ではなく、英知と洞察と深い慈愛に満ちた世界が実現されることを願って、「コスモス・ライブラリー」は読者とともに歩み続けたい。

〔インテグラル理論関連書〕

鈴木規夫著

『インテグラル・シンキング——統合的思考のためのフレームワーク』

二十一世紀を生き抜くための、画期的な状況把握・情報整理術

「現代人の試練とは、情報が不足していることではなく、情報が過剰にあるということである。」

ダボス会議の中でも取り上げられたことのある「インテグラル理論」。本書では日本でのインテグラル理論の第一人者が、当理論に基づいた「思考のためのフレームワーク」を紹介。混迷を極める現代社会の処方箋として提供する。

現代社会は、多種・多様な情報の氾濫の中で混乱・麻痺し、危機的な状況に陥っています。このような中で必要とされるものは、状況を統合的に把握し、真に必要なものが何であるかを明確にしてくれる思考の枠組み「フレームワーク」です。また、それは、多忙な日常の中で自然に利用でき、人間の本能的な能力に根ざしたものである必要があるのです。本書では、このような観点に基づき、インテグラル理論をベースにした実践的な思考の「フレームワーク」を解説・提供します。（著者）

本書は、リーダーシップの発揮とグローバルな責任を果たしていく上で、重要な作品である。強く推薦する。

ケン・ウイルバー　President of Integral Institute

◇目次◇

〔定価・本体1800円＋税〕

ケン・ウィルバー〔著〕／青木聡〔訳〕

『〈ワン・テイスト〉ケン・ウィルバーの日記・上』

「永遠の哲学」とは何か？　トランスパーソナル心理学の理論的旗手であり、このところ精力的に統合的哲学の構築をめざしているケン・ウィルバーの思想が〝一口サイズ〟で詰まった1997年の日記。上巻には1～7月までを収録。
ウィルバーのプライベートな生活と内面世界、彼を取り巻く人間関係を垣間見ることができる。

〔定価・本体2100円＋税〕

ケン・ウィルバー〔著〕／青木聡〔訳〕

『〈ワン・テイスト〉ケン・ウィルバーの日記・下』

トランスパーソナル心理学の理論的旗手であり、このところ精力的に統合的哲学の構築をめざしているケン・ウィルバーの思想が〝一口サイズ〟で詰まった1997年8～12月の日記。
特にトランスパーソナルな世界観を提示した下巻で、ウィルバーはポストモダンの世界観は終わりを迎えようとしているとし、私たちが〝非遠近法的な狂気〟に陥ることなく、多様性の統合／普遍的な多元主義を志向し、トランスパーソナルな世界観へと成長することが急務になっていると力説している。

〔定価・本体2100円＋税〕